Walter Benjamin

Œuvres

TOME I

Traduit de l'allemand
par Maurice de Gandillac,
Rainer Rochlitz et Pierre Rusch.

Présentation par Rainer Rochlitz

Traduit avec le concours
du Centre national du Livre.

Gallimard

Les textes des trois volumes des *Œuvres* de Walter Benjamin sont extraits des *Gesammelte Schriften*, parus aux Éditions Suhrkamp. L'édition des Écrits complets de Walter Benjamin, sous la direction de Theodor W. Adorno et Gershom Scholem, a été établie par Rolf Tiedemann et Hermann Schweppenhäuser.

Le lecteur trouvera à la fin du troisième volume des *Œuvres* de Walter Benjamin un index général des noms et œuvres.

PRÉSENTATION
par Rainer Rochlitz

I

SITUATION

Depuis les premières éditions françaises des essais de Walter Benjamin en un (1959[1]), puis en deux volumes (1971[2]), l'image et la connaissance qu'a de lui le public français ont beaucoup changé. D'écrivain confidentiel et de théoricien subversif et inclassable, il est devenu une référence. À une période de découverte progressive de l'œuvre, publiée par une pléiade d'éditeurs parisiens[3], ont succédé des

---

1. Walter Benjamin, *Œuvres choisies*, trad. M. de Gandillac, Paris, Julliard, 1959.

2. Walter Benjamin, *Œuvres*, t. I, *Mythe et Violence*, t. II, *Poésie et Révolution*, Paris, Denoël, coll. Les Lettres Nouvelles, 1971. Des extraits de ces deux tomes ont été réédités en 1983 chez Denoël-Gonthier, coll. Médiations (*Essais 1* et *2*).

3. Denoël (*Œuvres*), Maspéro (*Essais sur Brecht*), Payot (*Baudelaire*), Maurice Nadeau (*Sens unique* et *Enfance Berlinoise*), Hachette (*Allemands*), Flammarion (*Le Concept de critique esthétique, Origine du drame baroque allemand*), Gallimard (*Écrits français*), Aubier-Montaigne (*Correspondance*), Le Cerf (*Paris, capitale du XIXᵉ siècle*), Christian Bourgois (*Écrits autobiographiques, Trois pièces radiophoniques, Lumières pour enfants, Sur le hachisch, Images de pensée*), Éditions Carré (*Sur l'art et la photographie*)..

années pendant lesquelles il n'a cessé d'inspirer des auteurs de tout horizon, critiques d'art, philosophes ou critiques littéraires. D'importants colloques se sont succédé, des actes monumentaux ont été publiés, des thèses lui ont été consacrées. Les revues littéraires et artistiques ont rivalisé pour publier un essai, un fragment inédit de lui, une feuille de notes, un extrait de sa correspondance. Riches en formules frappantes, se prêtant merveilleusement à la citation, les textes de Benjamin ont servi et servent encore à défendre bien des causes philosophiques, religieuses, politiques, esthétiques, artistiques, littéraires. Peu édité de son vivant et ignoré du grand public, depuis les années soixante il a été reconnu comme initiateur des recherches les plus diverses, considéré comme le symbole de toutes les résistances. Il est ainsi devenu l'objet d'identifications et de projections multiples, avant de connaître à peine une légère désaffection après les célébrations de son centenaire. Aujourd'hui, une admirable édition de ses écrits, de ses traductions et de sa correspondance [1], une fortune critique considérable dont témoignent plusieurs ouvrages bibliographiques spécialisés [2], une association inter-

---

1. Walter Benjamin, *Gesammelte Schriften*, éd. par Rolf Tiedemann et Hermann Schweppenhäuser avec la participation de Theodor W. Adorno et de Gershom Scholem, t. I-VII, Francfort-sur-le-Main, Suhrkamp Verlag, 1974-1989 ; suppléments (traductions) : t. II-III (Proust), 1987, t. I (traductions diverses : Tzara, Aragon, Balzac, Jouhandeau...), 1999 ; *Gesammelte Briefe*, (voir *infra*, n. 11).
2. Momme Brodersen, *Walter Benjamin. Bibliografia critica generale (1913-1983)*, Palerme, Aesthetica/pre-print, 1984 ; Momme Brodersen *et al.*, *Walter Benjamin. Eine kommentierte Bibliographie*, Morsum/Sylt, Cicero Presse, 1995 ; Reinhard Markner et Thomas Weber (éds), *Literatur über Benjamin. Kommentierte Bibliographie 1983-1992*, Hambourg, Argument Verlag, 1993 ; Reinhard Markner et Ludger Rehm, « Bibliographie zu Walter Benjamin (1993-1997) », in *Global Benjamin*, Munich, Wilhelm Fink Verlag, 1999, t. III, p. 1849-1916.

nationale[1] et même des sites Internet régulièrement remis à jour[2] assurent sa postérité.

En Allemagne, son œuvre avait été introduite par ses deux grands amis, Scholem et Adorno, dont les noms figurent encore au générique de l'édition de ses écrits (*Gesammelte Schriften*); Rolf Tiedemann, Hermann Schweppenhäuser et leurs collaborateurs en ont poursuivi le travail. En France, malgré la présence discrète d'amis comme Pierre Missac, l'introduction s'est faite en dehors de telles autorités, par le biais de médiateurs qui ne partageaient ni les options philosophiques, religieuses ou politiques, ni les goûts et les engagements littéraires de Benjamin. On a donc assisté à une appropriation sauvage, partielle, subjective et diverse par l'intermédiaire de traductions et de retraductions qui rapprochaient le penseur et l'écrivain tantôt de Heidegger ou de Bataille, tantôt de Lacan ou de Barthes, tantôt de Brecht ou de Proust.

Dans l'ensemble, ces lectures ont été rarement philosophiques, plus souvent littéraires et politiques, parfois d'inspiration religieuse. Benjamin a joué un rôle de maître-à-penser, son œuvre a revêtu un statut de Bible intellectuelle, sa personne a été investie d'une « aura », dans un sens qu'il n'aurait guère apprécié, lui qui admirait le Baudelaire de la « Perte d'Auréole ». Canonisé, il a été immunisé contre la critique, ce qui n'a pas manqué de provoquer quelques réactions de rejet total. On pouvait interpréter et actualiser sa révolte, mais ni la dater, ni analyser ses positions théoriques, philosophiques ou politiques d'un point de vue critique, ni en interro-

---

1. International Walter Benjamin Association: Institute of Comparative Literature, University of Amsterdam, Spuistraat 210, NL-1012 VT Amsterdam, Pays-Bas; cette association publie un « Benjamin-Bulletin ».
2. Notamment http://www.wbenjamin.org/ (San Francisco).

ger la pertinence et éventuellement les limites. Il n'a guère suscité la réflexion, mais plutôt des vocations, des postures et des paraphrases. Dans la mesure où son diagnostic de l'impasse moderne a paru à certains indépassable, l'histoire, à leurs yeux, s'arrêtait en 1940 pour ensuite ne faire que du surplace. Penser par soi-même n'était plus dès lors nécessaire, il suffisait de citer.

Dans la critique d'art internationale, notamment, la figure de l'*aura* et de sa destruction, devenue presque indiscernable du «retrait de l'être» de Heidegger, a acquis la valeur d'un modèle de pensée applicable à une très large variété de phénomènes. Par le biais de cette figure herméneutique, il a été possible d'interpréter les œuvres primitives, antiques ou modernes selon un unique schéma, applicable à n'importe quel objet du même coup investi d'une signification profonde. Ce schéma ne pouvait que finir par s'épuiser à force d'être privé de toute valeur heuristique particulière.

La tâche du traducteur et de l'introducteur des essais de Benjamin ne peut plus, désormais, être la même qu'avant cette période d'appropriation intense. Comme partout, la phase de la découverte a tout naturellement été suivie d'un moment de moindre fascination, même s'il y a eu peu de rejets, peu de critique proprement dite. Le moment est sans doute venu, au stade actuel de la connaissance de l'œuvre, d'assurer à Benjamin un statut non plus de vademecum intellectuel, mais d'auteur classique avec ses points forts et ses points faibles, de critique exemplaire mais non infaillible, de sourcier de problématiques multiples — esthétique de la photographie et du cinéma, de l'architecture, de la ville —, d'explorateur de genres et de styles, de découvreur et redécouvreur d'autres auteurs.

Dans cette perspective, et même si les termes choisis ne font guère l'objet d'un consensus, même si l'appropriation sauvage reste la règle compte tenu du statut de l'auteur, il est indispensable de disposer de traductions fiables, de mettre à profit les éditions critiques des textes originaux et les riches commentaires et notes qui les accompagnent. Malheureusement, la fragmentation et la dispersion des traductions chez de nombreux éditeurs n'ont pas encore permis de présenter au public français une édition comparable à celles dont disposent les publics allemand ou italien. Mais les trois volumes des *Œuvres* contiennent tout de même un choix de textes importants, dont un ensemble d'inédits en français.

II

NOUVELLES LECTURES

En perdant sa fonction de pôle d'identification et d'autorité théorique infaillible, Benjamin peut désormais être lu différemment. On peut le situer dans une époque, qui, après une période de formation scolaire et universitaire sous l'empire de Guillaume II, s'étend sur la totalité de l'entre-deux-guerres, avec un premier exil volontaire en Suisse pendant la Première Guerre et un autre, forcé, à partir de 1933, d'abord en Espagne (Ibiza), puis en France et en Italie (San Remo), occasionnellement aussi au Danemark (chez Brecht, à Skovsbostrand près de Svendborg). Si on adopte un tel point de vue historique, Benjamin s'éloigne quelque peu de nous. Il apparaît comme une figure de ce temps tourmenté, comme un témoin des violents débats qui ont accompagné la répu-

blique de Weimar, la période du nazisme et de l'exil.
Comme beaucoup de ses contemporains, Benjamin
a connu les passions du mouvement étudiant d'avant
1914, la fascination pour le cercle de Stefan George,
les interrogations religieuses de l'époque, le scepti-
cisme radical à l'égard de la république de Weimar,
l'engagement politico-littéraire à l'extrême gauche,
la fuite devant le nazisme qui l'acculera au suicide,
lui comme Carl Einstein et bien d'autres qui avaient
hésité à quitter l'Europe.

Dans cette période agitée et riche en rebondisse-
ments, ce qui distingue Benjamin, c'est une extrême
curiosité. La diversité de ses écrits parle pour elle-
même ; elle va des poèmes, des pièces radiophoniques et des nouvelles aux traités philosophiques,
en passant par l'essai littéraire ou esthétique de
grande envergure, les notes sur des expériences avec
des drogues, les observations sur les livres d'enfants,
la théorie politique ou les aventures surréalistes.
Certes, si la thèse d'habilitation de Benjamin sur le
drame baroque avait été acceptée (et s'il avait réellement voulu qu'elle le fût), sa carrière aurait pu être
très différente. Il n'aurait pas eu besoin, jusqu'en
1933 du moins, de multiplier les publications de
circonstance pour gagner sa vie ; il aurait pu poursuivre sa carrière outre-Atlantique comme Panofsky,
Adorno ou Arendt. Tout indique, cependant, que,
malgré les difficultés matérielles qu'il entraînait, son
échec universitaire ne lui pesait guère et que ses activités précaires correspondaient davantage à son
caractère. De la multitude de textes de toute sorte
qu'il a écrits, nos trois volumes ne retiennent que des
essais, à l'exclusion de quelques grands textes traduits
par d'autres éditeurs, dont notamment *Le Concept de
critique d'art dans le romantisme allemand*[1], *Origine*

1. Flammarion, 1986.

du drame baroque allemand[1] ou *Le Paris du Second Empire chez Baudelaire*[2].

Aux œuvres proprement dites de Benjamin il faut ajouter sa correspondance[3], qui témoigne à la fois d'une vie riche en expériences et en rencontres et d'une série d'échanges intellectuels avec des écrivains et des philosophes remarquables. Gershom Scholem, bien sûr[4], Theodor W. Adorno et sa femme Gretel Karplus, mais aussi Martin Buber, Hugo von Hofmannsthal, Hermann Hesse, Rilke, Brecht, Max Horkheimer et Siegfried Kracauer, Marcel Brion, Jean Selz ou Adrienne Monnier, occasionnellement même Carl Schmitt ou Hannah Arendt, et bien d'autres, moins connus comme Ernst Schoen, Max Rychner, Werner Kraft ou Florens Christian Rang. Certains de ces inconnus ne sont pas les correspondants les moins importants, et plusieurs correspondances sont malheureusement perdues (celle avec Ernst Bloch et, semble-t-il, avec André Breton, la plus grande partie des lettres à Brecht et toutes les correspondances familiales). Cette correspondance est d'un grand intérêt pour au moins deux raisons. D'une part, compte tenu de l'isolement de l'auteur et de son statut d'écrivain et d'intellectuel vivant de sa

---

1. Flammarion, 1985.
2. Trad. Jean Lacoste, in *Charles Baudelaire. Un poète lyrique à l'apogée du capitalisme*, Paris, Payot, 1979.
3. Walter Benjamin, *Briefe*, 2 t., éd. par Gershom Scholem et Theodor W. Adorno, Francfort-sur-le-Main, Suhrkamp, 1966; *Correspondance*, 2 t., trad. G. Petitdemange, Paris, Aubier-Montaigne, 1979; *Gesammelte Briefe*, 6 tomes: t. I, 1910-1918, Suhrkamp, 1995, t. II, 1919-1924, Suhrkamp, 1996, t. III, 1925-1930, Suhrkamp, 1997, t. IV, 1931-1934, Suhrkamp, 1998, t. V, 1935-1937, Suhrkamp, 1999; à paraître: t. VI, 1938-1940, Suhrkamp, 2000; Walter Benjamin/Gershom Scholem, *Briefwechsel 1933-1940*, Francfort-sur-le-Main, Suhrkamp, 1980; Adorno-Benjamin, *Briefwechsel 1928-1940*, Francfort-sur-le-Main, Suhrkamp, 1994.
4. Benjamin lui a adressé quelque trois cents lettres.

plume, ses lettres furent aussi sa tribune (parfois la seule) et le terrain d'expérimentation de ses idées. La plupart des questions théoriques qu'il a abordées y sont longuement exposées et discutées. D'autre part, c'est grâce à ces lettres seulement qu'il est possible de se faire une idée de la cohérence philosophique de cette œuvre si dispersée et d'apparence parfois si contradictoire. Benjamin y réfléchit fréquemment sur l'unité de son travail. Il est par ailleurs fascinant d'observer sa capacité d'intégrer les points de vue de ses interlocuteurs sans rien céder sur ses intuitions originales. En lisant sa correspondance, on découvre une pensée qui se forge toujours, non dans le dialogue, mais dans la confrontation. Parfois, celle-ci lui est imposée, comme dans le cas des exigences de Horkheimer ou d'Adorno qui le publient dans une revue d'exilés soumise à une politique éditoriale sourcilleuse. Mais fréquemment, on voit Benjamin lui-même solliciter les prises de position de ses amis sur ses textes et tenir compte de leurs objections et suggestions.

La correspondance montre aussi à quel point l'existence de Benjamin, depuis ses années d'étudiant —, et malgré une notoriété qui, de son vivant, restait confinée à quelques cercles d'intellectuels —, était constamment associée à des enjeux publics. À l'âge de 22 ans, en 1914, il est élu « président » d'un mouvement d'étudiants et prend fréquemment la parole. Depuis cette époque, son nom est lié à des engagements stratégiques d'ordre politique, littéraire ou artistique. À Nice, à Ibiza, à Paris, à San Remo, les périodes d'isolement, pendant lesquelles seule la correspondance témoigne de ses tentatives désespérées de poursuivre son travail, sont d'autant plus frappantes ; toujours d'un niveau remarquable, la correspondance tient alors lieu d'espace public de discussion. En 1932, plusieurs lettres et un testament révèlent d'un moment de désespoir : ne disposant plus d'aucun moyen de subsistance, progressivement coupé de la radio et des journaux grâce auxquels il survivait, Benjamin, dans un hôtel niçois, écrit à ses amis pour leur faire part de son suicide, projet que, cette année-là, il ne mettra pas à exécution[1]. La *Revue de recherche sociologique* (*Zeitschrift für Sozialforschung*) de Horkheimer lui assurera, à partir de 1935, un minimum vital et la possibilité de participer à une entreprise intellectuelle de grande envergure, source, une fois de plus, de vastes débats épistolaires.

Ce qui fait la modernité de Benjamin, c'est notamment sa capacité à découvrir de nouvelles problématiques, de nouveaux objets, à s'intéresser à tout et à trouver en tout des clés pour mieux comprendre son époque. Il est tour à tour linguiste, sémiologue, « mythologue » du quotidien au sens où le sera aussi Roland Barthes, anthropologue, sociologue, graphologue, historien, théoricien de la littérature et de l'art, de la photographie, du film et de l'architecture, critique tantôt dévoué tantôt polémique, philosophe, théologien..., et rarement en dilettante. Sur chacun de ces terrains, il a inauguré des questionnements, parfois avortés, souvent promis à de riches développements : c'est le cas de ses réflexions sur la photographie et sur le film, sur l'architecture et l'urbanisme, sur des genres comme le drame baroque ou le conte, sur des sujets de réflexion comme le statut de l'œuvre d'art, la mémoire ou l'histoire.

Depuis le recul de son autorité théorique, un autre aspect de son œuvre a gagné en importance : celui de l'écrivain, du styliste, de l'inventeur de formes littéraires (*Sens unique*, en partie inspiré par la typogra-

---

1. Voir les projets de lettres d'adieu, Walter Benjamin, *Gesammelte Briefe*, t. IV, p. 115-122.

phie du «Passage de l'Opéra» dans le *Paysan de Paris* d'Aragon), le collectionneur, le spécialiste du livre d'enfants. On s'est par ailleurs aperçu que Benjamin avait réussi à jouer un rôle dont il n'y a guère eu d'équivalent depuis : celui de critique exemplaire de deux littératures, l'allemande et la française. Il a été un critique d'envergure européenne, attentif aux meilleurs écrivains quelle que soit leur langue, capable de donner de leurs œuvres une interprétation magistrale qui souvent fait encore autorité ou, du moins, reste stimulante, exemplaire par sa pénétration et sa capacité à saisir et à situer immédiatement l'importance historique d'un auteur.

III

ITINÉRAIRE INTELLECTUEL

Les années de sa formation intellectuelle sont notamment celles, en Allemagne, de la philosophie néo-kantienne, du néo-romantisme littéraire, de la prise de conscience politique des Juifs allemands et des grands mouvements de la jeunesse. Cette dernière influence, exercée à l'école de Haubinda par l'intermédiaire de Gustav Wyneken qui sera le fondateur de l'École libre de Wickersdorf, fut considérable. «Ma pensée, écrit Benjamin en 1913, alors étudiant à Fribourg, part toujours de mon premier maître, Wyneken, et y revient [1].» Ce maître, qui avait une haute idée de la jeunesse, ouverte à des idéaux à ses yeux le plus souvent trahis par les adultes,

---

1. Walter Benjamin, *Correspondance*, t. I, p. 54 *sq.*, lettre à Carla Seligson du 5 juin 1913.

semble lui avoir communiqué une approche philosophique de la littérature, une exigence critique à l'égard des œuvres et une certaine méfiance à l'égard de toute philosophie dissociée des questions «concrètes», notamment pédagogiques ou politiques. Au cours de ces premières années d'études, pendant lesquelles Benjamin rencontre aussi pour la première fois les idées du sionisme, qu'il rejette, l'image idéalisée de Wyneken éclipse les grands professeurs dont l'étudiant suit l'enseignement: Ernst Cassirer et Georg Simmel à Berlin, Heinrich Rickert et Jonas Cohn à Fribourg (1913), Heinrich Wölfflin et Moritz Geiger à Munich (1916). Si Benjamin, peu sensible au néo-kantisme, quitte Berlin pour Fribourg, c'est notamment parce que cette dernière ville abrite alors l'avant-garde des élèves de Wyneken, dont le poète Fritz Heinle qui deviendra un ami proche.

On comprend dès lors l'importance de la rupture intervenue en 1914. Benjamin, qui a d'abord été volontaire pour participer à la guerre aux côtés de ses camarades, change de point de vue après que deux de ses plus proches amis, le poète Fritz Heinle et sa fiancée Rika Seligson, désespérés par l'éclatement de la guerre, se sont suicidés au gaz, le 8 août 1914. Lorsque Wyneken, qui avait jusque-là tenu des discours antinationalistes, rejoint cet automne-là les partisans de la guerre, Benjamin rompt avec lui. Il renonce à la présidence des «Étudiants libres» et éprouve un profond dégoût pour l'enseignement universitaire qui lui est proposé à Berlin. Se sentant trahi, il travaillera désormais en autodidacte, sans plus jamais accepter de maître. L'essai sur *«L'Idiot» de Dostoïevski*, écrit en 1917, évoquera «l'échec du mouvement de la jeunesse». Dans un premier temps, Benjamin pense pouvoir s'appuyer sur les œuvres de Hölderlin, de Goethe et des romantiques d'Iéna[1], pour régénérer la critique littéraire et la philosophie. Il découvre en même temps (dès 1916) dans le drame baroque une vision radicale, critique avant la lettre de cette fausse image du classicisme allemand sur laquelle s'établira le consensus étriqué de la bourgeoisie allemande (*Origine du drame baroque allemand*, écrit en 1922-1925).

En l'absence de tout maître —, et alors que son ami Scholem s'installe à Jérusalem en 1923 —, la vie de Benjamin sera rythmée par quelques femmes marquantes : ses amies Grete Radt et Jula Cohn qu'il suivra à Munich en 1915 (Jula Cohn sera la dédicataire de l'essai sur *Les Affinités électives*) ; son épouse Dora Pollack, à laquelle il dédiera *L'Origine du drame baroque allemand* ; Asja Lacis, la « révolutionnaire » lituanienne dont le nom figurera dans la dédicace de *Sens unique* et qui contribuera de manière décisive à la « conversion » de Benjamin au matérialisme et aux idées révolutionnaires à partir de 1924.

À cette époque, la situation de l'Allemagne le conduit —, lui comme bien d'autres —, à se détourner de la métaphysique et de la théologie et à chercher une efficacité sociale plus directe de ses écrits. Il explorera alors toutes les positions intellectuelles et artistiques radicales, du surréalisme au marxisme, du cinéma russe à la photographie documentaire. Mais, réfractaire à tout conformisme, il étudiera aussi sans relâche une série d'auteurs qui lui tiennent particulièrement à cœur : Karl Kraus et Proust, Kafka, Brecht et Baudelaire, qui se révèlent tous irréductibles à une identification idéologique simpliste.

1. Voir son essai sur *Deux poèmes de Friedrich Hölderlin* de 1914-1915, le texte *Sur le langage* de 1916, année aussi de ses premières réflexions sur le drame baroque, sa thèse sur *Le Concept de critique esthétique dans le romantisme allemand* (1919) et son grand essai sur *« Les Affinités électives » de Goethe* (1920-1922).

Les essais sur *L'Œuvre d'art à l'époque de sa repro-ductibilité technique* ou sur *Baudelaire* n'ont pas de dédicataire. C'est pourtant dans les années 1930 que Benjamin subit des influences intellectuelles déci-sives. Des entretiens avec Max Horkheimer et Theo-dor W. Adorno en 1929, des rencontres avec Bertolt Brecht l'amèneront à opérer des changements pro-fonds dans sa manière de penser. Et c'est au cours de ces mêmes années que, contre les nouvelles influences plus ou moins «marxistes» que lui révéleront les lettres de Benjamin, Gershom Scholem se fera le porte-parole engagé de l'intérêt qu'il a toujours par-tagé avec Benjamin pour une philosophie spéculative du langage, inspirée à la fois des sources mystiques du judaïsme et de certains auteurs du xviiie et du début du xixe siècle. Adorno, Brecht et Scholem seront les trois auteurs — et à ses yeux les «autori-tés» intellectuelles — qui ne cesseront de poser des problèmes difficiles à Benjamin, quoique chaque fois de manière différente : problèmes de théorie philoso-phique, de politique littéraire, de fidélité religieuse et identitaire.

Ce triple «surmoi» de ses amis les plus proches soumet Benjamin à des exigences contradictoires : celle de Scholem, qui défendra toujours les intui-tions «théologiques» du premier Benjamin, celles de sa première philosophie du langage, et lui deman-dera de ne pas se renier au nom de son adhésion au matérialisme ; celle de Brecht, qui, au nom d'un matérialisme radical, suspectera toujours Benjamin de ne pas se défaire de son passé métaphysique et mystique, et donc de ne pas se «renier» suffisam-ment ; celles d'Adorno, enfin, dictées par l'idéal qu'il s'est forgé de la philosophie de Benjamin et qu'il s'ef-force par ailleurs de réaliser lui-même, ce qui l'amène à considérer que les travaux de Benjamin restent en deçà de ses attentes légitimes[1]. C'est néanmoins avec Adorno que, dans les années trente, les convergences sont les plus fortes et les plus nombreuses. Entre ces trois exigences incompatibles, Benjamin cherchera à définir sa position. Lui qui, des années durant, avait philosophé en quelque sorte à son propre compte, finira ainsi par se voir soumis à des exigences particulièrement contraignantes que, de son vivant, il ne parviendra guère à satisfaire. C'est après sa mort seulement qu'il gagnera l'estime des trois parties, notamment à travers ses *Thèses sur l'histoire*, et qu'il exercera même une influence décisive sur les auteurs de la *Dialectique de la Raison*.

IV

TROIS MODÈLES SUCCESSIFS

Compte tenu de l'évolution complexe de la pensée de Benjamin, l'unité de sa philosophie ne peut être reconstruite qu'à un niveau relativement abstrait. En revanche, sur de nombreux thèmes importants, il faut bien admettre que Benjamin a défendu des points de vue contradictoires. En un sens, c'est tout à son honneur, si on lui accorde qu'il n'a pas hésité à réviser ses positions lorsque d'importantes objections lui avaient été faites ou lui étaient apparues. Mais, d'un autre côté, comme les différentes périodes ne sont pas nettement séparées, il n'est pas toujours facile de connaître la position exacte de Benjamin sur un de ses thèmes centraux. Ceux de ses inter-

---

1. Voir mon compte rendu de la correspondance entre Benjamin et Adorno : « Le meilleur disciple de Walter Benjamin », *Critique*, n° 593, oct. 1996, p. 819-835.

prêtes qui lui accordent une cohérence absolue tentent d'expliquer les contradictions apparentes, soit par le caractère «dialectique» de sa pensée, grâce auquel il parvient à tenir ensemble des énoncés incompatibles, soit par l'argument de la diversité des contextes dans lesquels il est chaque fois intervenu.

Quoi qu'il en soit, il est clair que deux revirements au moins sont d'une importance telle qu'il faut bien parler de changements de paradigme à l'intérieur de l'œuvre[1]. L'un n'a jamais été contesté: celui qui concerne le passage d'une philosophie à caractère «métaphysique», essentiellement théologique, à une pensée qui, bien qu'elle ne le soit jamais totalement, se veut «matérialiste». À partir du milieu des années 1920, Benjamin soumet ainsi l'ensemble de ses idées à une refonte progressive qui culmine sans doute, vers 1935, dans l'écrit radical sur *L'Œuvre d'art à l'époque de sa reproductibilité technique*, dont nous publions ici aussi bien la version initiale que la dernière version de 1939.

Un autre revirement, de moindre envergure, interviendra à l'intérieur de la position «matérialiste». Il concerne les conséquences qu'elle entraîne pour l'héritage métaphysique et théologique et ce que l'essai de 1935, et déjà la *Petite Histoire de la photographie* de 1933, appellent l'«aura» des œuvres d'art. S'agit-il de liquider ce «reliquat théologique» pour éviter que ses formes rabougries, faussement sentimentales comme le recueillement du public bourgeois devant ses classiques, ne discréditent la culture moderne? Tel est le point de vue radical de certains textes de la première moitié des années 1930 (*Expérience et Pauvreté*, la *Petite Histoire de la photographie*, *L'Œuvre d'art*). S'agit-il d'en sauvegarder la

---

1. À ce propos, voir mon livre *Le Désenchantement de l'art. La philosophie de Walter Benjamin*, Paris, Gallimard, 1992.

mémoire, voire d'en maintenir une actualité à travers ses négations mêmes ? Telle sera l'interrogation des derniers textes, parmi les plus denses et les plus mûrement réfléchis (*Le Conteur, Sur quelques thèmes baudelairiens, Thèses sur l'histoire*).

On peut ainsi reconstruire schématiquement l'œuvre selon ces trois «paradigmes» déterminants pour l'œuvre de Benjamin et qui correspondent aussi, à peu près, à la répartition de ses essais sur les trois volumes de la présente édition. Cette division en périodes ne doit pas empêcher de percevoir l'unité qui subsiste à un niveau plus abstrait et qui fait, par exemple, que la pensée de Benjamin n'est jamais réductible à une autre, ni à une théologie existante ni à une autre variante du marxisme, et qu'elle reste toujours à la même distance du néo-kantisme ou de l'hégélianisme, du positivisme logique ou du pragmatisme. C'est une pensée résolument antiformaliste dont la méthode s'adapte chaque fois à ses objets. Dans l'une des toutes premières lettres de Benjamin qui nous soit conservée, il parle, en 1910, des *Romantika* qu'il est en train d'écrire et des *Antiromantika* qu'il attend de son ami Belmore[1]. En forçant à peine les choses, on peut encore retrouver l'oscillation entre ces deux pôles dans les appréciations complexes, voire contradictoires du «déclin de l'aura», au cours de ses dernières années.

1. *Première philosophie du langage*

Benjamin part d'une théorie du langage, de laquelle se déduit pour une bonne part la structure même de sa pensée et sa conception de la littérature. *Deux*

---

1. Walter Benjamin, *Correspondance*, t. I, p. 24 *sq.*, lettre à Herbert Blumenthal (Belmore) du 20 juillet 1910.

poèmes de Friedrich Hölderlin de 1914-1915 et *Sur le langage en général et sur le langage humain* de 1916 sont en ce sens les deux textes fondateurs de son œuvre, auxquels il se référera jusque dans les années 1930. Inédits de son vivant, ces deux essais firent forte impression sur le cercle de ses amis, dont Gershom Scholem et Werner Kraft, et furent lus à haute voix, recopiés et longuement discutés.

Idéaliste selon sa structure, mystique dans son inspiration, romantique par ses sources, la théorie du langage de Benjamin est fondée sur une dichotomie fondamentale qui oppose les fonctions de communication, conçues comme utilitaires et réductrices, à une fonction selon lui centrale du langage, qui consiste à révéler l'essence de l'homme par le verbe. Son destinataire n'est pas un autre homme, mais Dieu. Très logiquement, le verbe du poète, la prose de l'écrivain, qui nomment les choses en leur vérité, sont dès lors la seule forme authentique du langage après l'acte adamique de nomination, qu'ils renouvellent d'ailleurs ; d'où l'importance capitale de la littérature dans l'œuvre de Benjamin.

Si la théorie de la littérature s'inspire du romantisme d'Iéna, la théorie du langage a ses sources dans des textes encore plus anciens, ceux du préromantique Johann Georg Hamann (1730-1788), adversaire des Lumières et notamment du rationalisme kantien. Ce philosophe, dont se réclameront Friedrich Schlegel et Novalis, avait déjà désigné le verbe poétique comme un retour à la « nomination adamique » ou au baptême originel des choses[1]. Et dans la mesure où des auteurs comme Hamann, cité dans l'essai *Sur le langage*, renvoient à l'hébreu comme à la langue originelle, Benjamin peut aisément —

---

1. Johann Georg Hamann, *Sokratische Denkwürdigkeiten. Aesthetica in nuce*, Stuttgart, Reclam, 1968.

sans lui-même connaître cette langue — penser remonter à la tradition juive et procéder en son nom à une interprétation du texte biblique[1].

Ce que le romantisme partage avec le judaïsme, c'est un regard critique sur le monde «moderne» au sens large : loin d'avoir été délivré par l'avènement du christianisme, ce monde *attend* encore sa transformation radicale. Le romantisme est ainsi messianique et utopique. Avec lui, Benjamin partage la fascination pour le conte, cet univers dans lequel une chose se change instantanément en son contraire, où le méchant devient bon et la grenouille prince. On retrouve un tel schéma dans le surréalisme : l'horreur de la ville moderne se change brusquement en féerie, source à la fois d'angoisse et de bonheur. Chaque essai de Benjamin est un diagnostic historique en miniature, fondé sur le contraste violent entre la présence d'un univers archaïque et l'irruption toujours contrariée d'une délivrance radicale, dont l'attente existe depuis toujours et dont les moyens, aussi réduits soient-ils, sont toujours présents.

Le fait que la fonction instrumentale du langage, la communication, l'ait emporté sur sa fonction de nomination et de révélation, est expliqué en termes de péché originel, et la tâche assignée à la philosophie est de travailler à remettre en vigueur la fonction originelle du langage. La critique, la traduction, voire la politique, sujets que Benjamin abordera au cours des années suivantes, obéiront à cette même finalité messianique.

---

1. Depuis Gershom Scholem, différents auteurs n'ont cessé de chercher dans les textes de Benjamin une filiation directe avec la Kabbale, qui n'existe sans doute que par le biais des sources citées par Benjamin lui-même : notamment Hamann et Schlegel. Voir à ce sujet Winfried Menninghaus, *Walter Benjamins Theorie der Sprachmagie*, Francfort-sur-le-Main, Suhrkamp, 1980.

C'est dans cet esprit que Benjamin écrira coup sur coup, en 1917-1918, le *Programme de la philosophie qui vient*, en 1919, *Le Concept de critique esthétique dans le romantisme allemand*, en 1921-1922, *Pour une critique de la violence*, seul texte politique de cette époque qui soit conservé[1], *La Tâche du traducteur*, reprise de sa philosophie du langage et préface à sa traduction des «Tableaux parisiens» de Baudelaire, puis son grand essai sur «*Les Affinités électives*» de Goethe. Suivra, écrit de mars 1923 au printemps 1925, l'*Origine du drame baroque allemand*. Tous ces textes, à l'exception du *Programme*, furent publiés à l'époque, quoique parfois longtemps après leur achèvement. C'est, entre 1918 et 1925, l'une des périodes les plus fécondes de l'œuvre, à laquelle on ne peut guère comparer que celle qui s'étend de 1935 à 1940. Pendant cette dernière période, Benjamin, aidé par l'Institut de recherches sociales de Horkheimer, rédigera *L'Œuvre d'art à l'époque de sa reproductibilité technique*, le projet des *Passages parisiens*, appelé aussi *Paris, capitale du xixe siècle*, *Le Conteur*, les essais sur Fuchs, sur Baudelaire et sur Jochmann, ainsi que les *Thèses sur l'histoire* qui résument ses réflexions sur la méthode de l'historien, élaborées pendant le travail sur les passages.

Dans les textes de la période métaphysique ou théologique, la dimension non instrumentale du langage s'affirme à travers une haute conception de la *vérité* des œuvres et du *pouvoir de nomination* du philosophe dans son rôle de critique. Dans le style kantien, Benjamin ajourne la construction du «système», mais, comme les romantiques, conçoit son travail d'essayiste dans le sens d'une critique d'art ou d'une critique littéraire investie de la plus haute

---

1. *Le Véritable Homme politique* (*Der wahre Politiker*) semble être perdu.

mission philosophique: en traduisant les contenus de vérité des grandes œuvres d'art, saisir en idées ce qui, à notre époque de déclin, échappe à tout «système» de la philosophie.

Pour se rendre compte de la continuité entre les essais *Sur le langage*, sur «*Les Affinités électives*» *de Goethe* et sur l'*Origine du drame baroque allemand*, il suffit de citer quelques mots du programme de ce dernier livre, tel que Benjamin le présente à son ami Florens Christian Rang en décembre 1923: «La philosophie doit nommer les idées comme Adam la nature, afin de les dominer, elles qui sont un retour de la nature[1].» Nommer les «idées» pour les transposer d'un contexte «naturel» dans un contexte «historique» et messianique, telle est la tâche, inspirée du judaïsme, qui, selon Benjamin, s'impose à la philosophie. Dans une lettre à Scholem, l'introduction au traité sur l'*Origine du drame baroque allemand* est d'ailleurs conçue comme une «seconde mouture» de l'essai *Sur le langage*[2].

Le Concept de critique esthétique dans le romantisme allemand tente de déduire des textes de Schlegel et de Novalis une conception philosophique de la critique, essentiellement de la critique littéraire, qui s'accorde avec cette philosophie du langage. Il s'agit d'établir les bases théoriques d'une critique exigeante, telle qu'elle sera ensuite illustrée à propos des *Affinités électives* de Goethe et du drame baroque alle-

---

1. Walter Benjamin, *Correspondance*, t. I, p. 296, lettre à Florens Christian Rang du 9 décembre 1923. Voir aussi dans le même sens *Origine du drame baroque allemand*, trad. S. Muller et A. Hirt, Paris, Flammarion, 1985 (rééd. coll. Champs, 2000), p. 34: «La dénomination adamique est si loin d'être un jeu ou une opération arbitraire que c'est elle, précisément, qui définit comme tel l'état paradisiaque, où il n'était pas besoin de se battre avec la valeur de communication des mots» (trad. modifiée).

2. Walter Benjamin, *Correspondance*, t. I, p. 340, lettre à Scholem du 19 février 1925.

mand, c'est-à-dire d'obscurs auteurs comme Gryphius ou Lohenstein. Dès ce premier écrit philosophique que Benjamin livre au public, on peut observer une double tension caractéristique. D'une part, un romantisme exalté et messianique s'y oppose à une accentuation de la «sobriété» et de la «prose» comme idéaux de l'art digne de ce nom. D'autre part, Benjamin semble hésiter entre deux tendances du romantisme allemand au sens large : d'un côté le radicalisme mystique des romantiques d'Iéna, qui privilégient la critique par rapport aux œuvres, et, de l'autre, la sagesse et la sobriété de Goethe, qui accorde peu de pouvoirs à la théorie philosophique et peu d'importance à la critique des œuvres. Pour Benjamin, la synthèse de ces deux tendances reste une tâche à réaliser.

L'essai sur «*Les Affinités électives*» de Goethe n'aborde pas directement le problème de cette synthèse, mais tente de la mettre en œuvre pratiquement. L'idée romantique de la critique comme philosophie suprême est ici appliquée à l'une des œuvres exemplaires du principal écrivain de la tradition allemande. Ses «idées» encore mythiques — à propos des «affinités électives» précisément, notion d'une science occulte — sont soumises à une critique immanente. En même temps, l'essai dégage du roman une pensée en action qui dépasse de loin les idées explicites de Goethe et le conduit dans le voisinage des pensées de Benjamin[1]. Que «l'espoir ne nous est donné que pour l'amour de ceux qui sont sans espoir», c'est là une pensée que Benjamin déduit du récit de Goethe et qu'il partage avec l'écrivain qui

---

1. Benjamin reprend ainsi le projet de Friedrich Schlegel de faire une critique exemplaire d'une œuvre de Goethe, projet réalisé dans l'essai sur *Wilhelm Meister*, qui devait faire accéder les idées du roman à une puissance supérieure.

n'aurait guère su la formuler comme telle. C'est ainsi que Benjamin développe l'influent concept de «contenu de vérité», en vertu duquel le critique philosophique fait dire à une œuvre plus qu'elle ne dit par elle-même. Il en fera une autre application à propos des drames oubliés du XVIIᵉ siècle allemand.

Ce qui distingue l'ouvrage sur l'*Origine du drame baroque allemand* de l'essai sur *Les Affinités électives*, c'est avant tout le fait que les pièces évoquées ne sont pas comparables au chef-d'œuvre de Goethe. Frisant souvent le comique involontaire, les drames de Gryphius, de Lohenstein ou de Hallmann sont loin d'égaler ceux de Shakespeare ou de Calderon, mais ce qui importe à Benjamin c'est leur genre, celui du *Trauerspiel* à la différence de la tragédie. Dans l'idée de ce genre, il découvre une cohérence philosophique ou plutôt théologique, qu'il souhaite mettre en valeur : une vision du monde à l'opposé du classicisme allemand et qui refuse de transfigurer le monde moderne. Il s'agit d'une vaste complainte sur cette vallée de larmes qu'est la terre et d'une présentation des puissants (de tout temps) comme tyrans déments. Si Goethe, dans ses dernières œuvres, s'était arraché à grand-peine à la mythologie de la nature bienheureuse, le drame baroque en est d'emblée éloigné. D'où, selon Benjamin, le profond oubli dans lequel cette littérature de la guerre de Trente Ans est tombée depuis le XVIIIᵉ siècle, âge d'un optimisme historique dont la modernité, selon lui, partage encore l'aveuglement.

2. *Le stratège dans le combat littéraire*

À la fonction métaphysique et théologique que les premiers écrits de Benjamin, dans l'esprit du néo-romantisme symboliste de Mallarmé ou de Stefan

George, assignent à la littérature, se superposera et se substituera ensuite sa fonction politique. À partir de ce moment, il fait non seulement paraître des écrits d'un caractère différent, il publie aussi dans des organes différents : il passe des revues tradition- nelles[1] aux périodiques d'actualité, notamment *Die literarische Welt*, dont la création date précisément de 1925 et à laquelle il collaborera jusqu'en 1933, le supplément littéraire du *Frankfurter Zeitung* où tra- vaille Siegfried Kracauer et où il publiera encore, sous des pseudonymes, jusqu'en 1935, ou *i 10. Inter- nationale Revue* qui paraît à Amsterdam. Les textes seront plus courts et plus nombreux. Espérant vivre de sa plume, Benjamin signe en même temps un contrat pour la traduction allemande de *La Recherche du temps perdu* (1925).

L'apparition de ce nouveau « paradigme » de la pensée de Benjamin coïncide avec la fin de sa car- rière universitaire, marquée par l'échec définitif, en 1925, de sa tentative de présenter l'*Origine du drame baroque allemand* comme thèse d'habilitation. Au refus des universitaires francfortois, heurtés par le style ardu du travail et le caractère peu académique de sa pensée, s'ajoutait la faible motivation du candi- dat, qui n'avait guère envie de consacrer sa vie à l'enseignement. Par nécessité comme par penchant, Benjamin vivra donc dès lors en homme de lettres. Les difficultés croissantes de cette situation le condui- ront dans l'impasse au début des années 1930, après son divorce. Il n'échappera à l'extrême précarité qu'à partir de 1935, grâce à l'aide de l'Institut de recherches sociales de Max Horkheimer.

---

1. Comme l'*Archiv für Sozialwissenschaft und Sozialpolitik*, où paraît *Pour une critique de la violence*, ou les *Neue Deutsche Bei- träge*, où Hofmannsthal publie « *Les Affinités électives* » *de Goethe* et un chapitre de l'*Origine du drame baroque allemand*.

Dès 1923, Benjamin aura l'occasion d'analyser la situation économique désastreuse de l'Allemagne ruinée par la guerre et l'inflation. Petit à petit, il cherchera, comme beaucoup d'intellectuels de l'époque (Lukács, Bloch, Kracauer, Horkheimer, Adorno...), à se convertir au « matérialisme ». Benjamin tentera d'ailleurs de proposer une version « matérialiste » de sa propre théorie du langage, dans des textes comme celui sur la *Théorie de l'analogie* et celui, ici traduit, sur *Le Pouvoir mimétique*.

L'essai *Sur le langage* avait opposé aux fonctions instrumentales du langage une fonction de révélation liée aux processus primitifs de nomination, par lesquels l'homme à la fois crée à l'image de Dieu et parle à Dieu. Le texte sur *Le Pouvoir mimétique* substitue à la faculté de nomination et de révélation le mimétisme humain, toujours sous l'aspect du langage et abstraction toujours faite de ses fonctions pragmatiques, dans le sens d'une opposition au caractère arbitraire des signes. Aux yeux de Benjamin, l'onomatopée conserve un rôle fondamental. Mais il en élargit le sens en rattachant à cette démarche, sous le nom de « ressemblance non sensible », aussi bien les analogies sémantiques qui existent entre différentes langues que les correspondances qui sont censées exister entre signification et écriture. Le processus historique est ainsi en même temps une généralisation du pouvoir mimétique par l'intermédiaire du langage et une « liquidation de la magie » inhérente aux premières correspondances.

En raison de difficultés éditoriales, certains écrits parmi les plus marquants de la première période de Benjamin, notamment l'*Origine du drame baroque*, ne paraîtront qu'en 1928, la même année que *Sens unique*, qui énonce déjà clairement certaines idées de la seconde période. Parmi les innombrables écrits de ces années, si l'on fait abstraction des écrits de circonstance, comptes rendus et notes, chroniques et souvenirs (*Enfance berlinoise*), esquisses comme les *Passages parisiens*, les textes qui se détachent sont les portraits littéraires : ceux d'auteurs allemands comme Gottfried Keller, Johann Peter Hebel, Robert Walser, Siegfried Kracauer, Karl Kraus et Franz Kafka ; ceux d'auteurs français comme André Gide, Paul Valéry, Marcel Proust, Julien Green, les surréalistes[1]. À cela s'ajoutent les essais théoriques généralement brefs et denses, sur la photographie, sur le pouvoir mimétique ou sur l'appauvrissement de l'expérience.

Benjamin sait que *Sens unique*, le premier projet de livre conçu après la césure de 1924-1925, est un ouvrage de transition qui ne se distingue guère par sa cohérence : « ma physionomie plus ancienne s'y mêle à la plus récente[2]. » En revanche, des textes comme *Kitsch onirique* ou *Le Surréalisme*, écrits en 1925-1926 et en 1928-1929, l'essai sur *L'Image proustienne* de 1929, représentent bien la seconde période de l'œuvre. Dans l'esprit du surréalisme, la perception baroque du monde comme ruine, voire comme paysage préhistorique figé, y est appliquée à la ville moderne et interprétée comme un signe du retard des rapports sociaux sur l'évolution technique. Le kitsch du XIXe siècle, son architecture historiciste inadaptée aux nouveaux matériaux de construction comme le fer et le verre, ses modes et ses commerces, son style d'ameublement qui surcharge les appartements, fascine Benjamin comme

1. En 1930, Benjamin signe un contrat avec l'éditeur Rowohlt pour un recueil d'essais qui aurait dû comprendre, entre autres, les essais sur Gottfried Keller, Johann Peter Hebel, Robert Walser, Karl Kraus, Julien Green, Marcel Proust, André Gide et le surréalisme, mais le projet échouera.

2. Walter Benjamin, *Correspondance*, t. I, p. 380, lettre à Scholem du 5 avril 1926.

le Max Ernst des collages. Psychanalyste de la culture, il voit la violence archaïque resurgir lorsque l'homme moderne reste prisonnier de conditions sociales surannées.

C'est dans cet esprit aussi qu'il faut comprendre les essais littéraires de ces mêmes années sur des auteurs allemands et français. « La connaissance enfin assurée de l'œuvre de Keller suppose que l'on réévalue le dix-neuvième siècle », lit-on dans l'essai consacré à l'écrivain suisse. Benjamin fait découvrir un Keller matérialiste, hédoniste et, plus surprenant encore, féminin sous sa barbe, « surréaliste », comme il dira dans une lettre à Marcel Brion[1]. Plus tard, Adorno ne cessera de citer plusieurs formules de cet essai : celle, goethéenne, du « petit fond de non-sens » nécessaire à toute œuvre littéraire et surtout cette phrase qui résume l'ambition de Benjamin : « La plus petite cellule du monde, saisie par l'intuition, pèse autant que le reste de la réalité. »

Johann Peter Hebel et Robert Walser, l'un du XIXe siècle, l'autre un contemporain admiré par Kafka, sont deux honnêtes « voyous » de la littérature allemande, dont Benjamin souligne la glorieuse marginalité. Dans un cadre régional, ils ont su atteindre l'universel. Avec un humour insondable, Hebel a peint l'Allemagne provinciale autour de 1800, Walser des héros de contes lunaires qui ont échappé de peu à la folie.

Passages parisiens

Parmi les textes sur la littérature française, *Le Surréalisme* est un essai que Benjamin considérait

1. Walter Benjamin, *Gesammelte Briefe*, t. III, p. 271, lettre à Marcel Brion du 13 juillet 1927.

comme un «paravent» destiné à protéger contre le plagiat quelques-unes des idées qui lui tenaient le plus à cœur à cette époque : celles concernant les *Passages parisiens*, qui le préoccuperont jusqu'à la fin de sa vie[1]. Pour comprendre son interprétation très personnelle du surréalisme, il suffit de citer quelques phrases de cet essai. Il y est dit qu'André Breton fut le premier à «mettre le doigt sur les énergies révolutionnaires qui se manifestent dans le "suranné", dans les premières constructions en fer, les premiers bâtiments industriels, les plus anciennes photos, les objets qui commencent à disparaître, les pianos de salon, les vêtements d'il y a cinq ans, les lieux de réunion mondaine quand ils commencent à passer de mode[2]». Avant les surréalistes, poursuit Benjamin, «avant ces voyants et ces devins, personne n'a vu comment la misère, non seulement la misère sociale, mais tout autant la misère architecturale, la misère des intérieurs, les objets asservis et asservissants, basculent dans le nihilisme révolutionnaire[3]».

À la perception surréaliste du décor fantastique et pathologique des villes du XIXᵉ siècle, ainsi que des chocs novateurs qui s'en dégagent par contraste avec la conscience moderne, Benjamin souhaite apporter le concours de son travail théorique, celui de son livre *Paris, capitale du XIXᵉ siècle*. L'affinité avec la psychanalyse, témérairement appliquée aux processus historiques, apparaît à travers les notions du souvenir et de l'éveil, «XIXᵉ siècle» étant le nom d'un vaste terrain pathogène, d'un cauchemar dont il

1. Walter Benjamin, *Correspondance*, t. II, p. 15, lettre à Scholem du 15 mars 1929. Dès 1927, avant même que *Origine du drame baroque allemand* soit publié, il est question du projet des *Passages parisiens* dans la correspondance de Benjamin.
2. Voir t. II, p. 119 de cette édition des *Œuvres*.
3. *Ibid.*

s'agit de s'éveiller. La particularité de ces recherches de Benjamin est de ne pas énoncer d'idée générale, mais, à la manière dont ses études littéraires s'appuient sur un travail philologique minutieux, de présenter la réalité urbaine, sociale, artistique ou littéraire comme un unique texte qui parle pour ainsi dire de lui-même. Si l'*Origine du baroque allemand* opposait au monde contemporain une théologie démystifiante, l'étude des *Passages* devait conférer à cette même opération de démystification une fonction politique directe.

En 1930, Benjamin appelle les *Passages parisiens* « le théâtre de tous mes combats et de tout[es] mes idées [1] ». Qu'il s'agisse des essais sur Proust ou de Green, de Kraus ou de Kafka, des portraits d'écrivains du xixᵉ siècle comme Hebel ou Keller, des études sur la photographie ou le film, en effet presque tous les écrits de Benjamin, désormais, se rattachent de près ou de loin à cette réflexion historique. Ce qui, du passé, nous fait signe et, brusquement, prend un sens jusque-là insoupçonné, est interprété par Benjamin comme une chance à saisir pour échapper à l'éternel retour du même.

Deux phases sont à distinguer dans cette réflexion qui s'étend sur treize ans : (1) celle qui, de 1927 à 1929, prolonge *Sens unique* et aurait dû donner lieu à un texte intitulé *Passages parisiens. Une Féerie dialectique* [2], et (2) celle qui fait suite à une discussion menée avec Horkheimer et Adorno en 1929 ; le projet littéraire se transforme alors en travail philosophique et sociologique. À partir de 1935, année de l'esquisse *Paris, capitale du xixᵉ siècle* ici traduite, ce projet théo-

---

1. Walter Benjamin, *Correspondance*, t. II, p. 28, lettre (dans un français parfois approximatif) à Scholem du 20 janvier 1930.
2. Walter Benjamin, *Correspondance*, t. I, p. 414, lettre à Scholem du 30 janvier 1928.

rique fondé sur une conception plus rigoureuse figurera parmi les travaux que l'Institut de recherches sociales de Francfort, alors en exil aux États-Unis, demande à Benjamin de réaliser. Il ne dépassera jamais le stade des collections de matériaux, immenses, et des synthèses provisoires, la dernière, en langue française, datant de 1939[1]. En revanche, les écrits sur Baudelaire, dont l'essai *Sur quelques thèmes baudelairiens*, sont les développements d'un des chapitres prévus dans le projet des *Passages*.

Le premier exposé *Paris, capitale du xixe siècle* date de mai 1935. C'est l'année pendant laquelle Benjamin écrira aussi *L'Œuvre d'art à l'époque de sa reproductibilité technique*[2], l'essai qui doit marquer l'ancrage dans le présent du vaste travail consacré au «destin de l'art au dix-neuvième siècle[3]». Dans chacun des six chapitres de l'exposé est abordé un phénomène urbain lié au développement de l'économie capitaliste au xixe siècle (les passages, les panoramas, les expositions universelles, l'intérieur, les rues et l'urbanisme) et un nom de personnage emblématique ou révélateur qui s'y rattache (Fourier, Daguerre, Grandville, Louis-Philippe, Baudelaire et Haussmann). La première version place l'ensemble de ces sujets sous le thème général de la technique qui, irrésistiblement, s'émancipe de l'art et, par contrecoup, suscite chez les hommes des rêves à la fois utopiques et archaïques. De plus en plus, l'art semble se contenter d'entourer d'illusions

1. Voir Walter Benjamin, *Écrits français*, éd. par J.-M. Monnoyer, Paris, Gallimard, 1991, p. 290-309.
2. Pendant l'automne, la première version étant achevée en décembre. La version française publiée dans la *Zeitschrift für Sozialforschung* (et plus récemment dans les *Écrits français*) date de 1936, la dernière version de 1939.
3. Walter Benjamin, *Correspondance*, t. II, p. 196, lettre à Werner Kraft du 27 décembre 1935.

nostalgiques le nouveau règne de la technique associé au nouvel ordre économique, par rapport auquel
le régime social, archaïque selon Benjamin, est radicalement inadapté.

La seconde version de l'exposé (1939) place les
différents chapitres sous le thème général de la «fantasmagorie». Celle-ci est engendrée par le fétichisme
de la marchandise. Le thème de l'art s'efface au profit de celui de la fausse conscience. La figure de Blanqui, récemment découverte par Benjamin (notamment
à travers l'écrit de prison, *L'Éternité par les astres*) y
occupe une place centrale. L'ancien révolté finit par
ne voir dans le nouveau, dans le progrès, que l'éternel retour du même. Aux yeux de Benjamin, c'est là
la fantasmagorie suprême du marché, mais il n'est
pas loin de partager cette vision. De cet enfer, seul
un revirement radical scrait capable de conduire
l'humanité à l'éveil salutaire que Benjamin souhaite
favoriser par son analyse. À la veille de la Seconde
Guerre mondiale, il lui était impossible d'imaginer
une société capable de domestiquer cet ensemble
infernal d'innovation technique, de fausse conscience
et de régression sociale.

Proust, Green, Kraus, Kafka

Essai au titre ambigu, à la fois portrait de l'écrivain et réflexion sur le statut de l'image dans son
œuvre, *L'Image proustienne* fait suite et pendant au
Surréalisme. Dans ce texte, Benjamin, traducteur de
Proust, rapproche en effet l'écrivain du mouvement
qui est alors le plus récent de la littérature française :
«Déchiré de nostalgie, il gisait sur son lit, nostal-
gique d'un monde altéré, figé dans cet état de ressemblance où s'impose par effraction le vrai visage
surréaliste de l'existence.» Autrement dit, Benjamin

aborde Proust du point de vue du projet *Paris, capitale du xix* siècle, l'écrivain ayant lui aussi jeté sur ce siècle rêveur un regard éveillé. Aux yeux de Benjamin, Proust est le dernier écrivain, avant longtemps, qui ait été capable de donner un sens littéraire à une vie entière. Il avait su le faire notamment grâce à son culte de la ressemblance et de l'image. Sociologue incorruptible du snobisme et de la classe des consommateurs, il réduit en même temps cette réalité dégradée, sur laquelle il jette un regard ironique, à un tissu de « correspondances » qui la magnifient.

À côté de Proust, peu d'écrivains français contemporains suscitent chez Benjamin un intérêt aussi intense que Julien Green ; il a commenté *Mont-Cinère* et *Adrienne Mesurat* (1928), avant de faire le portrait de l'auteur de *Léviathan*. Si Proust oppose au monde contemporain le « Nil » de son style, la profondeur de son oubli, la tapisserie de sa mémoire et de ses correspondances, Green, dans l'économie de la pensée benjaminienne, est proche de Kafka. Comme lui, il restitue fidèlement la présence de la « préhistoire » dans l'aujourd'hui. Avec lui, « l'histoire primitive du dix-neuvième siècle, dont les monuments nous parlent, d'une façon de plus en plus audible depuis les Surréalistes, s'enrichit d'un témoignage inoubliable[1] ». Comme toujours, Benjamin met en évidence l'arrière-plan théologique de l'écrivain : un inventaire dantesque des vices et des passions immuables des hommes et un regard désespéré sur la « créature », en un mot une vision proche de celle qu'évoque l'*Origine du drame baroque allemand* et qui, aux yeux de Benjamin, n'entre pas en contradiction avec ses nouvelles perspectives politiques.

Écrit pour une encyclopédie soviétique et jamais publié sous sa forme originale, l'essai sur *Goethe*,

---

1. Walter Benjamin, *Gesammelte Schriften*, t. III, p. 145.

plusieurs années après l'étude approfondie sur les
Affinités électives, tente d'aborder l'écrivain sous
l'angle de sa «conscience de classe» et de son rapport à la politique. Visiblement, Benjamin se force
dans ce texte pour répondre aux attentes supposées
de ses commanditaires moscovites. Comme toujours, il faut chercher dans cet essai une dimension
personnelle. En dénonçant le «nihilisme politique»
de l'écrivain, son «incapacité à saisir l'histoire politique», son mépris et sa méconnaissance anarchistes de l'État et sa fascination pour les grands
individus, c'est de lui-même que parle aussi Benjamin, qui a toujours voué une profonde admiration à
Goethe. «Il ramenait l'histoire à l'histoire naturelle,
ne la comprenait que pour autant qu'elle était liée à
la créature»; c'est bien là la conception de l'auteur
de l'*Origine du drame baroque allemand*. La critique
parfois acerbe relève de la surenchère, comme ce
sera encore le cas dans *L'Œuvre d'art à l'époque de
sa reproductibilité technique*, où Benjamin cherche
à surpasser l'effort de Brecht pour détruire l'aura
traditionnelle de l'œuvre d'art. Dans cet essai sur
Goethe, Benjamin fait en quelque sorte l'inventaire
des traits de caractère dont il souhaite lui-même se
débarrasser.

Il en est de même pour les grands essais sur Kraus
(1931) et sur Kafka (1934), auteurs dont Benjamin se
sent à maints égards proche. Il reconnaît chez eux
l'esprit du judaïsme moderne s'élevant contre une
époque qui trahit les promesses de l'émancipation
bourgeoise. Le marxisme brechtien transparaît toujours dans ces deux lectures. Kraus est le justicier
d'un langage corrompu par la presse, comme Loos
est le pourfendeur du faux ornement historiciste. Par
la satire, au nom à la fois de la littérature et du sexe,
de la nature bafouée et de l'enfance, Kraus engage
une bataille solitaire et titanesque contre la bêtise et

la bassesse, contre une justice répressive en matière
de mœurs. Il est le messager du scandale quotidien
et reçoit, à ce titre, le nom d'une figure emblématique de Benjamin : l'Ange nouveau, titre d'une
œuvre de Paul Klee. Autre affinité, Kraus est comme
Benjamin un maître de la citation. Faire apparaître
le grotesque, le monstrueux, l'énorme, simplement
en le citant et en appelant les choses par leur nom,
c'est aussi la technique que Benjamin envisage pour
ses *Passages*.

   Aux lectures théologiques alors dominantes de
Kafka, Benjamin oppose une interprétation attentive
aux détails, à l'étrangeté des motifs et des images.
Mais il ne recule pas devant la surenchère. Jugeant
sévèrement l'époque moderne, il avait fréquemment
affirmé que le monde contemporain relevait toujours
du mythe. Or, l'univers de Kafka lui semble plonger
ses racines dans une préhistoire à tel point archaïque,
dans un « marécage » tel que le mythe lui-même
y apparaîtrait déjà comme une délivrance. Mais
Benjamin ne maintient pas cette analyse ; quelques
lignes plus loin, Ulysse, dans un texte de Kafka, est
placé sur le seuil qui sépare le mythe du conte, ce
dernier devant triompher par la ruse des puissances
mythiques, des Sirènes en l'occurrence. Kafka, selon
Benjamin, écrit des contes pour penseurs dialec-
tiques[1]. Au thème de l'angoisse mythique, déjà au
centre de l'essai sur *Les Affinités électives*, s'oppose
une fois de plus celui de l'espoir, qui prend ici des
formes inattendues, désespérantes, comme la cor-
ruptibilité des bureaucrates ; il est vrai que l'essai fut
écrit quelques mois après l'accession de Hitler au
pouvoir.

   1. Horkheimer et Adorno, dans la *Dialectique de la Raison*
(1944), donneront un large développement à cette idée nucléaire.
L'épisode homérique des Sirènes y jouera d'ailleurs un rôle central.

Reproduction technique de l'œuvre d'art

Comme les essais sur Kraus et sur Kafka, la *Petite Histoire de la photographie* (1931) et *L'Œuvre d'art à l'époque de sa reproductibilité technique* (1935-1939) furent écrits, sur des sujets proches, avant et après la date de l'exil définitif. L'un et l'autre essais se rattachent clairement aux réflexions sur les passages et sur le sort des techniques au XIX⁰ siècle. L'un et l'autre s'efforcent de définir le tournant historique que représente le «déclin de l'aura», ici encore défini, sans ambiguïté, comme une libération. Sans doute faut-il rapprocher cette idée de la thèse de Marx selon laquelle le capitalisme dépouille la réalité de tout sentimentalisme et la fait apparaître en sa vérité nue, permettant ainsi la transformation sociale. La question que soulèvent ces essais est de savoir pourquoi cette notion d'*aura* devait revêtir une signification aussi centrale dans la pensée de Benjamin, au point d'en devenir emblématique.

La première phrase de l'essai de 1931 compare les origines de la photographie à celles de l'imprimerie. Il s'agit donc déjà d'une réflexion sur les techniques de reproduction. En revanche, il ne s'agissait pas d'emblée d'une réflexion sur l'œuvre d'art. Ce qui fascine Benjamin dans les photographies, c'est la magie d'une réalité qui perce l'image ; c'est la question de l'étincelle de hasard qui s'incarne dans l'ici et le maintenant de l'instantané. Quelque chose échappe à la technique du photographe ; ce qu'il capte n'est pas perceptible à l'œil nu. Incidemment évoquée quelques années plus tôt dans *Hachisch à Marseille*, l'*aura* est donc introduite en tant que concept dans l'essai sur la photographie. Elle apparaît alors comme un effet technique caractéristique de la concentration requise par la longue exposition des premières photographies, non comme une qualité de l'art antérieur à la photographie. L'aura est ici un effet authentique et une source de beauté. En revanche, avec les progrès de la technique, elle disparaîtra et ne sera restaurée que par des artifices comme la retouche. Sa suppression paraît dès lors souhaitable dans l'intérêt d'une perception plus lucide de la réalité.

C'est dans cet esprit que l'essai *L'Œuvre d'art à l'époque de sa reproductibilité technique* élargit le débat. L'apparition de la photographie et du film s'inscrit dans une évolution de longue durée qui substitue à l'unicité des phénomènes artistiques, que le culte et la tradition tiennent à distance du spectateur, leur appropriation par les masses aux fins d'un usage immédiat. Cette mutation a un prix : la liquidation de la tradition. Benjamin se déclare prêt à le payer. D'une part, la restauration artificielle de l'aura, après son déclin, est à ses yeux un mensonge ; d'autre part, l'humanité, confrontée à des conflits particulièrement aigus, lui semble avoir besoin de représentations grâce auxquelles elle peut adapter sa perception à la nouvelle réalité des appareils. Le cinéma est l'art qui se prête le mieux à cette tâche. Ne connaissant plus d'original, il est conçu en fonction de la reproduction ; ne reposant plus sur le rituel, il semble même se fonder sur la politique. Telle est en tout cas la conclusion que Benjamin tire du jeune cinéma russe : chacun y a le droit d'être filmé, et — symbole de l'anti-élitisme — la différence entre auteur et public semble devoir s'effacer.

Benjamin n'a pu prévoir, à son époque, que la «massification» concrète était un phénomène historique passager. Il lui semblait que la présence physique des masses dans l'espace social était une réalité qui allait s'imposer avec toujours plus de force. Il pensait de ce fait que le cinéma était un lieu privilégié de l'espace public, où les masses formaient leur conscience politique par la réception collective simultanée. À l'époque, il était impossible de prévoir que d'autres médias — la télévision et Internet — réduiraient le rôle public des masses et favoriseraient à nouveau une réception individuelle des informations et des œuvres. Benjamin n'a pas non plus prévu que la démocratie résisterait à l'action des nouveaux médias. Il s'est trompé en annonçant la disparition de la spécificité artistique et la domination exclusive du caractère politique dans les arts émancipés du rituel. Mais il a anticipé d'innombrables débats sur la désacralisation des arts, sur les arts «allographiques», ou sur le statut social et artistique de l'image photographique.

3. *Destruction et mémoire*

Un troisième paradigme de la pensée de Benjamin — le dernier d'une vie qui n'atteindra pas la cinquantaine — s'annonce peu après l'achèvement de l'essai sur *L'Œuvre d'art*, notamment dans sa version française établie en janvier-février 1936. Benjamin écrit alors à Adorno: «Les deux semaines de travail extrêmement intensif avec mon traducteur m'ont donné certaine distance vis-à-vis du texte allemand, que je ne trouve d'ordinaire qu'au terme d'assez longs délais. Je ne dis pas cela, ajoute-t-il, pour prendre mes distances par rapport à ce texte, mais au contraire, parce que seule cette distance m'a fait découvrir en lui un élément que je verrais avec plaisir accéder à un certain honneur: l'urbanité cannibale, une attitude précautionneuse et circonspecte dans la destruction, qui trahit, j'espère, quelque chose de l'amour de ces choses, pour vous plus que toutes familières, qu'elle met à nu[1].» Or, percevoir la destruction de l'aura comme relevant d'une «urbanité cannibale», d'une «attitude précautionneuse... dans la destruction» et qui trahit en fait «l'amour» des choses détruites, c'est tout de même une manière, sinon de «prendre ses distances» avec ce travail, du moins de le présenter sous un jour nouveau, incompatible avec une lecture au premier degré. Il faut dès lors bien admettre que Benjamin ne prend plus tout à fait au sérieux ce qu'il vient d'écrire, bien que, visiblement, il ne souhaite pas admettre qu'un changement s'est opéré dans son esprit[2].

Ce qui conforte cette lecture, c'est le fait qu'au moment même où il écrit cette lettre, il rédige son essai sur Leskov intitulé *Le Conteur*, dont la première mention dans la correspondance date du 29 mars 1936[3]. Le conteur est une figure dont Benjamin, dans une lettre du mois de mai de cette année, décrit avec regret la «lente disparition[4]». Cette fois, «l'amour» d'une chose détruite par l'évolution technique et sociale est avoué sans précautions oratoires.

---

1. Walter Benjamin, *Correspondance*, t. II, p. 204, lettre à Adorno du 27 février 1936.

2. Benjamin aurait dit à Adorno avoir voulu, dans son essai sur *L'Œuvre d'art*, être plus radical que Bertolt Brecht. Cet aveu va dans le même sens que l'observation sur «l'urbanité cannibale» de cet essai.

3. *Le Conteur* reprend un sujet que Benjamin a déjà abordé précédemment, celui du conte oral et convivial opposé au roman qui isole son lecteur (voir notamment *Am Kamin* de 1933, *Gesammelte Schriften*, t. III, p. 388-392). Mais ce n'est qu'en 1936 que le déclin de la narration à l'ancienne est mis en rapport avec le «déclin de l'aura».

4. Walter Benjamin, *Gesammelte Briefe*, t. V, Francfort-sur-le-Main, Suhrkamp, 1999, p. 289, lettre à Werner Kraft du 28 mai 1936.

Quelques jours plus tard, il expliquera à Adorno qu'il vient d'écrire « un essai sur Nicolaï Leskov, qui, sans prétendre le moins du monde à la même portée que l'essai sur _L'Œuvre d'art_, présente quelques parallèles avec le "déclin de l'aura", à travers le fait que l'art de raconter touche à sa fin[1] ».

Or, dans l'essai sur _L'Œuvre d'art_, le « déclin de l'aura » paraissait souhaitable ; le « recueillement » traditionnel devant l'œuvre y était même considéré comme une « école du comportement asocial[2] ». Certes, dans ce texte aussi, Benjamin évoque une forme d'aura authentique —, celle du visage humain dans les premières photographies. Condamnée à disparaître dans la photographie ultérieure, elle y est créditée par lui d'une « incomparable beauté[3] ». Mais l'accent est mis ici sur la _contrepartie positive_ du déclin de l'aura. Benjamin la découvre dans des formes d'art qui, pour la première fois, savent représenter les masses et s'adresser à elles, leur permettent de connaître le monde moderne et de s'y retrouver. Rien de tel dans _Le Conteur_. Dans cet essai, l'univers contemporain des techniques d'information et de communication n'est plus caractérisé _que_ de façon péjorative. Rien ne semble compenser la perte des formes anciennes de récit, et le roman lui-même, par son individualisme, apparaît comme une forme de déclin.

---

1. _Ibid._, p. 307, lettre à Adorno du 4 juin 1936. Dans une lettre à Scholem, qui voyait d'un mauvais œil les écrits d'inspiration marxiste de son ami, Benjamin montre qu'il a conscience du changement d'orientation que _Le Conteur_ représente par rapport à _L'Œuvre d'art_ : c'est là un texte, lui écrit-il le 25 juin 1936, « qui te serait sans doute bien plus agréable [que l'essai sur _L'Œuvre d'art_], et pas seulement du point de vue de son style » (_Gesammelte Briefe_, t. V, p. 317).

2. _L'Œuvre d'art à l'époque de sa reproduction technique_, première version, chap. XVII, voir ci-dessous, t. III, p. 106.

3. _Ibid._, chap. VII, ci-dessous, t. III, p. 81.

Benjamin semble distinguer deux formes d'abandon moderne de la tradition. L'une, celle du film, sauvegarde les fonctions communautaires grâce à sa réception collective ; l'autre, celle du roman et de la presse modernes, est «individualiste», car elle sacrifie la réception collective. Reprenant l'opposition classique entre communauté et société, Benjamin apparaît tantôt comme «progressiste», lorsque l'intérêt universel lui dicte ce choix, tantôt comme «conservateur», lorsque la perte des valeurs communautaires semble le lui interdire. Dans ses *Thèses sur l'histoire*, la communauté des victimes opprimées incarne cette oscillation entre traditionalisme et aspiration à une révolution radicale. Mais Benjamin ne se rend pas compte que la politique ne peut se réduire à une mémoire symbolique de l'oppression et à un rapport de domination entre vainqueurs et victimes ; il fait abstraction de toute institution légitime.

Il prend garde, néanmoins, de ne pas idéaliser un genre traditionnel sous sa forme contemporaine, rabougrie ou fausse. Il ne s'agit pas pour lui d'opposer, aujourd'hui, la tradition du récit oral au règne individualiste moderne. Si le passé est évoqué dans *Le Conteur*, c'est pour que l'on prenne la mesure d'une perte subie par l'humanité. Depuis *Sens unique*, le travail philosophique et critique de Benjamin avait consisté à justifier l'œuvre subversive des techniques modernes que seule une exploitation politique réactionnaire empêchait de développer leur potentiel libérateur. Il émet désormais un doute profond à l'égard de cette perspective d'émancipation et insiste sur les faux frais du processus de modernisation, chose que, jusque-là, il ne lui avait guère semblé nécessaire de faire.

Preuve en est encore, si nécessaire, l'appréciation entièrement négative de la photographie dans l'essai *Sur quelques thèmes baudelairiens* de 1939. Le contraste ne pourrait être plus total entre cette analyse dépréciative et celle, enthousiaste, de la *Petite Histoire de la photographie*, encore reprise par l'essai sur *L'Œuvre d'art*. La critique de Baudelaire y était brièvement évoquée, à titre de mise en garde contre des ambitions artistiques déplacées, selon Benjamin, de la photographie. Cette fois, l'attaque baudelairienne est reprise sans réserves : devant une peinture, domaine réservé de l'imagination, le regard du spectateur est insatiable ; devant une photographie, confinée dans le règne de la mémoire volontaire, il se rassasie aussitôt et reste frustré.

Entre avril 1937 et septembre 1938, Benjamin avait rédigé une première version de son essai sur Baudelaire, *Le Paris du second Empire chez Baudelaire*[1]. Ce texte sociologique et politique est plus près de l'essai sur *L'Œuvre d'art* que du *Conteur*. Lorsqu'il le rédigeait, Benjamin venait de découvrir à la fois toute la complexité du personnage d'Auguste Blanqui, qui joue un rôle important dans la première étude sur Baudelaire, et l'ambiguïté de la « bohème », d'où venaient aussi bien Blanqui et Baudelaire que Louis Napoléon Bonaparte. En critiquant Baudelaire, Benjamin souligne aussi sa propre évolution : pendant toute sa vie d'écrivain, il a été fasciné par les *Fleurs du mal*, dont il a traduit les « Tableaux parisiens » depuis 1914, et sa conception du langage avait été profondément marquée par cette tradition romantique et symboliste, dont il dénonce ici la conscience politique déficiente.

En contrepartie, Baudelaire et ses héritiers, Proust

1. Pour la traduction française, voir Walter Benjamin, « Le Paris du second Empire chez Baudelaire », in *Charles Baudelaire. Un poète lyrique à l'apogée du capitalisme*, trad. J. Lacoste, Paris, Payot, 1979, 1990, p. 21-145.

notamment, sont les garants d'une conception de l'expérience et de la mémoire dans laquelle Benjamin trouve un appui de sa critique de la modernité. Déjà battu en brèche par *Le Conteur*, le radicalisme de l'essai sur *L'Œuvre d'art*, qui célébrait la «liquidation de l'aura», sera largement abandonné dans *Sur quelques thèmes baudelairiens*. La reproduction technique perd ses droits devant l'imagination et le beau qui sont nécessaires à l'économie de la mémoire et de la conscience historique. Par le beau, semble-t-il, le spectateur d'une peinture est plongé dans les profondeurs du temps et de la mémoire. Le beau, selon Benjamin, est exclu des techniques de reproduction. Tant pis, disait l'essai sur *L'Œuvre d'art*, qui associait le beau à une forme dégradée de valeur cultuelle et parlait, à propos de Mallarmé, d'une «théologie négative» oublieuse de toute fonction et de tout contenu social de la littérature et de l'art. Or, c'est bien une pensée de ce type que défend le dernier essai sur Baudelaire : «Perte d'auréole», le poème en prose du poète, «liquide l'aura» sur un mode ironique qui en préserve la mémoire.

Philosophie de l'histoire

À partir de 1937, une partie importante des réflexions de Benjamin est consacrée à l'histoire. L'introduction épistémologique au livre sur les passages devait porter sur la méthode de l'historien. Les thèmes de l'essai sur *L'Œuvre d'art*, notamment le refus de «l'esthétisation de la politique», sont maintenant inscrits dans une réflexion plus large sur le rapport au passé et à l'avenir.

Lorsque Benjamin voit en Carl Gustav Jochmann,

qu'il découvre en 1937[1], un homme isolé au sein de son époque et un auteur dont le style sobre et longuement médité porte une « empreinte sculpturale », il est facile de comprendre qu'il reconnaît en lui un esprit apparenté. Comme Adolf Loos au début du siècle, adversaire de l'enjolivement de l'architecture dans l'esprit de l'historicisme, Jochmann est pour Benjamin un relais de la résistance à la fausse esthétisation architecturale, qui se poursuit dans le présent des États totalitaires.

Travail de commande pour la *Revue de recherche sociale* de Horkheimer, l'essai sur *Eduard Fuchs*, écrit dès 1937, part lui aussi de questions esthétiques pour déboucher sur le thème de l'histoire. Benjamin y parle d'autant plus volontiers de son propre travail que l'auteur ne l'intéresse que médiocrement. L'essai anticipe largement sur les *Thèses* de 1939-1940. Trois des quatre thèmes philosophiques de ces *Thèses* sont, souvent littéralement, abordés dans le texte sur Fuchs. Benjamin y insiste, en effet, sur le caractère fulgurant de l'image historique et l'oppose à une image intemporelle que l'historisme cherche à donner de la vérité historique. Il évoque les méfaits d'une confusion entre progrès technique et progrès de l'humanité (confusion dont se rendent aussi coupables, selon lui, la social-démocratie allemande et une grande partie de la pensée marxiste). Et il oppose la représentation d'un temps linéaire, homogène et vide, à la constellation entre un passé brusquement citable et un présent qui se sent visé par lui.

En fait, Benjamin, dans ces thèses, ne fait qu'énoncer les principes généraux qui guident son travail

---

1. La « découverte » est litigieuse, Werner Kraft, qui avait été le premier à attirer l'attention sur cet auteur oublié, ayant prêté ses ouvrages à Benjamin.

depuis de longues années. Ses recherches sur les passages parisiens, ou sur le « destin de l'art au XIXe siècle », entretiennent de multiples rapports avec sa réflexion sur le présent. Le surréalisme avait montré que cette architecture était déjà en ruines. Et l'essai sur *L'Œuvre d'art* représentait le point de fuite de ces recherches historiques dans le présent : la théorie du film s'éclairant par la connaissance de la rupture marquée au siècle précédent par l'invention de la photographie.

Il ne manque encore, dans l'essai sur Fuchs, que le quatrième thème des *Thèses*, soigneusement dissimulé par Benjamin dans ses publications jusqu'en 1939 sous l'emprise du « surmoi brechtien ». Il s'agit du nécessaire recours à la « théologie », avec des notions comme celles de messianisme et de rédemption. Avec le « déclin de l'aura » et le remplacement des fonctions rituelles de l'art par la politique, l'essai sur *L'Œuvre d'art* semblait, en effet, en avoir fini avec toute notion « théologique ». Au début de la Seconde Guerre mondiale, notamment après le pacte germano-soviétique qui l'avait profondément bouleversé, Benjamin pense que les louvoiements des hommes politiques sont dus à leur croyance en un progrès automatique. Sans repère transcendant, l'opposition au nazisme lui semble impuissante et dépourvue d'orientation. On n'« avance » pas dans l'histoire si l'on n'a pas conscience de la nécessité de résister à une politique et à une culture qui, en transformant le passé en « héritage culturel », le rendent méconnaissable.

Les hommes ont toujours aspiré à l'émancipation, et le passé ne livre sa véritable signification que si on y redécouvre leur révolte. C'est là sans doute le sens du pacte secret entre les générations dont parle Benjamin dans son dernier texte : la dette des vivants à l'égard de l'aspiration au bonheur qui fut celle des morts. Benjamin donne ainsi rétrospectivement un sens à tout son travail de relecture des œuvres du passé[1].

---

1. Pour plus de détails, je me permets de renvoyer le lecteur à mon ouvrage *Le Désenchantement de l'art. La philosophie de Walter Benjamin*, Paris, Gallimard, 1992.

CHRONOLOGIE DE WALTER BENJAMIN

15 juillet 1892   naissance à Berlin

1905-   interne à Haubinda en Thuringe, élève de Gustav
1906   Wyneken

1910   premières publications sous le pseudonyme Ardor

1912   baccalauréat à Berlin ; études à Fribourg-en-Brisgau
où se trouve un groupe important de disciples de
Wyneken, puis à Berlin ; retour à Fribourg en 1913

1914   président du mouvement des Étudiants libres ; fait la
connaissance de Dora Pollack, sa future épouse ; le suicide de ses amis Fritz Heinle et Rika Seligson après
l'éclatement de la Première Guerre mondiale marque
un tournant dans sa vie

1915   rupture avec Wyneken, qui est favorable à la guerre ;
fait la connaissance de Gershom Scholem et de Werner
Kraft ; études à Munich, où il rencontre Rilke

1917   mariage avec Dora Pollack ; poursuite des études à
Berne

1918   naissance de son fils, Stefan

1919   soutenance de la thèse sur *Le Concept de critique esthétique dans le romantisme allemand* à Berne ; fait la
connaissance d'Ernst Bloch

1920   retour à Berlin ; fait la connaissance de Florens Christian Rang ; *Pour une critique de la violence*

1921   projet de la revue *Angelus Novus* qui ne verra pas le
jour

1923   fait la connaissance de Siegfried Kracauer et de Theodor W. Adorno ; publication de la traduction des *Tableaux
parisiens* de Baudelaire, précédée de *La Tâche du traducteur*

1924   début de la publication de l'essai «*Les Affinités élec-tives*» *de Goethe* dans une revue éditée par Hugo von Hofmannsthal, les *Neue Deutsche Beiträge* (suite et fin en janvier 1925); travail sur *Origine du drame baroque allemand*; rencontre à Capri Asja Lacis, qui l'initiera au marxisme

1925   sur la recommandation de l'université de Francfort, renonce à soutenir sa thèse d'État sur le drame baroque; commence à publier des articles dans des revues comme *Die Literarische Welt* et dans le *Frankfurter Zeitung*

1926-1927   voyage à Moscou

1927   six mois à Paris; début du travail sur les *Passages parisiens* et, avec Franz Hessel, traduction de Proust

1928   publication de *Sens unique* et d'*Origine du drame baroque allemand* chez Rowohlt à Berlin

1929   début du travail pour la radio francfortoise et berlinoise; rencontre Brecht

1930   divorce

1931   projet d'un recueil d'essais littéraires; grand essai sur *Karl Kraus*

1932   tentation de suicide à Nice

1933   quitte l'Allemagne en mars après la prise du pouvoir par Hitler; séjourne à Ibiza pour des raisons économiques

1934   séjours chez Brecht au Danemark et chez son ex-épouse à San Remo; grand essai sur *Kafka*

1935   début du travail pour l'Institut de recherches sociales de Horkheimer; rédaction de la première version de *L'Œuvre d'art à l'ère de sa reproductibilité technique*

1936   publication en Suisse d'un recueil de lettres intitulé *Allemands* sous le pseudonyme Detlef Holz; rédige *Le Conteur*

1937   rédige *Eduard Fuchs* et travaille sur Baudelaire

1938   dernier séjour estival chez Brecht au Danemark; rédaction du *Paris du second Empire chez Baudelaire*, qui sera mal accueilli par Adorno et Horkheimer

1939   rédige *Sur quelques thèmes baudelairiens*; après l'éclatement de la guerre, il est interné à Nevers; libéré en novembre

1940   à Paris; rédige les *Thèses sur l'histoire*; obtient en août son visa pour les États-Unis; en septembre, échec de sa tentative de passer les Pyrénées; le 26 septembre, suicide à Port-Bou

BIBLIOGRAPHIE DE WALTER BENJAMIN
EN LANGUE FRANÇAISE[1]

I. TRADUCTIONS DE TEXTES
DE BENJAMIN EN FRANÇAIS

«Le développement actuel de la jeunesse prolétarienne», *L'Humanité*, 7 juin 1927 [extrait de *Moscou*].

«François Bernouard, homme exceptionnel», *L'Intransigeant*, 25 juillet 1929.

«Haschich à Marseille», *Cahiers du Sud*, n° 168, 1935.

«L'Œuvre d'art à l'époque de sa reproduction mécanisée», *Zeitschrift für Sozialforschung*, n° 5, 1936, traduction de Pierre Klossowski.

«L'Angoisse mythique chez Goethe», *Cahiers du Sud*, n° 194, 1937, trad. Pierre Klossowski [n° spécial sur le romantisme allemand].

«Peintures chinoises à la Bibliothèque Nationale», *Europe*, n° 181, 15 janvier 1938.

---

1. Établie et complétée notamment d'après celles de Marc B. de Launay, *Revue d'esthétique. Walter Benjamin*, 1981, 1990, p. 201-203, de Momme Brodersen, *Walter Benjamin. Bibliografia critica generale (1913-1983)*, Palerme, Aesthetica/pre-print, 1984, de Marc Sagnol, *in* H. Wismann (éd.), *Walter Benjamin et Paris*, Paris, Éditions du Cerf, 1986, de Reinhard Markner et Thomas Weber (éds), *Literatur über Benjamin. Kommentierte Bibliographie 1983-1992*, Hambourg, Argument Verlag, 1993, de Momme Brodersen, *Walter Benjamin. Eine kommentierte Bibliographie*, Morsum/Sylt, Cicero Presse, 1995, et de Reinhard Markner et Ludger Rehm, «Bibliographie zu Walter Benjamin (1993-1997)», in *Global Benjamin*, Munich, Wilhelm Fink Verlag, 1999, t. III, p. 1849-1916.

«Allemands de quatre-vingt-neuf», *Europe*, n° 199, 15 juillet 1939, trad. M. Stora.

«Georges Salles, le regard. La collection. Le musée. La fouille. Une journée. L'école, Paris, 1939», *Gazette des amis des livres*, mai 1940.

*

«Sur le concept d'histoire», trad. Pierre Missac, *Les Temps modernes*, 1946/1947, n° 25 (oct. 1947).

«Le Narrateur. Réflexions à propos de l'œuvre de Nicolas Leskov», trad. d'Adrienne Monnier, *Mercure de France*, n° 315, mai-août 1952.

«Enfance berlinoise», trad. partielle W. Benjamin et Jean Selz, Paris, *Les Lettres nouvelles*, n° 2, 1954.

«Johann Jakob Bachofen», trad. partielle W. Benjamin et M. Saillet, Paris, *Les Lettres nouvelles*, n° 2, 1954.

Œuvres choisies, trad. Maurice de Gandillac, préface de Friedrich Podszus, Paris, Julliard, 1959 [*Pour une critique de la violence, Destin et caractère, La Tâche du traducteur, Les Affinités électives de Goethe, L'Œuvre d'art à l'ère de sa reproductibilité technique, Sur quelques thèmes baudelairiens, Le Narrateur*].

«Le Théâtre en plein air d'Oklahoma», trad. Maurice de Gandillac, *Cahiers Renaud-Barrault*, n° 50, février 1965, p. 31-41 [texte correspondant à «Une photo d'enfant», l'une des parties de l'essai sur *Franz Kafka*].

«Fragments baudelairiens», *Les Lettres françaises*, 31 août 1967, p. 12.

Essais sur Bertolt Brecht, trad. Paul Laveau, Paris, Maspéro, 1969 [*Qu'est-ce que le théâtre épique? (1re version), Qu'est-ce que le théâtre épique? (2e version), Études sur la théorie du théâtre épique, Extrait du commentaire de Brecht, Un drame de famille sur le théâtre épique, Le Pays dans lequel il n'est pas permis de nommer le prolétariat, Commentaires sur les poèmes de Brecht, Le Roman de Quat'sous, L'Auteur comme producteur, Entretiens avec Brecht*].

«Textes inédits», trad. Jean Guillonneau, *Le Monde* n° 7582, 31 mai 1969 [extraits de *Brèves ombres* et de *Zentralpark*].

Œuvres. 1. Mythe et violence. 2. Poésie et révolution, trad. Maurice de Gandillac, Paris, Denoël, coll. Les Lettres nouvelles, 1971 [t. I : *La vie des étudiants, Deux poèmes de Friedrich Hölderlin, Sur le langage en général et sur le langage humain, Sur le programme de la philosophie qui vient, L'Idiot de Dos-toïevski, Pour une critique de la violence, Fragment théologico-politique, Destin et Caractère,* Les Affinités électives *de Goethe, La Tâche du traducteur, Conversation avec Gide, Hachisch à Marseille, Le Surréalisme, Pour le portrait de Proust ;* t. II : *His-toire littéraire et science de la littérature, Petite histoire de la photographie, Paul Valéry, Œdipe ou le mythe raisonnable, Sur le pouvoir d'imitation, Brèves ombres, Franz Kafka, Pro-blème de sociologie du langage, Paris capitale du xixe siècle, Le Narrateur, L'Œuvre d'art à l'ère de sa reproductibilité tech-nique, André Gide et ses nouveaux adversaires, Sur quelques thèmes baudelairiens, Thèses sur la philosophie de l'histoire*].

«Discussion sur le cinéma russe et l'art collectiviste en géné-ral, réponse à O. A. H. Schmitz», trad. Bernard Eisenschitz, *Cahiers du Cinéma*, n° 226-227, janvier-février 1971.

«Jean Rostand, Hérédité et racisme. Paris, Gallimard (1939), 128 p.», *in* Walter Benjamin, *Gesammelte Schriften*, Franc-fort-sur-le-Main, Suhrkamp, 1972, t. III, p. 586-587.

«Karl Kraus», trad. Éliane Kaufholz, *L'Herne*, 1975, n° 28 consacré à Karl Kraus [repris *in* Karl Kraus, *Cette Grande Époque*, trad. É. Kaufholz, Paris, Rivages, 1990, p. 13-84].

«Sens unique», trad. partielle de Jean Lacoste, *Les Lettres nou-velles*, 2 avril 1976.

Sens unique, Enfance berlinoise et *Paysages urbains*, trad. Jean Lacoste, Paris, *Les Lettres nouvelles*, 1978, rééd. 1988 ; rééd. 10/18, 2000.

L'Homme, le langage et la culture, Paris, Denoël-Gonthier, coll. Médiations, 1978, reprise partielle des *Œuvres* [1971] [*La vie des étudiants, Pour une critique de la violence, Petite histoire de la photographie, Problèmes de la sociologie du langage, Paris capitale du xixe siècle, L'Œuvre d'art à l'ère de sa repro-ductibilité technique, Thèses sur la philosophie de l'histoire*].

«Benjamin : le même chez Daumier», *Macula*, n° 3/4, 1978, p. 53 [extrait d'une lettre de Benjamin à Adorno du 23 février 1939].

«Je déballe ma bibliothèque», trad. Marc B. de Launay, *L'Hu-midité*, n° 25, printemps 1978.

«Lettres», trad. Guy Petitdemange, *Esprit*, n° 5, 1978, p. 111-121.

«Eduard Fuchs collectionneur et historien», trad. Philippe Ivernel, *Macula*, n° 3/4, 1978, p. 42-59.

Allemands. Lettres, trad. Georges-Arthur Goldschmidt, Paris, Hachette, 1979.

«Peinture et Photographie», trad. Marc B. de Launay, *Cahier d'art du Centre Georges-Pompidou*, n° 1, 1979.

«Curriculum vitae Dr Walter Benjamin», trad. Anne-Béatrice Klauck et Marc B. de Launay, *Cahiers critiques de la littérature*, n° 1/2, 1979, p. 2-3.

«Chronique berlinoise», trad. Michel Vallois, *Cahiers critiques de la littérature*, n° 1/2, 1979, p. 9-13.

Correspondance, trad. Guy Petitdemange, 2 t., *1910-1928* et *1929-1940*, Paris, Aubier-Montaigne, 1979.

«Le retour du flâneur», trad. L. Steinheuer, *Urbi*, III, mars 1980 [repris dans Franz Hessel, *Promenades dans Berlin*, trad. Jean-Michel Belœil, Presses Universitaires de Grenoble, 1989, p. 255-259].

«Du nouveau sur les fleurs», trad. Marc B. de Launay, *Éducation 2000*, n° 17, automne 1980.

«Théorie de la ressemblance», trad. Michel Vallois, *Revue d'esthétique. Benjamin*, 1981 [réimpr. 1990], p. 61-65.

«Zentral Park» (extraits), traduit et annoté par Jean Lacoste, *Revue d'esthétique. Benjamin*, 1981 [réimpr. 1990], p. 9-19.

«*Curriculum vitae Dr Walter Benjamin*, I et II», trad. Marc B. de Launay, *Revue d'esthétique. Benjamin*, 1981, p. 179-183 [réimpr. 1990, 207-209].

«Je déballe ma bibliothèque. Un discours sur l'activité du collectionneur [I]», trad. Martin Raspati, *Le Promeneur*, n° 2, 1981, p. 2-5.

«Je déballe ma bibliothèque. Un discours sur l'activité du collectionneur [II]», trad. Martin Raspati, *Le Promeneur*, n° 3, 1981, p. 11.

«Le rôle du temps dans le monde moral», trad. Patricia Konigsberger, *Le Nouveau Commerce*, n° 49, 1981, p. 50-58 [trad. du manuscrit 798].

«Anecdotes inconnues sur Kant», trad. Jean-François Poirier, *Le Promeneur*, n° 14, 1982, p. 10-13.

«Une conférence radiophonique (1930)», trad. Jean-François Poirier, *L'Herne*, 1982, p. 13-18 [B. Brecht].

«Sur le "Trauerspiel" et la Tragédie», trad. Philippe Lacoue-Labarthe et Jean-Luc Nancy, *Furor*, n° 7, 1982, p. 5-14.

«Sur Scheerbart», texte original français revu par Pierre Missac, *Le Promeneur*, n° 14, 1982, p. 2.

Essais 1, 1922-1934; Essais 2, 1935-1940, Paris, Denoël-Gonthier, coll. Médiations, 1983 [reprise partielle des *Œuvres* de 1971: t. 1: Les Affinités électives *de Goethe*, Pour le portrait de Proust, Histoire littéraire et science de la littérature, Petite *histoire de la photographie, Paul Valéry, Œdipe ou le mythe raisonnable, Franz Kafka*; t. 2: *Problème de sociologie du langage, Paris capitale du xixᵉ siècle, Le Narrateur, L'Œuvre d'art à l'ère de sa reproductibilité technique, André Gide et ses nouveaux adversaires, Sur quelques thèmes baudelairiens, Thèses sur la philosophie de l'histoire*].

Journal de Moscou, trad. Jean-François Poirier, Paris, L'Arche, 1983.

«Romans policiers, en voyage», trad. R. Rochlitz, *in* Uri Eisenzweig, *Autour du roman policier*, Paris, UGE 10/18, 1983, p. 220-223.

«Agesilaus Santander», trad. Catherine Perret, *Traces*, n° 6, 1983, p. 78-81.

«Der Begriff der Kunstkritik in der deutschen Romantik» [annonce de la thèse], trad. Marc B. de Launay, *«Café» Librairie*, n° 3, 1983, p. 38-39.

«Soirée avec Monsieur Albert», trad. Jean-François Poirier, *Le Promeneur*, n° 30, 1984, p. 2-3.

Origine du drame baroque allemand, trad. Sibylle Muller, Paris, Flammarion, 1985, rééd. coll. Champs, 2000.

«Café crème et autres textes», trad. Similia Similibus, *Banana Split*, n° 14, 1985, p. 63-72.

«Métaphysique de la jeunesse —, le dialogue», trad. Philippe Lacoue-Labarthe et Jean-Luc Nancy, *Aléa*, n° 6, 1985, p. 11-17.

Le Concept de critique d'art dans le romantisme allemand, trad. Philippe Lacoue-Labarthe, Paris, Flammarion, 1986.

Rastelli raconte et autres récits, trad. Philippe Jaccottet, Paris, Le Seuil, 1987 [reprend aussi *Le Narrateur*, trad. M. de Gandillac, 1971].

Trois pièces radiophoniques, trad. Rainer Rochlitz, Paris, Christian Bourgois, coll. Détroits, 1987.

Lumières pour enfants. Émissions pour la jeunesse, trad. Sylvie Muller, Paris, Christian Bourgois, coll. Détroits, 1988.

Paris, capitale du xixᵉ siècle. Le Livre des Passages, trad. Jean Lacoste, Paris, Le Cerf, 1989.

«Expérience et pauvreté», trad. Philippe Beck et Berndt Stiegler, *Poésie*, n° 51, 1989, p. 71-75.

Écrits autobiographiques, trad. Christophe Jouanlanne et Jean-François Poirier, Paris, Christian Bourgois, coll. Détroits, 1990.

«La tâche du traducteur», trad. Martine Broda, *Poésie*, n° 55, 1990, p. 150-158.

Écrits français, éd. par Jean-Maurice Monnoyer, Paris, Galli-
mard, 1991 [*Enfance berlinoise. Cinq fragments (1933),
Hachich à Marseille (1935), Johann Jakob Bachofen (1935),
L'Œuvre d'art à l'époque de sa reproduction mécanisée (1936),
Le Narrateur. Réflexions à propos de l'œuvre de Nicolas Leskov
(1936), Sur Baudelaire (1937-1939), Sur Scheerbart (1938),
Peintures chinoises à la Bibliothèque nationale (1938), Alle-
mands de quatre-vingt-neuf (1939), Paris, capitale du xixe siècle.
Exposé (1939), Rêve du 11-12 octobre 1939, Deux lettres au
sujet de* Le Regard, *de Georges Salles (1940), Sur le concept
d'histoire*].
«Julien Green», «Saga du feu avare», «Adrienne Mesurat»,
«Notes» [sur Julien Green], trad. et prés. Alexander García
Düttmann, *Les Temps modernes*, nº 543, 1991, p. 9-16, 16-
21, 21-23, 24-27.
«Théories du fascisme allemand», trad. Philippe Beck et
Berndt Stiegler, *Lignes*, nº 13, 1991.
«Notes préparatoires à un essai sur Proust», trad. et prés.
Robert Kahn, *Les Temps modernes*, nº 548, mars 1992, p. 73-
92.
«Le bal», trad. Cécile Kermet, *L'Immature*, nº 3, 1992, p. 128
[extrait de *Metaphysik der Jugend*].
Allemands. Dix lettres choisies parmi vingt-cinq, trad. Monique
Rival et Bénédicte Vilgrain, Théâtre typographique, 1992.
«Lettre de Paris (II): Peinture et photographie», trad. Jean-
François Poirier, *La Quinzaine littéraire*, nº 630, 1er-15 sept.
1993, p. 14-15.
Sur le haschich et autres écrits sur la drogue, trad. Jean-Fran-
çois Poirier, Paris, Christian Bourgois, coll. Détroits, 1993.
«L'Idiot de Dostoïevski», trad. Robert Kahn, *Europe*, nº 804,
1996, p. 43-46.
«Robert Walser», trad. Julia Schmidt et Frédéric Brument, *in*
Robert Walser, *Rêveries et autres petites proses*, Nantes, Le
Passeur, 1996, p. 117-121.
«Petite histoire de la photographie», trad. André Gunthert,
Études photographiques, nº 1, 1996, p. 7-29 [suivie de notes
du traducteur et d'une bibliographie, p. 30-39].
Sur l'art et la photographie [*L'Œuvre d'art à l'époque de sa repro-
ductibilité technique, Du nouveau sur les fleurs, Peinture et
photographie*], trad. Christophe Jouanlanne et Marc B. de
Launay, Paris, Éd. Carré, coll. Arts et esthétique, 1997.
«Journal parisien», trad. Robert Kahn, *Poésie*, nº 79, mars
1997, p. 49-61.

Images de pensée, trad. Jean-François Poirier et Jean Lacoste, Paris, Christian Bourgois, coll. Détroits, 1998.

II. ÉTUDES SUR WALTER BENJAMIN
EN LANGUE FRANÇAISE

ABENSOUR, Miguel, «Walter Benjamin entre mélancolie et révolution. Passages-Blanqui», *in* H. Wismann (éd.), *Walter Benjamin et Paris*, Paris, Éditions du Cerf, 1986, p. 219-247.

—, «Walter Benjamin, le guetteur de rêves», in *L'Utopie de Thomas More à Walter Benjamin*, Paris, Sens & Tonka, 2000, p. 107-211.

ADORNO, Theodor W., «À l'écart de tous les courants», trad. P. Missac, *Le Monde*, le 31 mai 1969.

—, «Préface» à Walter Benjamin, *Allemands. Une série de lettres*, trad. G.-A. Goldschmidt, Paris, Hachette, 1979.

—, *Sur Walter Benjamin*, trad. Christophe David, Paris, Allia, 1999.

AGAMBEN, Giorgio, «Langue et histoire. Catégories historiques et catégories linguistiques dans la pensée de Benjamin», trad. Y. Hersant, *in* H. Wismann (éd.), *Walter Benjamin et Paris*, Paris, Éditions du Cerf, 1986, p. 793-807.

—, *Enfance et histoire. Dépérissement de l'expérience et origine de l'histoire*, trad. Yves Hersant, Paris, Payot, 1989.

AMELUNXEN, Hubertus von, «D'un état mélancolique en photographie. Walter Benjamin et la conception de l'allégorie», *Revue des Sciences Humaines*, n° 210, 1988, p. 9-23.

ANGELLOZ, Jean-François, «Walter Benjamin», *Mercure de France*, n° 1, septembre 1957.

ARENDT, Hannah, «Walter Benjamin, 1892-1940», trad. A. Oppenheimer-Faure et P. Lévy, in *Vies politiques*, Paris, Gallimard, 1974, 1986.

ASARI, Makoto, «Le langage comme violence ou la violence comme langage chez Benjamin et Breton», *in* Jacqueline Chénieux-Gendron et Timothy Mathews (éds), *Violence, théorie, surréalisme*, Paris, Lachenal et Ritter, 1994, p. 81-95.

BANDIER, Norbert, «Écriture et action chez Walter Benjamin et chez les surréalistes», *in* Dietrich Hoss et Heinz Steinert (éds), *Surrealismus und Kritische Theorie. Zur Aktualität einer versäumten Begegnung*, Francfort-sur-le-Main, Johann-Wolfgang-Goethe-Universität, 1995, p. 34-44.

BARCK, Karlheinz, « Lecture de livres surréalistes par Walter Benjamin (Le surréalisme : lieu d'un dialogue franco-allemand et/ou apports français aux théories de Walter Benjamin) », *Mélusine* (Lausanne), n° 4, 1982, p. 277-288.

BAUER, R., *« Paris, Capitale du xixᵉ siècle*. Réflexions sur quelques textes de Walter Benjamin », *Revue d'Allemagne*, n° 4, 1972, pp. 622-637.

BAVČAR, Eugène, « Poétique de l'histoire dans les *Thèses sur la philosophie de l'histoire* de Benjamin », in *La Présentation* (*Recherches poétiques*), Paris, Éditions du CNRS, 1985.

—, « Sur la présentation de l'histoire dans les *Thèses* de Benjamin », *in* H. Wismann (éd.), *Walter Benjamin et Paris*, Paris, Éditions du Cerf, 1986, p. 659-668.

BECK, Philippe et STIEGLER, Berndt, « L'art pour l'art de la guerre », *Lignes*, n° 13, 1991, p. 57-62 (sur la traduction de Walter Benjamin, *Théories du fascisme allemand*).

BENSAÏD, Daniel, *Walter Benjamin. Sentinelle messianique*, Paris, Plon, 1990.

BENSUSSAN, Gérard, « Sionisme introuvable et communisme négatif : Walter Benjamin » et « Temps historique et identité juive », in *Questions juives*, Paris, Osiris, 1988.

—, « Sur quelques motifs rosenzweigiens chez Walter Benjamin », *in* Jean-Marc Lachaud (éd.), *Présence(s) de Walter Benjamin*, Bordeaux, Université de Bordeaux, 1994, p. 111-119.

BERMAN, Antoine, « Critique, commentaire et traduction (Quelques réflexions à partir de Benjamin et de Blanchot) », *Poésie*, n° 37, 1986, p. 88-106.

BETZ, Albrecht, « Marchandise et modernité. Notes sur Heine et Benjamin », trad. H. Hildenbrand, *in* H. Wismann (éd.), *Walter Benjamin et Paris*, Paris, Éditions du Cerf, 1986, p. 153-162.

—, *Exil et engagement : les intellectuels allemands et la France (1930-1940)*, Paris, Gallimard, 1991.

BISCHOF, Rita et LENK, Élisabeth, « L'intrication surréelle du rêve et de l'histoire dans les *Passages* de Benjamin », trad. P. Andler, *in* H. Wismann (éd.), *Walter Benjamin et Paris*, Paris, Éditions du Cerf, 1986, p. 179-199.

BLANCHARD, Marc Éli, « Paul Valéry, Walter Benjamin, André Malraux. La littérature et le discours de crise », *L'Esprit créateur*, Minneapolis, n° 4, hiver 1983, p. 38-50.

BLANCHOT, Maurice, « Walter Benjamin : Reprises », *La Nouvelle Revue française*, n° 93, 1960, p. 475-483.

BLOCH, Ernst, *Héritage de ce temps*, Paris, Payot, 1978.

BLOCK DE BEHAR, Lisa, « L'ultraréalisme. Borges et Bioy Casares à la rencontre de Benjamin et de Blanqui sur les seuils d'autres mondes », *in* Daniel Lefort, Pierre Rivas et Jacqueline Chénieux-Gendron, *Nouveau Monde, autres mondes. Surréalisme et Amériques*, Paris, Lachenal et Ritter, 1995, p. 75-92.

BÖHME, Gernot, « La nature à l'ère de sa reproductibilité technique », trad. D. Séglard et M. Köller, *Les Temps modernes*, n° 560, 1993, p. 114-139.

BOITIERS, Daniel, « Walter Benjamin (1892-1940), Simone Weil (1909-1943) : deux figures des passages impossibles », *Cahiers Simone Weil*, n° 20, 1997, p. 237-251.

BODEI, Remo, « L'expérience et les formes. Le Paris de Walter Benjamin et de Siegfried Kracauer », *in* H. Wismann (éd.), *Walter Benjamin et Paris*, Paris, Éditions du Cerf, 1986, p. 33-47.

BOLLE, Willi, « "Une écriture de transformation internationale". Walter Benjamin et la pensée de la périphérie », *Études germaniques*, n° 1, 175-192.

BOLZ, Norbert, « Des conditions de possibilité de l'expérience historique », trad. Chr. Berner, *in* H. Wismann (éd.), *Walter Benjamin et Paris*, Paris, Éditions du Cerf, 1986, p. 467-496.

BOUCHINDHOMME, Christian, « Walter Benjamin philosophe », *Critique*, n° 487, décembre 1987, p. 1064-1068.

BOURDIL, Pierre-Yves, « Le futur, à la façon d'un rêve. À propos de *Paris, capitale du xixe siècle —*, *Le livre des passages*, de Walter Benjamin », in *Le Catalogue de l'Exposition (D')après Paris, capitale du xixe siècle —*, *Le livre des passages*, de Wolfgang Schmitz, avec des photographies de Robert Doisneau et des textes sur l'actualité de l'esthétique de Walter Benjamin, éd. par V. Malsy, U. Rasch *et al.*, Mayence, 1992 (exposition montrée à Paris, Brême, Berlin, Mayence, 1992-1993).

—, « Walter Benjamin : la cité entre les signes et les choses », *Cahiers philosophiques*, n° 55, 1993, p. 7-59.

BRODA, Martine, « Ce que Benjamin m'a apporté dans mon propre travail », *Europe*, n° 804, p. 180-184.

BROOKS, Peter, « Le conteur. Réflexions à partir de Walter Benjamin », *in* Jacques Lecarme et Bruno Vercier (éds), *Maupassant : miroir de la nouvelle* (colloque Cerisy, 1986),

Saint-Denis, Presses Universitaires de Vincennes, 1988, p. 225-242.

Buci-Glucksmann, Christine, «Walter Benjamin et l'ange de l'histoire: une archéologie de la modernité», *L'Écrit du temps*, nº 2, 1982.

—, *La Raison baroque. De Baudelaire à Benjamin*, Paris, Galilée, 1984.

—, «Féminité et modernité: Walter Benjamin et l'utopie du féminin», *in* H. Wismann (éd.), *Walter Benjamin et Paris*, Paris, Éditions du Cerf, 1986, p. 403-420.

—, «Le paradoxe du moderne: tristesse et beauté», *Studi germanici*, nº 29, 1991 [1994], p. 269-292.

«Une beauté post-auratique?», in *Le Catalogue de l'Exposition (D')après Paris, capitale du xixᵉ siècle* —, *Le livre des passages*, de Wolfgang Schmitz, avec des photographies de Robert Doisneau et des textes sur l'actualité de l'esthétique de Walter Benjamin, éd. par V. Malsy, U. Rasch *et al.*, Mayence, 1992 (exposition montrée à Paris, Brême, Berlin, Mayence, 1992-1993).

Buck-Morss, Susan, «Le Flâneur, l'Homme-sandwich et la Prostituée: Politique de la Flânerie», trad. A. Smith et l'auteur, *in* H. Wismann (éd.), *Walter Benjamin et Paris*, Paris, Éditions du Cerf, 1986, p. 361-402.

Bürger, Peter, «Walter Benjamin: contribution à une théorie de la culture contemporaine», *Revue d'esthétique. Walter Benjamin*, nº 1, 1981 [réimpr. 1990], p. 21-28.

Buettner, Brigitte, «Panofsky à l'ère de la reproduction mécanisée. Une question de perspective», *Cahiers du Musée national d'art moderne*, nº 53, 1995, p. 56-77.

Buvik, Per, «Paris, lieu poétique, lieu érotique. Quelques remarques à propos de Walter Benjamin et de Baudelaire», *Revue romane* (Copenhague), nº XX, 1985, p. 231-242.

Cahen, Didier, «(In)citations/(Ex)positions», *Banana Split*, nº 14, 1985, p. 58-63.

Carchia, Gianni, «La métacritique du surréalisme dans le *Passagen-Werk*», trad. J. Liechtenstein, *in* H. Wismann (éd.), *Walter Benjamin et Paris*, Paris, Éditions du Cerf, 1986, p. 173-178.

Charnet, Yves, «La tâche de poéticien de l'histoire. La poétique de Walter Benjamin poème messianique de l'histoire», *in* Henri Meschonnic (éd.), *Critique de la Théorie critique. Langage et histoire. Séminaire du poétique*, Saint-Denis, Presses Universitaires de Vincennes, 1985.

CHESNEAUX, Jean, «Benjamin, une histoire de décombres et de tourbillons», *La Quinzaine littéraire*, n° 645, 16 avril 1994, p. 22.

COLLOMB, Michel, «Paul Valéry et la modernité vus par Walter Benjamin», *Bulletin des études valéryennes*, n° 44, 1987, p. 37-46.

COMBES, André, «Un physionomiste de l'épique. Benjamin lecteur de Brecht», *Germanica*, n° 18, 1996, p. 57-95.

COZEA MATEI, Angela, *La Fidélité aux choses. Pour une perspective benjaminienne*, Montréal, 1996.

COQUIO, Catherine, «Les passages parisiens: du phalanstère à la Berezina», in *Les lieux de passage. Actes du Colloque des 4 et 5 novembre 1988 à la Faculté de Lettres de Pau*, Pau, 1989, p. 71-91.

—, «Roland Barthes et Walter Benjamin: image, tautologie, dialectique», *in* C. Coquio et R. Salado (éds), *Barthes après Barthes. Une actualité en questions. Actes du colloque international de Pau, 22-24 novembre 1990*, Pau, 1993, p. 195-208.

—, «Benjamin et Panofsky devant l'image», *in* Jean-Marc Lachaud (éd.), *Présence(s) de Walter Benjamin*, Bordeaux, Université de Bordeaux, 1994, p. 25-49.

—, «La critique littéraire envoûtée. Rendez-vous avec Walter Benjamin», in *Critique et théorie*, sous la dir. de Dominique Château et de Jean-René Ladmiral, Paris, L'Harmattan, 1994, p. 83-117.

COURT, Raymond, «Art et messianisme. Autour de l'esthétique de Walter Benjamin», *Le Supplément*, n° 180, 1992, p. 95-107.

—, «Art et rédemption selon Walter Benjamin», *Cahiers de l'École des Sciences Philosophiques et Religieuses*, n° 13, 1993, p. 75-88.

COURTOIS, Jean-Patrice, «Allégorie de l'humanité dans la voix: *Hommes Allemands* de Walter Benjamin», *La Licorne* (Poitiers), n° 14, 1988, p. 191-236.

CUSSÓ-FERRER, Manuel, «La dernière frontière de Walter Benjamin. Repérages pour un film», *in* Ingrid et Konrad Scheurmann, *Pour Walter Benjamin. Documents, essais et un projet pour le monument Passages de Dani Karavan à Port-Bou*, Bonn, AsKI, Inter Nationes, 1994, p. 162-169.

DÉOTTE, Jean-Louis, *L'Homme de verre. Esthétiques benjaminiennes*, Paris, L'Harmattan, coll. Esthétiques, 1998.

DERRIDA, Jacques, «+ R (par-dessus le marché)», *in* Valerio

Adami, *Le Voyage du dessin*. *Derrière le miroir*, n° 214, mai 1975, Paris, Maeght, pp. 3-23; repris in *La Vérité en peinture*, Paris, Flammarion, 1978.

—, «Des tours de Babel» (1980), in *Psyché. Inventions de l'autre*, Paris, Galilée, 1987.

—, *Force de loi. Le «Fondement mystique de l'autorité»*, Paris, Galilée, 1994.

DESIDERI, Fabrizio, « "Le vrai n'a pas de fenêtres...". Remarques sur l'optique et la dialectique dans le *Passagen-Werk* de Benjamin», trad. J. Le Quay, *in* H. Wismann (éd.), *Walter Benjamin et Paris*, Paris, Éditions du Cerf, 1986, p. 201-215.

DIDI-HUBERMAN, Georges, «L'histoire de l'art à rebrousse-poil. Temps de l'image et "travail au sein des choses" selon Walter Benjamin», *Cahiers du Musée national d'art moderne*, n° 72, été 2000, p. 93-117.

DORT, Bernard, «Walter Benjamin et l'exigence brechtienne», *Les Lettres françaises*, oct. 1969.

DOUBINSKY, Sébastien, « "Dans le labyrinthe". Lecture croisée de Cendrars et de Walter Benjamin autour de Marseille», *(Pré)Publications*, n° 146, 1994, p. 3-15.

DUBIED, Pierre-Luigi, «La question du narrateur abordée à partir de l'étude de Walter Benjamin sur Nicolas Leskov», *in* P. Bühler et J.-F. Habermacher (éds), *La narration. Quand le récit devient communication*, Genève, Labor et fides, 1988, p. 249-265.

DUFOUR-EL MALEH, Marie-Cécile, *Angelus Novus. Essai sur l'œuvre de Walter Benjamin*, Bruxelles, Ousia, 1990.

—, «Walter Benjamin, lecteur de Baudelaire», *Le Français aujourd'hui*, n° 91, décembre 1990, p. 85-91.

—, *La Nuit sauvée. Walter Benjamin et la pensée de l'histoire*, Bruxelles, Ousia, 1993.

DUPOUY, Christine, «Passages, Aragon/Benjamin», *Pleine marge*, n° 14, 1991, p. 41-57.

ENGELHARDT, H. «L'interprétation de l'apparence chez Benjamin et Baudelaire», trad. J. Lacoste, *in* H. Wismann (éd.), *Walter Benjamin et Paris*, Paris, Éditions du Cerf, 1986, p. 145-151.

ESCOUBAS, Éliane, «La traduction. Modes historiques du logos et formes langagières —, Heidegger et Benjamin», *Cahier du Collège International de Philosophie*, n° 5, 1988, p. 158-162.

—, «Hölderlin et Walter Benjamin. L'abstraction lyrique», *L'Herne*, n° 57, 1989, p. 489-499.

—, « De la traduction comme "origine" des langues : Heidegger et Benjamin », *Les Temps modernes*, n° 514-515, 1989, p. 97-142.

—, « L'œuvre d'art : l'événement et le reproductible : Walter Benjamin et Merleau-Ponty », *in* Benjamin Rouge (éd.), *Suites et séries. Actes du troisième colloque du CICADA, les 3, 4 et 5 décembre 1992*, Pau, 1994, p. 141-146.

ESPAGNE, Michel, « Philologie et herméneutique : l'exemple de *Zentralpark* », *Études germaniques*, n° 1, 1996, p. 43-58.

ESPAGNE, Michel et WERNER, Michael, « Les manuscrits parisiens de Walter Benjamin et le *Passagen-Werk* », *in* H. Wismann (éd.), *Walter Benjamin et Paris*, Paris, Éditions du Cerf, 1986, p. 849-882.

—, « Ce que taisent les manuscrits. Les fiches de Benjamin et le mythe des *Passages* », *in* B. Didier et J. Neefs (éds), *Penser, classer, écrire. De Pascal à Perec*, Saint-Denis, Presses Universitaires de Vincennes, 1990, p. 105-118.

FELDMAN, Shoshana, « Silence de Walter Benjamin », trad. Chantal Verdier, *Les Temps modernes*, n° 606, novembre-décembre 1999, p. 1-46.

FIETKAU, Wolfgang, « À la recherche de la révolution perdue. Walter Benjamin entre la théologie de l'histoire et le diagnostic social », trad. Chr. Berner, *in* H. Wismann (éd.), *Walter Benjamin et Paris*, Paris, Éditions du Cerf, 1986, p. 285-332.

FITTKO, Lisa, *Le Chemin des Pyrénées. Souvenirs de 1940-1941*, trad. Léa Marcou, Paris, Maren Sell, 1987.

FLEURY, Philippe, *Esthétique et philosophie de l'histoire chez Walter Benjamin*, thèse, Université de Lyon III, 1990.

—, « L'ange comme figure messianique dans la philosophie de l'histoire de Walter Benjamin », *Archives des sciences sociales des religions*, n° 78, 1992, p. 169-177.

FOIS-KASCHEL, Gabrièle, « "Sous le choc de la ville". L'approche de la modernité avec Benjamin et les écrivains allemands de l'avant-garde historique », *in* Gérard Veyssière (éd.) *Kaléidoscopolis ou Miroirs fragmentés de la ville*, Paris, L'Harmattan, Université de la Réunion, Faculté des Lettres et Sciences humaines, 1996.

FOUCART, Claude, « Gide dialogue avec la nouvelle génération allemande. La rencontre avec Walter Benjamin en 1928 », *Bulletin des Amis d'André Gide*, Université de Lyon II, n° 44, octobre 1979, p. 2-32.

FREUND, Gisèle, *Mémoires de l'œil*, Paris, Le Seuil, 1977.

Fürnkäs, Josef, « La voie à sens unique weimarienne de Walter Benjamin », *in* G. Raulet (éd.), *Weimar ou l'explosion de la modernité*, Paris, Anthropos, 1984.

—, « Image de pensée et miniature selon Walter Benjamin », *in* G. Raulet et J. Fürnkäs, *Weimar. Le tournant esthétique*, Paris, Anthropos, 1988, p. 287-300.

Gagnebin, Jeanne-Marie, « L'allégorie, face souffrante du monde », *Revue de théologie et de philosophie* (Lausanne), n° 115, 1983, p. 275-284.

—, *Histoire et narration chez Walter Benjamin*, Paris, L'Harmattan, coll. La philosophie en commun, 1994.

—, « Histoire, mémoire et oubli chez Benjamin », *Revue de métaphysique et de morale*, n° 3, 1994, p. 365-389.

—, « L'hymne, la brise et la tempête », *Autrement*, n° 21, 1996, p. 151-163.

Gandillac, Maurice de, « Un grand Européen », *Le Monde*, le 31 mai 1969.

—, « Trois entretiens : Walter Benjamin, le méconnu », in *Idées*, octobre 1971.

—, « Préface », *in* Walter Benjamin, *Mythe et violence*, Paris, Denoël, coll. Les Lettres nouvelles, 1971.

—, « Passage et destin chez Walter Benjamin », *in* H. Wismann (éd.), *Walter Benjamin et Paris*, Paris, Éditions du Cerf, 1986, p. 9-11.

—, « Walter Benjamin. Philosophie de l'échec », *La Quinzaine littéraire*, n° 630, 1993, p. 12-13.

Garber, Klaus, « Le "Paris capitale du xixᵉ siècle" de Walter Benjamin », *Café Librairie*, n° 5, Paris, 1985.

—, « Étapes de la réception de Benjamin », trad. M. Sagnol et Chr. Berner, *in* H. Wismann (éd.), *Walter Benjamin et Paris*, Paris, Éditions du Cerf, 1986, p. 917-984.

García Düttmann, Alexander, *La Parole donnée. Mémoire et promesse*, Paris, Galilée, 1989.

—, « La vision interrompue —, Walter Benjamin sur Julien Green », *Les Temps modernes*, n° 543, 1991, p. 1-8 [introduction à la traduction de « Julien Green », d'« Adrienne Mesurat » et d'autres textes de Benjamin sur Green].

Giard, Luce, « Benjamin, libre passant », *Esprit*, mai 1978.

Götze, Karl-Heinz, « Soudaineté et construction. Modes du souvenir chez Walter Benjamin et Peter Weiss », *Cahiers d'études germaniques*, n° 29, 1995, p. 109-119.

Grasskamp, Walter, « L'auteur comme reproduction », *in* Ingrid et Konrad Scheurmann, *Pour Walter Benjamin. Documents, essais et un projet pour le monument Passages de Dani Karavan à Port-Bou*, Bonn, AsKI, Inter Nationes, 1994, p. 199-213.

GREFFRATH, Krista R., «Proust et Benjamin», trad. S. Bonnet, *in* H. Wismann (éd.), *Walter Benjamin et Paris*, Paris, Éditions du Cerf, 1986, p. 113-131.

GUÉNOUN, Denis, «Benjamin et "nous"», *Nouveaux Cahiers*, n° 105, 1991, p. 17-20.

GUILLONNEAU, Jean «Esquisse d'un portrait», *Critique*, n° 267-268, août-septembre 1969.

HABERMAS, Jürgen, «L'actualité de Walter Benjamin. La critique: prise de conscience ou préservation», trad. Marc B. de Launay et Catherine Perret, *Revue d'esthétique*, n° 1, 1981, rééd. 1990, p. 107-130.

—, «Digression sur les «Thèses sur la philosophie de l'histoire» de Benjamin», *in Le Discours philosophique de la modernité*, trad. Chr. Bouchindhomme et R. Rochlitz, Paris, Gallimard, 1988, p. 13-18.

HEINEMANN, Richard, «Lisa Fittko: la fuite de Walter Benjamin. Une interview», *in* Ingrid et Konrad Scheurmann, *Pour Walter Benjamin. Documents, essais et un projet pour le monument Passages de Dani Karavan à Port-Bou*, Bonn, AsKI, Inter Nationes, 1994, p. 147-161.

HILLACH, Ansgar, «"Interrompre le cours du monde...", le désir le plus profond chez Baudelaire. Le poète et l'anarchiste selon Benjamin», trad. G. Riccardi, M. Sagnol et l'auteur, *in* H. Wismann (éd.), *Walter Benjamin et Paris*, Paris, Éditions du Cerf, 1986, p. 611-628.

HIRT, André, «Le chantier de la modernité», *La Quinzaine littéraire*, n° 545, 16 décembre 1989, p. 5-6.

—, «Au nom de l'art», *La Quinzaine littéraire*, n° 630, 1993, p. 16-17.

HOLZKAMP, Hans, «Classicisme et crise. Benjamin, Raphael et Adorno lecteurs de Valéry», *Bulletin des études valéryennes*, n° 61, 1992, p. 75-118.

HÖRISCH, Jochen, «Benjamin entre Bataille et Sohn-Rethel. Théorie de la dépense et dépense de la théorie», trad. A. Brignone, *in* H. Wismann (éd.), *Walter Benjamin et Paris*, Paris, Éditions du Cerf, 1986, p. 343-358.

—, «L'ange satanique et le bonheur», *in* G. Raulet et J. Fürnkäs, *Weimar. Le tournant esthétique*, Paris, Anthropos, 1988, p. 301-315.

IMBERT, Claude, «Le présent et l'histoire», *in* H. Wismann

(éd.), *Walter Benjamin et Paris*, Paris, Éditions du Cerf, 1986, p. 743-792.

—, «Les années parisiennes de Walter Benjamin», *Esprit*, nº 11, 1987.

Ishaghpour, Youssef, «L'aura et la reproduction. Hommage à Walter Benjamin, Straub et Syberberg», in *D'une image à l'autre. La représentation dans le cinéma d'aujourd'hui*, Paris, Denoël-Gonthier, 1982.

Ivernel, Philippe, «De la métaphysique du langage à la politique marxiste», *Le Monde*, le 31 mai 1969.

—, «Walter Benjamin ou la fin des systèmes», *La Quinzaine littéraire*, 16-30 septembre 1971.

—, «Soupçons. D'Ernst Bloch à Walter Benjamin», in *Utopie, marxisme selon Ernst Bloch*, Paris, Payot, 1976.

—, «Paris capitale du Front populaire ou la vie posthume du xixe siècle», *in* H. Wismann (éd.), Walter Benjamin et Paris, Paris, Éditions du Cerf, 1986, p. 249-272.

—, «Walter Benjamin, le narrateur problématique», *in* Walter Benjamin, *Rastelli raconte..., et autres récits. Le Narrateur*, Paris, Le Seuil, 1987, p. 9-24.

—, «Passages de frontières. Circulations de l'image épique et dialectique chez Brecht et Benjamin», *Hors cadre*, nº 6, 1987, p. 133-163.

—, «Benjamin et Brecht, ou le tournant politique de l'esthétique», *in* G. Raulet et J. Fürnkäs, *Weimar. Le tournant esthétique*, Paris, Anthropos, 1988.

—, «Du nom au geste», *Europe*, nº 804, 1996, p. 121-124.

Jäger, Lorenz, «"Primat du gestus". Réflexions sur un essai de Walter Benjamin: *Franz Kafka*», *Europe*, nº 804, 1996, p. 124-139.

Janz, Rolf-Peter, «Expérience mythique et expérience historique au xixe siècle», trad. J.-R. Pavet et M. Sagnol, *in* H. Wismann (éd.), *Walter Benjamin et Paris*, Paris, Éditions du Cerf, 1986, p. 453-466.

Jaudin, Pierre-Philippe, «L'émeute des mots (sur Baudelaire et Walter Benjamin)», *Exercices de la patience*, nº 7, 1986, p. 73-81.

Jay, Martin, *L'Imagination dialectique*, Paris, Payot, 1977.

Jimenez, Marc, «Walter Benjamin: un chroniqueur des années trente», *Le Matin de Paris*, 1er décembre 1978.

—, «Benjamin-Adorno; vers une esthétique négative», *Revue d'esthétique. Walter Benjamin*, nº 1, 1981, réimpr. 1990, p. 79-100.

—, «Benjamin et Adorno. Sur l'interprétation de quelques thèmes baudelairiens», *Urbi*, nᵒ 7, 1983.

—, «Le retour de l'aura», *Revue d'esthétique. Walter Benjamin*, nᵒ 1, réimpr. 1990, p. 181-186.

—, «Compte rendu du livre de Gershom Scholem: *Walter Benjamin, histoire d'une amitié*», *Revue d'esthétique. Walter Benjamin*, nᵒ 1, 1981, p. 185-186, réimpr. 1990, p. 209-211.

—, «La fin de la critique», *in* Jean-Marc Lachaud (éd.), *Présence(s) de Walter Benjamin*, Bordeaux, Université de Bordeaux, 1994, p. 161-166.

JULLIEN, Philippe, «Walter Benjamin et les Modernes», *in* E. Faucher (éd.), *Littérature et civilisation à l'agrégation d'allemand*, Nancy, 1995, p. 189-206.

KAHMEN, Volker, «Walter Benjamin et Werner Kraft» [extraits de notes de W. Kraft sur Benjamin], *in* Ingrid et Konrad Scheurmann, *Pour Walter Benjamin. Documents, essais et un projet pour le monument Passages de Dani Karavan à Port-Bou*, Bonn, AsKI, Inter Nationes, 1994, p. 37-58.

KAHN, Robert, «"Prie pour le Petit Bossu!" Politique et désespoir dans la correspondance Benjamin-Scholem (1933-1940)», *Les Temps modernes*, nᵒ 584, p. 78-89.

—, «Image de soi, image de l'autre. Walter Benjamin et Marcel Proust», *Europe*, nᵒ 804, 1996, p. 72-78.

—, «"Au pays des kobolds". Walter Benjamin traducteur de Marcel Proust», *Littérature*, nᵒ 107, 1997, p. 44-54.

—, «De Combray à Berlin: Marcel Proust et Walter Benjamin», *Bulletin Marcel Proust*, nᵒ 47, 1997, p. 123-133.

—, *Images, passages: Marcel Proust et Walter Benjamin*, Paris, Kimé, 1998.

KAMBAS, Chryssoula, «Walter Benjamin lecteur des *Réflexions sur la violence*», *Cahiers Sorel*, I, 1983, p. 37-51.

—, «Actualité politique: Le concept d'histoire chez Benjamin et l'échec du Front populaire», trad. S. Bufala et H. Stierlin, *in* H. Wismann (éd.), *Walter Benjamin et Paris*, Paris, Éditions du Cerf, 1986, p. 273-284.

—, «Esthétique et interprétation chez Walter Benjamin», *Revue germanique internationale*, nᵒ 8, 1997, p. 71-84.

KLEINER, Barbara, «L'éveil comme catégorie centrale de l'expérience historique dans le *Passagen-Werk*, de Benjamin», trad. A. Deligne, *in* H. Wismann (éd.), *Walter Benjamin et Paris*, Paris, Éditions du Cerf, 1986, p. 497-515.

KLOSSOWSKI, Pierre, MISSAC, Pierre, PALMIER, Jean-Michel, «Walter Benjamin», *Le Monde*, le 31 mai 1969.

—, «Lettre sur Walter Benjamin», *Mercure de France*, n° 1067, 1952.

—, «Entre Marx et Fourier», *Le Monde*, le 31 mai 1969.

KOBRY, Yves, «Benjamin et le langage», *Revue d'esthétique. Walter Benjamin*, n° 1, 1981, p. 171-176, réimpr. 1990, p. 175-180.

KONDER, Leandro, «Benjamin et la Révolution», *in* Ingrid et Konrad Scheurmann, *Pour Walter Benjamin. Documents, essais et un projet pour le monument Passages de Dani Karavan à Port-Bou*, Bonn, AsKI, Inter Nationes, 1994, p. 230-235.

KONIGSBERGER, Patricia, «Citation (en marge de Walter Benjamin)», *Le Nouveau Commerce*, n° 49, 1981, p. 55-58.

—, *Walter Benjamin*, thèse, Paris, 1992.

KOPP, Robert, «Le "Balzac" de Walter Benjamin», *L'Année balzacienne*, n° 7, 1986, p. 339-348.

—, «Le Paris de Walter Benjamin, ou histoire et autobiographie, dans le *Passagen-Werk*», *in* Pierre Brunel, *Paris et le phénomène des capitales littéraires*, Actes du premier congrès international du CRLC 22-26 mai 1984, Paris, Université de Paris IV, 1986, t. 1, p. 85-95.

—, «Le nouveau et l'éternel retour du même. La modernité de Baudelaire vue par Walter Benjamin», *Avant-garde & modernité*, Paris et Genève, Champion-Slatkine, 1988, p. 25-32.

—, «Le *Baudelaire* de Benjamin», *Travaux de littérature*, II, 1989, p. 243-266.

KOZUL, Mladen, «Culture et barbarie. Une pensée radicale entre le marquis de Sade et Walter Benjamin», in *Actes du neuvième congrès international des Lumières*, Oxford, Voltaire Foundation, 1996, p. 653-656.

LACHAUD, Jean-Marc, «Avant-propos», *in* Jean-Marc Lachaud (éd.), *Présence(s) de Walter Benjamin*, Bordeaux, Université de Bordeaux, 1994, p. 9-10.

—, «Walter Benjamin et le Surréalisme», *in* Jean-Marc Lachaud (éd.), *Présence(s) de Walter Benjamin*, Bordeaux, Université de Bordeaux, 1994, p. 83-95.

—, «Walter Benjamin aujourd'hui», *Europe*, n° 804, 1996, p. 3-5.

—, «Walter Benjamin et la radio», *Europe*, n° 804, 1996, p. 91-101.

LACIS, Asja, *Profession: révolutionnaire. Sur le théâtre prolétarien. Meyerhold, Brecht, Benjamin, Piscator*, Grenoble, Presses universitaires de Grenoble, 1989.

LACOSTE, Jean, *La Théorie esthétique de Walter Benjamin*, thèse, Paris, 1976.

—, «Walter Benjamin dans *Sens unique*», *Les Lettres nouvelles*, n° 2, avril 1976, p. 7-17.

—, «Préface» à W. Benjamin, *Sens unique*, Paris, *Les Lettres nouvelles*, 1978.

—, «Préface» à W. Benjamin, *Charles Baudelaire*, Paris, Payot, 1982.

—, «Baudelaire et le modern style. Vraie et fausse modernité selon Walter Benjamin», *Cahiers du Musée national d'art moderne*, n° 19-20, 1987, p. 146-153.

—, «Pour entrer dans les *Passages*», *in* Jean-Marc Lachaud (éd.), *Présence(s) de Walter Benjamin*, Bordeaux, Université de Bordeaux, 1994, p. 129-137.

—, «Walter Benjamin (1892-1940)», *in* E. Faucher (éd.), *Littérature & civilisation à l'agrégation d'allemand*, Nancy, 1995, p. 105-113.

—, «Paris — Weimar : Walter Benjamin et Goethe», *Europe*, n° 804, 1996, p. 19-41.

—, «Proust et Benjamin», *La Quinzaine littéraire*, n° 735, 16 mars 1998, p. 11-12.

LACOUE-LABARTHE, Philippe, «Introduction», *in* Walter Benjamin, *Le Concept de critique esthétique dans le romantisme allemand*, Paris, Flammarion, 1986, p. 7-23.

—, «Il faut», *Modern Language Notes* (Baltimore), n° CVII, 1992, p. 421-440.

LADMIRAL, Jean-René, «Les enjeux métaphysiques de la traduction. À propos d'une critique de Walter Benjamin», *Cahier du Collège International de Philosophie*, n° 6, 1988, p. 39-44.

—, «Entre les lignes, entre les langues», *Revue d'esthétique. Walter Benjamin*, n° 1, 1981, réimpr. 1990, p. 67-78.

—, «Archéologie(s) de la critique — de Königsberg à Francfort», *in* Jean-Marc Lachaud (éd.), *Présence(s) de Walter Benjamin*, Bordeaux, Université de Bordeaux, 1994, p. 139-159.

LANHER, Jean-Louis, «Le sauvetage de la tradition dans les "Écrits français" de Walter Benjamin», *in* E. Faucher, *Littérature & civilisation à l'agrégation d'allemand*, Nancy, 1995, p. 157-187.

LAPLANCHE, Jean, «Le mur et l'arcade», *Nouvelle revue de psychanalyse*, n° 37, printemps 1988, p. 95-110.

LAROSE, Jean, «Travail et mélancolie», *Études françaises*, n° 3, 1991, p. 9-26 [à propos des études sur Baudelaire].

LARUSSI, Farid, «Paul Valéry et Walter Benjamin: "La crise de l'esprit"», *Bulletin des études valéryennes*, n° 74, 1997, p. 101-114.

LAUNAY, Marc B. de, «Quelques dates dans la vie de Walter Benjamin, suivi de la bibliographie française», *Cahiers critiques de la littérature*, n° 1/2, 1979.

—, «Bibliographie de Walter Benjamin: dates et événements», *Revue d'esthétique*, n° 1, 1981, réimpr. 1990.

—, «Benjamin Walter, 1892-1940», *Dictionnaire des philosophes*, Paris, PUF, 1983.

LEENHARDT, Jacques, «Le passage comme forme d'expérience: Benjamin face à Aragon», *in* H. Wismann (éd.), *Walter Benjamin et Paris*, Paris, Éditions du Cerf, 1986, p. 163-171.

LEFEBVRE, Joël, «"Origine du drame baroque allemand" de Walter Benjamin. Remarques critiques», *xviie siècle*, n° 4, 1995, p. 701-715 [première version in *Le Croquant*, n° 12, 1993, p. 29-38].

LEHMANN, Hans-Thies, «Remarques sur l'idée d'enfance dans la pensée de Walter Benjamin», *in* H. Wismann (éd.), *Walter Benjamin et Paris*, Paris, Éditions du Cerf, 1986, p. 71-89.

LEHNING, Arthur, «Walter Benjamin et *i 10*», *in* Ingrid et Konrad Scheurmann, *Pour Walter Benjamin. Documents, essais et un projet pour le monument Passages de Dani Karavan à Port-Bou*, Bonn, AsKI, Inter Nationes, 1994, p. 59-71.

LENK, Élisabeth et BISCHOF, Rita, «L'intrication surréelle du rêve et de l'histoire dans les *Passages* de Benjamin», trad. P. Andler, *in* H. Wismann (éd.), *Walter Benjamin et Paris*, Paris, Éditions du Cerf, 1986, p. 179-199.

LEROUX, Georges, «L'impossible projet de Walter Benjamin. Une relecture des exposés des *Passages*», in *Études françaises*, (Montréal), n° 27, 1991, p. 91-106.

LINDNER, Burckhardt, «*Paris, capitale du xixe siècle* ou les *Passages* de Walter Benjamin», in *Paris au xixe siècle. Aspects d'un mythe littéraire*, Lyon, Presses Universitaires de Lyon, 1984, p. 151-159.

—, «Le *Passagen-Werk*, Enfance berlinoise et l'archéologie du "passé le plus récent"», *in* H. Wismann (éd.), *Walter Benjamin et Paris*, Paris, Éditions du Cerf, 1986, p. 13-32.

LINGERAT, Petra et Narbutt, Sybille, «L'Allemagne et les Allemands dans les *Cahiers du Sud* de 1933 à 1942. À propos d'une correspondance inédite de Jean Ballard avec Walter Benjamin et Rudolf Leonhard», *Ex* (Aix-en-Provence), n° 3, 1984, p. 43-46.

LLOVET, Jordi, «Benjamin flâneur: l'œuvre des Passages», *in* Ingrid et Konrad Scheurmann, *Pour Walter Benjamin. Documents, essais et un projet pour le monument Passages de Dani Karavan à Port-Bou*, Bonn, AsKI, Inter Nationes, 1994, p. 215-229.

LÖWY, Michaël, «L'anarchisme messianique de Walter Benjamin», *Les Temps modernes*, nº 447, 1983.

—, «Franz Rosenzweig et Walter Benjamin: messianisme et révolution», *Traces*, nº 6, printemps 1983.

—, «Walter Benjamin critique du progrès: à la recherche de l'expérience perdue», *in* H. Wismann (éd.), *Walter Benjamin et Paris*, Paris, Éditions du Cerf, 1986, p. 629-639.

—, «Un saut hors du progrès. L'hommage de Horkheimer à Walter Benjamin», *Archives de philosophie*, nº 49, 1986, p. 225-229.

—, «À l'écart de tous les courants et à la croisée des chemins», in *Rédemption et utopie. Le judaïsme libertaire en Europe centrale. Une étude d'affinité élective*, Paris, PUF, 1988, p. 121-161.

—, «L'anti-étatisme chez Buber, Scholem, Benjamin et Bloch», *in* J. Halpérin et G. Lévite (éds), *La Question de l'État. Données et débats. Actes du XXIXᵉ Colloque des intellectuels juifs de langue française, Paris, 3-5 décembre 1988*, Paris, 1989, p. 165-175.

—, «Utopie et catastrophe. Walter Benjamin et la Deuxième Guerre mondiale», *Cahiers Bernard Lazare*, nº 128-130, 1991, p. 122-131.

—, «Les "Thèses" de Walter Benjamin. Une critique moderne de la modernité», *Études*, nº 5 [377], novembre 1992, p. 503-513.

—, «Messianisme et nature dans la culture juive romantique. Erich Fromm et Walter Benjamin», *in* D. Hervieu-Léger (éd.), *Religion et écologie*, Paris, Éditions du Cerf, 1993, p. 127-133.

—, «"À rebrousse-poil". La conception dialectique de la culture dans les "Thèses" de Walter Benjamin (1940)», *Les Temps modernes*, nº 575, 1994, p. 63-72.

—, «Le geste salvateur de Benjamin», *La Quinzaine littéraire*, nº 645, 16 avril 1994, p. 23.

—, «Hannah Arendt et Walter Benjamin», *in* M. Cedronico (éd.), *Modernité, démocratie et totalitarisme. Simone Weil et Hannah Arendt*, Paris, Klincksieck, 1996, p. 143-149.

—, «Walter Benjamin et le surréalisme. Histoire d'un enchantement révolutionnaire», *Europe*, nº 804, 1996, p. 79-90.

—, «La philosophie de l'histoire de Walter Benjamin», *in* G. Raulet et U. Steiner (éds), *Walter Benjamin. Ästhetik und Geschichtsphilosophie*, Berne, Lang, 1998, p. 199-208.

Maggiori, Robert, «Benjamin», in *La Philosophie au jour le jour*, Paris, Flammarion, p. 209-221.

Maier-Schaeffer, Francine, «Utopie et fragment: Heiner Müller et Walter Benjamin», *Études germaniques*, n° 47, 1993, p. 47-64.

Maillard, Pascal, «Lecture de Walter Benjamin», *in* Henri Meschonnic (éd.), *Critique de la Théorie critique. Langage et histoire. Séminaire du* poétique, Saint-Denis, Presses Universitaires de Vincennes, 1985, p. 121-143.

—, «"Un éclair… puis la nuit". Baudelaire et l'allégorie», *Europe*, n° 804, 1996, p. 113-120.

Mann, Golo, «Considérations sur Walter Benjamin», *in* Ingrid et Konrad Scheurmann, *Pour Walter Benjamin. Documents, essais et un projet pour le monument Passages de Dani Karavan à Port-Bou*, Bonn, AsKI, Inter Nationes, 1994, p. 171.

Marcuse, Herbert, «Révolution et critique de la violence», *Revue d'esthétique. Walter Benjamin*, n° 1, 1981, p. 101-106, réimpr. 1990.

Matthieussent, Brice, *Expositions, pour Walter Benjamin*, Paris, Fourbis, 1994.

Maurin, M., «Walter Benjamin, *Œuvres choisies*», *Les Lettres nouvelles*, n° 2, avril 1976.

Mayer, Hans, *Walter Benjamin. Réflexions sur un contemporain*, trad. Anne Weber, Paris, Gallimard, coll. Le Promeneur, 1995.

Menninghaus, Winfried, «Science des seuils. La théorie du mythe chez Walter Benjamin», trad. A. Juster, *in* H. Wismann (éd.), *Walter Benjamin et Paris*, Paris, Éditions du Cerf, 1986, p. 529-557.

—, «L'an-expressif: les métamorphoses de l'absence d'image chez Walter Benjamin», *in* Ingrid et Konrad Scheurmann, *Pour Walter Benjamin. Documents, essais et un projet pour le monument Passages de Dani Karavan à Port-Bou*, Bonn, AsKI, Inter Nationes, 1994, p. 174-187.

Mèredieu, Florence de, «Légendes enfantines sur une photo de Franz Kafka», *La Quinzaine littéraire*, n° 630, 1993, p. 18-19.

—, «La photographie et la critique photographique. Benjamin, Barthes et la question du référent», *in* Jean-Marc Lachaud (éd.), *Présence(s) de Walter Benjamin*, Bordeaux, Université de Bordeaux, 1994, p. 11-24.

MESCHONNIC, Henri, «L'allégorie chez Walter Benjamin, une aventure juive», *in* H. Wismann (éd.), *Walter Benjamin et Paris*, Paris, Éditions du Cerf, 1986, p. 707-741.

MESKEL, Martine, «La tâche de la communauté par-dessus le marché», *Autrement*, nº 112, 1988, p. 209-214.

MICHAUD, Ginette, «L'invention d'un Baudelaire. Remarques sur la méthode critique de Walter Benjamin», in *Œuvres & Critiques* (Tübingen), nº 2, 1990, p. 51-75.

MISSAC, Pierre, «Note du traducteur» [de W. Benjamin, *Sur le concept d'histoire*], *Les Temps modernes*, nº 25, oct. 1947, p. 623-624.

—, «L'éclat et le secret: Walter Benjamin», *Critique*, nº 231-232, août-septembre 1966.

—, «De Baudelaire à Valéry», *Le Monde*, le 31 mai 1969.

—, «Walter Benjamin et l'exigence brechtienne», *Les Lettres françaises*, 29 octobre 1969.

—, «Walter Benjamin en France», in *Allemagne d'aujourd'hui*, 1969.

—, «Stéphane Mallarmé et Walter Benjamin», *Revue de littérature comparée*, nº 2, 1969.

—, «Du nouveau sur Walter Benjamin?», *Critique*, nº 267-268, août-septembre 1969.

—, «Éloge de la citation», *Change*, nº 22, février 1975.

—, «L'ange et l'automate», *Les Nouveaux Cahiers*, 1975.

—, «Walter Benjamin, de la rupture au naufrage», *Critique*, nº 395, avril 1980, p. 370-381.

—, «Walter Benjamin à la Bibliothèque nationale», *Bulletin de la Bibliothèque nationale*, I, 1984.

—, «Sur un nouvel avatar du flâneur», *Le Promeneur*, nº XXX, juin 1984.

—, «Ce sont des thèses! Sont-ce des thèses?», *Revue d'esthétique. Adorno*, 1985; réimpr. in *Revue d'esthétique. Walter Benjamin*, 1990, p. 163-174.

—, «Dispositio dialectico-benjaminiana», *in* H. Wismann (éd.), *Walter Benjamin et Paris*, Paris, Éditions du Cerf, 1986, p. 689-706.

—, *Passage de Walter Benjamin*, Paris, Le Seuil, 1987.

MITCHELL, Stanley, «La réception de l'œuvre de Walter Benjamin en Grande-Bretagne», *Actes de la recherche en sciences sociales/Liber*, nº 14, 1993, p. 19-22.

MOLDER, Maria Filomena, «Celui qui vient de se réveiller», *Revue Internationale de Philosophie*, nº 2, 1993, p. 266-279.

MONNIER, Adrienne, « Notes sur Walter Benjamin », *Mercure de France*, n⁰ 1067, 1952.

—, « Un portrait de Walter Benjamin », *Les Lettres nouvelles*, n⁰ 2, 1954.

—, « Benjamin », in *Rue de l'Odéon*, Paris, Albin Michel, 1960, p. 171-184 [reprend les deux références précédentes].

MONNOYER, Jean-Maurice, « Introduction », *in* Walter Benjamin, *Écrits français*, Paris, Gallimard, 1991, p. 9-53.

—, *Walter Benjamin, Carl Einstein et les arts primitifs*, Pau, Publications de l'Université de Pau, collection « Quad », 1999.

MOSÈS, Stéphane, « Walter Benjamin à Paris », *Le Monde*, le 24 juin 1983.

—, « Brecht et Benjamin interprètes de Kafka », in *Hommages à Claude David*, Berne, 1983.

—, « Langage et mystique chez Walter Benjamin et Franz Rosenzweig », *Les Nouveaux Cahiers*, n⁰ 72, 1983, p. 32-34.

—, « L'idée d'origine chez Walter Benjamin », *in* H. Wismann (éd.), *Walter Benjamin et Paris*, Paris, Éditions du Cerf, 1986, p. 809-826.

—, « Le paradigme esthétique de l'histoire chez Walter Benjamin », *in* G. Raulet et J. Fürnkäs, *Weimar. Le tournant esthétique*, Paris, Anthropos, 1988, p. 103-120.

—, « Raymond Aron et Walter Benjamin », *in* F.-R. Hausmann, L. Jäger et B. Witte (éds), *Literatur in der Gesellschaft*, Tübingen, Narr, 1990, p. 225-235.

—, *L'Ange de l'histoire. Rosenzweig, Benjamin, Scholem*, Paris, Le Seuil, 1992.

—, « Les métamorphoses de l'origine : idées, noms, étoiles », *in* Ingrid et Konrad Scheurmann, *Pour Walter Benjamin. Documents, essais et un projet pour le monument Passages de Dani Karavan à Port-Bou*, Bonn, AsKI, Inter Nationes, 1994, p. 188-196.

—, « Benjamin, Nietzsche, et l'idée de l'éternel retour », *Europe*, n⁰ 804, 1996, p. 140-158.

MULLER, Sibylle, « L'ange et le scribe. Du baroque à Baudelaire : Walter Benjamin allégoriste », *in* E. Faucher (éd.), *Littérature & civilisation à l'agrégation d'allemand*, Nancy, 1995, p. 115-125.

MÜNSTER, Arno, « Ernst Bloch et Walter Benjamin. Éléments d'analyse d'une amitié difficile », *L'Homme et la société*, n⁰ 69-70, 1983, p. 55-77 ; réimpr. in *id.*, *Figures de l'utopie dans la pensée d'Ernst Bloch*, Paris, Aubier, 1985, p. 11-29.

—, « Le paradigme révolutionnaire français dans les *Passages parisiens* de Walter Benjamin et dans la pensée d'Ernst Bloch (Ernst Bloch, Walter Benjamin et Auguste Blanqui)», *in* H. Wismann (éd.), *Walter Benjamin et Paris*, Paris, Éditions du Cerf, 1986, p. 333-341.

—, *Progrès et catastrophe, Walter Benjamin et l'histoire*, Paris, Kimé, 1996.

NÄGELE, Rainer, «De l'abîme en effet... Pour une fondation de la langue poétique chez Hölderlin et Benjamin», *L'Herne*, n° 57, 1989, p. 473-488.

NARBUTT, Sybille et Lingerat, Petra, «L'Allemagne et les Allemands dans les *Cahiers du Sud* de 1933 à 1942. À propos d'une correspondance inédite de Jean Ballard avec Walter Benjamin et Rudolf Leonhard», *Ex* (Aix-en-Provence), n° 3, 1984, p. 43-46.

NARDIS, Luigi de, «En marge d'une étude de Walter Benjamin sur "Baudelaire et Paris"», *Annales de la Faculté de Lettres et de Sciences humaines de Nice*, 2ᵉ/3ᵉ trim. 1968, p. 161-171.

OEHLER, Dolf, «*Paris, capitale du xixᵉ siècle:* la construction de l'histoire chez Benjamin», *in Paris au xixᵉ siècle. Aspects d'un mythe littéraire*, Lyon, Presses Universitaires de Lyon, 1984, p. 11-25.

—, «Science et poésie de la citation. Dans le *Passagen-Werk*», trad. S. Bufala et H. Stierlin, *in* H. Wismann (éd.), *Walter Benjamin et Paris*, Paris, Éditions du Cerf, 1986, p. 839-847.

OPOLKA, Uwe, «Le même et la similitude: à propos de la conception de l'histoire de Walter Benjamin», *in* G. Raulet (éd.), *Weimar ou l'explosion de la modernité*, Paris, Anthropos, 1984.

PAIRE, Alain, «Marseille et Walter Benjamin: passages, voyance et perdition», *Marseille*, n° 164, 1992, p. 118-121.

PALMIER, Jean-Michel, «De la révolte à la révolution», *Le Monde*, le 10 septembre 1971.

—, «Baudelaire, Benjamin. Histoire d'une rencontre», *Magazine littéraire*, n° 173, 1990, p. 54-58.

—, «Hannah Arendt — Walter Benjamin. Une rencontre insolite», *Magazine littéraire*, n° 337, 1995, p. 33-36.

PALUMBO-LIOU, Ernestina, «Le narrateur: expérience, médiation et vêtement», *Revue d'esthétique*, n° 1, 1981, p. 163-170.

PERRET, Catherine, «Énigmes. À partir de Walter Benjamin», *in* Jean Greisch (éd.), *Le Texte comme objet philosophique*, Paris, Beauchesne, 1987, p. 229-250.

—, «L'ange exterminateur», *L'Écrit du temps*, n° 13, 1987, p. 53-66 (sur Flaubert et Walter Benjamin).

—, «Walter Benjamin: le problème de la dimension esthétique», *Revue d'esthétique. Walter Benjamin*, nᵒ 1, réimpr. 1990, p. 187-194.

—, *Walter Benjamin sans destin*, Paris, La Différence, 1992.

—, «L'allégorie: une politique de la transmission», *Europe*, nᵒ 804, 1996, p. 102-112.

PETITDEMANGE, Guy, «Treize facettes de Walter Benjamin au fil de ses lettres», postface à la traduction de la *Correspondance* de Walter Benjamin, Aubier-Montaigne, 1979.

—, «L'embarras du sujet», *Revue des Sciences Humaines*, nᵒ 185, 1982, p. 127-135.

—, «Le Seuil du présent. Défi d'une pratique de l'histoire chez Walter Benjamin», *Recherches de science religieuse*, nᵒ 3, juillet-septembre 1985.

—, «Walter Benjamin», *Études*, nᵒ 5 [377], novembre 1992, p. 491-502.

PEZZELLA, Mario, «Image mythique et image dialectique. Remarques sur le *Passagen-Werk*», *in* H. Wismann (éd.), *Walter Benjamin et Paris*, Paris, Éditions du Cerf, 1986, p. 517-528.

PFLUG, Günther, «Walter Benjamin et le P.E.N.-Club allemand en exil», *in* Ingrid et Konrad Scheurmann, *Pour Walter Benjamin. Documents, essais et un projet pour le monument Passages de Dani Karavan à Port-Bou*, Bonn, AsKI, Inter Nationes, 1994, p. 132-141.

PFOTENHAUER, Helmut, «Les *Passages* de Benjamin et la tradition de l'anthropologie littéraire», trad. J. Lacoste, *in* H. Wismann (éd.), *Walter Benjamin et Paris*, Paris, Éditions du Cerf, 1986, p. 827-838.

PICHLER, Cathrin, «L'origine d'un projet», trad. R. Werner, *in* Jean-Marc Lachaud (éd.), *Présence(s) de Walter Benjamin*, Bordeaux, Université de Bordeaux, 1994, p. 121-127.

PLÜMPER-HÜTTENBRINK, Siegfried, «De la lecture (selon Benjamin)», *Digraphe*, nᵒ 85, printemps 1998, p. 18-24.

PODSZUS, Friedrich, «Notice biographique», *in* Walter Benjamin, *Mythe et violence*, trad. Maurice de Gandillac, Paris, Denoël, coll. «Les Lettres nouvelles», 1971.

POIRIER, Jean-François, «Illustrations et petits documents amusants pour un texte de Walter Benjamin: Kaiserpanorama», *Banana Split*, nᵒ 14, Aix-en-Provence, 1985.

PROUST, Françoise, «Arabesques», *Furor*, nᵒ 16, 1987, p. 39-51 [sur la théorie de la narration].

—, «Feu la souveraineté», *Revue des Sciences de l'Homme*, nᵒ 213, 1989, p. 107-125.

—, «Walter Benjamin, la littérature à temps», *Les Temps modernes*, n° 529-530, 1990, p. 28-47.

—, «Melencolia illa heroica», *Furor*, n° 19/20, 1990, p. 85-109 [Walter Benjamin, Nietzsche, Heidegger].

—, «L'entrelacs de temps», *Archives de Philosophie*, n° 55, 1992, p. 385-408.

—, «Drame et tragédie. L'écriture benjaminienne», *Cahiers philosophiques*, n° 55, 1993, p. 61-82.

—, «Walter Benjamin et la théologie de la modernité», *Archives des sciences sociales des religions*, n° 89, 1995, p. 53-59.

—, «La tâche du critique», *in* Gérard Raulet et Uwe Steiner (éds), *Walter Benjamin. Ästhetik und Geschichtsphilosophie*, Berne, Lang, 1998, p. 37-53.

—, *L'Histoire à contretemps. Le temps historique chez Walter Benjamin*, Paris, Éditions du Cerf, 1994.

Pujols, Jordi, «Hommage à Walter Benjamin», *Documents. Revue des questions allemandes*, n° 3, 1994.

Pulliero, Marino, «Erfahrung. Genèse d'une problématique de l'expérience dans la pensée de Walter Benjamin», *Revue Internationale de Philosophie*, n° 1, 1993, p. 20-72.

—, «Autour de la réception de Walter Benjamin. Le cas italien», *in* Jean-Marc Lachaud (éd.), *Présence(s) de Walter Benjamin*, Bordeaux, Université de Bordeaux, 1994, p. 167-188.

—, *Walter Benjamin. Formation de sa pensée*, thèse, Paris, 1991.

Radnóti, Sándor, «Chers spectateurs, allez, trouvez vous-mêmes la fin», trad. M. Sagnol, *in* H. Wismann (éd.), *Walter Benjamin et Paris*, Paris, Éditions du Cerf, 1986, p. 883-913.

Rand, Nicholas, «Lectures de la traduction. Le drame baroque et les voies secrètes de l'histoire des lettres (Walter Benjamin)», *Cahiers confrontation*, n° 16, 1986, p. 97-113 [repris in *Le Cryptage et la Vie des œuvres. Étude du secret dans les textes de Flaubert, Stendhal, Benjamin, Baudelaire, Stefan George, Edgar Poe, Francis Ponge, Heidegger et Freud*, Paris, Aubier, 1989, p. 53-73].

Raoux, Nathalie, «Walter Benjamin, Gisèle Freund, Germaine Krull et Hélène Léger. Deutschland — Frankreich ; Mann — Weib. Eine Folge von Briefen», *Revue germanique internationale*, n° 5, 1996, p. 223-253.

—, «Marcel Brion et Walter Benjamin. Le passeur et le passant», in *Marcel Brion, humaniste et «passeur»*. *Actes du colloque international de la Bibliothèque nationale de France 1995*, Paris, BNF, 1996, p. 126-145.

RAULET, Gérard, *Le Caractère destructeur. Esthétique, théologie et politique chez Walter Benjamin*, Paris, Aubier-Montaigne, 1997.

—, *Walter Benjamin*, Paris, Ellipses, coll. Philo-philosophes, 2000.

REEH, Henrik, « Le labyrinthe du texte urbain. Walter Benjamin et le Paris du XIXe siècle », in Groupe de travail interdisciplinaire/École Normale Supérieure de Saint-Cloud (éd.), *Miroirs de la ville. Perceptions et projections*, Paris, 1985, p. 75-84.

REIJEN, Willem van, « L'art de la critique. L'esthétique politique de Walter Benjamin », trad. H. Deligne, *in* H. Wismann (éd.), *Walter Benjamin et Paris*, Paris, Éditions du Cerf, 1986, p. 421-432.

RICHARD, Lionel, « Walter Benjamin », *Magazine littéraire*, n° 59, mars 1978.

—, « Walter Benjamin traducteur de Proust », *La Quinzaine littéraire*, n° 499, 1987, p. 15.

—, « Benjamin, les années parisiennes. Propos recueillis », *Magazine littéraire*, n° 273, janvier 1990, p. 107-111.

ROBILLARD, Monic, « Le verbe fait clair (Baudelaire, Mallarmé, Gide, Cocteau, Benjamin, Rilke) », in *id.*, *Sous la plume de l'ange. De Balzac à Valéry*, Genève, Droz, 1997, p. 53-143.

ROCHE, Gérard, « Affinités et inspirations surréalistes chez Walter Benjamin », *in* Dietrich Hoss et Heinz Steinert (éds), *Surrealismus und Kritische Theorie. Zur Aktualität einer versäumten Begegnung*, Francfort-sur-le-Main, Johann-Wolfgang-Goethe-Universität, 1995, p. 23-33.

ROCHLITZ, Rainer, « De la philosophie comme critique littéraire. Walter Benjamin et le jeune Lukács », *Revue d'esthétique. Walter Benjamin*, n° 1, 1981 [réimpr. 1990], p. 41-59.

—, « Walter Benjamin. Une dialectique de l'image », *Critique*, n° 431, avril 1983

—, « Expérience et reproductibilité technique. Walter Benjamin et la photographie », *Critique*, n° 459, septembre 1985.

—, « Walter Benjamin. Esthétique de l'allégorie », *Critique*, n° 463, décembre 1985.

—, « Ruine et allégorie », *Pictura Edelweiss* (Toulouse), n° 6, 1985, p. 45-47.

—, « Walter Benjamin et la critique », *Critique*, n° 475, décembre 1986.

—, « Benjamin écrivain : la fidélité de Pierre Missac », *Critique*, n° 480, mai 1987.

—, «Walter Benjamin. Poétique de la traduction», *Critique*, n⁰ 497, octobre 1988.

—, «Fonction de l'esthétique et théorie de la rationalité (de Lukács à Adorno)», *in* G. Raulet et J. Fürnkäs, *Weimar. Le tournant esthétique*, Paris, Anthropos, 1988, p. 319-336.

—, «Walter Benjamin. Paradoxes d'une consécration», *Critique*, n⁰ 515, avril 1990.

—, «Le Berlin de Benjamin», *Critique*, n⁰ 531-532, *Berlin n'est plus une île*, août-septembre 1991.

—, «La ville de Paris, forme symbolique», *Revue d'esthétique. Walter Benjamin*, n⁰ 1, 1981, réimpr. 1990, p. 195-200.

—, «Walter Benjamin 1892-1940», *in* André Jacob (éd.), *Encyclopédie philosophique universelle*, t. III, *Les œuvres philosophiques. Dictionnaire*, éd. par J.-F. Mattéi, Paris, PUF, 1992, p. 2241-2244.

—, *Le Désenchantement de l'art. La philosophie de Walter Benjamin*, Paris, Gallimard, 1992.

—, «Teneur de vérité», *Revue des sciences humaines*, n⁰ 229, 1993, p. 27-45.

—, «L'avenir de Benjamin», *Europe*, n⁰ 804, 1996, p. 159-168.

—, «Le meilleur disciple de Walter Benjamin», *Critique*, n⁰ 593, octobre 1996.

—, «Théorie esthétique et stratégie critique», *in* Gérard Raulet et Uwe Steiner (éds), *Walter Benjamin. Ästhetik und Geschichtsphilosophie*, Berne, Lang, 1998, p. 55-68.

ROLLET, Patrice, «Le mage et le chirurgien. Walter Benjamin, de la peinture au cinéma», *in* Raymond Bellour (éd.), *Cinéma et Peinture. Approches*, Paris, PUF, coll. Écritures et arts contemporains, 1990, p. 31-45.

ROSA DA SILVA, Edson, «La rupture de l'aura et la métamorphose de l'art — Malraux lecteur de Benjamin», *in* Christine Moatti (éd.), *Réflexions sur les arts plastiques*, Paris-Caen, Lettres modernes Minard, 1998.

ROSEN, C., «Walter Benjamin et les ruines», *Critique*, n⁰ 370, mars 1978.

SAGNOL, Marc, «Théorie de l'histoire et théorie de la modernité chez Benjamin», *L'Homme et la Société*, n⁰ 69-70, 1983.

—, «Des Passages parisiens à la rue Simon-Crubellier», *Littératures*, n⁰ 7, Toulouse, printemps, 1983.

—, «La méthode archéologique de Walter Benjamin», in *Les Temps modernes*, n⁰ 444, juillet 1983.

—, «Walter Benjamin entre une théorie de l'avant-garde et une archéologie de la modernité», *in* G. Raulet (éd.),

Weimar ou l'explosion de la modernité, Paris, Anthropos, 1984.

—, *Trauerspiel et Tragédie dans la pensée de Walter Benjamin*, thèse, Lyon, 1984.

—, « Les *Passages parisiens* comme Trauerspiel », *in* H. Wismann (éd.), *Walter Benjamin et Paris*, Paris, Éditions du Cerf, 1986, p. 641-657.

—, « Éléments bibliographiques », *in* H. Wismann (éd.), *Walter Benjamin et Paris*, Paris, Éditions du Cerf, 1986, p. 987-997.

SAHL, Hans, « Walter Benjamin au camp d'internement », *in* Ingrid et Konrad Scheurmann, *Pour Walter Benjamin. Documents, essais et un projet pour le monument Passages de Dani Karavan à Port-Bou*, Bonn, AsKI, Inter Nationes, 1994, p. 119-126.

SANGUINETI, Edoardo, « Du commentaire : Brecht selon Benjamin », in *Silex*, Grenoble, 1978.

SAUERLAND, Karol, « Walter Benjamin et l'anarchisme », *in* G. Raulet (éd.), *Weimar et l'explosion de la modernité*, Paris, Anthropos, 1984.

SCHEURMANN, Ingrid, « Un Allemand en France. L'exil de Walter Benjamin 1933-1940 » et « Nouveaux documents sur la mort de Walter Benjamin », *in* Ingrid et Konrad Scheurmann, *Pour Walter Benjamin. Documents, essais et un projet pour le monument Passages de Dani Karavan à Port-Bou*, Bonn, AsKI, Inter Nationes, 1994, p. 79-114 et 276-311.

SCHEURMANN, Ingrid et Konrad, « Dani Karavan : "Passages", un monument en l'honneur de Walter Benjamin. Une interview », *in* Ingrid et Konrad Scheurmann, *Pour Walter Benjamin. Documents, essais et un projet pour le monument Passages de Dani Karavan à Port-Bou*, Bonn, AsKI, Inter Nationes, 1994, p. 265-275.

SCHEURMANN, Konrad, « Frontières, seuils, passages. Le projet de Dani Karavan pour un monument commémoratif en l'honneur de Walter Benjamin », *in* Ingrid et Konrad Scheurmann, *Pour Walter Benjamin. Documents, essais et un projet pour le monument Passages de Dani Karavan à Port-Bou*, Bonn, AsKI, Inter Nationes, 1994, p. 248-264.

SCHIAVONI, Giulio, « Extravagant Benjamin : convoiter Paris, oublier Paris », *in* H. Wismann (éd.), *Walter Benjamin et Paris*, Paris, Éditions du Cerf, 1986, p. 63-69.

SCHINGS, Hans-Jürgen, « Walter Benjamin, la tragédie baroque et la recherche sur le baroque », trad. de J.-L. Raffy, *xviie siècle*, n° 47, 1995, p. 717-725.

Schmider, Christine, «Flaubert et Walter Benjamin. Deux flâneurs dans Paris, deux regards sur la modernité», *Bulletin Flaubert-Maupassant*, n° VI, 1998, p. 41-55.

Scholem, Gershom, «Walter Benjamin, mon ami», trad. M. et J. Bollack, *Les Lettres nouvelles*, n° 3, mai-juin 1972, repris in *Fidélité et Utopie. Essais sur le judaïsme contemporain* Paris, Calmann-Lévy, 1978.

—, *Walter Benjamin, histoire d'une amitié*, trad. Paul Kessler, notes de Roger Errera, Paris, Calmann-Lévy, 1980.

—, *Walter Benjamin et son ange*, trad. de l'allemand et présenté par Philippe Ivernel, Paris, Rivages, 1995.

Selz, Jean, «Walter Benjamin à Ibiza», *Les Lettres nouvelles*, n° 2, 1954.

—, «Une expérience de Walter Benjamin» (1959), in *Le Dire et le Faire ou les Chemins de la création*, Paris, Mercure de France, 1964.

Signaux, G., «Walter Benjamin», *Preuves*, n° 10, 1960, p. 76-78.

Sontag, Susan, «Sous le signe de Saturne», trad. B. Legars, *Cahiers critiques de la littérature*, n° 1/2, septembre 1979.

Stevens, Bernard, «La mort volontaire de Walter Benjamin», in. *Walter Benjamin (1892-1992). Concordia* (Aix-la-Chapelle), n° 21, 1992.

Stiegler, Berndt, «La destruction de l'origine. Ernst Jünger et Walter Benjamin», *Littérature*, n° 112, décembre 1998, p. 112-126.

Stiegler, Berndt et Beck, Philippe, «L'art pour l'art de la guerre», *Lignes*, n° 13, 1991, p. 57-62 (sur la traduction de Walter Benjamin, *Théories du fascisme allemand*).

Stiehler, Heinrich, «Récit et révolution: Istrati et Walter Benjamin», *L'Arc* (Aix-en-Provence), n° 86-87, 1983, p. 105-118.

Stoessel, Marleen, «Dans le demi-jour: le même et le semblable. Deux contes en images de Grandville», trad. G. Riccardi, *in* H. Wismann (éd.), *Walter Benjamin et Paris*, Paris, Éditions du Cerf, 1986, p. 433-441 (illustrations p. 442-450).

Suied, Alain, «L'éclipse de la vérité. Deux prophètes du chaos: Walter Benjamin et Paul Celan», *Foi et Vie*, n° 6, 1995, p. 55-64.

Szondi, Peter, «Sur Walter Benjamin», in *Poésies et poétiques de la modernité…: textes… sur Mallarmé, Paul Celan, Walter Benjamin, Bertolt Brecht*, édité par Mayotte Bollack, traduit de l'allemand, Lille, Presses universitaires de Lille, 1982.

Tackels, Bruno, *Walter Benjamin, une introduction*, Strasbourg, Presses Universitaires de Strasbourg, 1992.

—, *Histoire d'aura. Benjamin, Brecht, Adorno, Heidegger*, thèse, Strasbourg, 1994.

—, «Les ombres blanches du théâtre. Walter Benjamin sur le théâtre», *Revue d'esthétique*, n° 26, 1994, p. 205-209.

—, «Le chant du savoir», *Europe*, n° 804, 1996, p. 6-18.

TACUSSEL, Patrick, «La ville, le joueur. Walter Benjamin et l'origine de la sociologie figurative», *Diogène*, n° 134, 1986, p. 50-64.

TAUBES, Jacob, *La Théologie politique de Paul. Schmitt, Benjamin, Nietzsche et Freud*, trad. Mira Köller et Dominique Séglard, Paris, Le Seuil, 1999.

TIEDEMANN, Rolf, *Études sur la philosophie de Walter Benjamin*, trad. R. Rochlitz, Arles, Actes Sud, 1987.

TIEDEMANN-BARTELS, Hella, «"La mémoire est toujours de la guerre." Benjamin et Péguy», trad. R. Kahn, *in* H. Wismann (éd.), *Walter Benjamin et Paris*, Paris, Éditions du Cerf, 1986, p. 133-143.

TORDAI, Zador, «La forme des *Passages* considérée du point de vue de la personnalité de Benjamin», trad. J. Bittoun, *in* H. Wismann (éd.), *Walter Benjamin et Paris*, Paris, Éditions du Cerf, 1986, p. 91-109.

TRAVERSO, Enzo, «Le matérialisme messianique de Walter Benjamin», in *Les Marxistes et la Question juive. Histoire d'un débat, 1843-1943*, Montreuil, Kimé, 1990, p. 183-201.

—, «Rationalité et barbarie. Relire Weber, Benjamin et Kafka après Auschwitz», *Les Temps modernes*, n° 568, 1993, p. 7-29.

—, «Angelus Novus. Deux livres sur Benjamin», *La Quinzaine littéraire*, n° 674, 16 juillet 1995, p. 25-26.

—, «Auschwitz *ante*. Benjamin et l'Angelus Novus», *Europe*, n° 804, 1996, p. 169-179.

UNSELD, Siegfried, «Walter Benjamin et les éditions Suhrkamp», *in* Ingrid et Konrad Scheurmann, *Pour Walter Benjamin. Documents, essais et un projet pour le monument Passages de Dani Karavan à Port-Bou*, Bonn, AsKI, Inter Nationes, 1994, p. 13-15.

VALENTIN, Jean-Marie, «Avant-propos», *Études germaniques*, n° 1, 1996.

—, «Critique littéraire et moment historique. À propos du surréalisme», *Études germaniques*, n° 1, 1996, p. 159-174.

VALVERDE, José Maria, «Walter Benjamin — "Un héros de notre temps"», *in* Ingrid et Konrad Scheurmann, *Pour Walter Benjamin. Documents, essais et un projet pour le monu-*

ment Passages de Dani Karavan à Port-Bou, Bonn, AsKI, Inter Nationes, 1994, p. 17-36.

WEBER, Élisabeth, « Raconter des histoires — transmettre l'histoire », *Banana Split*, nᵒ 14, Aix-en-Provence, 1985.

WEBER, Samuel, « Lecture de Walter Benjamin », trad. J. Guillonneau, *Critique*, nᵒ 267-268, août-septembre 1969, p. 699-712.

WERNER, Michael, « La critique de l'historisme chez Benjamin : quelques remarques sur la conception de l'histoire dans l'œuvre tardive », in *Études germaniques*, nᵒ 1, 1996, p. 29-42.

WERNER, Michael et ESPAGNE Michel, « Les manuscrits parisiens de Walter Benjamin et le *Passagen-Werk* », *in* H. Wismann (éd.), *Walter Benjamin et Paris*, Paris, Éditions du Cerf, 1986, p. 849-882.

WERNER, Reinold, « L'œuvre d'art : un univers vide à peupler — le cas Schönberg », *in* Jean-Marc Lachaud (éd.), *Présence(s) de Walter Benjamin*, Bordeaux, Université de Bordeaux, 1994, p. 51-61.

WILLMANN, Françoise, « Theodor W. Adorno, Walter Benjamin, Alfred Sohn-Rethel : échanges et confrontations », *Le texte et l'idée*, nᵒ 9, 1994, p. 143-163.

WISMANN, Heinz, (éd.), *Walter Benjamin et Paris*, Paris, Éditions du Cerf, 1986

WITTE, Bernd, « Paris — Berlin — Paris. Des corrélations entre l'expérience individuelle, littéraire et sociale dans les dernières œuvres de Benjamin », trad. Chr. Berner, *in* H. Wismann (éd.), *Walter Benjamin et Paris*, Paris, Éditions du Cerf, 1986, p. 49-62.

—, *Walter Benjamin. Une biographie*, trad. André Bernold, Paris, Éditions du Cerf, coll. La nuit surveillée, 1988.

WOHLFARTH, Irving, « Sur quelques motifs juifs chez Benjamin », *Revue d'esthétique*, nᵒ 1, 1981, rééd. 1990, p. 141-162.

—, « Walter Benjamin et l'approche de la modernité », *in* Louis Quéré, R. Dulong *et al.*, *Problèmes d'épistémologie en sciences sociales*, t. II, Paris, EHESS, 1983, p. 125-138.

—, « Hors d'œuvre », préface à W. Benjamin, *Origine du drame baroque allemand*, Paris, Flammarion, 1985, rééd. coll. Champs, 2000.

—, « Et Cetera ? De l'historien comme chiffonnier », trad. par l'auteur en collaboration avec V. Bridges et M.-H. Martin, *in* H. Wismann (éd.), *Walter Benjamin et Paris*, Paris, Éditions du Cerf, 1986, p. 559-609.

—, « L'esthétique comme préfiguration du matérialisme historique : *La Théorie du roman* et *L'Origine du drame baroque allemand*», *in* G. Raulet et J. Fürnkäs, *Weimar. Le tournant esthétique*, Paris, Anthropos, 1988, p. 121-142.

—, «Walter Benjamin: le "medium" de l'histoire», *Études germaniques*, n° 1, 1996, p. 99-158.

«Une certaine idée de la jeunesse. Walter Benjamin lecteur de *L'Idiot*», *Europe*, n° 804, 1996, p. 47-71.

WOLIN, Richard, «Expérience et matérialisme dans le *Passagen-Werk* de Benjamin», trad. M. Brun, *in* H. Wismann (éd.), *Walter Benjamin et Paris*, Paris, Éditions du Cerf, 1986, p. 669-685.

YVARS, Josep F., «Remarques sur une théorie de la critique selon Walter Benjamin», *in* Ingrid et Konrad Scheurmann, *Pour Walter Benjamin. Documents, essais et un projet pour le monument Passages de Dani Karavan à Port-Bou*, Bonn, AsKI, Inter Nationes, 1994, p. 240-247.

ZIMA, Pierre V., «L'ambivalence dialectique: entre Benjamin et Bakhtine», *Revue d'esthétique. Walter Benjamin*, n° 1, 1981, p. 131-140, réimpr. 1990.

ZSCHACHLITZ, Ralf, «Walter Benjamin. Repères bibliographiques», *Études germaniques*, n° 1, 1996, p. 193-199.

III. RECUEILS ET NUMÉROS SPÉCIAUX

Critique, numéro spécial consacré à W. Benjamin, n° 267-268, août-septembre 1969 (contributions de J. Guillonneau, P. Missac, S. Weber).

Cahiers critiques de la littérature, n° 1/2, 1979 (contributions de A.-B. Klauck, Marc B. de Launay, Susan Sontag, Jean-François Chevrier, J. Thibaudeau).

Marc B. de Launay et Marc Jimenez (éds.), *Walter Benjamin, Revue d'esthétique*, n° 1, 1981, rééd. élargie 1990 (contributions de P. Bürger, G. Scholem, R. Rochlitz, J.-R. Ladmiral, M. Jimenez, H. Marcuse, J. Habermas, P. V. Zima, I. Wohlfarth, P. Missac, Y. Kobry, C. Perret).

Album Benjamin. Banana Split, n° 14, 1985 (contributions de Didier Cahen, Jean-François Poirier, Élisabeth Weber)

Heinz Wismann (éd.), *Walter Benjamin et Paris*, Paris, Éditions du Cerf, coll. Passages, 1986 (contributions de M. de Gandillac, B. Lindner, R. Bodei, B. Witte, G. Schiavoni, H.-T. Lehmann, Z. Tordai, K. R. Greffrath, H. Tiedemann-Bartels,

H. Engelhardt, A. Betz, J. Leenhardt, G. Carcia, R. Bischof et E. Lenk, F. Desideri, M. Abensour, Ph. Ivernel, C. Kambas, W. Fietkau, A. Münster, J. Hörisch, S. Buck-Morss, Chr. Buci-Glucksmann, W. Van Reijen, M. Stoessel, R.-P. Janz, N. Bolz, B. Kleiner, M. Pezella. W. Menninghaus, I. Wohlfarth, A. Hillach, M. Löwy, M. Sagnol, E. Bavcar, R. Wolin, P. Missac, H. Meschonnic, Cl. Imbert, G. Agamben, S. Mosès, H. Pfotenhauer, D. Oehler, M. Espagne-M. Werner, S. Radnóti, K. Garber).

Jean-Marc Lachaud (éd.), *Présence(s) de Walter Benjamin*, actes du colloque organisé à Bordeaux, les 8 et 9 avril 1992, Bordeaux, Publications du service culturel de l'université Michel de Montaigne, 1994 (contributions de Jean-Marc Lachaud, Florence de Mèredieu, Catherine Coquio, Reinold Werner, Raymond Court, Michaël Löwy, Arno Münster, Gérard Bensussan, Cathrin Pichler, Jean Lacoste, Jean-René Ladmiral, Marc Jimenez, Marino Pulliero).

Littérature & civilisation à l'agrégation d'allemand [*Bibliothèque des Nouveaux Cahiers d'allemand. Collection Concours sur programmes*, vol. 4/1], Nancy, 1995, éd. par Eugène Faucher (contributions de Jean Lacoste, Sibylle Muller, Bernd Kiefer, Michael Hofmann, Jean-Louis Lanher et Philippe Julien).

Walter Benjamin. Études germaniques, 51e année, janvier-mars 1996, n° 1 (contributions de Willi Bolle, Michel Espagne, Alfred Hirsch, Linda Simonis, Jean-Marie Valentin, Michael Werner, Irving Wohlfarth et Rainer Zschachlitz).

Walter Benjamin, n° spécial d'*Europe*, n° 804, avril 1996 (contributions de Jean-Marc Lachaud, Bruno Tackels, Jean Lacoste, Irving Wohlfarth, Robert Kahn, Michael Löwy, Catherine Perret, Pascal Maillard, Philippe Ivernel, Lorenz Jäger, Stéphane Mosès, Rainer Rochlitz, Enzo Traverso, Martine Broda).

IV. CATALOGUES

Catalogue de l'Exposition (D')après Paris, capitale du XIXe siècle — Le livre des passages, de Wolfgang Schmitz, avec des photographies de Robert Doisneau et des textes sur l'actualité de l'esthétique de Walter Benjamin, éd. par V. Malsy, U. Rasch *et al.*, Mayence, 1992 (exposition montrée à Paris, Brême, Berlin, Mayence, 1992-1993).

Arbeitskreis selbständiger Kultur-Institute, sous la direction d'Ingrid et Konrad Scheurmann, *Pour Walter Benjamin. Documents, essais et un projet pour le monument Passages de Dani Karavan à Port-Bou*, trad. Nicole Casanova et Olivier Mannoni, Bonn, AsKI, Inter Nationes, 1994. Publié à l'occasion de l'exposition itinérante *Grenzüberschreitungen = Passages de frontières* tenue à Port-Bou en 1992 puis dans d'autres villes d'Europe pour célébrer le 100e anniversaire de la naissance de Walter Benjamin (contributions de Manuel Cussó-Ferrer, Walter Grasskamp, Richard Heinemann, Volker Kahmen, Leandro Konder, Arthur Lehning, Jordi Llovet, Golo Mann, Winfried Menninghaus, Stéphane Mosès, Günther Pflug, Hans Sahl, Ingrid Scheurmann, Konrad Scheurmann, Siegfried Unseld, José Maria Valverde, Josep F. Yvars).

Walter Benjamin, *Le Passant, la trace*, Paris, Bibliothèque publique d'information, 1994 (contributions d'Emmanuelle Payen, Hans-Joachim Neyer, Stéphane Hessel, Erhard Senf, Margarethe Gerber et Gisèle Freund).

Œuvres

1

Deux poèmes
de Friedrich Hölderlin[1]

«Courage de poète» et «Timidité»

L'objet de l'étude qu'on va lire, pour s'ordonner à l'esthétique de l'art poétique, exige quelque explication. Comme pure esthétique, cette science s'est surtout consacrée à l'exploration des divers genres d'art poétique, et le plus souvent à la tragédie. On n'a guère commenté que les grandes œuvres classiques; et lorsqu'on s'est attaqué à d'autres domaines qu'au drame classique, les commentaires ont été plus philologiques qu'esthétiques. Nous tâcherons ici de donner un commentaire esthétique de deux poèmes lyriques, et ce dessein réclame quelques remarques préalables sur la méthode. Il s'agira de mettre en lumière la forme intérieure de ces poèmes, ce que Goethe appelait la teneur[2]. Avant de porter un jugement sur le poème, il faut établir quelle est la tâche du poète. Le jugement ne dépend point de la manière dont le poète s'est acquitté de sa tâche; c'est au contraire le sérieux et la grandeur de la tâche elle-même qui déterminent le jugement. Car c'est du poème lui-même que s'infère cette tâche. Elle doit

---

1. N. d. T.: Écrit dans l'hiver 1914-1915, publié pour la première fois dans les *Schriften*, I, Francfort-sur-le-Main, 1955, p. 375-400. (MdG)

2. N. d. T.: *Gehalt*. Cf. par ex. J. W. Goethe, *Werke*, Weimarer Ausgabe, 1ʳᵉ section, t. XIV, p. 287 («Lesarten. Paralip. I»). (PR)

être comprise comme le présupposé de la poésie, comme la structure, à la fois spirituelle et sensible, du monde dont le poème est le témoin. Cette tâche, ce présupposé seront envisagés ici comme l'ultime fondement auquel puisse accéder l'analyse. On ne dira rien du procès de la création lyrique, ni de la personne du créateur ou de sa vision du monde, mais on dégagera la sphère particulière et unique où se trouvent la tâche et le présupposé du poème. Cette sphère est tout ensemble résultat et objet de la recherche. Elle ne peut plus être elle-même comparée avec le poème, elle est plutôt le seul élément que la recherche puisse établir avec solidité. Cette sphère, qui possède pour chaque poésie une forme particulière, nous la définissons comme le noyau poétique[1]. En elle se décèlera le domaine caractéristique qui contient la vérité de la poésie. Cette «vérité», que justement les artistes les plus sérieux attribuent avec tant d'insistance à leurs créations, on l'entendra comme la réalité objectale de leur acte créateur, comme l'accomplissement de la tâche artistique spécifique à chaque œuvre. «Toute œuvre d'art possède en elle un idéal *a priori*, une nécessité d'exister» (Novalis[2]). Sous sa forme la plus générale, le noyau poétique est l'unité synthétique de deux ordres, celui de l'esprit et celui de l'intuition sensible. Cette unité reçoit son cachet spécifique comme forme interne de telle création particulière.

Le concept de noyau poétique est, sous deux

---

1. N. d. T.: Différents équivalents («dictamen», «poématisé») ont été proposés pour rendre *das Gedichtete*. Ce participe substantivé (de *dichten*, écrire, faire œuvre d'écrivain) est inhabituel, mais n'a rien de savant. L'expression «noyau poétique» nous a semblé rendre l'essentiel de l'idée benjaminienne, en isolant quelque chose qui est à la fois le principe du poème et l'aboutissement de l'acte poétique, ce dont le poème est sorti et ce qui reste enfoui en lui. (PR)

2. N. d. T.: Novalis, *Schriften*, éd. par J. Minor, t. II, Iéna, 1907, p. 231. (PR)

aspects, un concept limite. Il l'est d'abord à l'égard du concept de poème. Le noyau poétique, comme catégorie de la recherche esthétique, se distingue décisivement du schéma forme-matière pour autant qu'il conserve en lui la fondamentale unité esthétique de la forme et de la matière et qu'au lieu de séparer ces deux plans, il exprime leur liaison nécessaire et immanente. Dans ce qui suit, où il sera question du noyau poétique de poèmes particuliers, ce point ne pourra être examiné en théorie, mais seulement sur un cas précis. Et ce n'est pas non plus le lieu d'engager une critique théorique des concepts de forme et de matière dans leur signification esthétique. Dans l'unité de la forme et de la matière, le noyau poétique partage donc avec le poème lui-même l'un de ses caractères les plus essentiels. Il est lui-même construit selon la loi fondamentale de l'organisme artistique. Du poème il se distingue en tant qu'il est un concept limite, le concept de sa tâche, mais pas absolument, ni en vertu d'un principe spécifique. Plutôt seulement par sa plus grande déterminabilité : non par un défaut quantitatif de déterminations, mais par l'existence virtuelle de celles qui sont effectivement présentes dans le poème, et d'autres encore. Le noyau poétique naît d'un relâchement de l'étroite solidarité fonctionnelle qui régit le poème lui-même, un relâchement qui nécessite que l'on fasse abstraction de certaines déterminations, de manière à mettre en lumière l'interpénétration, l'unité fonctionnelle des autres éléments. Car l'existence effective de toutes les déterminations conditionne à tel point le poème qu'il ne peut plus être appréhendé unitairement que comme tel. Mais l'on ne peut comprendre sa fonction qu'en présupposant une multiplicité de combinaisons possibles. Comprendre la construction du poème, c'est donc saisir son caractère toujours plus rigoureusement

déterminé. Pour conduire à cette suprême détermination, le noyau poétique doit laisser de côté certaines déterminations particulières.

Par ce rapport à l'unité fonctionnelle, à la fois sensible et spirituelle, du poème, le noyau poétique
se révèle comme détermination limite à l'égard du
poème. Mais en même temps, il est un concept limite
à l'égard d'une autre unité fonctionnelle, puisqu'aussi
bien il ne peut y avoir de concept limite que comme
limite entre deux concepts. Cette seconde unité fonctionnelle est l'idée de tâche, qui fait pendant à l'idée
de solution, c'est-à-dire au poème. (Car la tâche et
la solution ne sont séparables que par abstraction.)
Pour le créateur, cette idée de tâche est toujours la
vie. C'est la vie qui contient l'autre unité fonctionnelle extrême. Le noyau poétique se révèle donc
comme passage de l'unité fonctionnelle de la vie à
celle du poème. En lui la vie se détermine par le
poème, la tâche par la solution. Le fondement n'est
pas la tonalité individuelle qui enveloppe la vie de
l'artiste, mais un horizon de vie déterminé par l'art.
Les catégories dans lesquelles il est possible d'ap-
préhender cette sphère, la sphère du passage entre
les deux unités fonctionnelles, ne sont pas formées
d'avance, et s'appuient peut-être en premier lieu
sur les concepts du mythe. Ce sont précisément les
plus faibles productions de l'art qui se réfèrent au
sentiment immédiat de la vie, tandis que les plus
puissantes, selon leur vérité, renvoient à une sphère
parente de l'élément mythique : au noyau poétique.
La vie, pourrait-on dire, est globalement le noyau
poétique des poèmes ; pourtant, plus le poète s'efforce de transposer telle quelle l'unité de vie en unité
artistique, plus il se révèle un bousilleur. Ce bousillage, nous sommes accoutumés à le voir défendu,
voire réclamé, comme «sentiment immédiat de la
vie», «chaleur du cœur», «profondeur d'âme».

L'exemple marquant de Hölderlin montre comment le noyau poétique permet de juger la poésie par le degré de solidarité et la grandeur de ses éléments. Les deux caractères sont inséparables. Car à mesure qu'une sentimentalité diffuse se substitue à la grandeur et à la configuration internes des éléments (que, par approximation, nous définissons comme «mythiques»), la cohésion de l'ensemble s'amoindrit et il apparaît soit un aimable produit naturel, dépourvu de toute recherche, soit un méchant ouvrage aussi étranger à l'art qu'à la nature. C'est la vie qui, en tant que son unité ultime, fonde le noyau poétique. Mais plus tôt l'analyse, sans rencontrer les problèmes relatifs à la structuration de l'intuition et à l'édification d'un monde spirituel, découvre la vie même comme le noyau poétique du poème, plus matérielle (au sens étroit du terme), plus informe, plus insignifiante se révèle la poésie. Tandis que l'analyse des grands poèmes trouvera, non certes le mythe, mais une unité forgée par la violence des éléments mythiques opposés entre eux, où elle reconnaîtra la véritable expression de la vie.

De cette nature du noyau poétique, formant un domaine entre deux limites, témoigne la méthode de son exposition. Il ne peut s'agir pour celle-ci de mettre en évidence des éléments prétendument ultimes, car le noyau poétique ne contient rien de tel. Il ne s'agit que d'établir, d'abord sur des exemples particuliers, l'intensité du lien unissant les éléments sensibles et les éléments spirituels. Ce faisant, on constatera justement qu'il ne s'agit point d'éléments, mais de relations, le noyau poétique étant lui-même une sphère de relations entre l'œuvre d'art et la vie, c'est-à-dire entre des domaines dont les unités elles-mêmes ne sont absolument pas concevables. Ainsi le noyau poétique apparaît comme le présupposé du poème, comme sa forme interne, comme tâche artistique.

On appellera loi d'identité la loi selon laquelle tous les éléments apparents de la sensibilité et des idées sont la pure représentation des fonctions essentielles, dans leur infinité de principe. Par là se trouve définie l'unité synthétique des fonctions. Dans chacune de ses figures particulières, elle est reconnue comme un *a priori* du poème. D'après tout ce qui a été dit, la découverte du pur noyau poétique, de la tâche absolue, doit rester l'objectif purement méthodologique, idéel. Le pur noyau poétique cesserait d'être un concept limite : il serait vie ou poème. — Tant que n'a pas été éprouvée l'applicabilité de cette méthode à l'esthétique de la poésie lyrique en général, peut-être même à d'autres domaines, de plus longs développements seraient inopportuns. Alors seulement nous pourrons distinguer clairement ce qu'est l'*a priori* de tel poème particulier, celui du poème en général, ou celui d'autres formes littéraires, voire de toute littérature. Mais il apparaîtra plus clairement qu'il est possible, sinon de prouver, du moins de fonder le jugement qu'on porte sur la poésie lyrique.

Cette méthode va être appliquée ici à l'étude de deux poèmes de Hölderlin, «Courage de poète» («*Dichtermut*») et «Timidité» («*Blödigkeit*»), qui datent, l'un de sa maturité, l'autre de sa dernière période. Elle montrera que ces poèmes sont comparables. Ils sont liés par une affinité certaine, au point qu'on peut y voir deux versions de la même œuvre. Un état intermédiaire («Courage de poète», seconde version) n'apporte rien d'essentiel, et il n'en sera pas question ici[1].

---

1. N. d. T. : Pour que le lecteur français puisse suivre de plus près l'analyse de Benjamin, nous lui proposons une traduction qui s'efforce de rendre le texte avec le maximum de littéralité syntaxique et rythmique. (MdG)

COURAGE DE POÈTE

(Première version)

Ne te sont donc apparentés tous vivants ?
  Ne te nourrit, pour son service, la Parque même ?
    Va ! Avance désarmé
      De par la vie et n'aie souci !

Ce qui advient te soit tout entier béni,
  Sois à la joie tourné ! Ou qu'est-ce donc qui pourrait
    Te blesser, ô cœur ! et quoi
      T'atteindre où tu dois aller ?

Car depuis que le chant de mortelles lèvres,
  Paisible souffle, s'est échappé et que, dans la peine
                                    [et le bonheur
    Se prodiguant notre mélodie des hommes
      A réjoui le cœur, nous aussi

Nous les chantres du peuple fûmes volontiers chez les
                                    [vivants,
  Où beaucoup s'assemblent, joyeux et à chacun pro-
                                    [pices,
    A chacun ouverts ; ainsi est, certes,
      Notre aïeul, le dieu Soleil,

Qui au jour riant laisse chacun, pauvre ou riche,
                                    [prendre part
  Qui, dans le temps fugitif, nous éphémères
    Debout, de ses lisières
      D'or, tels des enfants, nous tient

L'attend, aussi le prend, quand l'heure vient
   Son flot de pourpre ; vois ! et la noble lumière
   Qui sait le changement, d'une âme égale,
      Suit le chemin qui décline.

Que passe de même, quand il en sera temps,
   Et qu'à l'esprit toute justice sera rendue, que meure
                                              [de même
      Un jour, au sérieux de la vie,
         Notre joie, mais de belle mort !

TIMIDITÉ

Ne te sont donc connus de nombreux vivants ?
  Sur le vrai ne va ton pied comme sur un tapis ?
    Va, mon Génie, avance
      Nu dans la vie et n'aie souci !

Ce qui advient te soit tout entier opportun !
  Sois à la joie accordé, ou qu'est-ce donc qui pourrait
    Te blesser, ô cœur, et quoi
      T'atteindre là où tu dois aller ?

Car depuis que des hommes aux êtres célestes pareils,
                          [gibier solitaire,
  Et les êtres célestes eux-mêmes au recueillement
                          [furent conduits
    Par le chant et le chœur
      Des princes selon leurs races, nous aussi,

Nous les langues du peuple, fûmes volontiers chez les
                          [vivants,
  Où beaucoup s'assemblent, joyeux et à chacun pareils,
    À chacun ouverts ; ainsi est, certes,
      Notre père, le dieu du Ciel,

Qui au jour pensant laisse chacun, pauvre ou riche,
                          [prendre part
  Qui, au détour du temps, nous qui nous endormons,
    Debout, de ses lisières
      D'or, tels des enfants, nous tient.

Bons nous sommes aussi pour quelqu'un et à quelque
                                        [*chose destinés*
Quand nous venons, avec art, et des êtres célestes
Quelqu'un apportons. Mais nous-mêmes
Apportons de convenantes mains.

L'étude de la première version révèle une grande
indétermination du contenu intuitif et un manque de
cohérence dans le détail. Ainsi, le mythe du poème
est encore envahi par un élément mythologique. Le
mythologique ne se révèle comme mythe qu'à la
mesure de sa cohérence. C'est à l'unité interne entre
le dieu et le destin qu'on reconnaît le mythe. À la
domination de l'ἀνάγκη[1]. L'objet de Hölderlin, dans
la première version de son poème, est un destin : la
mort du poète. Il chante les sources d'où le poète
puise le courage d'affronter cette mort. Cette mort
est le centre à partir duquel devrait surgir le monde
du mourir poétique. Exister en ce monde serait le
courage du poète. Mais ici, seule la conscience la
plus vigilante peut prendre un mince aperçu de cette
loi issue d'un monde du poète. Timidement commence à s'élever la voix qui veut chanter un cosmos
pour lequel la mort du poète signifie son propre
déclin. Le mythe se constitue plutôt à partir de la
mythologie. Le dieu Soleil est l'aïeul du poète, et la
mort du dieu est le destin au miroir duquel la mort
du poète devient effective. Une beauté dont nous
ne connaissons pas la source interne désagrège la
figure du poète — et, à un degré à peine moindre,
celle du dieu — au lieu de lui donner forme. Étrangement, le courage du poète se fonde encore sur un
autre ordre, sur un ordre étranger. Sur la parenté
des vivants. Par elle il se trouve lié à son destin. Que
signifie pour le courage poétique cette parenté avec

1. **N. d. T.** : *Anagké*, nécessité fatale. (MdG)

le peuple ? On ne sent point dans le poème le droit profond qui justifie le poète à s'appuyer sur son peuple, sur les vivants, et à se sentir apparentés à eux. Cette pensée, nous le savons, est pour les poètes l'une des plus consolantes, et nous la savons particulièrement chère à Hölderlin. Pourtant ce lien naturel avec tout un peuple ne peut ici valoir à nos yeux comme la condition de la vie poétique. Pourquoi le poète ne célèbre-t-il pas — à meilleur droit — l'*Odi profanum*[1] ? C'est ce qu'on peut, ce qu'on doit se demander, là où les vivants ne fondent encore aucun ordre spirituel. Il est extrêmement surprenant de voir le poète plonger les deux bras dans des ordres du monde qui lui sont étrangers, à la recherche d'un peuple et d'un dieu, pour conforter son courage propre, le courage du poète. Mais le chant, l'élément intime du poète, la source significative de sa vertu paraît, lorsqu'il est nommé, faible, sans force ni grandeur. Le poème vit dans le monde grec, il est animé par une beauté qui tend vers le modèle grec et il est dominé par la mythologie des Grecs. Mais le principe spécifique de la forme grecque n'est pas développé dans sa pureté. « Car depuis que le chant de mortelles lèvres, / Paisible souffle, s'est échappé et que, dans la peine et le bonheur / Se prodiguant, notre mélodie des hommes / A réjoui le cœur… » Ces mots ne traduisent que très faiblement le respect dont débordait Pindare — et avec lui le dernier Hölderlin — devant la forme poétique. De ce point de vue, même les « chantres du peuple », à chacun « propices », ne permettent pas de doter ce poème d'un fondement concret dans le monde. La figure du dieu Soleil mourant constitue le plus clair témoignage d'une dualité non maîtrisée dans tous les éléments.

---

1. N. d. T. : Horace, *Odes* III, 1,1 : *Odi profanum vulgus* (« Je hais la foule des non-initiés »). (MdG)

La nature idyllique continue à jouer son rôle particulier face à la figure du dieu. La beauté, autrement dit, n'est pas encore intégralement devenue forme. La représentation de la mort ne procède pas davantage d'une composition rigoureuse et sans mélange. La mort elle-même n'est pas ce qu'elle sera plus tard pour Hölderlin, une figure en sa plus profonde liaison, elle est une extinction de l'essence plastique, héroïque, dans la beauté indéterminée de la nature. L'espace et le temps de cette mort ne sont pas encore apparus comme unité dans l'esprit de la forme. La même indétermination du principe structurant, qui contraste si violemment avec l'hellénité invoquée, menace le poème tout entier. La beauté qui, presque par consonance, lie à la gaieté du dieu la belle apparence du chant, cette individualisation du dieu dont le destin mythologique n'apporte au poète qu'une signification analogique, tout cela ne surgit point du centre d'un monde structuré, dont la loi mythique serait la mort. C'est au contraire un monde faiblement organisé qui meurt en beauté avec le coucher du Soleil. La relation des dieux et des hommes avec le monde poétique, avec l'unité spatio-temporelle dans laquelle ils vivent, ne fait pas l'objet d'une configuration intensive, elle n'est pas même façonnée sur un mode purement hellénique. Il faut reconnaître que le sentiment de la vie, d'une vie large et indéterminée, constitue dans cette poésie le sentiment fondamental, non dénué de conventionnalisme, et que de là provient cette atmosphère évocatrice qui enveloppe ses membres portés à une beauté purement individuelle. La vie comme réalité fondamentale non mise en doute — aimable peut-être, peut-être sublime — détermine encore (en voilant aussi les pensées) ce monde de Hölderlin. C'est ce dont témoigne aussi, de singulière manière, la construction du titre, car une obscurité particulière distingue la vertu à laquelle se trouve associé le nom de qui la pratique, nous suggérant ainsi que la pureté en est troublée par une trop grande proximité avec la vie (cf. l'expression «fidélité de femme[1]»). Note presque étrangère, la conclusion tombe avec sérieux dans la chaîne des images: «Et qu'à l'esprit toute justice sera rendue», cette puissante exhortation, née du courage, ici se dresse isolée, et seule l'annonce la grandeur d'une image d'une précédente strophe: «... Debout, de ses lisières / D'or, tels des enfants, nous tient.» Le lien du dieu avec les hommes est introduit de force, sur des rythmes rigides, dans une grande image. Mais isolée comme elle l'est, celle-ci ne réussit point à éclairer le fondement de ces puissances liées, et elle se perd. Seule la violence de la transformation la rendra lisible et apte à signifier: pour ce monde hölderlinien la loi poétique ne s'est pas encore réalisée.

Ce que signifie l'intime cohésion de ce monde poétique seulement suggéré dans le premier état du poème, comment son approfondissement en conditionne le bouleversement structurel, avec quelle nécessité la forme imprimée en son centre s'impose de vers en vers, c'est ce que montre la dernière version. Nous avons vu que l'unité de la première esquisse reposait sur une vision abstraite, sur une conception de la vie étrangère au mythe et au destin, tirée d'une sphère sans portée spirituelle. À une forme isolée, à des événements sans corrélation, se substitue maintenant l'ordre à la fois concret et spirituel, le nouveau cosmos du poète. Il est difficile de trouver un accès praticable à ce monde totalement unitaire et unique. L'opacité des relations fait obstacle à toute saisie autre que sensitive. La méthode

---

1. N. d. T.: Le nom composé *Weibertreue* présente une forte connotation sceptique, que Benjamin retrouve dans cet autre composé qu'est *Dichtermut*. (PR)

exige qu'on parte, dès l'abord, de ce qui est lié, pour
en discerner l'organisation. À partir de la configuration d'ensemble, nous comparerons la construction
poétique des deux versions, pour tendre lentement
vers le cœur des liaisons. On a déjà reconnu plus
haut le caractère indéterminé du lien qui associe le
peuple au dieu (et ceux-ci au poète). À quoi s'oppose,
dans le dernier poème, le puissant appariement des
sphères particulières. Entre les dieux et les vivants,
le destin du poète forge une chaîne d'airain. La simple
et traditionnelle préséance de la mythologie est abolie. Du chant qui « au recueillement » les mène, il est
dit qu'il conduit « des hommes aux êtres célestes
pareils » — et les êtres célestes eux-mêmes. Ainsi se
trouve aboli le véritable fondement de la comparaison, le second élément le dit bien : le chant conduit
aussi les êtres célestes, et ceux-ci de la même manière
que les hommes. L'ordre des dieux et celui des
hommes — ici, au centre du poème — sont étrangement opposés, l'un compensant l'autre. (Comme
deux plateaux d'une balance qu'on laisserait dans
leur opposition, mais qu'on soulèverait du fléau.)
Ainsi s'affirme en toute clarté la loi formelle fondamentale du noyau poétique, l'origine de ce principe
dont la réalisation constitue le socle de la dernière
version. Cette loi d'identité énonce que toutes les
unités, à l'intérieur du poème, apparaissent d'emblée dans une interpénétration intensive, qu'on ne
peut jamais saisir les éléments à l'état pur, mais seulement la structure relationnelle où l'identité de l'essence singulière est fonction d'une chaîne infinie de
séries, à travers lesquelles se développe le noyau
poétique. La loi selon laquelle toutes les essences se
révèlent, dans le noyau poétique, comme unité des
fonctions en principe infinies — cette loi est la loi
d'identité. Aucun élément ne peut se détacher, libre
de toute relation, de l'intensité de l'ordonnance cos-

mique, sensitivement perçue à son fondement. Dans tous les agencements singuliers, dans la forme interne des strophes et des images, on verra se réaliser cette loi, de sorte qu'au centre de toutes les relations poétiques s'effectue finalement ceci : l'identité des formes sensibles et spirituelles, à l'intérieur de chaque catégorie et d'une catégorie à l'autre — l'interpénétration spatio-temporelle de toutes ces formes dans un spirituel qui les résume, le noyau poétique, et qui se confond avec la vie. Mais seule la figure présente de cet ordre doit ici être nommée : la mise en balance, à mille lieues de toute mythologie, de la sphère des vivants et de celle des êtres célestes (ainsi Hölderlin les nomme-t-il le plus souvent). Après ces derniers, après même que le chant ait été nommé, s'élève à nouveau « le chœur des princes selon leurs races ». De sorte qu'ici, vers le centre du poème, hommes, êtres célestes et princes, pour ainsi dire déchus de leurs anciennes hiérarchies, se trouvent maintenant rangés côte à côte. Mais que l'antique ordonnance mythologique ne soit pas décisive, qu'un tout autre canon des figures traverse ce poème, rien ne le révèle plus clairement que la tripartition qui fait aux princes une place à côté des êtres célestes et des hommes. Cette nouvelle ordonnance des figures poétiques — des dieux et des vivants — se fonde sur la signification des uns et des autres pour le destin du poète comme pour l'ordonnance sensible de son univers. De cet univers justement la véritable origine, telle que Hölderlin se la représentait, ne peut apparaître qu'à la fin, comme le point fixe de toutes les relations, et, jusque-là, on ne peut voir que la variété des dimensions propres à cet univers et à ce destin, celles qu'ils assument au contact des dieux et des vivants, c'est-à-dire : la vie pleine et entière à laquelle ces mondes de formes, jadis si morcelés, accèdent dans le cosmos poétique. Mais la loi, qui semblait être la condition formelle et universelle de l'édification de ce monde poétique, commence maintenant à se développer, étrangère et puissante. — Identité dans l'horizon du destin poétique, toutes les figures obtiennent de s'y abolir les unes les autres dans une intuition, et, si souveraines qu'elles paraissent, finalement retombent dans la solennité du chant. Les modifications introduites dans la dernière version donnent à connaître, de la manière la plus pénétrante, la précision et l'intensité croissante des figures. Chaque passage atteste la concentration de la force poétique, et une comparaison rigoureuse montrera que même la moindre variante peut être rapportée au fondement unitaire du poème. Ainsi se révèle nécessairement ce qui importe quant à l'intention profonde, là même où la première version ne s'y conformait que faiblement. La vie dans le chant, dans l'immuable destin poétique qui est la loi du monde hölderlinien, voilà ce que nous observons dans la corrélation des figures.

En des ordonnances fortement distinguées, dieux et mortels traversent le poème sur des rythmes opposés. C'est ce qui apparaît en amont et en aval de la strophe médiane. Les dimensions se succèdent selon un ordre extrêmement rigoureux, encore que dissimulé. Dans cet univers de Hölderlin, aussi distinctement ici que là, les vivants sont l'*extension* de l'espace, le large plan sur lequel (comme nous le verrons à nouveau) s'étend le destin. Avec majesté — ou avec une ampleur tout orientale — retentit l'appel inaugural : « Ne te sont donc connus de nombreux vivants ? » Quelle fonction avait le vers initial dans la première version ? La parenté du poète avec tous les vivants était invoquée comme source du courage. Il n'en est resté qu'un être-connu, un connaître des nombreux. La question concernant l'origine de cette détermination de la foule par le génie qui la « connaît » conduit aux corrélations du vers suivant. Révélateurs, extrêmement révélateurs du cosmos hölderlinien sont ces mots qui — derechef étrangers et comme venant d'un monde oriental, et pourtant tellement plus authentiques que la Parque grecque — confèrent de la majesté au poète : « Le vrai n'est-il pas comme un tapis pour ton pied ? » L'infléchissement du début, dans sa signification quant à la nature du courage, se poursuit ici. Le poème, au lieu de s'appuyer sur la mythologie, instaure la cohésion de son propre mythe. Car on resterait à la surface du texte, si l'on ne voulait voir ici que le remplacement d'une image mythologique par l'image sobre de la marche ; ou seulement constater que la dépendance évoquée dans la version primitive (« Ne te nourrit, pour son service, la Parque même ? ») devient dans la seconde un acte d'établissement (« Sur le vrai ne va ton pied... ? »). De manière analogue, l'« apparenté » de la première version avait été porté au plan supérieur du « connu » : une relation de dépendance est devenue activité. Le point décisif est plutôt que cette activité est elle-même replacée dans l'élément mythique d'où naissait, dans l'ancien poème, le rapport de dépendance. Mais ce qui fonde le caractère mythique de cette activité est qu'elle-même se déroule conformément au destin ou, pour mieux dire, qu'elle contient déjà en elle l'accomplissement de ce dernier. De quelle manière toute activité du poète touche à des ordonnances déterminées par le destin, dans lesquelles elle est abolie en même temps qu'elle les abolit, c'est ce dont témoignent l'existence du peuple et sa proximité vis-à-vis du poète. Sa connaissance des vivants et leur existence reposent sur cet ordre que, selon le sens du poème, l'on doit nommer la vérité de la situation. La possibilité du deuxième vers, avec la tension inouïe de son image, présuppose nécessairement la vérité de la situation comme concept ordon-

nateur de l'univers hölderlinien. L'ordre spatial et
l'ordre spirituel se révèlent liés par l'identité qui, dans
l'un comme dans l'autre, s'établit entre le déterminant et le déterminé. Dans les deux ordres, cette
identité n'est pas l'égale, mais l'identique, et par elle
ils s'interpénètrent jusqu'à l'identité. Car le point
décisif pour le principe spatial est qu'il accomplit
dans l'intuition sensible l'identité du déterminant et
du déterminé. La situation est l'expression de cette
unité; il faut concevoir l'espace comme identité de la
situation et du situé. Tout élément déterminant dans
l'espace comporte de manière immanente sa propre
déterminité. Toute situation n'est déterminée que
dans l'espace, et elle est en lui seul déterminante. Or
de même que l'image du tapis (surface plane pour un
système spirituel) doit nous rappeler la régularité du
motif, nous faire voir dans la pensée l'arbitraire spirituel de l'ornement — en sorte que celui-ci constitue
une véritable détermination de la situation, la rend
absolue —, de même l'intense activité de la marche,
en tant que forme intérieure de la plastique temporelle, habite l'ordre de la vérité en tant qu'il peut être
parcouru. Peut être parcourue l'aire spirituelle où le
marcheur, à chaque pas arbitraire qu'il fait, reste
pour ainsi dire nécessairement dans le domaine du
vrai. Ces ordres spirituels et sensibles s'incarnent en
des vivants chez qui tous les éléments du destin poétique se sont déposés sous une forme intérieure et
particulière. L'existence temporelle dans l'extension
infinie, la vérité de la situation lient les vivants au
poète. Dans le même sens, la strophe finale révèle
encore la solidarité des éléments dans la relation
entre le peuple et le poète. «Bons nous sommes aussi
pour quelqu'un, et à quelque chose destinés.» Selon
une loi (peut-être universelle) de la poésie lyrique,
les mots atteignent dans le poème à leur sens matériel sans sacrifier leur sens figuré. Ainsi se compénè-

trent, dans le double sens du mot *geschickt*[1], deux
ordres. Déterminé et déterminant, tel apparaît le
poète parmi les vivants. De même que dans le
participe *geschickt*, une détermination temporelle
parachève l'ordre spatial, la congruence, dans l'événementialité, de même cette identité des deux ordres
se répète dans la détermination téléologique : « pour
quelqu'un... à quelque chose ». Comme si l'ordre de
l'art devait rendre doublement manifeste l'acte de
vivification, tout le reste demeure incertain et l'individualisation au sein d'une grande extension est suggérée dans le « pour quelqu'un... à quelque chose ».
Mais il est surprenant de voir comment, dans un
passage où le peuple est pourtant désigné de façon
extrêmement abstraite, il s'élève de l'intérieur de ces
vers presque une forme nouvelle de vie, dans sa réalité la plus concrète. De même que le « convenant »
[*das Schickliche*] se trouvera comme l'essence intime
du chantre, comme sa frontière avec l'existence, ce
qui apparaît ici aux vivants comme le « destiné » c'est
ceci : le surgissement de l'identité dans l'unité d'une
forme, déterminant et déterminé, centre et étendue.
Si l'activité du poète se trouve déterminée au contact
des vivants, les vivants, eux, se déterminent en leur
existence concrète — « pour quelqu'un... à quelque
chose » — au contact de l'essence du poète. C'est
comme signe et écriture de l'extension infinie de son
destin qu'existe le peuple. On le verra plus loin, ce
destin même est le chant. C'est ainsi au peuple,
comme symbole du chant, qu'il revient de réaliser le
cosmos de Hölderlin. C'est également ce qu'atteste
la transformation des « chantres du peuple » en

---

1. N. d. T. : Comme adjectif, *geschickt* signifie « habile », comme
participe passé du verbe *schicken*, il signifie « envoyé » ; en traduisant (avec Rovini) « destiné », on tâche de conserver ce double sens,
ainsi que la liaison avec *Schicksal* (« destin »). (MdG)

«langues du peuple». La condition préalable de cette
poésie est de changer toujours davantage en éléments d'un ordre mythique les figures empruntées à
une «vie» de caractère neutre. Dans cette formulation, le peuple et le poète sont intégrés avec une
force égale au sein de l'ordre mythique. Particulièrement sensible est dans ces mots le retrait du génie
souverain. Car le poète, et avec lui le peuple d'où il
chante, est entièrement transféré dans le cercle du
chant, et le résultat final est à nouveau une unité
plane entre le peuple et son chantre (dans le destin poétique). À présent — oserons-nous évoquer les
mosaïques byzantines ? — le peuple apparaît déper-
sonnalisé, comme plaqué dans la surface autour de
la grande figure plate de son poète sacré. Ce peuple
est un autre peuple, d'essence mieux définie, que
celui de la première version ; il lui correspond une
autre représentation de la vie : «Va, mon génie !
Avance / Nu dans la vie et n'aie souci !» La «vie», ici,
se situe en dehors de l'existence poétique ; dans cette
nouvelle version, elle n'est point le présupposé, mais
l'objet d'un mouvement avec une puissante liberté
accompli : le poète *avance dans* la vie, et non plus *de
par* la vie. L'insertion du peuple dans la vie, telle que
la décrivait la première version, est devenue un lien
établi par le destin entre les vivants et le poète. «Ce
qui advient te soit tout entier opportun !» L'ancienne
version portait ici «béni». C'est partout le même
processus d'évacuation de l'élément mythologique
qui constitue la forme interne du remaniement.
«Béni» renvoie au transcendant, à un fonds mythologique traditionnel, c'est une idée qui n'est pas
entendue à partir du centre du poème (disons du
Génie). «Opportun» nous ramène à ce centre, signifie un rapport du Génie lui-même, où le «soit» rhétorique de cette strophe est aboli par la présence d'une
telle «opportunité». L'étendue spatiale est de nou-

veau donnée, et avec le même sens qu'auparavant.
De nouveau il s'agit des lois du bon monde, où la
situation est en même temps ce qui est situé par le
poète, et le vrai un espace à parcourir. Un autre
poème de Hölderlin commence par ces mots : « Sois
joyeux ! Tu as choisi le bon lot[1] ! » Où il s'agit de celui
qui a lui-même été choisi, pour qui il existe non pas
plusieurs lots, mais un seul sort, et donc le bon[2]. De
cette relation d'identité entre le poète et le destin,
les vivants sont l'objet. La construction « Sois à la
joie accordé » pose comme base l'ordre sensible du
son. Ici aussi, dans l'accord est donnée l'identité du
déterminant et du déterminé, de même par exemple
que la structure de l'unité apparaît comme semi-
dualité. Non de façon substantielle, mais de façon
fonctionnelle, l'identité est donnée comme loi. Les
termes de l'accord ne sont pas eux-mêmes nommés.
Car il va de soi que « à la joie accordé » ne signifie pas
plus « *avec* la joie accordé » que « te soit opportun » ne
fait du « toi » lui-même une réalité spatiale, située. De
même que l'opportun a été reconnu comme un rapport du Génie (non un rapport *au* Génie), l'accord
est une relation de la joie (non *à* la joie). Bien plutôt
cette dissonance d'image, à laquelle fait écho une
très insistante dissonance sonore, a pour fonction de
rendre sensible, audible, la temporalité spirituelle
inhérente à la joie, dans la chaîne d'une événementialité infiniment étendue, qui correspond aux possibilités infinies de l'accord. La dissonance dans l'image
du vrai et du tapis avait ainsi évoqué la possibilité du
pas comme la relation unificatrice des deux ordres,
tout comme l'« opportunité » signifiait l'identité spi-

---

1. N. d. T. : « *An Landauer* », qui date de la fin 1800. (PR)
2. N. d. T. : *Los* signifie à la fois le « lot » et le « sort ». Nous expli-
citons légèrement le propos de Benjamin pour rendre le jeu sur ce
double sens. (PR)

rituelle-temporelle (la vérité) de la situation[1]. Ces
dissonances font ressortir dans la construction poétique l'identité temporelle inhérente à toute relation
spatiale et, par conséquent, la nature absolument
déterminante de l'existence spirituelle au sein de
l'identique étendue. Les porteurs de cette relation
sont clairement, en premier lieu, les vivants. Après
des images aussi extrêmes, une voie et un but convenant doivent maintenant se dessiner de toute autre
manière que dans le sentiment idyllique du monde
qui présidait autrefois à ces vers : « ... ou qu'est-ce
donc qui pourrait / Te blesser, ô cœur, et quoi / T'atteindre là où tu dois aller ? » Pour percevoir la force
croissante avec laquelle la strophe s'achemine vers
sa fin, on est ici en droit de comparer la ponctuation
des deux ébauches. Comment dans la strophe suivante
les mortels sont avec la même signification que les
êtres célestes rapprochés du chant, cela ne devient
tout à fait compréhensible qu'à partir du moment où
ils ont été emplis par le destin poétique. Tout ce passage, pour être entendu dans sa pénétrante profondeur, doit être rapporté au degré de composition
formelle que Hölderlin prêtait au peuple dans la version primitive. Le peuple était alors réjoui par le
chant, il était apparenté au poète et l'on pouvait parler de « poètes du peuple ». En cela seulement se
devinait déjà la force plus rigoureuse d'une image du
monde qui allait découvrir ce qui auparavant n'était
visé que de loin : la signification destinale du peuple,
dans une intuition qui fait de celui-ci la fonction à la
fois sensible et spirituelle de la vie poétique.

---

1. N. d. T. : *Gelegenheit*, que nous traduisons par « opportunité »,
est dérivé de *legen* (« poser, coucher, installer »), comme *Lage* (« situation »). Benjamin peut ainsi établir entre *Lage* (« situation »), *das
Gelegene* (« le situé »), *gelegen* (« opportun ») et *Gelegenheit* (« opportunité ») une série de rapprochements qui paraîtront nécessairement moins évidents en français. (PR)

Cet état de choses, où notamment la fonction du temps reste encore obscure, s'éclaire lorsqu'on observe sur la figure des dieux la transformation caractéristique à laquelle il est soumis. Par la forme intérieure que les dieux assument dans la nouvelle structure du monde, l'essence du peuple se trouve — par contraste — précisée. Pas plus que la première version n'accorde aux vivants une signification dont la forme intérieure constitue leur existence en tant qu'insérée dans le destin poétique, déterminée et déterminante, vraie dans l'espace — pas davantage ne s'y laisse reconnaître un ordre particulier des dieux. La nouvelle version, elle, est traversée par un mouvement tendant vers l'intensité plastique, et c'est dans les dieux que cette tendance vit le plus fortement. (À côté de la tendance spatiale qui, représentée dans le peuple, vise l'événementialité infinie.) Les dieux sont devenus des figures très particulières et déterminées, en qui la loi de l'identité se trouve totalement redéfinie. L'identité du monde divin et sa relation au destin du chantre se distinguent de l'identité dans l'ordre des vivants. On avait découvert ici une événementialité qui, dans sa détermination par et pour le poète, coulait d'une seule et même source. Le poète vivait l'expérience du vrai. Ainsi le peuple lui était connu. Mais nous verrons que, dans l'ordre divin, la figure accède à une identité interne d'un type particulier. Cette identité se trouvait déjà suggérée dans l'image de l'espace, par exemple dans la détermination de la surface par l'ornement. Mais devenue l'instance dominante d'un ordre, elle provoque une matérialisation du vivant. Il se produit un dédoublement caractéristique de la figure (qui la rattache à des déterminations spatiales), chacune trouvant encore en elle-même sa propre concentration, portant en elle-même une plastique purement immanente comme expression de son existence dans le temps. Dans ce mouvement de concentration, les choses tendent à exister comme pure idée et déterminent le destin du poète *dans* le monde pur des figures. La plastique de la forme se révèle comme l'élément spirituel. Ainsi le jour « riant » est devenu « pensant ». Le qualificatif ne caractérise point le jour en sa propriété, mais le dote de la qualité dont dépend précisément l'identité spirituelle de l'être : la pensée. Dans cette nouvelle version, le jour apparaît formé au plus haut point, en repos, avec lui-même accordé dans la conscience, comme une forme tirée de la plastique intérieure de l'existence et à laquelle correspond, dans l'ordre des vivants, l'identité de tout événement. Du point de vue des dieux, le jour apparaît comme la figure en laquelle se résume le temps. Par là, il prend pour ainsi dire la valeur d'une réalité permanente, qui donne un sens beaucoup plus profond au fait que le dieu laisse les mortels prendre part au jour. Cette idée est à distinguer rigoureusement de la conception mythologique d'un dieu qui du jour fait don aux humains. Car ici s'annonce déjà ce qui se montrera plus tard avec une force plus significative : que l'idée conduit à la matérialisation de la figure, et que les dieux sont entièrement abandonnés à leur plastique propre, qu'ils ne peuvent que se féliciter ou prendre ombrage du jour accordé aux vivants, car ils sont en tant que figures au plus proche de l'idée. L'on peut à nouveau signaler ici comment l'intention se trouve renforcée, sur le plan purement phonétique, par l'allitération. On retrouve au début du poème « Chiron », encore accrue, la profonde beauté avec laquelle le jour est ici érigé en principe plastique et, tout ensemble, contemplatif : « Où es-tu, méditatif, qui toujours dois / T'écarter l'heure venue, où es-tu, ô lumière ? » La même vision a très intimement modifié le deuxième vers de la cinquième strophe et l'a au plus haut point affiné par rapport au passage correspondant de l'ancienne version. En contraste total avec «le temps fugitif» et «nous éphémères», la nouvelle rédaction de ces vers a développé l'élément permanent, la durée dans la figure du temps et des hommes. Il est clair que le «détour du temps» enveloppe encore l'instant de la persistance, précisément la dimension de la plastique interne dans le temps. Le caractère central de cette dimension de la plastique temporelle ne pourra que plus tard être mis en parfaite évidence, de même que la signification centrale des autres phénomènes précédemment dégagés. Le même contenu est ensuite exprimé dans la formule «nous qui nous endormons». Celle-ci traduit à nouveau la profonde identité de la figure (dans le sommeil). On peut dès à présent rappeler le mot d'Héraclite: «Mort est tout ce qu'éveillés nous voyons / Et ce que nous voyons endormis, sommeil[1]». Il s'agit de cette structure plastique de la pensée dans son intensité, dont la conscience plongée en contemplation constitue le fondement ultime. La même relation d'identité qui conduit ici, en un sens intensif, à la plastique temporelle de la figure, conduit nécessairement, en un sens extensif, à une forme infinie, à une plastique pour ainsi dire mise au cercueil, dans laquelle la figure se confond avec l'absence de figure. La matérialisation de la figure dans l'idée signifie en même temps son expansion infinie, toujours plus illimitée, l'union des figures dans la figure absolue, en quoi se transforment les dieux. Par eux est donné l'objet qui borne le destin poétique. Les dieux signifient pour le poète la configuration infinie de son destin, tout comme les vivants garantissent que même la plus vaste exten-

---

1. N. d. T.: Fragment B XXI (*Les Présocratiques*, éd. par J.-P. Dumont, Paris, Gallimard, Bibliothèque de la Pléiade, 1988, p. 151). (PR)

sion de l'événementialité n'excède pas l'horizon du destin poétique. Cette détermination du destin par la figure constitue l'objectivité du cosmos poétique. Mais elle signifie en même temps le monde pur de la plastique temporelle dans la conscience; l'idée y devient dominante; où le vrai était naguère inclus dans l'activité du poète, il apparaît désormais souverain dans sa plénitude sensible. Dans la formation de cette image du monde, tout emprunt à la mythologie conventionnelle est de plus en plus strictement éliminé. Au lointain « aïeul » se substitue le « père », le dieu Soleil se transforme en dieu du Ciel. La signification plastique, voire architectonique, du ciel est infiniment supérieure à celle du soleil. Mais en même temps on voit ici comment le poète abolit progressivement la différence entre la figure et l'absence de figure; et le ciel, par rapport au soleil, signifie autant une expansion que, simultanément, un amoindrissement de la figure. La force de cette corrélation éclaire les mots suivants: « Debout, de ses lisières / D'or, tels des enfants, nous tient. » Une fois de plus la raideur de l'image et son caractère inaccessible nous renvoient à une vision orientale. Ces vers, qui présentent le lien plastique avec le dieu au milieu d'un espace non configuré — et soulignent l'intensité de ce lien par une couleur, la seule évoquée dans la nouvelle version —, ces vers laissent une impression extrêmement étrange, presque mortelle. L'élément architectonique y est si puissant qu'il fait pendant à la relation donnée dans l'image du ciel. Les figures du monde poétique sont infinies, mais elles jouent en même temps un rôle de délimitation; conformément à la loi interne du poème, il faut que la figure s'abolisse et pénètre dans l'existence du chant, non moins que les forces mues des vivants. Le dieu aussi doit finalement se mettre au service du chant et accomplir sa loi, tout comme le peuple devait être le signe de son extension. C'est ce qui se produit à la fin : « Et des êtres célestes / Quelqu'un apportons. » Le travail de configuration, le principe plastique interne est porté à une telle intensité que la fatalité de la forme morte frappe le dieu, que — pour parler en image —, la plastique a passé du dedans au dehors et que le dieu désormais s'est entièrement objectivé. La forme temporelle, mise en mouvement, surgit du dedans au dehors. L'être céleste *est apporté*. C'est ici une très haute expression de l'identité : le dieu grec est entièrement livré à son propre principe, à la figure. Le suprême méfait est nommé : l'ὕβρις[1], qui n'est entièrement accessible qu'au dieu, le transforme en figure morte. Se donner forme à soi-même, c'est là l'ὕβρις. Le dieu cesse de déterminer le cosmos du chant, dont l'essence au contraire se choisit librement — avec art — ce qui lui est objet ; c'est lui qui apporte le dieu, car déjà les dieux sont devenus dans la pensée l'être matérialisé du monde. Dès à présent on peut ici reconnaître l'admirable composition de la dernière strophe, où se résume le but immanent de toute la structuration formelle de ce poème. L'extension spatiale des vivants se détermine dans l'intériorité temporelle où s'effectue l'intervention du poète : ainsi avons-nous pu éclairer le terme « destiné » ; dans le même mouvement d'individualisation par lequel le peuple est devenu une série de fonctions du destin. « Bons nous sommes aussi pour quelqu'un, et à quelque chose destinés » — quand le dieu est devenu objet en sa morte infinité, le poète se saisit de lui. L'ordre du peuple et du dieu, dissous en unités distinctes, devient ici unité dans le destin poétique. Manifeste est l'identité multiple où le peuple et le dieu sont abolis comme les conditions d'une existence sensible. C'est

---

1. N. d. T. : *Hubris*, démesure et violence. (MdG)

à une autre instance qu'il revient d'occuper le centre de ce monde.

Nous avons étudié de façon assez détaillée l'interpénétration des formes particulières de l'intuition, leur liaison dans et avec le spirituel, comme idée, destin, etc. Il ne peut s'agir pour finir de mettre en évidence les éléments ultimes, car l'ultime loi de ce monde est justement la liaison : comme unité fonctionnelle du liant et du lié. Mais il faut encore indiquer un lieu particulièrement central de cette liaison, le lieu où la frontière du noyau poétique par rapport à la vie a été avancée le plus loin, où l'énergie de la forme intérieure se révèle d'autant plus puissante que la vie signifiée est plus fluide et informe. C'est là que devient visible l'unité du noyau poétique, qu'on embrasse du regard toute l'étendue des liaisons, qu'on mesure l'écart entre les deux versions et l'approfondissement de la première dans la seconde. — D'une unité du noyau poétique il ne saurait être question dans le premier état du texte. Le développement est interrompu par l'analogie détaillée entre le poète et le dieu Soleil, et n'en revient jamais pleinement au poète. Dans cette version, dans sa figuration détaillée et spécifique du mourir, dans son titre même, on perçoit encore la tension entre deux mondes — celui du poète et cette « réalité » guettée par la mort, et qui n'apparaît ici que travestie en divinité. Cette dualité des mondes disparaît dans la version ultérieure, avec le mourir s'évanouit le caractère du courage, il n'est plus question que de l'existence du poète. Il importe donc de s'interroger sur les raisons qui permettent de comparer des ébauches si totalement différentes dans le détail comme dans le développement. Ce qui rend la comparaison possible, ce n'est pas l'identité de leurs éléments, c'est seulement la liaison des deux poèmes dans une même fonction. Or cette fonction réside

dans le seul principe fonctionnel qui puisse être mis
en évidence, c'est-à-dire dans le noyau poétique.
C'est le noyau poétique de l'une et l'autre versions
— non dans leur identité [*Gleichheit*], qui n'existe
pas, mais dans leur « comparativité » [*Vergleichheit*] —
qui doit être comparé. Les deux poèmes sont liés
dans leur noyau poétique, c'est-à-dire dans une certaine attitude face au monde. Celle-ci est le courage,
qui, à mesure qu'il est plus profondément compris,
devient moins un caractère individuel qu'une relation de l'homme au monde et du monde à l'homme.
Le noyau poétique de la première version ne connaît
encore le courage que comme caractère individuel.
L'homme et la mort se tiennent face à face, raides
tous deux, ils ne partagent aucun monde concret.
Sans doute dans le poète, dans son existence à la fois
divine et naturelle, Hölderlin tentait-il déjà de découvrir une profonde relation à la mort, mais de façon
seulement indirecte, par la médiation du dieu auquel
la mort — sur le plan de la mythologie — appartenait
en propre et dont le poète — toujours sur le plan de
la mythologie — se trouvait rapproché. La vie était
encore une condition préalable de la mort, la figure
surgissait de la nature. L'auteur avait renoncé à
façonner l'intuition sensible et la figure à partir d'un
principe spirituel, il n'y avait donc pas entre elles
d'interpénétration. Le danger de mort était vaincu
dans ce poème par la beauté. Tandis que dans la version ultérieure, toute beauté découle de la victoire
sur le danger. Précédemment, Hölderlin terminait
sur la dissolution de la figure ; tandis qu'apparaît à la
fin de la nouvelle version le pur fondement de la
configuration, lequel est à présent un fondement spirituel. La dualité de l'homme et de la mort ne pouvait
ainsi reposer que sur un sentiment peu rigoureux de
la vie. Elle devait disparaître, dès lors que le noyau
poétique se rassemblait en une plus profonde liai-

son, et qu'un principe spirituel — le courage — façonnait de lui-même la vie. Le courage est don de soi au danger qui menace le monde. Il recèle un paradoxe particulier, qui seul permet de comprendre entièrement la structure du noyau poétique dans chacune des deux versions : le courageux a conscience du danger, mais il n'en tient pas compte. Car il serait lâche, s'il en tenait compte ; et s'il n'avait pas conscience du danger — il ne serait pas courageux. La solution de cet étrange rapport est que le danger ne menace pas le courageux lui-même, mais bien le monde. Le courage est le sentiment de la vie propre à celui qui se livre au danger, qui, en mourant, étend donc le danger au monde et, en même temps, le surmonte. La grandeur du danger surgit dans le courageux — c'est seulement en ce que le danger l'atteint, dans son entier abandon au danger, que celui-ci atteint aussi le monde. Mais dans la mort du courageux le danger est surmonté, il a atteint le monde et ne le menace plus ; dans cette mort tout ensemble se libèrent et se stabilisent les forces formidables — qui, jour après jour, comme des choses limitées, environnent le corps. Déjà la mort a disposé de ces forces qui, sous les espèces du danger, menaçaient le courageux ; en elle, elles sont apaisées. (C'est cette matérialisation des forces qui déjà rapprochait du poète l'essence des dieux.) Le monde du héros mort est un nouveau monde mythique, saturé de périls — précisément le monde du poème en sa seconde version. Ce monde est à présent entièrement dominé par un principe spirituel, dans lequel le poète héroïque et le monde ne font plus qu'un. Le poète n'a plus à craindre la mort, il est un héros parce qu'il vit le centre de toutes les relations. Le principe du noyau poétique en général est l'exclusive souveraineté de la relation. La relation figurée, dans ce poème particulier, sous la forme du courage : comme la plus intime identité entre le poète et le monde, d'où découlent ici toutes les identités entre le sensible et le spirituel. Tel est le fondement où toujours à nouveau la figure séparée s'abolit dans l'ordre spatio-temporel, où elle est supprimée comme informe, omniforme, processus et existence, plastique temporelle et événementialité spatiale. Dans la mort, qui est son univers, sont unies toutes les relations connues. En elle se confondent l'extrême forme infinie et l'absence de formes, la plastique temporelle et l'existence spatiale, l'idée et la sensibilité. Et dans ce monde toute fonction de la vie est destin, tandis que dans la première version le destin, selon la conception traditionnelle, déterminait la vie. C'est le principe oriental, mystique, illimité, qui dans ce poème toujours à nouveau abolit si manifestement le principe grec de formation, c'est lui qui crée un cosmos spirituel à partir de pures relations : celles de l'intuition, de l'existence sensible, où le spirituel ne fait qu'exprimer la fonction qui aspire à l'identité. La transformation de la dualité de la mort et du poète en l'unité d'un monde poétique mort, « saturé de périls », telle est la relation qui unit le noyau poétique des deux poèmes. C'est à présent seulement qu'il devient possible d'étudier la troisième strophe, la strophe médiane. Il est clair que, sous la figure du « recueillement », la mort a été transférée au centre du poème, qu'en ce centre réside l'origine du chant, en laquelle se résument toutes les fonctions, il est clair que les idées de l'« art » et du « vrai » jaillissent ici comme l'expression de l'unité en repos. Ce qui a été dit de l'abolition de la hiérarchie entre les êtres célestes et les mortels apparaît dans ce contexte pleinement assuré. Il est à conjecturer que les mots « gibier solitaire » désignent les hommes, ce qui correspond bien au titre du poème. « Timidité » — telle est bien à présent l'attitude du poète. Transféré au centre de la vie, il ne lui

reste plus que l'existence immobile, la pleine passivité qui est l'essence même du courageux : un pur
don de soi à la relation. Celle-ci part de lui et
retourne vers lui. Ainsi le chant se saisit des vivants
et ainsi ils lui sont connus — non plus apparentés.
Dans le cosmos du poème, poète et chant ne se distinguent pas l'un de l'autre. Il n'est rien que limite
face à la vie, indifférence, environné par les formidables puissances sensibles et par l'idée, qui suivent
en elles-mêmes sa loi. À quel point il signifie le
centre intouchable de toute relation, c'est ce que
montrent avec le plus de force les deux derniers vers.
Les êtres célestes sont devenus signes de la vie infinie, qui est pourtant limitée par rapport à lui : «... et
des êtres célestes / Quelqu'un apportons. Mais nous-
mêmes / Apportons de convenantes mains. » Ainsi le
poète n'est plus envisagé comme figure, mais seulement comme principe de la figure, principe de limitation, porteur même de son propre corps. Il apporte
ses mains — et les êtres célestes. L'impérieuse
césure produit la distance où le poète se doit tenir à
l'égard de toutes les figures et du monde comme leur
unité. La construction du poème confirme la justesse
de ces mots de Schiller : « Le vrai secret du maître
artiste consiste donc à détruire la matière par la
forme. [...] L'âme du spectateur et de l'auditeur doit
conserver intacte sa pleine liberté ; elle doit être,
quand elle s'éloigne du cercle des enchantements
opérés par l'artiste, aussi pure et parfaite qu'en sortant des mains du créateur [1]. »

On a volontairement évité, tout au long de cette
étude, le mot « sobriété », par lequel on eût été si souvent tenté de caractériser le poème. Car c'est seule-

---

1. N. d. T. : F. Schiller, *Lettres sur l'éducation esthétique de
l'homme*, 22e lettre, trad. R. Leroux, Paris, Aubier-Montaigne,
1943, p. 275. (PR)

ment maintenant que l'on peut employer l'épithète hölderlinienne «saintement sobre[1]», dont le sens est désormais défini. On a noté que ces mots expriment la tendance qui régit les œuvres tardives de Hölderlin. Ils jaillissent de la profonde assurance avec laquelle celles-ci se tiennent dans la propre vie spirituelle du poète, où maintenant la sobriété est permise, requise même, parce qu'elle est en elle-même sainte, parce qu'elle prend place dans le sublime par-delà toute sublimation. Cette vie est-elle encore celle de l'hellénisme ? Elle ne l'est pas plus que la vie d'une pure œuvre d'art ne peut jamais être celle d'un peuple, pas plus qu'elle n'est celle d'un individu, ni autre chose que cette vie propre que nous trouvons dans le noyau poétique du poème. Cette vie est figurée sous les formes du mythe grec, mais — c'est là le point décisif — non pas seulement sous ces formes ; justement, dans la dernière version, l'élément grec est aboli et remplacé par un autre, que nous avons appelé (certes sans explicite justification) l'élément oriental. C'est en ce sens que tendent presque tous les changements de la version ultérieure, dans les images comme dans la manière d'introduire les idées et finalement dans la nouvelle signification donnée à la mort, tout cela s'élevant dans l'illimité face au phénomène reposant en lui-même et limité par sa forme. Qu'ici se dissimule une question décisive, et peut-être pas seulement pour la connaissance de Hölderlin, ce n'est pas le lieu de le montrer. L'étude du noyau poétique, cependant, ne conduit pas au mythe, elle conduit seulement — dans les plus grandes créations — aux liaisons mythiques que l'œuvre d'art façonne en une figure unique, ni mythologique, ni mythique, qu'il nous est impossible de concevoir plus précisément.

1. N. d. T. : Cf. le poème « Moitié de la vie » (« *Hälfte des Lebens* »). (PR)

Mais s'il était des mots pour saisir le rapport qu'entretient avec le mythe cette vie intérieure dont jaillit le dernier poème, ce seraient ceux qu'écrivit Hölderlin, dans une œuvre d'une période encore plus tardive : « Les légendes qui s'éloignent de la Terre, / ... / Elles se tournent vers l'humanité [1]. »

1. N. d. T. : « L'Automne » (« *Der Herbst* »), v. 1, 3. (PR)

2

La vie des étudiants[1]

Confiante en l'infinité du temps, une certaine conception de l'histoire discerne seulement le rythme plus ou moins rapide selon lequel hommes et époques avancent sur la voie du progrès. D'où le caractère incohérent, imprécis, sans rigueur, de l'exigence adressée au présent. Ici, au contraire, comme l'ont toujours fait les penseurs en présentant des images utopiques, nous allons considérer l'histoire à la lumière d'une situation déterminée qui la résume comme en un point focal. Les éléments de la situation finale ne se présentent pas comme informe tendance progressiste, mais comme des créations et des idées en très grand péril, hautement décriées et moquées, profondément ancrées en tout présent. La tâche historique est de donner forme absolue, en toute pureté, à l'état immanent de perfection, de le rendre visible et de le faire triompher dans le présent. Or, si l'on en décrit pragmatiquement des détails (institutions, mœurs, etc.), loin de circonscrire cette situation, on la laisse échapper ; elle n'est saisissable que dans sa structure métaphysique,

1. N. d. T. : Première publication en 1915, texte rédigé sur la base de deux conférences de l'auteur données en mai et juin 1914. Benjamin représentait alors les « Étudiants libres ». (RR)

comme le royaume messianique ou comme l'idée révolutionnaire au sens de 89. Ainsi la signification historique actuelle du monde estudiantin et de l'Université, la forme de son existence dans le présent, ne vaut d'être décrite que comme une parabole, comme reflet d'un état supérieur, métaphysique, de l'histoire ; sinon, elle n'est ni compréhensible ni possible. Pareille description n'est ni un appel ni un manifeste, car l'un et l'autre sont restés sans effet, mais elle met en lumière la crise qui, au cœur des choses, entraîne la décision à laquelle succombent les lâches et se subordonnent les courageux. Le système est la seule manière de traiter de la situation historique du monde estudiantin et de l'Université. Aussi longtemps que manquent, pour le réaliser, toutes sortes de conditions, il ne reste qu'une voie : au moyen de la connaissance, libérer l'avenir de ce qui aujourd'hui le défigure. C'est là le seul but de la critique.

La vie des étudiants est confrontée à la question de son unité consciente. Elle se pose au départ, car il n'avance à rien de distinguer dans cette vie des problèmes — ceux de la science, de l'État, de la vertu —, s'il lui manque le courage de jamais se soumettre. En effet, la caractéristique de cette vie est le refus volontaire de se soumettre à un principe, de se pénétrer de l'idée. Le nom de science sert surtout à cacher une indifférence profondément incrustée et implantée. Prendre l'idée de la science comme étalon de la vie estudiantine, ce n'est point là, comme on incline à le craindre, panlogisme, intellectualisme, — mais c'est critique bien fondée, car le plus souvent la science est érigée comme le mur d'airain des étudiants contre toute prétention « hétéronome ». Il s'agit donc d'unité intérieure, non de critique extérieure. On répond ici en rappelant que pour la grande majorité des étudiants la science est école professionnelle. Puisque « la science n'a rien à voir avec la vie », il faut qu'elle façonne exclusivement la vie de qui s'attache à elle. Un des prétextes les plus candidement mensongers pour soustraire la science à toute exigence est de supposer qu'elle doit permettre à X et à Y de trouver leur métier. Or, le métier procède si peu de la science qu'elle peut même l'exclure. Car par essence la science ne souffre aucunement d'être séparée d'elle-même ; d'une manière ou d'une autre, elle oblige toujours le chercheur à se faire enseignant, elle ne lui impose jamais les formes professionnelles publiques du médecin, du juriste, du professeur d'université. On n'aboutit à rien de bon en appelant lieux de science des instituts qui permettent d'acquérir des titres, des habilitations, des chances de vie et de métier. En objectant que l'État aujourd'hui doit bien former des médecins, des juristes et des maîtres, on ne réfute en rien cette affirmation. On souligne simplement l'immensité écrasante de la tâche qui consiste à substituer une communauté de sujets de la connaissance à une corporation de fonctionnaires et de diplômés. On souligne simplement à quel point, dans le développement de leur appareil professionnel (par le savoir et le savoir-faire), les sciences actuelles ont perdu cette origine unitaire qu'elles devaient à l'idée de savoir, car cette origine est devenue pour elles un mystère, sinon une fiction. C'est ce que récusera nécessairement quiconque considère l'État actuel comme un donné et pense que tout est inclus dans la ligne de son développement ; à moins d'oser exiger de l'État protection et soutien de la science. Car ce qui est signe de perversion, ce n'est point qu'il y ait accord entre l'Université et l'État — un tel accord n'irait pas mal avec une honorable barbarie —, c'est qu'on garantisse et enseigne la liberté d'une science de laquelle on attend cependant cyniquement, comme si cela allait de soi, qu'elle conduise ses disciples à être des individus sociaux et des serviteurs de l'État. Rien ne sert de tolérer conceptions et doctrines les plus libres, tant que l'on ne garantit pas la vie que — non moins que les plus rigoureuses — elles entraînent avec elles et tant qu'on nie cette immense faille naïvement, en liant l'Université à l'État. Faire valoir des exigences de détail ne prête qu'à malentendu, aussi longtemps que, en en satisfaisant une, on la prive de l'esprit de sa totalité ; or, ne soulignons ici, chose remarquable et surprenante, que la manière dont l'institution du cours magistral, telle un immense jeu de cache-cache, permet aux ensembles que forment enseignants et étudiants, de se côtoyer sans se voir. Dépourvu de fonctions officielles, le corps estudiantin reste en retrait par rapport au corps professoral, et le fondement juridique de l'Université, incarné dans le ministre des cultes[1], lequel est nommé par le souverain, non par l'Université, est, par-dessus la tête des étudiants (parfois aussi, heureusement, quoique rarement, par-dessus celle des professeurs) une correspondance à moitié dissimulée entre autorités académiques et organismes d'État.

La soumission passive et sans critique à cet état des choses est un trait essentiel de la vie des étudiants. Certes, les organisations dites de « libres étudiants », et d'autres, orientées dans un sens social, ont entrepris une apparente tentative de solution. Elle aboutit, en fin de compte, à embourgeoiser totalement l'institution, et jamais de façon plus évidente qu'ici n'est apparue l'incapacité des étudiants actuels, en tant que communauté, à poser en elle-même la question de la vie scientifique et à saisir son irréduc-

---

1. N. d. T. : Dans l'ancien empire allemand, comme encore dans l'actuelle République fédérale, le « ministre des cultes » de chaque royaume, duché ou ville libre (aujourd'hui de chaque land) était et reste chargé aussi des affaires concernant l'éducation nationale. (MdG)

tible protestation contre la vie professionnelle d'aujourd'hui. Rien n'éclairant avec plus d'acuité la manière chaotique dont les étudiants conçoivent la vie scientifique, il est nécessaire de critiquer les idées soutenues par le mouvement des étudiants «libres» et d'autres, proches des leurs; à cet effet, on reprendra ici les termes d'un discours prononcé devant des étudiants à l'époque où l'auteur comptait œuvrer à la rénovation de l'Université : « Pour éprouver la valeur spirituelle d'une communauté, il existe un critère sûr et simple, c'est de se demander si, dans cette communauté, la totalité de l'acteur parvient à s'exprimer, si l'homme tout entier a des obligations envers elle et lui est indispensable. Ou alors chacun peut-il se passer de la communauté tout comme celle-ci peut se passer de lui? Il est fort simple de poser la question, fort simple aussi d'y répondre en considérant chaque type actuel de communauté sociale, et cette réponse est décisive. Tout acteur aspire à une totalité, et la valeur d'une action réside dans cette totalité, autrement dit dans le fait que l'essence totale et indivise d'un homme puisse s'exprimer. Or, dans l'état présent des choses, l'action socialement fondée ne contient pas la totalité, elle reste entièrement fragmentaire et dérivée. Il n'est pas rare que la communauté sociale soit le champ où secrètement, au sein d'une même société, se livre un combat contre des désirs supérieurs, contre des buts plus personnels, mais où se dissimule une évolution plus profondément naturelle. Dans la plupart des cas l'action sociale de l'homme moyen sert à refouler les aspirations originaires et non dérivées de l'homme intérieur. Je parle ici d'universitaires, d'hommes qui professionnellement se trouvent, en tout cas, de quelque manière, en relation intime avec des combats spirituels, avec les doutes et les critiques des étudiants. Ces hommes s'assurent comme lieu de travail un milieu entièrement étranger, complètement coupé du leur; là, dans l'isolement, ils exercent une activité limitée, dont l'entière totalité consiste à réaliser une universalité souvent abstraite. Il n'existe aucun lien intérieur et originaire entre l'existence spirituelle d'un étudiant et son intérêt pour l'assistance à des fils d'ouvrier, voire pour des étudiants. Aucun lien, sinon l'idée d'un devoir séparé de ce qui constitue son travail propre et le plus intime, ce qui aboutit à une séparation mécanique: «d'un côté, boursier du peuple, de l'autre travailleur social». Ici le sentiment du devoir est calculé, dérivé, détourné, il ne découle pas du travail lui-même. Et ce devoir n'est pas accompli dans la passion pour une vérité conçue, dans le douloureux scrupule du chercheur, dans une conviction liée de quelque manière à la vie spirituelle de la personne, mais dans un contraste aigu — et en même temps au plus haut point superficiel — comparable à celui qui oppose l'idéal au matériel, le théorique au pratique. En un mot, ce travail social n'est pas élévation éthique, mais anxieuse réaction d'une vie spirituelle. Or, que, de la sorte, essentiellement détaché de tout lien, le travail social s'oppose abstraitement au travail proprement estudiantin, qu'il y ait là une expression suprême et au plus haut point détestable du relativisme qui, incapable de mener une vie synthétique, veut avec crainte et souci voir accompagner toute réalité spirituelle d'une réalité physique, toute position de son antithèse, qu'ainsi toute la totalité de ce travail ne soit en fait qu'une vide utilité universelle, ce n'est pas là l'objection essentielle et la plus profonde; l'objection décisive est plutôt que cette vie, malgré tout, exige les gestes et l'attitude de l'amour, là où il n'existe que devoir mécanique, disons même souvent un simple moyen pour l'étudiant d'échapper aux conséquences de l'existence spirituelle et critique à laquelle il est tenu. Car, s'il est étudiant, c'est pour que le problème de la vie de l'esprit lui tienne plus à cœur que la pratique de l'assistance sociale. Enfin, et c'est là un signe qui ne trompe pas : de ce travail social estudiantin n'est sorti aucun renouvellement de l'idée même de travail social et de son appréciation. Pour l'opinion publique le travail social est resté ce même ensemble d'actions individuelles, relevant les unes du devoir, les autres de la charité. Les étudiants n'ont pu en traduire clairement la nécessité spirituelle, en sorte que jamais ils n'ont réussi à fonder sur lui une communauté d'esprit véritablement sérieuse, mais seulement une communauté où le zèle du devoir accompagne l'intérêt. Dans les communautés estudiantines, on ne rencontre pas cet esprit tolstoïen qui a creusé une faille immense entre l'existence des bourgeois et celle des prolétaires, l'idée que servir les pauvres est un devoir humain, non une affaire d'étudiants dans une fonction accessoire, idée qui justement *ici* exigeait tout ou rien, cet esprit qui est né dans les conceptions des anarchistes les plus profonds et dans les communautés monastiques chrétiennes, cet esprit vraiment sérieux d'un travail social, à qui étaient inutiles les puériles tentatives d'empathie avec l'âme des ouvriers et du peuple. Son abstraction, son absence d'objectivité ont fait échouer la tentative d'organiser la volonté d'une communauté universitaire en communauté de travail social. Si la totalité du sujet de cette volonté ne trouva aucune expression, c'est que sa volonté, dans cette communauté, ne pouvait s'orienter vers la totalité. » Les tentatives des étudiants « libres », comme celles des chrétiens-sociaux et de beaucoup d'autres, présentent cette signification symptomatique de répéter microcosmiquement à l'intérieur de l'Université, dans l'intérêt de leur aptitude professionnelle au service de l'État et de leur propre vie, la coupure entre l'Université et le tout de l'État. Presque tous les égoïsmes et altruismes, presque toute évidence de la vie générale ont trouvé asile à l'Université; il n'y manque que le doute radical, la critique fondamentale et, ce qui est plus nécessaire encore, la vie consacrée à une totale reconstruction. En tout cela n'apparaît point une volonté progressiste des étudiants «libres» de lutter contre la force réactionnaire des associations d'étudiants. Comme on a tenté de le faire voir, et comme le montre d'ailleurs l'humeur uniforme et paisible qui règne dans toute l'Université, les organisations d'étudiants «libres» sont elles-mêmes fort éloignées de mettre en œuvre une volonté spirituelle bien réfléchie. Sur aucune des questions ici considérées leur voix jusqu'à présent ne s'est fait remarquer. Elle est trop indécise pour qu'on puisse l'entendre. Leur opposition suit les voies toutes tracées de la politique libérale, le développement de leurs principes sociaux n'a pas dépassé le niveau de la presse libérale. Ils n'ont aucunement réfléchi à la véritable question de l'Université et c'est amère justice historique que, dans les occasions officielles, les corporations, qui jadis, par leur vie et leur combat, s'étaient affrontées au problème de la communauté universitaire, apparaissent comme d'indignes représentantes de la tradition estudiantine. Lorsqu'il s'agit d'aller au fond des choses le mouvement estudiantin qui se dit «libre» ne met en jeu ni une plus sérieuse volonté ni un plus grand courage que les corporations; plus illusoire et trompeuse que la leur, son action est presque plus dangereuse dans la mesure même où cette orientation bourgeoise, indisciplinée et mesquine veut se faire passer, dans la vie de l'Université, pour un combat libérateur. Les étudiants sont absents aujourd'hui des champs de bataille où se décide le progrès intellectuel de la nation, où se déroule le nouveau combat pour l'art. Ils ne se trouvent ni aux côtés de ses écrivains et de ses poètes, ni aux sources d'une vie religieuse. En tant que telle, la communauté allemande des étudiants, — cela n'existe pas. Non parce qu'elle ne collabore pas aux courants les plus « modernes » de la dernière vague, mais parce que, comme communauté estudiantine, elle ignore purement et simplement ces mouvements dans leur profondeur, parce qu'elle reste toujours à la remorque de l'opinion publique et n'avance que dans son plus large sillage, parce qu'elle est l'enfant gâté de tous les partis et de toutes les ligues, que tout le monde flatte et loue, qui d'une certaine manière dépend de chacun, mais sans plus rien de cette noblesse que manifestait encore il y a un siècle le monde estudiantin allemand et, sur des positions en vue, le faisait intervenir comme défenseur de la meilleure vie.

Cette dénaturation de l'esprit créateur en esprit de métier, que nous voyons partout à l'œuvre, a envahi et domine tout l'enseignement supérieur ; c'est elle qui l'isole par rapport à la vie créatrice de l'esprit non-fonctionnarisé. De quoi le symptôme, aussi pénible que manifeste, est le mépris de caste pour toute science et tout art libres, étrangers à l'État et souvent ennemis de l'État. L'un des plus célèbres professeurs allemands, du haut de sa chaire, a parlé de ces « écrivains de café pour lesquels depuis belle lurette le christianisme est au bout de son rouleau ». Le ton correspond bien ici à la justesse de la pensée. Ennemie de la science qui, par son « applicabilité », donne l'illusion de rendre des services immédiats à l'État, une Université ainsi organisée ne peut qu'être démunie en face des Muses. En orientant les étudiants vers des fins professionnelles, elle laisse nécessairement échapper, comme forme communautaire, le pouvoir immédiat de création. En fait, l'esprit étranger et hostile, l'incompréhension de l'école à l'égard de la vie qu'exige l'art peut être interprétée comme un refus de la création immédiate qui ne renvoie à aucune fonction. Attitude que révèle de la manière la plus intime le comportement de l'étudiant, immature et digne d'un écolier. Du point de vue du sentiment esthétique, le plus frappant sans doute et le plus éprouvant dans le phénomène universitaire est la manière machinale dont les auditeurs suivent le cours magistral. Pour compenser ce degré de passivité dans la réception, il faudrait une culture vraiment académique ou sophistique du dialogue. Mais rien n'est plus étranger à ces séminaires où la forme de l'exposé reste dominante, que ce soient les professeurs qui parlent ou les élèves. L'organisation de l'enseignement supérieur a cessé de reposer sur la productivité des étudiants, comme l'avaient voulu ses fondateurs, lesquels essentiellement concevaient l'étudiant à la fois comme maître et comme élève ; comme maître, car productivité signifie totale indépendance, référence à la science, non plus à l'enseignant. Dès lors que la vie estudiantine est entièrement soumise à l'idée de fonction et de métier, pareille idée exclut la science ; car il ne s'agit plus de se consacrer à une connaissance qui risque de détourner des voies de la sécurité bourgeoise. Ne sont pas moins exclus le dévouement à la science et le don de la vie à une nouvelle génération. Et pourtant toute conception réellement personnelle de la science impose le métier d'enseigner — mais sous de tout autres formes qu'aujourd'hui. Il faut que, comme capacité d'amour, pareil dévouement périlleux à la science et à la jeunesse vive déjà chez l'étudiant et soit la racine de son action créatrice. Mais sa vie se tient au contraire sous la dépendance des anciens ; il reçoit la science de son maître, sans le suivre pour autant dans son métier. D'un cœur léger, il renonce à la communauté qui le lie au créa-

teur et qui ne peut recevoir sa forme universelle que
de la philosophie. En un certain sens il doit être tout
ensemble créateur, philosophe et enseignant, et cela
dans sa nature essentielle et déterminante. C'est là
ce qui donne forme au métier et à la vie. La communauté entre créateurs élève toute étude au niveau de
l'universel, sous la forme de la philosophie. Pour
acquérir une telle universalité, il ne s'agit pas, comme
le voudraient maints groupements d'étudiants, que
les juristes suivent des cours de littérature, les médecins des cours de droit ; il faut plutôt que la communauté prenne soin et fasse elle-même en sorte
qu'avant toute spécialisation (laquelle n'est possible
que par référence au métier), au-dessus de toutes
les activités propres aux écoles professionnelles, la
communauté universitaire comme telle soit elle-
même génératrice et protectrice de la forme de la
communauté philosophique, et cela en posant non
point des problèmes techniques limités de caractère
scientifique, mais bien les questions métaphysiques
de Platon et de Spinoza, des romantiques et de
Nietzsche. Car c'est cela, et non les visites dans les
institutions d'assistance sociale, qui signifierait le
lien le plus profond du métier à la vie, mais à une vie
plus profonde. De la sorte on éviterait que l'étude se
figeât en accumulation de savoir. Comme les vagues
confuses du peuple autour du palais d'un prince, les
étudiants devraient entourer l'Université qui transmet le fonds méthodique du savoir, y compris les
essais prudents, hardis et néanmoins exacts, de
méthodes nouvelles, comme le haut lieu d'une permanente révolution de l'esprit, l'endroit où se préparent les nouvelles interrogations d'un obscur
pressentiment, inexact mais, en bien des cas, plus
profond que les questionnements scientifiques. Dans
sa fonction créatrice, le monde estudiantin devrait
être considéré comme le grand transformateur qui,

en les situant dans une perspective philosophique, aurait à transformer en questions scientifiques ces idées neuves qui généralement surgissent plus tôt dans l'art et dans la vie sociale que dans la science.

La domination secrète de l'idée de métier n'est pas la plus profonde de ces falsifications dont l'effet est terrible parce que toutes atteignent le centre de la vie créatrice. En échange de vains succédanés, une banale conception de la vie brade l'esprit. Elle réussit à dissimuler sous un voile toujours plus épais le caractère périlleux de la vie de l'esprit et à moquer comme fantasque ce qui subsiste de force visionnaire. À un niveau plus profond, la convention érotique déforme la vie inconsciente des étudiants. Avec la même fausse évidence qui enchaîne la conscience intellectuelle à l'idéologie du métier, la représentation du mariage, l'idée de famille pèsent comme une sombre convention sur l'*eros*, apparemment éliminé d'une période qui s'étend, vide et indéterminée, entre la situation familiale de fils et celle de père. Où situer l'unité dans une vie de créateur et de procréateur ? Est-elle fournie par la forme familiale ? On ne se risquait point à de telles interrogations tant que valait l'attente secrète du mariage, illégitime période transitoire où le mieux serait de bien conserver la force de résistance contre les tentations. L'*eros* du créateur — s'il existait une communauté capable de le concevoir et de lutter pour lui, ce serait celle des étudiants. Mais, même là où manquaient toutes les conditions extérieures de la vie bourgeoise, là où il était exclu de pouvoir fonder des situations bourgeoises, c'est-à-dire des familles, là où, comme dans beaucoup de villes européennes, des milliers de femmes — les prostituées — ne fondent leur existence économique que sur les étudiants, là encore, sur ce qui constitue son *eros* originaire, l'étudiant ne s'est pas interrogé. Il aurait dû se demander si pro-

création et création lui devaient rester tâches séparées, l'une concernant la famille et l'autre le métier,
dans cette coupure même toutes deux défigurées,
aucune ne jaillissant de son existence la plus personnelle. Si sarcastique et douloureuse soit-elle, il faut
soumettre à cette interrogation les étudiants d'aujourd'hui, car en eux, pour un temps, coexistent
— de façon essentielle — ces deux pôles de l'existence humaine. Il s'agit de la question qu'aucune
communauté ne peut laisser sans réponse et dont
pourtant, depuis les Grecs et les premiers chrétiens,
aucun peuple n'a pu maîtriser l'idée ; elle n'a cessé
de peser de tout son poids sur les grands créateurs :
comment satisfaire à l'image de l'humanité et rendre
possible une communauté avec des femmes et des
enfants dont la production est orientée dans un autre
sens que la leur ? Les Grecs, nous le savons, usaient
de violence, faisant passer l'*eros* créateur avant l'*eros*
procréateur, en sorte que finalement s'écroula une
cité d'où se trouvaient bannis en bloc femmes et
enfants. Les chrétiens fournirent la solution possible
pour la Cité de Dieu : ils récusèrent la singularité
pour les deux types d'*eros*. Dans ses éléments les plus
avancés, la communauté estudiantine s'en est toujours remise à des considérations indéfiniment esthé-
tisantes sur l'esprit de camaraderie vis-à-vis des
étudiantes ; on n'a pas rougi d'escompter une « saine »
neutralisation érotique des élèves des deux sexes. En
fait, à l'Université, c'est avec l'aide des putains qu'on
a réussi à neutraliser l'*eros*. Et là où l'entreprise
échouait, on a vu faire irruption cette innocence parfaitement inconsistante, cette étouffante gaieté, et
l'étudiante sans façons est saluée avec joie comme
successeur de la maîtresse d'école vieille et laide.
Impossible ici de ne pas noter à quel point, devant la
force et la nécessité de l'*eros*, l'Église catholique possède un instinct plus craintif que la bourgeoisie.

Dans les Universités, une immense tâche, plus grande
que celles, innombrables, dont se préoccupe l'affairement de la société, reste enfouie, sans réponse,
niée, — celle de rendre unité, en partant de la vie
même de l'esprit, à ces fragments déchirés de l'*eros*
spirituel qui s'offrent à nous comme un triste spectacle : d'une part (dans le monde des corporations
d'étudiants) indépendance intellectuelle du créateur, d'autre part (dans la prostitution) force non
maîtrisée de la nature. Rassembler — au moyen de
l'amour — dans une unique communauté de créateurs, la nécessaire indépendance de celui qui crée
et la nécessaire insertion de la femme, non productive au sens de l'homme, telle est la tâche que doit en
effet réaliser l'étudiant, parce qu'elle est la forme
même de sa vie. Mais on se heurte ici à une convention si meurtrière que jusqu'à présent la communauté estudiantine elle-même n'a pas été capable de
reconnaître sa faute à l'égard de la prostitution et
que, n'ayant pas le courage de regarder en face le
vrai, le bel *eros*, c'est par des exhortations à la
chasteté qu'on songe à endiguer cette immense et
blasphématoire dévastation. Cette mutilation de la
jeunesse touche trop profondément sa nature pour
que de longs discours puissent la dénoncer. Il faut
la renvoyer à la conscience de ceux qui pensent, à
la résolution des braves. Elle ne relève pas de la
polémique.

Quel regard porte sur elle-même, quelle image
intérieure se fait d'elle-même une jeunesse qui de la
sorte laisse s'obscurcir sa propre idée, s'infléchir le
contenu de sa propre vie ? Cette image se lit dans
l'esprit de corporation, qui reste le véhicule le plus
patent du concept estudiantin de jeunesse, auquel
les autres organisations, surtout celles des « libres
étudiants », opposent leurs mots d'ordre sociaux.

L'idée qui hante ce monde estudiantin allemand,
tantôt plus tantôt moins, c'est qu'il faut profiter de sa
jeunesse. Il était impossible que cette période, tout
irrationnelle, où l'on attend fonction et mariage, ne
donnât point naissance à un quelconque contenu,
lequel ne pouvait ressortir qu'au domaine du jeu, du
pseudo-romantisme, du passe-temps. C'est un terrible stigmate sur la fameuse gaieté des chants qui
accompagnent les beuveries collectives, sur la nouvelle splendeur de la vie des corporations estudiantines. C'est la peur de l'avenir et, en même temps,
façon de pactiser, le cœur léger, avec l'inévitable
philistinisme que l'on envisage volontiers pour le
temps où l'on sera soi-même un «ancien». Ayant
vendu son âme à la bourgeoisie, métier et mariage
compris, on s'accroche fermement à ces quelques
années de franchises bourgeoises. L'échange se
conclut au nom de la jeunesse. Ouvertement ou en
secret, à la taverne ou dans le fracas des discours qui
ponctuent les rassemblements, naît une ivresse chè-
rement payée et qu'on refuse de voir troublée. Cette
conscience d'une jeunesse gâchée et d'une vieillesse
bradée a soif d'apaisement ; sur cet écueil ont finalement échoué tous les efforts pour donner âme à la vie
estudiantine. Mais, de même que cette forme de vie
se moque de tout donné réel et subit le châtiment de
toutes les puissances spirituelles et naturelles, celui
de la science par la voix de l'État, celui de l'*eros* par
celle de la putain, elle subit aussi le châtiment impitoyable de la nature. Car les étudiants ne sont point
la jeune génération, ils sont ceux qui vieillissent.
Lorsqu'on a perdu ses jeunes années dans les écoles
allemandes et que l'étude enfin semblait vous ouvrir
une vie juvénile qui vous fut refusée d'année en
année, pour reconnaître l'âge que l'on a il faut une
héroïque décision. Et cependant il s'agit bien pour
eux de reconnaître qu'ils doivent être des créateurs,

par conséquent des isolés et des vieillissants, que déjà vit une plus riche génération d'adolescents et d'enfants auxquels ils ne peuvent se consacrer qu'à titre d'enseignants. Or, de tous les sentiments, celui-là leur est le plus étranger. Et c'est justement pourquoi ils ne se retrouvent point dans leur existence et ne sont en rien préparés, dès le départ, à vivre avec des enfants — c'est-à-dire à enseigner —, car d'aucune façon ils n'ont su s'élever jusqu'à l'univers de la solitude. Incapables de reconnaître l'âge qu'ils ont, ils traînent dans l'oisiveté. Pour être à même de créer, il faut reconnaître sa propre nostalgie d'une belle enfance et d'une digne jeunesse. Sans la déploration d'une grandeur manquée, on ne peut attendre aucun renouvellement de sa vie. C'est à la crainte de la solitude, à la peur de se donner, que tient leur licence érotique. Ils se mesurent à l'étalon de leurs pères, non à celui de leurs successeurs, et sauvent le faux semblant de leur jeunesse. Leur amitié est sans grandeur, sans solitude. L'expansive amitié du créateur, orientée vers l'infini, et qui va encore à l'humanité même lorsqu'elle est celle de deux personnes ou que seule demeure sa nostalgie, — voilà qui n'a aucune place dans la jeunesse universitaire. Son lieu est la confrérie, tout ensemble limitée et débridée, la même à la taverne et dans l'union qui se fonde au café. Toutes ces institutions de la vie sont un marché du provisoire, comme la fréquentation des cours magistraux et des cafés, remplissage du vide de l'attente, refus d'entendre la voix qui vous appelle à édifier votre vie sur l'unique esprit de la création, de l'*eros* et de la jeunesse. Ce qui importe c'est une jeunesse chaste et prête au renoncement, pleine de respect pour ses successeurs, et dont témoignent ces vers de Stefan George :

Inventeurs de roulades et de brillants
Et d'élégants entretiens : terme et séparation
Permettent que sur les tables de ma mémoire
Je grave l'ancien rival — fais de même !
Car sur l'échelle de la griserie et de l'émotion
Nous sommes tous deux en baisse : jamais plus ainsi
Des garçons louange et liesse ne me flatteront :
Jamais plus ainsi strophes à ton oreille ne résonne-
[ront [1].

Faute de courage, la vie des étudiants est fort éloignée d'une telle prise de conscience. Mais il n'est
forme de vie ni rythme correspondant qui ne procède des préceptes déterminants pour toute vie
créatrice. Aussi longtemps que les étudiants se refu-
seront à cette vie, leur existence sera châtiée par la
laideur, et même le plus insensible sentira dans son
cœur la morsure du désespoir.

Il s'agit de la nécessité extrême et périlleuse, il est
besoin du strict redressement. Chacun trouvera son
propre précepte, celui qui présente à sa vie la plus
haute exigence. Par voie de connaissance chacun
libérera l'avenir de ce qui aujourd'hui le défigure.

---

1. N. d. T. : Voir Stefan George, *Werke*, éd. en 2 t. par Robert
Boehringer, Düsseldorf et Munich, Kuepper, 1968 (2e éd.), t. I,
p. 148, « H. H. » extrait de *Das Jahr der Seele* :

> *Erfinder rollenden gesangs und sprühend*
> *Gewandter zwiegespräche : frist und trennung*
> *Erlaubt dass ich auf meine dächtnistafel*
> *Den frühern gegner grabe — tu desgleichen !*
> *Denn auf des rausches und der regung leiter*
> *Sind beide wir im sinken. nie mehr werden*
> *Der knaben preis und jubel so mir schmeicheln*
> *Nie wieder strofen so im ohr dir donnern.* (RR)

3

Sur le langage en général
et sur le langage humain[1]

Toute manifestation de la vie de l'esprit humain peut être conçue comme une sorte de langage, et, à l'instar de toute vraie méthode, cette conception a pour effet de poser partout les problèmes d'une façon nouvelle. On peut parler d'un langage de la musique et de la sculpture, d'un langage de la justice, qui n'a directement rien à voir avec la langue dans laquelle sont rédigées les sentences des tribunaux allemands ou anglais ; on peut parler d'un langage de la technique, lequel n'est point le langage professionnel des techniciens. Dans ce contexte, le langage est le principe qui sert à communiquer des contenus spirituels dans les domaines envisagés, technique, art, justice ou religion. En un mot, toute communication de contenus spirituels est un langage, la communication verbale n'étant qu'un cas particulier, celui du langage humain et de ce qui le fonde ou se fonde sur lui (justice, poésie). Mais l'existence du langage ne s'étend pas seulement à tous les

1. N. d. T. : Rédigé à Munich, au mois de novembre 1916, sous forme de «lettre» à Gershom Scholem. Inédit du vivant de l'auteur, le texte restera une source d'inspiration et une référence de la réflexion de Benjamin jusque dans les années trente, époque à laquelle il révisera sa théorie du langage dans un sens matérialiste, avec «Sur le pouvoir d'imitation». (RR)

domaines d'expression de l'esprit humain, lesquels, en un certain sens, font toujours place au langage ; elle s'étend absolument à tout. Ni dans la nature animée ni dans la nature inanimée, il n'existe événement ni chose qui, d'une certaine façon, n'ait part au langage, car à l'un comme à l'autre il est essentiel de communiquer son contenu spirituel. Ainsi utilisé, le mot « langage » n'a rien d'une métaphore. Car c'est une connaissance pleine de contenu que rien ne se puisse représenter qui ne communique son essence spirituelle au moyen de l'expression ; le degré plus ou moins grand de conscience auquel est liée apparemment (ou réellement) cette communication ne saurait rien changer à l'impossibilité où nous sommes de nous représenter en aucun domaine une totale absence de langage. Une existence qui serait privée de toute relation au langage est une idée ; mais de cette idée, même dans le domaine de celles dont l'extension définit l'idée de Dieu, on ne peut rien tirer de fécond.

Ce qui est vrai, c'est que, dans cette terminologie, toute expression, pour autant qu'elle communique des contenus spirituels, appartient au langage. En effet, dans son essence entière et la plus intime, l'expression ne peut être entendue que comme *langage* ; d'un autre côté, pour comprendre une essence linguistique, il est toujours nécessaire de se demander de quelle essence spirituelle elle est l'immédiate expression. Ce qui signifie, par exemple, que l'allemand n'est aucunement l'expression de tout ce que *par* lui nous croyons pouvoir exprimer, mais bien l'expression immédiate de ce qui en lui *se* communique. Ce « se » est une essence spirituelle. Il est donc évident dès l'abord que l'essence spirituelle qui se communique dans le langage n'est pas le langage même, mais quelque chose qu'il convient d'en distinguer. Le point de vue selon lequel l'essence spirituelle d'une chose consiste justement dans son langage — ce point de vue entendu à titre d'hypothèse est le grand abîme où risque de tomber toute théorie du langage[1], et sa tâche est de se tenir en équilibre au-dessus, précisément au-dessus de cet abîme. Dans une étude théorique sur le langage, la distinction la plus originaire est celle qui se fait entre l'essence spirituelle et l'essence linguistique au moyen de laquelle elle communique, et cette distinction semble si peu douteuse que bien plutôt l'identité, souvent affirmée, entre ces deux essences constitue un paradoxe profond et incompréhensible, dont on a trouvé l'expression dans le double sens du mot λόγος[2]. Néanmoins, ce paradoxe a, en tant que solution, sa place au centre de la théorie du langage, mais il demeure un paradoxe, et sans solution lorsqu'on le pose au point de départ.

Que communique le langage? Il communique l'essence spirituelle qui lui correspond. Il est fondamental de savoir que cette essence spirituelle se communique *dans* le langage et non *par* lui. Il n'existe donc aucun locuteur de langages si l'on désigne ainsi celui qui se communique *par* ces langages. Dire que l'essence spirituelle se communique dans un langage, et non par lui, signifie que, du dehors, elle n'est pas identique à l'essence linguistique. Elle ne lui est identique que *dans la mesure* où elle *peut* être communiquée. Ce qui est communicable dans une essence spirituelle, c'est son essence linguistique. Le langage, par conséquent, communique, quelle qu'elle puisse être, l'essence linguistique des choses, mais ne communique leur essence spirituelle que dans la mesure où cette dernière est immédiatement conte-

---

1. Ou bien est-ce plutôt la tentation de placer l'hypothèse au point de départ qui constitue l'abîme de toute philosophie?
2. N. d. T.: *Logos* (MdG).

nue dans l'essence linguistique, dans la mesure où elle *peut* être communiquée.

Le langage communique l'essence linguistique des choses. Mais de cette essence la manifestation la plus claire est le langage même. À la question : *que communique le langage ?* il faut donc répondre : *tout langage se communique lui-même.* Par exemple, le langage de cette lampe ne communique pas la lampe (car l'essence spirituelle de la lampe, pour autant qu'elle est *communicable*, n'est aucunement la lampe même), il communique la lampe linguistique, la lampe dans la communication, la lampe dans l'expression. Car voici ce qui se passe dans le langage : *l'essence linguistique des choses est leur langage.* Pour comprendre la théorie du langage, il faut saisir le sens de cette proposition à un degré de clarté qui en élimine la moindre apparence de tautologie. Si cette proposition n'est aucunement tautologique, c'est parce qu'elle signifie que ce qui est communicable dans une essence spirituelle *est* son langage. Tout repose sur ce « est » (autrement dit « est immédiatement »). — Ce qui est communicable dans une essence spirituelle ne se *manifeste* pas de la façon la plus claire dans son langage, comme on vient de le dire encore, en passant, au début de cet alinéa, mais ce *communicable* est immédiatement le langage même. En d'autres termes, le langage d'une essence spirituelle est immédiatement ce qui en elle est communicable. Ce qui est communicable *dans* une essence spirituelle, c'est *ce en* quoi elle se communique ; c'est-à-dire : tout langage se communique lui-même. Ou, plus exactement, tout langage se communique *en* lui-même, il est, au sens le plus pur du terme, le « médium » de la communication. Ce qui est propre au médium, autrement dit *l'immédiateté* de toute communication spirituelle, est le problème fondamental de la théorie du langage, et

si l'on veut qualifier de magique cette immédiateté,
le problème originel du langage est sa magie. En
même temps, parler de magie du langage, c'est renvoyer à un autre aspect : son caractère infini. Lequel
est conditionné par son caractère immédiat. Car
justement, puisque rien ne se communique *par* le
langage, ce qui se communique *dans* le langage ne
peut être limité ou mesuré du dehors, et c'est pourquoi chaque langue a son infinité incommensurable
et unique en son genre. C'est son essence linguistique, non ses contenus verbaux, qui définit sa
limite.

L'essence linguistique des choses est leur langage ;
appliquée à l'homme, cette proposition signifie que
l'essence linguistique de l'homme est son langage.
Autrement dit, l'homme communique sa propre
essence spirituelle *dans* son langage. Or, le langage
humain parle dans des mots. Par conséquent, l'homme
communique sa propre essence spirituelle (autant
qu'elle est communicable) en *nommant* toutes les
autres choses. Mais connaissons-nous d'autres langages qui nomment les choses ? Qu'on n'aille pas
objecter que nous ne connaissons d'autre langage
que celui de l'homme, car ce n'est pas vrai. Mais il
est vrai que nous ne connaissons, en dehors du langage humain, aucun langage *qui nomme* ; en identi-
fiant tout langage au langage qui nomme, la théorie
du langage s'interdit les vues les plus profondes.
— *Ainsi, l'essence linguistique de l'homme consiste
en ce qu'il nomme les choses.*

À quelle fin les nomme-t-il ? À qui l'homme se
communique-t-il ? — Mais cette question est-elle différente pour l'homme de ce qu'elle est dans le cas
des autres communications (langages) ? À qui se
communique la lampe ? À qui la montagne ? À qui le
renard ? — Or la réponse est : à l'homme. Ce n'est
pas là un anthropomorphisme. La vérité de cette

réponse est prouvée par la connaissance et peut-
être aussi dans l'art. De plus, si la lampe, la montagne, le renard ne se communiquaient à l'homme,
comment alors pourrait-il les nommer ? Or il les
nomme ; *il* se communique en *les* nommant. À qui
se communique-t-il ?

Avant de répondre à cette question, il faut une fois
de plus examiner le point suivant : comment l'homme
se communique-t-il ? Il faut faire ici une profonde
différence, poser une alternative en face de laquelle
se dévoile à coup sûr une conception essentiellement
fausse du langage. L'homme communique-t-il son
essence spirituelle *par* les noms qu'il donne aux
choses, ou bien *dans* ces noms ? Le paradoxe de la
question contient la réponse. Croire que l'homme
communique son essence spirituelle *par* les noms,
c'est s'interdire de supposer que l'homme communique réellement son essence spirituelle, — car cela
ne se fait point par des noms de choses, autrement
dit cela ne se fait pas par des mots qui lui serviraient
à désigner une chose. Et alors il peut admettre seulement ceci : qu'il communique quelque chose à
d'autres hommes, car cela se fait par le mot qui me
sert à désigner une chose. Cette vue est la conception
bourgeoise du langage, dont la suite va montrer de
plus en plus clairement le caractère intenable et
vide. Cette vue consiste à dire : le moyen de la communication est le mot, son objet est la chose, son destinataire est l'homme. L'autre conception ne connaît
ni moyen, ni objet, ni destinataire de la communication. Elle dit : *dans le nom l'essence spirituelle de
l'homme se communique à Dieu.*

Dans le domaine du langage, le nom n'a que ce
sens, que cette signification d'un niveau incomparable d'être la plus intime essence du langage lui-
même. Le nom est ce *par* quoi rien ne se communique
plus, et *en* quoi le langage se communique lui-même

et de façon absolue. Dans le nom, l'essence spirituelle qui se communique est *le* langage. Là où
l'essence spirituelle dans sa communication est le
langage même en son absolue totalité, là seulement
est le nom, et là est seulement le nom. Ainsi, comme
part d'héritage du langage humain, le nom garantit
que *le langage* est *tout simplement* l'essence spirituelle de l'homme; et c'est uniquement pour cela
que l'homme est de tous les êtres doués d'esprit le
seul dont l'essence spirituelle soit entièrement communicable. De là vient la différence entre le langage
humain et le langage des choses. Or comme l'essence spirituelle de l'homme est le langage même, il
ne peut se communiquer par le langage, mais seulement dans le langage. Le nom résume en lui cette
totalité intensive du langage comme essence spirituelle de l'homme. L'homme est celui qui nomme, à
cela nous reconnaissons que par sa bouche parle le
pur langage. Toute nature, pour autant qu'elle se
communique, se communique dans le langage, donc
en dernier ressort dans l'homme. C'est pourquoi
l'homme est le maître de la nature et peut dénommer
les choses. C'est seulement par l'essence linguistique
des choses qu'il atteint de lui-même à leur connaissance — dans le nom. La création divine s'achève
lorsque les choses reçoivent leur nom de l'homme,
cet homme seulement à partir duquel, dans le nom,
le langage parle. On peut définir le nom comme le
langage du langage (à condition que le génitif n'indique pas ici une relation de moyen, mais de
«médium»), et, en ce sens en effet, parce qu'il parle
dans le nom, l'homme est le locuteur du langage, et
par là précisément son seul locuteur. En définis-
sant l'homme comme locuteur (ce qui signifie, par
exemple d'après la Bible, celui qui dénomme: «et
comme l'appelait l'homme — chaque âme vivante —

c'était là son nom[1] »), beaucoup de langues incluent cette connaissance métaphysique.

Mais le nom n'est pas seulement la dernière exclamation, c'est aussi la véritable interpellation du langage. Ainsi apparaît dans le nom la loi essentielle du langage, selon laquelle s'exprimer soi-même et s'adresser à tout autre sont une seule et même chose. Le langage — et en lui une essence spirituelle — ne s'exprime de façon pure que là où il parle dans le nom, c'est-à-dire dans la dénomination universelle. Ainsi culminent dans le nom et la totalité intensive du langage comme essence spirituelle absolument communicable, et la totalité extensive du langage comme essence qui universellement communique (dénomme). De par son essence qui communique, de par son universalité, le langage est incomplet chaque fois que l'essence spirituelle qui parle dans lui n'est pas, en sa structure tout entière, linguistique, c'est-à-dire communicable. *Seul l'homme possède le langage parfait, tant du point de vue de l'universalité que du point de vue de l'intensité.*

Compte tenu de cette connaissance, on peut à présent poser sans risque de confusion une question qui est, certes, de la plus haute importance métaphysique mais que nous présenterons ici, dans un souci de clarté, comme une question terminologique. C'est celle de savoir s'il faut définir comme linguistique, dans la perspective de la théorie du langage, toute essence spirituelle, — non seulement celle de l'homme (car, pour lui, la réponse positive s'impose nécessairement) mais aussi celle des choses, et par là même l'essence spirituelle en général. Si l'essence spirituelle est identique à l'essence linguistique, alors, de par son essence spirituelle, la chose est médium de la communication, et ce qui en elle se communique

1. N. d. T. : *Gen.*, 2,19 (MdG).

est justement — en fonction de ce statut qui est le sien — ce médium (langage) lui-même. Dès lors, le langage est l'essence spirituelle des choses. Ainsi, dès l'abord, l'essence spirituelle est posée comme communicable, ou plutôt elle est posée justement *dans* la communicabilité, et la thèse selon laquelle l'essence linguistique des choses est identique à leur essence spirituelle, pour autant que cette dernière est communicable, n'est plus, dans son « pour autant », qu'une tautologie. *Il n'y a pas de contenu du langage ; comme communication, le langage communique une essence spirituelle, c'est-à-dire purement et simplement une communicabilité.* Entre les langages les seules différences sont celles de « média » qui se distinguent, pour ainsi dire, selon leur densité, c'est-à-dire graduellement ; et cela selon le double point de vue de la densité du communicant (dénommant) et du communicable (nom) dans la communication. Ces deux sphères, parfaitement distinctes et cependant unies dans la seule langue nominative de l'homme, ne cessent naturellement de se correspondre.

Pour la métaphysique du langage, l'identification de l'essence spirituelle avec l'essence linguistique, laquelle ne connaît que des différences de degré, entraîne une gradation de tout être spirituel. Cette gradation, qui se situe au cœur même de l'essence spirituelle, ne peut plus être subordonnée à aucune catégorie supérieure et conduit par conséquent à la gradation de toute essence, spirituelle aussi bien que linguistique, selon des degrés d'existence ou d'être, comme ceux auxquels la scolastique déjà était accoutumée en ce qui concerne les essences spirituelles. Mais si l'identification de l'essence spirituelle avec l'essence linguistique est, pour la théorie du langage, d'une telle portée métaphysique, c'est parce qu'elle conduit à ce concept qui n'a jamais cessé de se hausser de lui-même au centre de la philosophie du langage et qui a constitué le lien le plus intime de cette philosophie avec celle de la religion, je veux dire le concept de révélation. — À l'intérieur de toute création linguistique règne le conflit entre l'exprimé et l'exprimable d'une part, l'inexprimable et l'inexprimé de l'autre. Lorsqu'on envisage ce conflit, c'est dans la perspective de l'inexprimable que l'on voit aussitôt l'ultime essence spirituelle. Or il est clair qu'identifier l'essence spirituelle avec l'essence linguistique, c'est contester ce rapport de proportionnalité inverse entre l'une et l'autre. Car ici la thèse déclare que plus l'esprit est profond, c'est-à-dire existant et réel, plus il est exprimable et exprimé, puisque c'est le sens même de cette identification de rendre absolument univoque la relation entre l'esprit et le langage, en sorte que l'expression linguistiquement la plus existante, c'est-à-dire la mieux établie, celle qui linguistiquement est la plus prégnante et la plus stable, en un mot la plus exprimée, est en même temps le pur spirituel. Mais c'est précisément ce que signifie le concept de révélation lorsqu'il tient le caractère intangible du verbe pour l'unique et suffisante condition et caractéristique de la nature divine de l'essence spirituelle qui s'exprime en lui. Le plus haut domaine spirituel de la religion est (dans le concept de révélation) en même temps le seul domaine qui ignore l'inexprimable. Car il est interpellé dans le nom et s'exprime comme révélation. Or, ce qui s'annonce ainsi, c'est que seule la plus haute essence spirituelle, telle qu'elle se manifeste dans la religion, repose exclusivement sur l'homme et sur le langage en lui, cependant que tout art, y compris la poésie, repose, non sur l'ultime substance de l'esprit linguistique, mais, certes dans sa beauté achevée, sur l'esprit linguistique des choses. «*Langue, mère* de la raison, dit Hamann, et *révélation*, son alpha et oméga. »

Dans les choses mêmes, le langage même n'est pas exprimé de façon parfaite. Cette proposition a un double sens selon qu'on la prend au figuré ou au propre : les langages des choses sont imparfaits, et ils sont muets. Aux choses est refusé le pur principe formel du langage, c'est-à-dire le son. Elles ne peuvent se communiquer les unes aux autres que par une communauté plus ou moins matérielle. Cette communauté est immédiate et infinie, comme celle de toute communication linguistique ; elle est magique (car la matière aussi a sa magie). Ce qui est incomparable dans le langage humain, c'est que sa communauté magique avec les choses est immatérielle et purement spirituelle, et de ces caractères le son est le symbole. La Bible exprime ce fait symbolique lorsqu'elle déclare que Dieu insuffla à l'homme le souffle[1], c'est-à-dire en même temps vie, esprit et langage.

Lorsque dans la suite nous allons considérer l'essence du langage à la lumière des premiers chapitres de la *Genèse*, nous n'entendons ni poursuivre un projet d'exégèse biblique, ni, dans ce contexte, faire objectivement de la Bible, comme vérité révélée, la base de notre réflexion, mais simplement explorer ce que nous présente la Bible quant à la nature même du langage ; et la Bible n'est *au départ* indispensable à notre projet que parce que nous la suivrons ici dans son principe en présupposant avec elle le langage comme une réalité dernière, inexplicable, mystique, qui ne peut être observée que dans son développement. En se considérant elle-même comme une révélation, la Bible doit nécessairement développer les faits linguistiques fondamentaux. — La deuxième version du récit de la Création, celle qui parle du souffle insufflé à l'homme, enseigne aussi

----

1. N. d. T. : *Gen.*, 2,7. (MdG)

que l'homme a été fait de terre. Dans tout le récit de la Création, c'est le seul passage où il soit question d'une matière dans laquelle le Créateur imprime sa volonté ; partout ailleurs, cette volonté est sans doute conçue comme créant sans intermédiaires. Dans ce second récit, la création de l'homme n'advient point par le verbe (Dieu dit — et cela fut), mais à cet homme qui n'a pas été créé à partir du verbe est maintenant accordé le *don* du langage, qui l'élève au-dessus de la nature.

Or cette singulière révolution par laquelle l'acte créateur s'adresse à l'homme n'est pas moins clairement indiquée dans le premier récit. Dans un tout autre contexte, on y trouve une aussi précise garantie de la corrélation particulière établie par l'acte créateur entre l'homme et le langage. Si varié que soit le rythme des actes créateurs du premier chapitre, ils gardent une forme commune sur le fond de laquelle se détache seule, avec des traits significatifs, la création de l'homme. Sans doute, ni pour l'homme ni pour la nature, il ne s'agit d'une relation explicite à une matière à partir de laquelle ils auraient été faits, et nous n'avons pas ici à décider si le verbe « faire » implique la création à partir d'une telle matière. Mais le rythme de la création de la nature (selon *Genèse 1*) est : Que soit fait — Il fit (créa) — Il nomma. — Dans certains de ces actes créateurs (1,3 ; 1,14) intervient seulement le « Que soit fait ». Avec ce « Que soit fait » et ce « Il nomma » au début et à la fin des actes, apparaît chaque fois la profonde et évidente relation de l'acte créateur au langage. Il commence avec la toute-puissance créatrice du langage, et pour finir le langage s'incorpore en quelque sorte le créé, il le dénomme. Ainsi le langage est ce qui crée, ce qui achève, il est verbe et nom. En Dieu le nom est créateur parce qu'il est verbe, et le verbe de Dieu est savoir parce qu'il est nom. «Et il vit que cela était bon[1]», ce qui signifie qu'il l'a connu en le nommant. Le rapport absolu du nom à la connaissance ne se trouve qu'en Dieu; là seulement le nom, parce qu'il est au plus intime de lui-même identique au verbe créateur, est le pur «médium» de la connaissance. C'est-à-dire: Dieu, en leur donnant un nom, a rendu les choses connaissables; mais c'est dans la mesure où il les connaît que l'homme leur donne un nom.

Avec la création de l'homme, le rythme ternaire de la création de la nature cède la place à un tout autre ordre. Ici le langage reçoit par conséquent une tout autre signification; le triple aspect de l'acte est conservé, mais le parallélisme fait d'autant mieux ressortir la distance; dans le triple «Il créa» du verset 1,27[2], Dieu n'a pas créé l'homme à partir du verbe, et il ne l'a pas nommé. Il n'a pas voulu le soumettre au langage, mais dans l'homme Dieu a libéré le langage qui lui avait servi, *à lui*, de «médium» de la Création. Dieu se reposa lorsque dans l'homme il eut déposé son pouvoir créateur. Vidé de son actualité divine, ce pouvoir créateur est devenu connaissance. L'homme est celui qui connaît dans le langage même dans lequel Dieu est créateur. Dieu a créé l'homme à son image, il a créé celui qui connaît à l'image de celui qui crée. C'est pourquoi, lorsqu'on dit que l'essence spirituelle de l'homme est le langage, la formule a besoin d'explication. Son essence spirituelle est le langage qui a servi à la Création. Le verbe a servi à créer, et l'essence linguistique de Dieu est le verbe. Tout langage humain n'est que reflet du verbe dans le nom. Le nom n'atteint pas davantage le verbe que la connaissance n'atteint la

---

1. *Gen.*, 1,10, 12, 18, 21, 25, 31. (MdG)
2. N. d. T.: «Et Dieu créa l'homme à son image; il le créa à l'image de Dieu; il le créa mâle et femelle.» (MdG)

Création. En comparaison de l'infinité absolument illimitée et créatrice du verbe divin, l'infinité de tout langage humain reste toujours d'essence limitée et analytique.

La plus profonde image de ce verbe divin, le point où le langage humain participe le plus intimement à l'infini du verbe pur, le point où il ne peut devenir ni verbe fini ni connaissance, c'est le nom humain. La théorie du nom propre est celle de la limite du langage fini par rapport au langage infini. De tous les êtres l'homme est le seul qui donne lui-même un nom à son semblable, de même qu'il est le seul auquel Dieu n'a pas donné de nom. Il est peut-être hardi, mais sûrement pas impossible, de citer dans ce contexte la seconde partie du verset 2,20 : l'homme donna des noms à tous les êtres, «*mais* pour l'homme ne fut trouvée autour de lui aucune auxiliaire». Aussi bien, dès qu'il l'a reçue, Adam donne un nom à sa femme (Ischah[1] au deuxième chapitre[2], Ève au troisième[3]). En leur donnant un nom, les parents dédient à Dieu leurs enfants ; au nom qu'ils leur donnent ne correspond — au sens métaphysique, non étymologique — aucune connaissance, puisque, aussi bien, c'est à leur naissance même qu'ils leur donnent ce nom. Pour un esprit rigoureux, aucun homme non plus ne devrait correspondre (étymologiquement parlant) à son nom, car le nom propre est un verbe de Dieu sous des sons humains. À chaque homme ce nom garantit sa création par Dieu, et en ce sens il est lui-même créateur, comme l'exprime la sagesse mythologique dans cette conception (qui n'a

1. N. d. T. : Féminin de *isch*, «homme du sexe masculin» ; en allemand *Männin*. (MdG)
2. N. d. T. : *Gen.*, 2,23. (MdG)
3. N. d. T. : *Gen.*, 3,20. Ève veut dire «vie» ; Adam lui donne ce nom après l'expulsion du paradis, parce qu'elle sera la mère de tous les hommes vivants. (MdG)

rien de rare), selon laquelle le nom d'un homme porte son destin. Le nom propre d'un homme est sa communauté avec le verbe *créateur* de Dieu. (Il n'est pas le seul, et l'homme connaît encore une autre communauté linguistique avec le verbe de Dieu.) Par le verbe l'homme est lié au langage des choses. Le verbe humain est le nom des choses. Ce qui exclut la conception bourgeoise selon laquelle le mot[1] n'aurait avec la chose qu'un rapport accidentel et ne serait qu'un signe des choses (ou de leur connaissance) posé en vertu d'une quelconque convention. Le langage ne fournit jamais de signes *purs et simples*. Mais le refus de la théorie bourgeoise du langage par une théorie mystique est également équivoque. Car selon une telle théorie, le verbe est absolument l'essence de la chose. Ce qui est faux, parce que la chose en elle-même n'a aucun verbe; créée à partir du verbe de Dieu, elle est connue dans son nom selon le verbe humain. Cette connaissance de la chose pourtant n'est point une création spontanée, elle ne naît point du langage, comme la création, de manière absolument illimitée et infinie, mais le nom que l'homme donne à la chose repose sur la manière dont elle se communique à lui. Dans le nom le verbe divin n'est pas resté celui qui crée, il est pour une part celui qui conçoit[2], mais qui conçoit à vrai dire le langage. Cette conception est orientée vers le langage des choses mêmes, lesquelles à leur tour, silencieusement, dans la muette magie de la nature, font rayonner le verbe de Dieu.

---

1. N. d. T. : C'est le même terme allemand *Wort*, que nous rendons ici tantôt par « verbe », tantôt par « mot », pour éviter des tournures trop forcées; mais le lecteur doit garder toujours présente la polysémie de *verbum* et de λόγος. (MdG)

2. N. d. T. : *Empfangen* signifie ici « concevoir » au sens où une femme forme un enfant en son sein; c'est ainsi qu'il faut entendre « conception » dans les phrases qui suivent. (MdG)

Pour exprimer tout ensemble cette conception et cette spontanéité telles qu'elles ne se trouvent, avec cette liaison unique en son genre, que dans le domaine linguistique, le langage a son mot propre, et qui vaut aussi pour l'accueil dans le nom de ce qui est sans nom. C'est la traduction du langage des choses dans le langage de l'homme. Il est nécessaire de fonder le concept de traduction au niveau le plus profond de la théorie linguistique, car il a trop de portée et de puissance pour pouvoir être d'une quelconque manière, comme on le pense parfois, traité après coup. On n'en saisit la pleine signification qu'en voyant que tout langage supérieur (à l'exception du verbe divin) peut être considéré comme traduction de tous les autres. Grâce au rapport qu'on a indiqué plus haut entre les langages comme dépendant de la densité diverse des « média », tous les langages sont traduisibles les uns dans les autres. La traduction est le passage d'un langage dans un autre par une série de métamorphoses continues. La traduction parcourt en les traversant des continus de métamorphoses, non des régions abstraites de similitude et de ressemblance.

Traduire le langage des choses en langage d'homme, ce n'est pas seulement traduire le muet en parlant, c'est traduire l'anonyme en nom. Il s'agit donc de la traduction d'un langage imparfait en langage plus parfait ; elle ne peut donc s'empêcher d'ajouter quelque chose, à savoir la connaissance. Or, l'objectivité de cette traduction est garantie en Dieu. Car Dieu a créé les choses, en elles le verbe créateur est le germe du nom connaissant, comme Dieu aussi à la fin dénomma toute chose après l'avoir créée. Mais cette dénomination n'est manifestement que l'expression de l'identité en Dieu entre le verbe qui crée et le nom qui connaît, non la solution toute faite de la tâche que Dieu assigne expressément à l'homme même : donner un nom aux choses. En concevant en lui le langage muet et anonyme des choses, en le faisant passer, dans les noms, aux sons, l'homme s'acquitte de cette tâche. Mais elle serait impossible à remplir si en Dieu n'étaient apparentés le langage humain des noms et le langage sans nom des choses, sortis du même verbe créateur, devenu dans les choses communication de matière en une communauté magique, dans l'homme langage de la connaissance et du nom en un bienheureux esprit. Hamann dit : « Tout ce que l'homme entendit au commencement, vit de ses yeux [...] et toucha de ses mains, était [...] verbe vivant ; car Dieu était le verbe. Ce verbe à la bouche et dans le cœur, l'origine du langage fut aussi naturelle, aussi proche et facile qu'un jeu d'enfant [...]. » Dans son poème *Éveil d'Adam et premières nuits bienheureuses*, le peintre Müller[1] représente Dieu appelant en ces termes l'homme à dénommer les choses : « Homme fait de terre, approche-toi et, en contemplant, deviens plus parfait, deviens plus parfait par le verbe ! » Ce lien entre contemplation et dénomination vise de façon intime la muette communication des choses (et des bêtes) qui aspire au langage verbal de l'homme, lequel les accueille dans le nom. Au même chapitre de son poème, Müller montre qu'il sait bien que seul le verbe à partir duquel les choses sont créées permet aux hommes de leur donner un nom, car il le décrit en image comme en train de se communiquer, encore que de façon muette, dans les divers langages des bêtes : successivement, Dieu fait aux bêtes un signe afin qu'elles se présentent devant l'homme pour recevoir leur nom. Cette image du signe donné tra-

---

1. N. d. T. : Friedrich Müller (1749-1825), appelé Maler Müller, peintre et écrivain allemand, auteur d'une *Vie de Faust* (1776). (RR)

duit, sur un mode qui touche au sublime, la communauté linguistique entre la création muette et Dieu.

Ce retard infini du verbe muet dans l'existence des choses par rapport au verbe qui, dans la connaissance de l'homme, leur donne un nom et, à son tour, de ce verbe lui-même par rapport au verbe créateur de Dieu, voilà qui fonde la pluralité des langues humaines. C'est en traduction seulement que le langage des choses peut passer *dans* le langage de la connaissance et du nom — autant de traductions, autant de langues, dès lors que l'homme est déchu de l'état paradisiaque, lequel ne connaissait qu'une seule langue. (Selon la Bible, à vrai dire, cette expulsion du paradis n'a entraîné que plus tard cette conséquence.) La langue de l'homme au paradis a dû être celle de la connaissance parfaite, alors que plus tard, encore une fois, toute connaissance s'est différenciée à l'infini, a dû se différencier à un niveau inférieur, comme création dans le nom en général. Que la langue du paradis soit celle de la parfaite connaissance, même l'existence de l'arbre de la connaissance ne saurait le dissimuler. Ses fruits devaient transmettre la connaissance de ce qui est bien et de ce qui est mal. Mais, dès le septième jour, Dieu l'avait connu avec les verbes de la création : « Et voici, cela était très bon[1]. » La connaissance dans laquelle fourvoie le serpent, le savoir quant au bien et au mal, est sans nom. Au sens le plus profond du terme, elle est vaine, et ce savoir lui-même est justement le seul mal que connaît l'état paradisiaque. Le savoir du bien et du mal abandonne le nom, c'est une connaissance extérieure, l'imitation non créatrice du verbe créateur. Dans cette connaissance, le nom

1. N. d. T. : *Gen.*, 1,31. (En fait, c'est le sixième jour que Dieu prononce ces paroles, mais le repos du septième jour leur donne plein sens.) (MdG)

sort de lui-même : le péché originel est l'heure natale du *verbe humain*, celui en qui le nom ne vivait plus intact, celui qui était sorti du langage qui nomme, du langage qui connaît, on peut dire de sa propre magie immanente, pour se faire magique expressément, en quelque sorte du dehors. Le mot doit communiquer *quelque chose* (en dehors de lui-même). Tel est réellement le péché originel de l'esprit linguistique. En tant qu'il communique extérieurement, le mot est en quelque façon la parodie par le verbe expressément médiat du verbe expressément immédiat, du verbe créateur, du verbe divin, et c'est la déchéance du bienheureux esprit du langage, de l'esprit adamique, situé entre les deux. Car sont fondamentalement identiques le verbe qui, selon la promesse du serpent, connaît le bien et le mal, et le verbe qui communique extérieurement. La connaissance des choses repose sur le nom, mais celle du bien et du mal est, dans le sens profond où Kierkegaard entend le terme, «bavardage», et elle ne connaît qu'une purification et une élévation, celles auxquelles fut soumis aussi l'homme bavard, le pécheur : le tribunal. Effectivement, au mot qui juge, la connaissance du bien et du mal est immédiate. Sa magie est différente de celle du nom, mais n'en est pas moins magie. Ce mot qui juge chasse les premiers hommes du paradis ; eux-mêmes l'ont provoqué, en vertu d'une loi éternelle selon laquelle ce mot qui juge punit — et attend — sa propre provocation comme l'unique, la plus profonde faute. Dans le péché originel, là où fut lésée l'éternelle pureté du nom, s'éleva la plus rigoureuse pureté du mot qui juge, du jugement. Dans le contexte essentiel du langage, le péché originel (sans parler ici de celle qui lui appartient par ailleurs) possède une triple signification. En abandonnant le pur langage du nom, l'homme fait du langage un moyen (une connaissance qui ne lui convient pas), par là même aussi, pour une part en tout cas, un *simple* signe; d'où, plus tard, la pluralité des langues. La deuxième signification du péché originel est qu'à présent s'élève à partir de lui, comme la restitution de l'immédiateté du nom, en lui lésée, une nouvelle immédiateté, la magie du jugement, qui ne bénéficie plus du repos bienheureux en lui-même. La troisième signification, dont on peut risquer l'hypothèse, serait que l'origine de l'abstraction comme pouvoir de l'esprit linguistique fût à chercher aussi dans le péché originel. Car le bien et le mal se tiennent comme impossibles à dénommer, comme sans nom, hors du langage qui nomme, ce langage justement que l'homme abandonne dans l'abîme de ce questionnement. Or, par rapport au langage existant, le nom ne fournit que le principe où s'enracinent ses éléments concrets. En revanche, les éléments abstraits du langage — on peut du moins le supposer — ont leur racine dans le mot qui juge, dans le jugement. Dans le verdict du juge réside le caractère immédiat (or c'est là la racine linguistique) de la communicabilité propre à l'abstraction. C'est en jugeant que s'est installée cette immédiateté dans la communication de l'abstraction, lorsque l'homme, par le péché originel, abandonna l'immédiateté dans la communication du concret, c'est-à-dire le nom, et tomba dans l'abîme que représente le caractère médiat de toute communication, du mot comme moyen, du mot vide, dans l'abîme du bavardage. Car — il faut le dire une fois encore — bavardage fut la question du bien et du mal dans le monde après la Création. Si l'arbre de la connaissance s'est dressé dans le jardin de Dieu, ce ne fut point en raison des lumières qu'il aurait pu fournir sur le bien et le mal, mais comme emblème de la sentence portée sur celui qui interroge. Cette immense ironie est la marque qui révèle l'origine mythique du droit.

Après le péché originel, qui, en permettant que le langage serve de moyen, avait posé les bases de sa pluralité, il n'y avait qu'un pas à franchir jusqu'à la confusion des langues. Puisque les hommes avaient porté atteinte à la pureté du nom, il suffisait que s'accomplît le rejet de cette intuition des choses par laquelle se révèle aux hommes leur langage, pour que se dérobât à eux le fondement commun de l'esprit linguistique déjà ébranlé. Là où se compliquent les choses, là ne peuvent que se confondre les *signes*. L'asservissement du langage dans le bavardage aboutit presque inévitablement à l'asservissement des choses dans la folie. C'est dans cet abandon des choses, qui fut l'asservissement, que naquit le projet de la tour de Babel et, en même temps, la confusion des langues.

La vie humaine dans le pur esprit du langage était bienheureuse. En revanche, la nature est muette. Certes, on sent clairement au deuxième chapitre de la *Genèse* que ce mutisme lui-même, dénommé par l'homme, est devenu béatitude d'un degré inférieur. Dans le poème de Müller, Adam déclare à propos des animaux qui le quittent une fois qu'il leur a donné un nom : « Et à la noblesse avec laquelle ils s'éloignèrent de moi, je vis que l'homme leur avait donné un nom. » Après le péché originel, avec la parole de Dieu maudissant le labeur des champs, la vision de la nature s'altère profondément. Maintenant commence pour elle cet autre mutisme, auquel nous pensons lorsque nous parlons de la profonde tristesse de la nature. C'est une vérité métaphysique que toute nature commencerait à se plaindre si on lui prêtait le langage (et « prêter le langage » est certes ici beaucoup plus que « rendre capable de parler »). La phrase précédente a un double sens. Elle signifie d'abord que la nature se plaindrait du langage lui-même. Être privée de langage, telle est la grande souffrance de la nature (et c'est pour la délivrer que vit et parle dans la nature *l'homme*, et non pas seulement, comme on le suppose en général, le poète). Mais la phrase signifie en second lieu : elle se plaindrait. Or la plainte est l'expression impuissante, la plus indifférenciée, du langage, elle n'en contient guère que le souffle sensible, et il suffit que des plantes bruissent pour qu'on y entende une plainte. C'est parce qu'elle est muette que la nature est en deuil. Cependant, l'on pénètre plus profond dans l'essence de la nature en inversant les termes et en disant : c'est la tristesse de la nature qui la rend muette. Il est en toute tristesse un très profond penchant au mutisme, ce qui est infiniment plus qu'une impuissance ou qu'une aversion à communiquer. Ce qui est triste se sent de part en part connu par l'inconnaissable. Recevoir nom — même si celui qui donne ce nom est un égal des dieux et un bienheureux — reste peut-être toujours un pressentiment de la tristesse. À bien plus forte raison lorsque ce nom ne vient pas de l'unique langage des noms, bienheureux et paradisiaque, mais des centaines de langues humaines où le nom s'est déjà flétri, et qui cependant, selon la sentence de Dieu, connaissent les choses. En Dieu seul les choses ont un nom propre. Car, assurément, dans le verbe créateur Dieu les a appelées par leur nom propre. En revanche, dans la langue des hommes elles sont surdénommées. Le rapport des langues humaines à celle des choses contient ce qu'on peut approximativement définir comme une «surdénomination», fondement linguistique le plus profond de toute tristesse et (du point de vue des choses) de tout mutisme. Comme essence linguistique de la tristesse, la surdénomination renvoie à un autre rapport remarquable du langage, celui qui le lie à la surdétermination régnant dans la tragique relation entre les langues des hommes qui parlent.

Il existe un langage de la sculpture, de la peinture, de la poésie. De même que celui de la poésie est fondé sur le langage humain des noms, peut-être non exclusivement mais à coup sûr pour une part, on peut penser aussi que celui de la sculpture ou de la peinture est fondé sur les diverses espèces de langages des choses et qu'il s'y trouve une traduction du langage des choses en un langage infiniment plus élevé, mais qui fait peut-être partie de la même sphère. Il s'agit ici de langages sans nom, sans acoustique, de langages faits de matière ; il faut ici penser à la communauté matérielle des choses dans leur communication.

Au demeurant, la communication des choses appartient sans aucun doute à une forme de communauté qui lui permet d'embrasser le monde en général comme un tout indivis.

Pour connaître les formes artistiques, on peut tenter de les concevoir toutes comme des langages et chercher leur corrélation avec les langages naturels. Un exemple qui se présente aussitôt, parce qu'il appartient à la sphère acoustique, est la parenté du chant avec le langage des oiseaux. D'autre part, il est certain que le langage de l'art ne peut être entendu que dans sa relation la plus profonde avec la théorie des signes. Sans elle, toute philosophie du langage, quelle qu'elle soit, demeure tout à fait fragmentaire, car la relation est originaire et fondamentale entre langage et signe (la relation entre le langage humain et l'écriture n'en étant qu'un exemple tout à fait particulier).

Cette remarque nous donne occasion de définir une autre opposition, qui domine tout le domaine du langage et présente d'importants rapports avec l'opposition déjà signalée entre le langage au sens étroit du terme et le signe, et qui pourtant ne se confond pas simplement avec elle. En chaque cas, le langage en effet n'est pas seulement communication du communicable, mais en même temps symbole du non-communicable. Cet aspect symbolique du langage dépend de sa relation avec le signe, mais s'étend, par exemple, sous un certain rapport, jusqu'au nom et au jugement. Ces derniers n'ont pas seulement une fonction de communication, mais, selon toute vraisemblance, ils ont aussi, étroitement liée à elle, une fonction symbolique à laquelle on ne s'est pas encore référé ici, du moins de façon explicite.

Ces réflexions nous laissent en présence, si imparfait qu'il doive encore rester, d'un concept purifié de langage. Le langage d'un être est le médium dans lequel se communique son essence spirituelle. Le flot ininterrompu de cette communication court à travers la nature entière, depuis les existants les plus bas jusqu'à l'homme et depuis l'homme jusqu'à Dieu. L'homme se communique à Dieu par le nom qu'il donne à la nature et (dans le nom propre) à ses semblables, et, s'il donne nom à la nature, c'est selon la communication qu'il reçoit d'elle ; car la nature, elle aussi, est tout entière traversée par un langage muet et sans nom, résidu de ce verbe créateur et divin qui s'est conservé dans l'homme comme nom connaissant et qui continue de planer au-dessus de l'homme comme verdict judiciaire. Le langage de la nature doit être comparé à un secret mot d'ordre que chaque sentinelle transmet dans son propre langage, mais le contenu du mot d'ordre est le langage de la sentinelle même. Tout langage supérieur est traduction du langage inférieur, jusqu'à ce que se développe dans son ultime clarté le verbe de Dieu qui est l'unité de ce mouvement du langage.

4

L'Idiot *de Dostoïevski*[1]

Dostoïevski se représente le destin du monde dans le médium que lui offre le destin de son peuple. C'est l'approche typique des grands nationalistes, pour qui l'humanité ne peut se développer qu'à travers le médium de la communauté populaire. La grandeur du roman se manifeste dans le rapport de dépendance réciproque et absolue selon lequel sont décrites les lois métaphysiques qui régissent le développement de l'humanité et celui de la nation. Il n'est par conséquent aucun mouvement de la vie humaine profonde qui ne trouve son lieu décisif dans l'aura de l'esprit russe. Représenter ce mouvement humain au sein de son aura, flottant libre et dégagé dans l'élément national, et pourtant inséparable de lui comme de son lieu propre, telle est peut-être la quintessence de la liberté dans le grand art de cet écrivain. Il suffit, pour s'en convaincre, de prendre conscience de l'effroyable rapiéçage dont se compose tant bien que mal le personnage romanesque de genre inférieur. Celui-ci résulte d'un collage puéril où se mêlent la personne nationale, la figure locale, la personne individuelle et la personne sociale, sur quoi l'on

1. N. d. T. : Texte écrit dans l'été 1917, publié dans la revue *Die Argonauten* en 1921 (Première série, nº 10-12). (PR)

plaque, pour compléter le mannequin, la répugnante croûte des données psychologiquement palpables. La psychologie des personnages de Dostoïevski, au contraire, ne constitue nullement le point de départ réel de l'écrivain. Elle n'est en quelque sorte que la sphère délicate où s'enflamme le gaz primitif de l'élément national, produisant au passage la pure humanité. La psychologie est seulement l'expression des états limites de l'existence humaine. Ce qui dans le cerveau de nos critiques apparaît comme un problème psychologique est en réalité tout autre chose, car il ne s'agit pas plus de la «psyché» russe, que de celle de l'épileptique. La critique ne justifie son droit d'aborder l'œuvre d'art que pour autant qu'elle respecte le territoire propre à cette œuvre et se garde d'y pénétrer. Or c'est impudemment transgresser cette frontière que de louer un auteur pour la psychologie de ses personnages, et critiques et auteurs ne sont le plus souvent dignes les uns des autres qu'en ce que le romancier moyen use de ces clichés éculés auxquels ensuite la critique peut donner un nom et que, justement parce qu'elle peut leur donner un nom, elle couvre aussi d'éloges. Telle est précisément la sphère dont la critique doit s'écarter ; il serait honteux et faux de mesurer l'œuvre de Dostoïevski à l'aune de pareilles notions. Il s'agit au contraire de saisir l'identité métaphysique que l'élément national ainsi que l'élément humain acquièrent dans l'idée de la création dostoïevskienne.

Car ce roman, comme toute œuvre d'art, repose sur une idée : selon le mot de Novalis, il contient «un idéal *a priori*, une nécessité d'exister[1]». Mettre en lumière cette nécessité, voilà l'unique tâche de la critique. Ce qui confère à toute l'intrigue du roman son

---

1. N. d. T.: Novalis, *Schriften*, éd. J. Minor, t. II, Iéna, 1907, p. 231. (PR)

caractère fondamental, c'est d'être un épisode. Un
épisode dans la vie du personnage principal, le
prince Mychkine. Sa vie avant et après cet épisode
reste pour l'essentiel plongée dans l'ombre, en ce
sens aussi qu'il séjourne à l'étranger pendant les
années qui précèdent et qui suivent immédiatement
l'action. Quelle nécessité conduit cet homme en Russie ? De la période obscure passée à l'étranger, sa vie
en Russie se détache comme la bande visible du
spectre surgit du noir. Mais quelle est la lumière qui
se décompose durant cette époque russe ? En dehors
des multiples erreurs et des diverses vertus qui caractérisent la conduite du prince, on ne saurait dire ce
qu'il entreprend au juste pendant cette période. Sa
vie s'écoule vainement et, jusque dans ses meilleurs
moments, ressemble à celle d'un malade impotent.
Elle n'est pas seulement un échec au regard des
normes sociales, même l'ami le plus proche — si toute
l'histoire ne tendait fondamentalement à démontrer
qu'il n'a pas d'ami — ne pourrait y trouver une idée
ou un but directeur. Sans qu'on y prenne vraiment
garde, il est plongé dans la plus totale solitude :
toutes les relations dans lesquelles il est impliqué
semblent bientôt tomber dans le champ d'une force
qui interdit l'approche. Cet être, malgré sa parfaite
modestie, son humilité même, reste absolument
inabordable, et de sa vie rayonne un ordre qui a
justement pour centre sa propre solitude, mûrie au
point de se dissoudre sous le regard. Ce qui entraîne
effectivement quelque chose de tout à fait singulier :
tous les événements, à quelque distance qu'ils se
déroulent, sont attirés vers lui par gravitation, et cette
gravitation de toutes les choses et de tous les êtres
vers un seul, voilà ce qui fait le contenu de ce livre.
Ils sont cependant aussi peu enclins à l'atteindre,
que lui à leur échapper. La tension est pour ainsi
dire simple et inextinguible, c'est la tension de la vie

qui toujours plus tumultueusement se déploie à l'infini et pourtant ne tombe pas en déliquescence. Pourquoi les événements qui se déroulent à Pavlovsk ont-ils pour théâtre central la maison du prince, et non celle des Epantchine ?

Si la vie du prince Mychkine se présente sous forme d'épisode, c'est seulement pour manifester symboliquement l'immortalité de cette vie. Sa vie ne peut en effet s'éteindre, tout aussi peu — non : encore moins que la vie naturelle elle-même, avec laquelle elle entretient néanmoins un profond rapport. Il se peut que la nature soit éternelle, mais il est tout à fait sûr que la vie du prince est — en un sens intérieur et spirituel — immortelle. Sa vie, comme celle de tous ceux qui gravitent vers lui. La vie immortelle n'est pas la vie éternelle de la nature, en dépit de leur apparente proximité, car l'idée d'éternité abolit l'infinité qui, dans l'immortalité, acquiert au contraire son éclat suprême. La vie immortelle dont témoigne ce roman n'est rien moins que l'immortalité au sens courant du terme. Car en celle-ci, la vie justement est mortelle, mais immortels sont la chair, la force, la personne, l'esprit sous leurs formes diverses. Goethe évoquait ainsi une immortalité de l'homme actif, quand il disait à Eckermann que la nature a le devoir de nous procurer un nouveau champ d'action lorsque celui-ci nous sera enlevé[1]. Tout cela est très éloigné de l'immortalité de la vie, très éloigné de cette vie qui répercute à l'infini son immortalité dans le sens, et à laquelle l'immortalité donne forme. Car il n'est pas question ici de durée. Mais quelle vie alors est immortelle, si ce n'est celle de la nature, ni celle de la personne ? Du prince

---

1. N. d. T. : Cf. Johann Peter Eckermann, *Gespräche mit Goethe in den letzten Jahren seines Lebens*, éd. Fritz Bergemann, Wiesbaden, Insel-Verlag, 1955, p. 279 (4 février 1829). (PR)

Mychkine on peut dire au contraire que sa personne s'efface derrière sa vie comme la fleur derrière son parfum ou l'étoile derrière son scintillement. La vie immortelle est inoubliable, tel est le signe auquel nous la reconnaissons. C'est la vie qui, sans mémorial, sans souvenir, peut-être même sans témoignage, échapperait nécessairement à l'oubli. Elle est impossible à oublier. Pour ainsi dire sans forme ni contenant, cette vie est ce qui ne passe point. Et la dire « inoubliable », ce n'est pas dire seulement que nous ne pouvons l'oublier ; c'est renvoyer à quelque chose dans l'essence de l'inoubliable, par quoi il est inoubliable. Même la perte de mémoire du prince au cours de sa maladie ultérieure est le symbole du caractère inoubliable de sa vie ; car cela, semble-t-il, a désormais sombré dans l'abîme de son auto-commémoration, et n'en remontera plus. Les autres viennent lui rendre visite. La brève conclusion du roman marque tous les personnages, pour toujours, du sceau de cette vie à laquelle ils ont été mêlés, sans savoir comment.

Mais le pur mot pour exprimer la vie en son immortalité, c'est : « jeunesse ». Telle est la grande plainte de Dostoïevski dans ce livre : l'échec du mouvement de la jeunesse. Sa vie demeure immortelle, mais elle se perd dans sa propre lumière : « l'idiot ». Dostoïevski déplore que la Russie ne soit pas capable de retenir sa propre vie immortelle — car ces êtres portent en eux le cœur juvénile de la Russie —, ne sache pas s'en imprégner. Elle tombe sur un sol étranger, elle déborde et s'ensable en Europe, « dans cette Europe écervelée ». De même que Dostoïevski, comme penseur politique, place toujours son ultime espoir dans une régénération au sein de la pure communauté populaire, le romancier de *L'Idiot* voit dans l'enfant le seul salut pour ces jeunes et leur pays. C'est ce que ce livre, dont les figures les plus pures sont les natures enfantines de Kolia et du prince, suffirait à établir, même si Dostoïevski n'avait développé dans *Les Frères Karamazov* l'infinie puissance salvatrice de la vie enfantine. Cette jeunesse souffre d'une enfance blessée, parce que c'est précisément l'enfance blessée de l'homme russe et du pays russe qui a paralysé sa force. On retrouve toujours chez Dostoïevski l'idée que l'esprit de l'enfant est le seul endroit où la vie humaine, sortie de la vie du peuple, parvient à s'épanouir noblement. Sur le langage qui fait défaut à l'enfant se décompose pour ainsi dire la parole de l'homme dostoïevskien, et c'est d'abord dans une nostalgie exacerbée de l'enfance — qu'on appellerait aujourd'hui hystérie — que se consument les personnages féminins de ce roman : Lisaviéta Prokofievna, Aglaia et Nastassia Philippovna. Tout le mouvement du livre s'apparente à l'effondrement formidable d'un cratère. À défaut de nature et d'enfance, l'humanité ne peut être réalisée que dans une catastrophe où elle s'anéantit elle-même. La relation qui unit la vie humaine à l'être vivant jusque dans sa disparition, l'insondable abîme du cratère d'où pourraient un jour se décharger de puissantes forces empreintes de grandeur humaine, telle est l'espérance du peuple russe.

5

Sur la peinture, ou :
Signe et tache[1]

A. LE SIGNE

La sphère du signe embrasse différents domaines qui se caractérisent par les différentes significations qu'y revêt la ligne. De telles significations sont : la ligne de la géométrie, la ligne de l'écriture, la ligne graphique, la ligne du signe absolu (la ligne magique *en tant que telle*, c'est-à-dire indépendamment de ce qu'elle représente).

a), b) Les lignes de la géométrie et de l'écriture ne seront pas prises en considération ici.

c) La ligne graphique. La ligne graphique est

---

1. N. d. T. : Texte rédigé en septembre-octobre 1917. L'opposition entre le « signe » (*Zeichen*) et la « tache » (*Mal*) appelle quelques éclaircissements. *Zeichen* renvoie à *zeichnen*, comme en français « signe » à « dessiner » ; mais *Mal* renvoie parallèlement à *Malerei* (peinture), de sorte que le sous-titre suggère une opposition entre « dessin » et « peinture », entre la ligne et la tache colorée (« Peinture et dessin » est d'ailleurs le titre d'un court texte auquel Benjamin a travaillé dans l'été 1917 ; cf. « Malerei und Graphik », *in* GS II/2, p. 602 *sq.*). Les exemples cités plus loin permettent de comprendre quelle extension Benjamin donne à chacune de ces catégories. Le « signe de Caïn » montre cependant que la distinction ne va pas de soi : ce que Benjamin appelle ici *Kainszeichen* est aussi couramment appelé en allemand *Kainsmal*. (PR)

déterminée par opposition à la surface ; cette opposition ne présente pas ici une signification purement, visuelle, mais aussi une signification métaphysique. À la ligne graphique, en effet, est attaché le fond sur lequel elle apparaît. La ligne graphique caractérise la surface et la détermine en se l'attachant comme son fond. Inversement, il n'y a de ligne graphique que sur un tel fond, de sorte par exemple qu'un dessin qui recouvrirait entièrement son fond cesserait d'être un dessin. Le fond se voit ainsi assigner une place précise, indispensable au sens du dessin, d'où il résulte que dans l'œuvre graphique, deux lignes ne peuvent déterminer leur rapport mutuel que relativement à leur fond — un phénomène qui, du reste, met vivement en lumière la différence entre ligne graphique et ligne géométrique. La ligne graphique donne au fond son identité. L'identité que présente le fond d'un dessin est tout autre que celle de cette surface de papier blanc sur laquelle le dessin est tracé, et, selon toute vraisemblance, elle devrait même être exclue de ce rapport si on voulait la concevoir comme un mouvement d'ondulations (éventuellement indiscernables à l'œil nu) de couleur blanche. Le dessin pur n'altère pas la fonction du fond dans l'émergence du sens graphique quand il l'« épargne » en blanc. C'est ce qui explique que la représentation du ciel et des nuages dans un dessin pourrait, le cas échéant, se révéler dangereuse et servir parfois de pierre de touche pour juger de la pureté de son style.

d) Le signe absolu. Pour comprendre le signe absolu, c'est-à-dire l'essence mythologique du signe, il faudrait déjà savoir quelque chose de la sphère du signe, dont il a été question au commencement. Cette sphère, en tout état de cause, n'est sans doute pas un médium, mais représente un ordre qui, très vraisemblablement, nous reste à l'heure actuelle totalement inconnu. Entre la nature du signe absolu et celle de la tache absolue, l'opposition est cependant frappante. Cette opposition, d'une importance *immense* sur le plan métaphysique, il faudrait d'abord la rechercher. Le signe semble impliquer plus clairement une relation spatiale et se rapporter davantage à la personne, la tache (comme nous allons le voir) semble présenter une signification plus temporelle, excluant tout aspect personnel.

Les signes absolus sont, par exemple, le signe de Caïn[1], le signe apposé sur les maisons des Israélites, lorsque la dixième plaie s'abattit sur l'Égypte[2], le signe sans doute semblable dont il est question dans «Ali Baba et les quarante voleurs[3]»; avec la prudence nécessaire, on peut conjecturer de ces cas que le signe absolu possède une signification avant tout spatiale et personnelle.

B. LA TACHE

a) La tache absolue. Tout ce qu'on peut découvrir sur la nature de la tache absolue, c'est-à-dire sur l'essence mythique de la tache, dans la mesure où il est possible d'en découvrir quelque chose, revêt une grande importance pour la sphère entière de la tache, par opposition à celle du signe. La première différence fondamentale vient de ce que le signe est apposé de l'extérieur, tandis que la tache ressort de l'intérieur. Cela indique que la sphère de la tache est

1. N. d. T.: Le signe que Dieu mit sur Caïn, après le meurtre d'Abel, pour le protéger de la vindicte des hommes (cf. *Genèse*, 4,15). (PR)

2. N. d. T.: Cf. *Exode* 12,13 et 22-23. (PR)

3. N. d. T.: Le signe que l'un des voleurs appose sur la maison d'Ali Baba pour la reconnaître. (PR)

celle d'un médium. Tandis que le signe absolu n'apparaît pas au premier chef sur ce qui vit, mais se trouve également inscrit sur des objets inanimés comme des bâtiments, des arbres, la tache apparaît principalement sur les êtres vivants (les stigmates du Christ, le rougissement, peut-être les marques de lèpre, les taches de vin). Il n'existe pas d'opposition entre tache et tache absolue, car la tache est toujours absolue et ne ressemble à rien d'autre dans sa manifestation. Il est tout à fait frappant que la tache, comme l'exige sa relation avec le vivant, se trouve souvent associée à la faute (rougissement) ou à l'innocence (stigmates du Christ); même quand elle apparaît sur un objet inanimé (l'anneau solaire dans la pièce de Strindberg *Avent*), elle est souvent un rappel de la faute. Mais elle apparaît alors en même temps que le signe (Belshassar[1]) et le caractère prodigieux du phénomène repose principalement sur la conjonction, dont Dieu seul peut être l'auteur, de ces deux figures. Dans la mesure où le lien entre la faute et l'expiation ouvre un rapport magique dans le temps, cette magie *temporelle* apparaît essentiellement dans la tache, au sens où la résistance du présent entre le passé et le futur est supprimée, et ceux-ci se rejoignent magiquement pour fondre ensemble sur le pécheur. Mais le médium de la tache ne comporte pas seulement cette signification temporelle, il a aussi pour effet, comme le rougissement le montre d'une façon particulièrement bouleversante, de résoudre la personnalité en certains éléments primordiaux. Cela nous ramène au lien qui unit la tache et la faute. Le signe, de son côté, dis-

---

1. N. d. T.: Ou Balthasar, fils de Nabuchodonosor, roi de Babylone. Au cours d'un festin, il vit une main écrire sur le mur les mots fatidiques «Mené mené téquel ou-parsin», qui lui annonçaient sa chute. Cf. *Daniel*, 5. (PR)

tingue souvent la personne, et cette opposition entre signe et tache semble elle aussi faire partie de l'ordre métaphysique. En ce qui concerne la sphère de la tache *en général* (c'est-à-dire le médium de la tache en général), tout ce qui peut être établi à ce propos dans le présent contexte sera tiré de l'examen de la peinture. Cependant, comme nous l'avons dit, tout ce qui est vrai de la tache absolue est d'une grande importance pour le médium de la tache en général.

b) La peinture. L'image peinte n'a pas de fond. Et une couleur ne s'étend jamais sur une autre, tout au plus apparaît-elle dans le médium de celle-ci. Et cela même est peut-être impossible à établir, de sorte que, dans certaines peintures, on ne saurait fondamentalement dire si telle couleur appartient à une couche profonde ou superficielle. Mais cette question n'a pas vraiment de sens. Il n'y a pas de fond en peinture, et il n'y a pas non plus de ligne graphique. La limitation mutuelle des surfaces colorées (composition) dans une peinture de Raphaël ne repose pas sur la ligne graphique. Cette erreur découle en partie de l'exploitation esthétique du fait purement technique que les peintres, avant de peindre, composent leur tableau sous forme de dessin. L'essence d'une telle composition n'a cependant rien à voir avec l'art graphique. Il n'y a que dans le lavis que la ligne et la couleur se rejoignent : ici, les contours tracés par la plume restent visibles et la couleur s'applique de manière transparente. Le fond, même coloré, est conservé.

Le médium de la peinture peut être désigné comme la tache au sens étroit ; car la peinture est un médium, elle est une telle tache, pour autant qu'elle ne connaît ni fond ni ligne graphique. Le problème de l'œuvre picturale n'apparaît qu'à celui qui a compris la nature de la tache au sens étroit, et qui pour cette raison s'étonne de trouver dans la peinture une composition qu'il ne peut cependant rapporter à un élément graphique. L'existence d'une telle composition n'est pas illusoire, et ce n'est pas par hasard ou par méprise qu'en regardant un tableau de Raphaël, le spectateur distingue dans la tache peinte des configurations d'hommes, d'arbres, d'animaux. On s'en convainc lorsqu'on considère que si la peinture n'était que tache, il serait de ce fait absolument impossible de la nommer. Or le véritable problème de la peinture doit être trouvé dans le principe qui pose que l'œuvre picturale est certes une tache et qu'inversement, la tache au sens étroit ne se trouve que dans l'œuvre picturale, qu'en outre celle-ci, dans la mesure où elle est une tache, ne l'est que dans la peinture elle-même, mais que d'autre part le tableau, en étant nommé, se trouve rapporté *à quelque chose qui n'est pas lui*, c'est-à-dire à quelque chose qui n'est pas de l'ordre de la tache. Cette relation à ce d'après quoi le tableau est nommé, à ce qui transcende la tache, c'est la composition qui le produit. Celle-ci signale l'entrée d'une puissance supérieure dans le médium de la tache, d'une puissance qui, tout en conservant sa neutralité, c'est-à-dire sans dissoudre la tache au moyen du graphisme, trouve sa place dans la tache sans la dissoudre, précisément parce qu'elle est certes incommensurablement plus haute que celle-ci, mais qu'elle ne lui est pas hostile : elle lui est au contraire apparentée. Cette puissance est le mot, qui — invisible en tant que tel, se manifestant seulement dans la composition — s'établit dans le médium de la langue picturale. L'image peinte est nommée d'après sa composition. On comprend immédiatement, à partir de là, que tache et composition sont les éléments de toute peinture qui se prétend nommable. Mais une peinture qui ne comporterait pas cette prétention cesserait d'être une peinture, et basculerait dans le médium de la tache en général, qui est au-delà de toute représentation.

Les grandes époques de la peinture se distinguent par la composition et le médium, par le genre de mot et par le genre de tache dans lequel il s'établit. Bien entendu, il ne peut être question de combiner n'importe quel mot et n'importe quelle tache. Mais on pourrait par exemple considérer que dans les peintures d'un Raphaël, c'est avant tout le nom, dans les œuvres des peintres d'aujourd'hui, avant tout le jugement qui a pénétré la tache. Pour la connaissance du rapport entre la peinture et le mot, la composition, c'est-à-dire la nomination, est déterminante ; mais d'une manière générale, le lieu métaphysique d'une école ou d'une peinture doit être déterminé en fonction des différentes sortes de taches et de mots qui s'y manifestent, ce qui présuppose au moins un certain avancement dans l'art de distinguer les différentes sortes de taches et de mots — un art dont nous ne possédons pas encore les rudiments.

c) La tache dans l'espace. La sphère de la tache se manifeste aussi dans les formes à trois dimensions, de même que le signe, à travers une certaine fonction de la ligne, présente indubitablement une signification architectonique (et donc aussi tridimensionnelle). Par cette seule signification, de telles taches dans l'espace se rattachent visiblement à la sphère de la tache — en quelle manière, cela reste à déterminer par des recherches précises. Elles se présentent principalement sous la forme de tombeaux ou de mémoriaux, parmi lesquels seules les figures qui n'ont pas reçu forme architecturale ou plastique constituent naturellement des taches au sens propre.

6

Sur le programme
de la philosophie qui vient [1]

La tâche centrale de la philosophie qui vient est d'élever à la connaissance, en les rapportant au système de Kant, les intuitions les plus profondes qu'elle puise dans son époque et dans le pressentiment d'un grand avenir. La continuité historique que garantit le rattachement à ce système est en même temps la seule qui ait une portée systématique décisive. Car Kant est le plus récent et, avec Platon, sans doute le seul philosophe à ne pas se soucier immédiatement de l'étendue et de la profondeur de la connaissance, mais surtout, et en premier lieu, de sa justification. Ces deux philosophes partagent la conviction que la connaissance dont nous pouvons rendre compte le plus purement est aussi la plus profonde. Non qu'ils aient banni de la philosophie l'exigence de profondeur, mais la seule manière pour eux d'y faire droit est de l'identifier à l'exigence de justification. Plus le développement de

---

1. N. d. T. : Ce texte, publié pour la première fois dans un recueil d'hommages à Theodor Adorno (*Zeugnisse. Theodor W. Adorno zum 60. Geburtstag*, Francfort-sur-le-Main, Europaïsche Verlagsanstalt, 1963), y était présenté par Gershom Scholem comme datant du «début 1918». Scholem reviendra plus tard sur cette datation: le texte fut écrit au mois de novembre 1917, seul l'«Appendice» est de mars 1918. (PR)

la philosophie qui vient s'annonce imprévisible et hardi, plus elle doit lutter profondément pour la certitude, dont le critère est l'unité systématique, c'est-à-dire la vérité.

Mais une philosophie véritablement consciente de son temps et de l'éternité, cherchant à se rattacher à Kant, se heurtera principalement à l'obstacle suivant : la réalité dont ce philosophe voulait fonder la connaissance, et avec laquelle il voulait fonder la connaissance sur la certitude et la vérité, est une réalité de rang inférieur, peut-être du dernier rang. Le problème de la théorie kantienne de la connaissance, comme de toute grande théorie de la connaissance, présente deux faces, et d'une seule de ces faces il a pu donner une explication valable. La première est la question de la certitude d'une connaissance qui demeure ; la seconde celle de la dignité d'une expérience qui fut éphémère. Car l'intérêt universel de la philosophie s'est toujours orienté à la fois vers la valeur intemporelle de la connaissance et vers la certitude d'une expérience temporelle, considérée comme le premier, sinon le seul objet de cette connaissance. Seulement cette expérience dans sa structure d'ensemble n'a pas été perçue par les philosophes, et par Kant pas davantage, comme l'expérience propre à un moment singulier du temps. Si Kant, en particulier dans les *Prolégomènes*, a voulu emprunter les principes de l'expérience aux sciences et surtout à la physique mathématique, il s'est d'abord abstenu, et devait encore dans la *Critique de la raison pure* s'abstenir d'identifier l'expérience comme telle au domaine d'objet de la science ; et même s'il avait fini par le faire, comme ce fut après lui le cas des néo-kantiens, le concept ainsi identifié et déterminé serait toujours resté l'ancien concept d'expérience, dont le trait le plus caractéristique est sa relation non seulement à la conscience pure, mais en même temps aussi à la conscience empirique. Or c'est de cela précisément qu'il s'agit : de la représentation de cette expérience nue, primitive et évidente qui à l'homme Kant, en tant qu'il participait de manière ou d'autre à l'horizon de son époque, paraissait la seule donnée, voire la seule possible. Elle ne constituait pourtant, comme on l'a déjà indiqué, qu'une expérience singulière, limitée dans le temps, et, au-delà de cette forme qu'elle partage d'une certaine manière avec toute expérience, cette expérience, qu'au plein sens du terme on pourrait aussi appeler une *vision du monde*, était celle de l'époque des Lumières. Dans les traits qui sont ici les plus essentiels, elle ne se distinguait guère de celle des autres siècles de l'époque moderne. Laquelle fut, en matière d'expérience ou de vision du monde, l'une des plus pauvres. Que Kant ait pu justement entreprendre son œuvre immense sous le signe des Lumières signifie qu'il est parti d'une expérience réduite en quelque sorte au point zéro, à son minimum de signification. On peut même dire que la grandeur de sa tentative, son radicalisme particulier présupposaient précisément une expérience de ce type, dont la valeur propre avoisinait zéro, et qui n'aurait pu acquérir une signification (nous pouvons dire : une triste signification) qu'en accédant à la certitude. Si aucun philosophe pré-kantien n'a été de cette manière confronté à la tâche d'édifier une théorie de la connaissance, aucun n'a eu à tel point les mains libres dans son entreprise, car une expérience dont la quintessence et la meilleure part étaient une certaine physique newtonienne pouvait supporter sans dommage un traitement brutal et tyrannique. Des autorités — non pas des instances auxquelles il aurait fallu se soumettre sans critique, mais des puissances spirituelles capables de donner à l'expérience un vaste contenu —, il n'y en avait pas au temps des

Lumières. Pour suggérer ce qui fait la pauvreté et la médiocrité de l'expérience propre à cette époque, à quoi tient son étonnante inconsistance métaphysique, il suffit de mesurer l'influence restrictive que ce concept inférieur d'expérience a exercée sur la pensée kantienne elle-même. Nous voulons naturellement parler de cette cécité religieuse et historique que l'on a souvent reprochée aux Lumières, sans reconnaître en quel sens ces caractères sont imputables à l'ensemble des Temps modernes.

Pour la philosophie qui vient, il est de la plus haute importance de distinguer et de séparer les éléments de la pensée kantienne qui doivent être assumés et entretenus, ceux qui doivent être remaniés et ceux qui doivent être rejetés. Toute exigence d'un rattachement à Kant repose sur la conviction que ce système — qui trouva devant lui une expérience dont la dimension métaphysique avait été fidèlement exprimée par un Mendelssohn et un Garve[1] — a su, dans une recherche de certitude et de justification de la connaissance poussée jusqu'à la génialité, tirer et développer cette profondeur grâce à laquelle il paraîtra adéquat à un mode nouveau et plus élevé d'expérience, encore à venir. C'est à la fois formuler l'exigence principale adressée à la philosophie présente, et affirmer la possibilité d'y satisfaire : l'exigence, dans le cadre de la typologie kantienne, de fonder en termes de théorie de la connaissance un concept supérieur d'expérience. La philosophie que nous attendons devra justement s'attacher à découvrir et à mettre clairement en lumière dans le système kantien une certaine typologie capable de rendre justice à un mode

---

1. N. d. T. : Conjecture de Scholem. Christian Garve (1742-1798) fut un philosophe et un psychologue allemand de l'époque des Lumières, critique du renouvellement kantien. (PR)

d'expérience supérieur. Kant n'a jamais contesté la possibilité de la métaphysique; il prétend simplement avoir établi les critères qui permettent, dans chaque cas particulier, de démontrer cette possibilité. L'expérience de l'époque kantienne n'avait pas besoin de métaphysique; historiquement, la seule attitude possible était de détruire les prétentions liées à ce mode d'expérience, car la prétention des contemporains de Kant dans le domaine métaphysique n'était que faiblesse ou hypocrisie. Il s'agit donc, sur la base de la typologie kantienne, de poser les prolégomènes d'une métaphysique future et en même temps d'ouvrir une perspective sur cette métaphysique future, cette expérience supérieure.

Mais ce n'est pas seulement du côté de l'expérience et de la métaphysique que la philosophie future doit s'attacher à la révision de Kant. Et du point de vue méthodologique, c'est-à-dire comme philosophie véritable, elle ne doit pas du tout le faire de ce côté-là, mais du côté du concept de connaissance. Les erreurs décisives de la doctrine kantienne de la connaissance, à n'en pas douter, doivent aussi être rapportées à l'inconsistance de l'expérience telle qu'elle avait cours en son temps, de sorte que la double tâche de forger d'une part un nouveau concept de connaissance et d'autre part une nouvelle représentation du monde sur le terrain de la philosophie, se fond en une tâche unique. On a souvent perçu la faiblesse du concept de connaissance, chez Kant, comme un manque de radicalisme et de rigueur dans sa doctrine. La théorie kantienne de la connaissance ne débouche pas sur le domaine de la métaphysique, parce qu'elle porte en elle-même des éléments primitifs d'une métaphysique inféconde, exclusive de toute autre. Dans la théorie de la connaissance, tout élément métaphysique est un germe morbide qui trouve son expression dans l'isolement de la connaissance par rapport au domaine de l'expérience envisagée dans sa liberté, sa profondeur pleines et entières. L'annihilation de tels éléments métaphysiques renvoie du même coup la théorie de la connaissance à une expérience d'une plus profonde plénitude métaphysique — c'est de là qu'il faut attendre le développement de la philosophie. Il existe, et tel est le noyau historique de la philosophie qui vient, une relation très profonde entre cette expérience dont l'approfondissement n'a jamais pu conduire aux vérités métaphysiques, et cette théorie de la connaissance qui n'a pas encore été capable de déterminer de manière suffisante le lieu logique de la recherche métaphysique. Le sens dans lequel Kant utilise par exemple le terme « métaphysique de la nature » semble tout de même pointer clairement vers une exploration de l'expérience sur la base de principes assurés dans l'ordre de la théorie de la connaissance. Les insuffisances relativement à l'expérience et à la métaphysique apparaissent, à l'intérieur même de la théorie de la connaissance, comme les éléments d'une métaphysique spéculative (c'est-à-dire devenue rudimentaire). Les plus importants de ces éléments sont, premièrement, l'incapacité de Kant, malgré toutes ses tentatives, à surmonter définitivement une conception qui fait de la connaissance une relation entre des sujets et des objets quelconques, ou entre un sujet quelconque et un objet quelconque ; deuxièmement, son effort tout aussi insuffisant pour remettre en question la relation de la connaissance et de l'expérience avec la conscience empirique de l'homme. Ces deux problèmes sont étroitement liés, et, même si Kant et les néo-kantiens ont dans une certaine mesure dépassé la nature d'objet de la chose en soi comme cause des sensations, il reste toujours à éliminer la nature subjective de la conscience connaissante. Or cette nature subjective de la conscience connaissante tient à ce qu'elle est formée par analogie avec la conscience empirique, qui, elle, a certes des objets devant elle. L'ensemble constitue, dans la théorie de la connaissance, un rudiment de caractère tout à fait métaphysique ; un élément précisément de cette « expérience » sans profondeur qui avait cours en ces siècles, et qui s'est insinuée dans la théorie de la connaissance. Car on ne peut douter du rôle primordial que joue dans le concept kantien de connaissance l'idée, fût-elle sublimée, d'un moi individuel, à la fois corporel et intellectuel, qui, au moyen des sens, reçoit des sensations à partir desquelles il constitue ses représentations. Or cette idée relève de la mythologie, et n'a pas plus de valeur, au point de vue de son contenu de vérité que n'importe quelle autre mythologie de la connaissance. Nous savons que certains peuples primitifs appartenant au stade dit « pré-animiste » s'identifient aux plantes et aux animaux sacrés, dont ils prennent le nom ; nous savons que certains fous s'identifient partiellement aux objets de leur perception, qui cessent ainsi d'être pour eux des *objecta*, des réalités situées devant eux ; nous savons que certains malades rapportent les sensations de leur corps non pas à eux-mêmes, mais à d'autres êtres, et que certains médiums, c'est du moins ce qu'ils prétendent, peuvent sentir les perceptions d'autrui comme si c'étaient les leurs. Or la conception commune de la connaissance sensible (et intellectuelle) — celle qui prévaut à notre époque, comme à celle de Kant et à l'époque pré-kantienne — n'est pas moins mythologique que celles que nous venons de citer. L'« expérience » kantienne, à *cet* égard, en ce qui concerne la représentation naïve de la manière dont nous recevons les perceptions, relève de la métaphysique ou de la mythologie, d'une métaphysique ou d'une mythologie seulement moderne et particulièrement inféconde sur le plan religieux. L'expérience, quand elle est ainsi rapportée à l'individualité physico-intellectuelle de l'homme et à sa conscience, au lieu d'être conçue comme une spécification systématique de la connaissance, est à son tour, dans toutes ses variétés, un simple *objet* de cette connaissance réelle, l'objet, plus précisément, de sa branche psychologique. Cette connaissance articule systématiquement la conscience empirique selon les différentes espèces de folie. L'homme qui connaît, la conscience empirique connaissante, est une variété de la conscience délirante. Ce qui veut simplement dire qu'il n'existe entre les diverses espèces de conscience empirique que des différences de degré. Celles-ci sont en même temps des différences de valeur, dont le critère pourtant ne peut consister dans la justesse des connaissances, laquelle n'intervient jamais au niveau empirique, psychologique ; établir le vrai critère de la différence de valeur entre les diverses espèces de conscience, telle sera l'une des plus hautes tâches de la philosophie qui vient. Aux espèces de la conscience empirique correspondent autant d'espèces d'expérience, lesquelles, du point de vue de leur relation à la vérité de la conscience empirique, n'ont pas plus de valeur que l'imagination ou l'hallucination. Car aucune relation objective n'est possible entre la conscience empirique et le concept objectif d'expérience. Toute expérience authentique repose sur la pure conscience (transcendantale) définie au plan de la théorie de la connaissance, pour autant que ce terme de conscience soit encore utilisable lorsqu'on le dépouille de tout élément subjectif. La pure conscience transcendantale est spécifiquement différente de toute conscience empirique, et c'est pourquoi l'on peut se demander si le terme est ici approprié. Le rapport entre le concept psychologique de conscience et celui d'une sphère de la pure connaissance reste un problème capital de la philosophie, qu'on ne peut sans doute restituer qu'en remontant à l'époque scolastique. C'est ici le lieu logique de maints problèmes que la phénoménologie a depuis peu reformulés. La philosophie repose sur le fait que la structure de l'expérience est comprise dans celle de la connaissance, et ne peut être développée qu'à partir de celle-ci. Cette expérience enveloppe aussi la religion, je veux dire la vraie religion, celle où ni Dieu ni l'homme ne sont sujet ou objet de l'expérience, mais où cette expérience repose sur la connaissance pure, dont seule la philosophie peut et doit penser Dieu comme le contenu essentiel. La tâche de la future théorie de la connaissance est de trouver pour la connaissance une sphère de totale neutralité par rapport aux concepts de sujet et d'objet ; autrement dit, de découvrir la sphère autonome et originaire de la connaissance où ce concept ne définit plus d'aucune manière la relation entre deux entités métaphysiques.

Il faut établir comme principe programmatique de la philosophie à venir qu'avec cette purification de la théorie de la connaissance, qu'il est depuis Kant possible et nécessaire d'envisager comme un problème radical, on obtiendrait un nouveau concept, non seulement de la connaissance, mais aussi, en même temps, de l'expérience, conformément à la relation découverte par Kant entre les deux. Certes, comme on l'a dit, l'expérience ne pourrait pas plus que la connaissance être référée à la conscience empirique ; mais il resterait encore vrai, et cette vérité trouverait là seulement son véritable sens, que les conditions de la connaissance sont celles de l'expérience. Ce nouveau concept d'expérience qui serait fondé sur de nouvelles conditions de connaissance, constituerait lui-même le lieu logique et la possibilité logique de la métaphysique. Car pour quelle raison

Kant n'aurait-il cessé de faire de la métaphysique un problème et de l'expérience l'unique fondement de la connaissance, sinon parce que son concept d'expérience semblait devoir exclure la possibilité d'une métaphysique ayant la même signification que l'ancienne (et non pas, bien entendu, la possibilité d'une métaphysique en général)? Or la marque distinctive de la métaphysique ne réside manifestement pas — en tout cas pas pour Kant, qui autrement ne lui aurait pas donné des prolégomènes — dans le caractère illégitime de ses connaissances, mais dans sa puissance universelle, qui par des idées relie de façon immédiate la totalité de l'expérience au concept de Dieu. Ainsi la tâche de la philosophie qui vient peut être entendue comme la découverte ou la création du concept de connaissance qui, en rapportant en même temps le concept d'expérience *exclusivement* à la conscience transcendantale, rend logiquement possible une expérience non seulement mécanique, mais aussi religieuse. Ce qui ne veut absolument pas dire que la connaissance rend Dieu possible, mais bien qu'elle seule rend possibles l'expérience et la doctrine de Dieu.

Du développement de la philosophie que nous réclamons ici, et qui nous paraît répondre à une nécessité réelle, on peut trouver un signe avant-coureur dans le néo-kantisme. Un des problèmes principaux du néo-kantisme a été d'écarter la différence entre intuition et entendement, qui constitue une survivance métaphysique, comme l'est, à la place qu'elle occupe chez Kant, toute la doctrine des facultés. Ce faisant — en transformant donc le concept de connaissance —, il transformait du même coup le concept d'expérience. Car il n'est pas douteux que la réduction de toute expérience à l'expérience scientifique, bien qu'elle corresponde à maints égards à la formation personnelle de Kant, ne doit pas être prise

chez lui en un sens aussi exclusif. Il existe incontestablement chez lui une tendance hostile à la désagré-
gation et au morcellement de l'expérience dans les
différentes branches particulières de la science, et
s'il est vrai que la théorie de la connaissance ultérieure éliminera le recours à la conception ordinaire
de l'expérience, tel que Kant le pratique, d'un autre
côté la description néo-kantienne de l'expérience
comme système des sciences reste insuffisante pour
assurer sa continuité, et il faut se tourner vers la
métaphysique pour trouver la possibilité de constituer un pur et systématique continuum d'expérience ;
c'est même là, semble-t-il, qu'il faut chercher la véritable signification de la métaphysique. Mais la correction apportée par le néo-kantisme à l'une des
pensées de Kant, une pensée qui n'était certes pas
sa pensée métaphysique fondamentale, a aussitôt
entraîné une modification du concept d'expérience
— et ce d'abord, de manière caractéristique, en accen-
tuant à l'extrême l'aspect mécanique de la conception relativement vide que la pensée des Lumières
se faisait de l'expérience. Il est en tout cas patent que
le concept de liberté se trouve dans une singulière
corrélation avec une vision mécaniciste de l'expérience, et qu'il a été développé en ce sens par les néo-
kantiens. Mais ici encore il faut souligner que, si le
champ de l'éthique ne se réduit pas à l'idée que les
Lumières, Kant et les kantiens se font de la moralité,
le champ de la métaphysique ne se réduit pas davantage à ce qu'ils appellent l'« expérience ». Un nouveau concept de connaissance transformera donc
d'une manière décisive, non seulement le concept
d'expérience, mais aussi celui de liberté.

On pourrait dès lors soutenir qu'avec la découverte d'un concept d'expérience qui fournirait à la
métaphysique son lieu logique, toute différence dis-
paraîtrait entre le domaine de la nature et celui de la

liberté. Dans le présent contexte, où il ne s'agit pas de fournir des démonstrations, mais d'établir un programme de recherche, disons seulement que, pour nécessaire et inévitable qu'il soit de transformer, sur la base d'une nouvelle logique transcendantale, le domaine de la dialectique, le passage de la doctrine de l'expérience à celle de la liberté, cette transformation ne saurait pour autant déboucher sur une confusion entre la liberté et l'expérience, même si le concept d'expérience entendu au sens métaphysique devait être modifié par celui de liberté entendu en un sens encore inconnu. Car si imprévisibles que puissent être les modifications que découvrira ici la recherche, la trichotomie du système kantien appartient aux pièces maîtresses de cette typologie qui est à conserver, et elle plus que toute autre doit être conservée. On peut se demander si la deuxième partie du système (pour ne rien dire de la difficulté de la troisième) doit encore se rapporter à l'éthique, ou si la catégorie de causalité par liberté peut avoir une autre signification ; la trichotomie, dont on n'a pas encore découvert les implications les plus importantes sur le plan métaphysique, est déjà fondée de façon décisive, dans le système kantien, sur la triplicité des catégories de la relation. La trichotomie absolue du système, par laquelle justement celui-ci se rapporte à l'ensemble du champ de la culture, constitue l'un des aspects qui confèrent au système de Kant sa supériorité historique sur ceux de ses prédécesseurs. La dialectique formaliste des systèmes post-kantiens, pourtant, ne repose point sur la définition de la thèse comme relation catégorique, de l'antithèse comme relation hypothétique et de la synthèse comme relation disjonctive. Cependant, en dehors du concept de synthèse, celui d'une certaine non-synthèse de deux concepts en un troisième prendra la plus haute importance systématique, car une autre relation que la synthèse est possible entre la thèse et l'antithèse. Ce qui ne pourra guère conduire, toutefois, à une quaternité des catégories de la relation.

Mais s'il est vrai qu'il faut conserver cette grande trichotomie pour l'articulation de la philosophie, même tant que ses termes restent mal définis, il n'en va pas automatiquement de même pour chaque schéma singulier du système. De la même façon, par exemple, que l'École de Marbourg a déjà commencé à gommer la différence entre logique transcendantale et esthétique transcendantale (encore qu'on puisse se demander si une coupure analogue ne doit pas alors réapparaître à un niveau supérieur), tout le monde aujourd'hui s'accorde pour réclamer une complète révision de la table des catégories. Une telle révision serait justement le signe que le concept de connaissance a été transformé par l'acquisition d'un nouveau concept d'expérience ; car les catégories aristotéliciennes d'une part ont été arbitrairement établies, et Kant d'autre part les a exploitées d'une façon tout à fait unilatérale dans une conception mécaniciste de l'expérience. Il faudra d'abord examiner si la table des catégories doit rester dans l'état d'isolement non médiatisé où elle se trouve, ou si elle ne pourrait pas, dans une doctrine des ordres, soit prendre place parmi d'autres éléments, soit être elle-même transformée en une telle doctrine, fondée sur des concepts logiquement premiers ou articulée à ceux-ci. Une telle théorie générale des ordres pourrait également intégrer ce que Kant examine dans l'esthétique transcendantale, ainsi que tous les concepts fondamentaux non seulement de la mécanique, mais aussi de la géométrie, de la linguistique, de la psychologie, des sciences descriptives de la nature et de beaucoup d'autres encore, pour autant qu'ils ont des rapports immédiats avec les catégories ou avec d'autres principes ordonnateurs de la philosophie. Par exemple, et en tout premier lieu, les concepts fondamentaux de la grammaire. Ensuite, il faut prendre conscience qu'en mettant radicalement hors circuit tous les éléments qui, dans la théorie de la connaissance, donnent la réponse cachée à la question cachée concernant le devenir de la connaissance, on libère le grand problème du faux ou de l'erreur, dont la structure et l'ordre logiques doivent être élucidés exactement au même titre que ceux du vrai. L'erreur, désormais, ne doit plus être expliquée par l'égarement de la pensée, pas plus que la vérité par la droite raison. Pour cette étude concernant la nature logique du faux et de l'erreur, c'est aussi, selon toute apparence, dans la doctrine des ordres qu'il faut chercher les catégories requises : dans tous les domaines de la philosophie moderne, on s'aperçoit que l'ordre des catégories et des notions apparentées est d'une importance centrale pour la connaissance d'un mode d'expérience non mécanique, riche d'une multitude de nuances. L'art, le droit, l'histoire, toutes ces disciplines et bien d'autres encore doivent s'orienter sur la doctrine des catégories, avec une tout autre intensité que Kant ne l'a fait. Mais il se pose en même temps, relativement à la logique transcendantale, l'un des plus grands problèmes du système en général, celui de sa troisième partie, autrement dit la question de ces modes d'expérience scientifiques (les modes biologiques) que Kant n'a pas examinés sur la base de la logique transcendantale, et de la raison pour laquelle il ne l'a pas fait. Se pose en outre la question de la corrélation entre l'art et cette troisième partie, entre l'éthique et la seconde partie du système. — La fixation du concept d'identité, inconnu chez Kant, a probablement un grand rôle à jouer dans la logique transcendantale ; bien qu'il ne figure pas dans la table des catégories, il constitue sans doute le concept supérieur de la logique transcendantale, et il est peut-être vraiment de nature à fonder dans son autonomie la sphère de la connaissance, au-delà de la terminologie sujet-objet. Déjà dans la conception kantienne, la logique transcendantale fait apparaître les idées sur lesquelles repose l'unité de l'expérience. Mais un concept approfondi de l'expérience ne se constituera, comme nous l'avons dit, que s'il allie la continuité à l'unité, et c'est dans les idées que doit se révéler le fondement de l'unité et de la continuité d'une expérience qui ne soit ni vulgaire ni seulement scientifique, mais bien métaphysique. Il faut établir la convergence des idées dans le concept supérieur de la connaissance.

Pour trouver ses propres principes, la doctrine kantienne dut se confronter à une science par rapport à laquelle elle pouvait les définir, et la philosophie moderne devra suivre une voie analogue. La grande transformation, la grande correction à laquelle il convient de soumettre un concept de connaissance orienté de façon unilatérale vers les mathématiques et la mécanique n'est possible que si l'on met la connaissance en relation avec le langage, comme Hamann avait tenté de le faire du vivant même de Kant. D'avoir pris conscience que la connaissance philosophique est absolument certaine et apriorique, que la philosophie est par ce côté l'égale de la mathématique, Kant a entièrement perdu de vue que toute connaissance philosophique trouve son unique moyen d'expression dans le langage, et non dans des formules et des nombres. Or c'est ce trait qui devrait finalement se révéler décisif, et c'est à cause de lui qu'il convient finalement d'affirmer la suprématie systématique de la philosophie sur toutes les sciences, y compris la mathématique. Un concept de connaissance acquis par une réflexion sur l'essence linguistique de celle-ci forgera corrélativement un concept

d'expérience, qui englobera aussi des domaines que
Kant n'a pas vraiment réussi à intégrer dans un ordre
systématique. Parmi ces domaines, le plus élevé est
celui de la religion. Ainsi, l'exigence que nous adres-
sons à la philosophie qui vient peut finalement se
résumer dans la formule suivante : sur la base du système kantien, forger un concept de connaissance
auquel corresponde le concept d'une expérience dont
la connaissance soit la doctrine. Ou bien une telle
philosophie devrait elle-même être définie, dans sa
partie générale, comme théologie, ou bien elle serait
surordonnée à la théologie dans la mesure où elle
comprendrait par exemple des éléments empruntés
à l'histoire de la philosophie.

L'expérience est la diversité unitaire et continue
de la connaissance.

APPENDICE

Pour éclairer la relation de la philosophie à la religion, il faut revenir à ce qui vient d'être dit concernant le schéma systématique de la philosophie. Il
s'agit d'abord du rapport entre ces trois concepts :
théorie de la connaissance, métaphysique, religion.
La philosophie tout entière se divise en théorie de la
connaissance et en métaphysique, ou, dans la terminologie kantienne, en une partie critique et une partie dogmatique ; cependant cette division, considérée
non pour ce qu'elle indique sur le plan du contenu,
mais comme principe de classification, n'est pas
d'une importance primordiale. Elle signifie seulement que sur tout examen critique des concepts de la
connaissance et du concept de connaissance, il est
possible de construire une doctrine de ce dont la

connaissance n'est d'abord conceptualisable qu'en termes de critique de la connaissance. S'il est malaisé de fixer le point où cesse la critique et où commence la dogmatique, c'est peut-être parce que le concept de dogmatique doit simplement caractériser le passage de la critique à la doctrine, de concepts fondamentaux plus universels à des concepts fondamentaux particuliers. Toute la philosophie est donc une théorie de la connaissance, mais précisément une théorie, critique et dogmatique, de toute connaissance. Les deux parties, la critique comme la dogmatique, tombent entièrement dans le domaine du philosophique. Et puisqu'il en est ainsi, puisque la partie dogmatique ne coïncide pas avec celle qui englobe les sciences particulières, il se pose naturellement la question de la limite entre la philosophie et les sciences particulières. Or le métaphysique, au sens où ce terme a été entendu dans l'exposé qu'on vient de lire, signifie justement que cette limite est considérée comme inexistante, et la redéfinition de l'«expérience» comme «métaphysique» signifie que dans la partie métaphysique ou dogmatique de la philosophie — en laquelle culmine la théorie de la connaissance, c'est-à-dire la partie critique de la philosophie — ce qu'on appelle l'«expérience» est virtuellement contenu. (Pour une illustration de ce rapport dans le domaine de la physique, voir mon article sur l'explication et la description[1].) Si l'on a ainsi esquissé de façon tout à fait générale la relation entre théorie de la connaissance, métaphysique et science particulière, deux questions pourtant se posent encore. La première concerne la relation

---

1. N. d. T.: Voir le fragment intitulé «Versuch eines Beweises, daß die wissenschaftliche Beschreibung eines Vorgangs dessen Erklärung voraussetzt» [«Essai visant à démontrer que la description scientifique d'un processus en présuppose l'explication»], in *GS*, t. VI, p. 40 *sqq.* (PR)

entre l'élément critique et l'élément dogmatique dans l'éthique et l'esthétique ; nous la laissons ici de côté, en postulant une solution analogue, au point de vue systématique, à celle qui prévaut par exemple dans le domaine de la doctrine de la nature. La seconde question concerne le rapport de la philosophie et de la religion. Or il est clair dès l'abord qu'il ne peut s'agir au fond du rapport entre la philosophie et la religion, mais du rapport entre la philosophie et la doctrine de la religion, autrement dit, du rapport entre la connaissance en général et la connaissance de la religion. La question de l'existence de la religion, de l'art, etc. peut également jouer un rôle dans la philosophie, mais seulement par le biais du questionnement sur la *connaissance* philosophique de cette existence. La philosophie pose toujours la question de la connaissance, et l'interrogation sur la connaissance de l'existence de son objet n'est qu'une modification, d'une importance au demeurant incomparable, de l'interrogation sur la connaissance en général. Il faut même dire que la philosophie, dans ses questionnements, ne peut jamais atteindre l'unité de l'existence en général, mais seulement de nouvelles unités de lois, dont l'intégrale est l'« existence ». Le concept originaire et primitif, en matière de théorie de la connaissance, possède une double fonction. En premier lieu, c'est lui qui, selon le fondement logique universel de la connaissance en général, se spécifie dans les concepts des différentes espèces de connaissance et, par là même, dans les espèces particulières d'expérience. C'est là que réside sa signification propre dans l'ordre de la théorie de la connaissance, et en même temps l'un des aspects, le plus faible, de sa signification métaphysique. Cependant, le concept originaire et primitif de la connaissance n'accède pas, dans ce contexte, à une totalité concrète de l'expérience, non plus qu'à un quelconque concept d'existence. Il existe pourtant une unité de l'expérience qui ne peut être comprise comme une somme d'expériences, et à laquelle se rapporte *immédiatement*, dans son développement continu, le concept de connaissance en tant que doctrine. L'objet et le contenu de cette doctrine, cette totalité concrète de l'expérience, c'est la religion, qui elle-même cependant est d'abord donnée à la philosophie comme simple doctrine. Mais la source de l'existence réside dans la totalité de l'expérience ; or c'est seulement dans la doctrine que la philosophie rencontre un absolu comme existence, et, de la sorte, rencontre cette continuité dans l'essence de l'expérience que le défaut du néo-kantisme est probablement d'avoir négligée. D'un point de vue *purement* métaphysique, le concept primitif de l'expérience passe dans la totalité de celle-ci en un tout autre sens que dans ses spécifications particulières, c'est-à-dire dans les sciences ; je veux dire qu'il y passe immédiatement, mais le sens de cette immédiateté, par opposition au caractère médiat de l'autre passage, reste encore à définir. Dire qu'une connaissance est métaphysique, à parler rigoureusement, c'est dire qu'elle se rapporte, par le concept primitif de la connaissance, à la totalité concrète de l'expérience, c'est-à-dire à l'*existence*. Le concept philosophique d'existence doit s'affirmer face au concept religieux de doctrine, mais ce dernier doit faire de même face au concept primitif de la théorie de la connaissance. Tout cela n'est qu'une esquisse indicative. Mais cette détermination du rapport entre religion et philosophie tend fondamentalement à satisfaire également aux exigences, premièrement de l'unité virtuelle entre philosophie et religion, deuxièmement de l'insertion de la connaissance de la religion dans la philosophie, troisièmement de l'intégrité de la tripartition du système.

7

Destin et caractère[1]

Destin et caractère sont considérés communément comme unis par un lien causal, le caractère étant défini comme une cause du destin. Cette conception repose sur l'idée suivante : connaîtrait-on, d'une part, le caractère d'un homme dans tous ses détails, c'est-à-dire aussi sa manière de réagir, et connaîtrait-on, d'autre part, les événements du monde dans les domaines où ils affectent ce caractère, on pourrait dire exactement aussi bien ce qui arriverait à celui-ci que ce qu'il effectuerait lui-même. On connaîtrait donc son destin. Les idées actuelles ne permettent pas d'accéder immédiatement au concept de destin, de sorte que certains esprits modernes — parce qu'ils trouvent déjà en eux-mêmes, d'une manière ou d'une autre, un savoir relatif au caractère en général — admettent par exemple qu'on puisse lire le caractère d'une personne dans ses traits physiques, alors qu'il leur paraît inacceptable de croire qu'on puisse, de façon analogue, lire le destin d'une personne dans les lignes de sa main. Cela leur paraît aussi impossible que de « prédire l'ave-

---

1. N. d. T. : Texte écrit entre septembre et novembre 1919, publié en 1921 dans la revue *Die Argonauten* (Première série, nº 10-12). (PR)

nir » ; c'est en effet sous cette catégorie que, sans autre forme de procès, l'on subsume la prédiction du destin, tandis que le caractère apparaît au contraire comme quelque chose qui appartient au présent et au passé, qui serait par conséquent connaissable. Mais, en réalité, ce qu'affirment ceux qui se font fort de prédire aux hommes leur destin d'après tels ou tels signes, c'est précisément que ce destin, pour qui sait y prendre garde (pour qui trouve en lui un savoir immédiat sur le destin en général), est déjà présent ou, pour parler plus prudemment, qu'il est disponible. On peut montrer qu'il n'y a aucune absurdité à admettre que le destin à venir est de quelque manière déjà « disponible », que cette idée ne contredit pas au concept de destin, non plus que la possibilité de le prédire ne contredit aux facultés cognitives de l'homme. Comme le caractère, le destin ne se laisse entièrement saisir qu'à travers des signes, non en lui-même, car, s'il se peut que tel trait du caractère, tel enchaînement du destin s'offrent immédiatement au regard, l'ensemble cohérent que visent ces concepts n'est jamais disponible autrement que dans des signes, parce qu'il se situe au-delà de ce qui se peut voir immédiatement. Le système des signes caractérologiques est généralement limité au corps, si l'on fait abstraction du sens caractérologique des signes qu'étudie l'horoscope, tandis que, dans la conception traditionnelle, ce ne sont pas seulement les phénomènes corporels, mais aussi tous les événements de la vie extérieure qui peuvent devenir des signes du destin. La corrélation entre signe et signifié, cependant, constitue ici et là un problème également hermétique et difficile, encore que différent dans chacun des deux domaines, car, contrairement à ce que pourrait laisser croire une considération superficielle qui hypostasie faussement les signes, ce n'est jamais sur la base de corrélations causales que ceux-ci signifient caractère ou destin. Un ensemble signifiant ne s'explique jamais en termes de causalité, même si, dans le cas considéré, l'existence des signes peut être provoquée causalement par le destin et par le caractère. Dans la suite de cet exposé, on ne cherchera pas à quoi ressemble un tel système de signes signifiant le caractère et le destin, l'examen portera simplement sur les signifiés eux-mêmes.

Il apparaît que la conception traditionnelle de leur essence et de leur rapport non seulement reste problématique dans la mesure où elle n'est pas en mesure de rendre rationnellement concevable la possibilité d'une prédiction du destin, mais qu'elle est aussi fausse, car la coupure sur laquelle elle repose est irréalisable sur le plan théorique. Il est en effet impossible de former le concept non contradictoire d'une sphère qui serait l'extériorité de cet homme agissant dont le caractère constitue, dans la conception traditionnelle, le noyau. L'idée d'un homme agissant ne permet pas de définir, à ses frontières, le concept d'un monde extérieur. Entre l'homme agissant et le monde extérieur, au contraire, tout est interaction, leurs champs d'action s'interpénètrent ; si différentes que puissent en être les représentations, leurs concepts sont indissociables. Non seulement on ne peut jamais indiquer ce qui, en dernière analyse, doit valoir comme fonction du destin et ce qui doit valoir comme fonction du caractère dans une vie humaine (ce constat n'aurait ici aucun sens, si les deux plans ne se recoupaient, par exemple, que dans l'expérience), mais l'extériorité que l'homme agissant trouve là peut toujours être fondamentalement ramenée, dans une mesure aussi importante que l'on veut, à son intériorité, et celle-ci peut de même être ramenée à son extériorité, disons plus : chacune peut fondamentalement être envisagée comme faisant partie de l'autre. Dans cette perspective, loin d'être théoriquement coupés l'un de l'autre, caractère et destin coïncident. C'est le cas chez Nietzsche, quand il dit : « Si quelqu'un a du caractère, il vit aussi une expérience qui revient toujours[1]. » Ce qui signifie : si quelqu'un a du caractère, son destin est pour l'essentiel constant. Ce qui, il est vrai, signifie derechef : il n'a donc pas de destin — et telle est bien la conséquence qu'en ont tirée les Stoïciens.

Pour dégager le concept de destin, il faut donc le séparer nettement du concept de caractère, ce qui à son tour ne sera possible qu'une fois ce dernier défini de façon plus précise. Sur la base de cette définition, les deux concepts deviendront tout à fait divergents ; là où il y a caractère, il est sûr qu'il n'y aura pas destin et, dans le contexte du destin, on ne rencontrera pas le caractère. De plus, il faut prendre soin d'assigner à ces deux concepts des sphères où ils n'usurpent pas, comme il arrive dans l'usage linguistique commun, la majesté de sphères et de concepts supérieurs. Habituellement, en effet, le caractère est situé dans un contexte éthique, comme le destin dans un contexte religieux. Il s'agit, en révélant l'erreur qui a permis de telles attributions, de les expulser de ces domaines. Concernant le concept de destin, l'erreur vient de ce qu'il a été lié à la notion de faute. Ainsi, pour prendre le cas typique, le malheur fatal est considéré comme la réponse de Dieu ou des dieux à un manquement religieux. Ce qui pourtant aurait dû donner ici à réfléchir, c'est qu'il n'existe aucune relation entre le concept de destin et celui qui, en morale, fait pendant à la faute, c'est-à-dire le concept d'innocence. Dans l'idée de destin, telle que la formule la pensée grecque classique, le

---

1. N. d. T. : Citation approximative de F. Nietzsche, *Par-delà bien et mal*, IV, § 70. (PR)

bonheur accordé à l'homme ne constitue nullement
la sanction d'une vie innocente, mais bien la tentation de la plus lourde des fautes, celle de l'*hubris*.
Dans le destin on ne trouve donc aucune relation à
l'innocence. Y trouve-t-on — la question va plus profond — une relation au bonheur? Le bonheur est-il,
comme l'est à coup sûr le malheur, une catégorie
constitutive du destin? Le bonheur est bien plutôt ce
qui libère l'homme de l'enchaînement des destins et
du filet de son propre destin. Ce n'est pas pour rien
que les dieux bienheureux sont, chez Hölderlin, «sans
destin[1]». Le bonheur et la béatitude ne conduisent
donc pas moins que l'innocence hors de la sphère du
destin. Mais un ordre dont les seuls concepts consti-
tutifs sont le malheur et la faute, et à l'intérieur
duquel il n'est aucune voie pensable de délivrance
(car tant qu'une chose est destin, elle est malheur et
faute) —, un tel ordre ne saurait être religieux, malgré tout ce que peut suggérer en ce sens le concept
mal compris de faute. Il y a donc lieu de chercher un
autre domaine, dans lequel seuls valent le malheur
et la faute, une balance sur laquelle béatitude et
innocence sont trouvées trop légères, et quittent
terre. Cette balance est celle du droit. Les lois du destin, le malheur et la faute sont érigés par le droit en
mesures de la personne. Il serait erroné d'admettre
que seule la faute trouve place dans le contexte du
droit; on peut au contraire démontrer que l'infraction juridique n'est jamais autre chose qu'un malheur. Par méprise, parce qu'on l'a confondu avec le
règne de la justice, l'ordre du droit — qui est une
simple survivance du stade démonique de l'existence
humaine, où les prescriptions légales déterminaient

---

1. N. d. T.: Cf. «*Hyperions Schicksalslied*», v. 7 (Hölderlin,
Sämtliche Werke, éd. Friedrich Beißner, Leipzig, Insel-Verlag, 1965,
p. 192). (PR)

non seulement les relations entre les hommes, mais aussi leur rapport avec les dieux —, cet ordre s'est conservé au-delà du temps qui inaugura la victoire sur les démons[1]. Ce ne fut pas dans le droit, mais dans la tragédie, que la tête du Génie[2] émergea pour la première fois des brumes de la faute, car dans la tragédie, le destin démonique se trouve battu en brèche. Non pas toutefois au sens où l'enchaînement de la faute et de l'expiation, qui pour le païen se reproduit à l'infini, serait brisé par la pureté de l'homme qui a expié et s'est réconcilié avec le Dieu pur. Dans la tragédie, l'homme païen se rend bien compte qu'il est meilleur que ses dieux, mais ce savoir lui noue la langue, il reste étouffé. Sans se déclarer, il tâche secrètement de rassembler sa puissance. Il ne dispose pas calmement la faute et l'expiation dans les plateaux de la balance, il les mêle et les confond. Il n'est aucunement question de restaurer «l'ordre moral du monde», c'est l'homme moral, encore muet, encore tenu en tutelle — comme tel, il s'appelle «le héros» —, qui veut se dresser en ébranlant ce monde de torture. Le paradoxe de la naissance du Génie dans l'absence de langage moral, dans l'infantilité morale, voilà le sublime de la tragédie. Tel est vraisemblablement le fondement de tout sublime, où se manifeste le Génie, bien plus que Dieu. — Le destin apparaît donc lorsqu'une vie est considérée comme condamnée, au fond comme une vie qui a d'abord été condamnée, et qui est ensuite devenue coupable. Goethe résume ces deux phases

---

1. N. d. T.: «Démon» est entendu ici au sens du *daimon* grec, et c'est pourquoi nous avons traduit *dämonisch* par «démonique» et non par «démoniaque». (MdG)

2. N. d. T.: Sous l'influence grecque, le dieu latin Genius a été assimilé au «démon» échu en partage à chaque individu (ou que chacun, par son attitude même, s'assigne à lui-même, selon l'interprétation tardive d'un Plotin, cf. *Ennéades*, III, 4). (MdG)

quand il dit: «Du misérable vous faites un coupable[1]». Le droit ne condamne pas au châtiment, il condamne à la faute. Le destin est l'ensemble de relations qui inscrit le vivant dans l'horizon de la faute. Cet ensemble correspond à la nature du vivant, à cette apparence qui n'est pas encore entièrement dissipée, dont l'homme est assez éloigné pour ne s'y être jamais complètement immergé, mais sous la domination de laquelle il n'a pu que rester invisible dans ce qu'il avait de meilleur. Ainsi, ce n'est pas au fond l'homme qui possède un destin, et le sujet du destin est impossible à déterminer. Le juge peut apercevoir du destin où il veut; à chaque fois qu'il prononce un châtiment, il doit en même temps, aveuglément, dicter un destin. Lequel n'atteint jamais l'homme, mais en l'homme le simple fait de vivre, qui, en vertu de l'apparence, a part à la faute naturelle et au malheur. Cet élément vivant peut, dans l'ordre du destin, être associé aux cartes aussi bien qu'aux planètes, et la voyante use de la simple technique qui consiste, avec les choses les plus faciles à dénombrer, les plus immédiatement certaines (des choses impudiquement engrossées de certitude), à introduire le vivant dans l'horizon de la faute. Ainsi elle découvre sous forme de signes quelque chose d'une vie naturelle dans l'homme, qu'elle essaye de substituer à la tête dont nous avons parlé, de même que, d'autre part, l'homme qui la consulte abdique au profit de la vie qui en lui a été livrée à la culpabilité. L'horizon de la faute n'est temporel qu'en un sens tout à fait impropre; par son mode et son degré, c'est un temps tout à fait distinct de celui du salut ou de la musique ou de la vérité. De la détermination de

---

1. N. d. T. «*Aus Wilhelm Meister*», troisième poème, v. 6 (Goethe, *Sämtliche Werke*, édition du Jubilé, Stuttgart et Berlin, 1902, t. II/2, p. 88). (PR)

la temporalité spécifique du destin dépend la parfaite élucidation de ces choses. Le cartomancien et le chiromancien nous enseignent, en tout cas, que ce temps peut à tout instant être rendu simultané à un autre (non présent). C'est un temps qui ne subsiste point par lui-même, qui parasite le temps d'une vie supérieure, moins liée à la nature. Il n'a pas de présent, car c'est seulement dans les mauvais romans que le destin se joue en un instant, et il ne se conjugue même au passé et au futur que selon des modalités très particulières.

Il y a donc un concept de destin — l'unique et authentique concept de destin, qui concerne au même titre ce qui a lieu dans la tragédie et ce que vise la cartomancienne —, un concept qui est totalement indépendant de celui de caractère et qui cherche sa justification dans une tout autre sphère. En fonction de quoi le concept de caractère doit aussi trouver sa place. Ce n'est pas un hasard si ces ordres sont tous deux associés à des pratiques d'interprétation, et si, dans la chiromancie, caractère et destin se rejoignent tout à fait. L'un et l'autre concernent l'homme naturel, mieux : la nature dans l'homme, et c'est justement cette dernière qui s'annonce dans les signes de la nature, tels qu'ils sont soit donnés par euxmêmes, soit produits expérimentalement. Le concept de caractère devra donc lui aussi se justifier relativement à une sphère naturelle, et aura aussi peu à voir avec l'éthique ou la morale que le destin avec la religion. D'un autre côté le concept de caractère devra se dépouiller des traits par lesquels il est faussement rattaché au concept de destin. Cette liaison résulte de la conception superficielle qu'on se fait du caractère, comme d'un filet dont les mailles peuvent se rétrécir, à mesure qu'elles sont mieux connues, jusqu'à former le tissu le plus serré. À côté des grands traits fondamentaux, on suppose en effet que le regard aigu du connaisseur d'hommes aperçoit des traits plus fins et plus étroitement entrelacés, jusqu'à ce que ce qui était apparemment un filet se resserre en une toile. Dans les fils de ce tissu un débile entendement a cru finalement tenir l'essence morale du caractère en question, et y a distingué des qualités bonnes et mauvaises. Mais il appartient à la morale de montrer que des qualités ne peuvent jamais avoir une importance morale ; seuls des actes le peuvent. Il semble certes, de prime abord, qu'il en aille tout autrement. Non seulement « voleur », « prodigue », « courageux » paraissent impliquer des évaluations morales (l'on peut ici encore faire abstraction de l'apparente coloration morale de ces termes), mais surtout des mots comme « dévoué », « sournois », « vindicatif », « envieux » semblent désigner des traits de caractère relativement auxquels l'on ne peut plus du tout faire abstraction d'une telle évaluation morale. Cependant, dans chaque cas, une telle abstraction est plus que possible, elle est nécessaire pour saisir le sens de ces concepts. Et il faut la concevoir sur un mode tel que l'évaluation en elle-même demeure parfaitement conservée et perde seulement son accent moral, pour faire place à des appréciations déterminées en un sens selon les cas positif ou négatif, comme le sont les termes, sans aucun doute moralement indifférents, par lesquels on désigne les qualités de l'intellect (comme « intelligent » ou « stupide »).

Où les qualifications pseudo-morales que nous venons de citer doivent trouver leur vraie place, c'est ce que nous enseigne la comédie. En son centre se trouve assez souvent, dans le rôle principal de la comédie de caractère, un individu que nous qualifierions de coquin, si nous étions confrontés dans la vie à ses actes, au lieu de l'être au personnage lui-même sur la scène. Mais sur la scène de la comédie, ses actes ne prennent d'autre intérêt que celui que leur confère l'éclairage du caractère, et celui-ci est dans les cas classiques l'objet, non d'une condamnation morale, mais d'une grande hilarité. Ce n'est jamais en eux-mêmes, jamais moralement, que les actes du héros comique touchent son public; son comportement n'est intéressant que dans la mesure où il reflète la lumière du caractère. Ainsi l'on constate que le grand écrivain comique, Molière par exemple, ne cherche pas à déterminer son personnage par une multitude de traits de caractère. Son œuvre, au contraire, ne fait aucune place à l'analyse psychologique. Il n'obéit à aucun intérêt de cet ordre lorsqu'il hypostasie l'avarice dans *L'Avare* ou l'hypocondrie dans *Le Malade imaginaire*, et qu'il en fait la base de toute la conduite de ses personnages. Sur l'hypocondrie et l'avarice ces pièces n'enseignent rien; bien loin de les rendre compréhensibles, elles les peignent en forçant encore le trait. Si l'objet de la psychologie est la vie intérieure de l'homme dans sa prétendue réalité empirique, les personnages de Molière ne sont pas même utilisables par elle comme matériau de démonstration. En eux le caractère se déploie, avec la clarté d'un soleil, dans l'éclat aveuglant de son unique trait, au voisinage duquel aucun autre ne reste visible. La sublimité de la comédie de caractère repose sur cet anonymat de l'homme et de sa moralité, alors même que l'individu se trouve porté à son plus haut développement dans l'unicité d'un trait de caractère. Si le destin déroule l'immense complication de la personne livrée à la culpabilité, s'il expose la complication et le pouvoir contraignant de sa faute, le caractère apporte à cet asservissement mythique de la personne dans l'horizon de la faute la réponse du Génie. La complication devient simplicité, le *fatum* devient liberté. Car le caractère du personnage comique n'est pas l'épou-

vantail qu'agitent les déterministes, il est le flam-
beau dont les rayons rendent visible la liberté de ses
actes. — Au dogme de la faute naturelle inhérente à
la vie humaine, de cette faute originelle dont l'in-
dissolubilité de principe constitue la doctrine du
paganisme, et dont la dissolution occasionnelle en
constitue le culte, le Génie oppose la vision de l'innocence naturelle de l'homme. Cette vision reste elle
aussi sur le plan de la nature ; cependant elle confine
par essence à une conception morale, elle s'en
approche à un degré que l'idée opposée n'atteint que
dans la forme de la tragédie, qui n'est pas la seule de
ses formes. La vision du caractère, elle, est libéra-
trice sous toutes ses formes ; ce n'est pas ici le lieu de
démontrer qu'elle est, de par son affinité avec la
logique, inséparable de la liberté. — Le trait de
caractère n'est donc pas le nœud dans le filet. Dans
le ciel sans couleur (anonyme) de l'homme, il est le
soleil de l'individu, la lumière qui projette l'ombre
de l'action comique. (Par là se trouve situé dans son
contexte le plus propre le mot profond de Hermann
Cohen, selon lequel il n'est d'action tragique, si
sublimement qu'elle s'avance sur son cothurne, qui
ne projette une ombre comique.)

Comme tous les autres signes mantiques, les signes
physiognomoniques servaient avant tout chez les
Anciens à scruter le destin, conformément à la domination de la croyance païenne en la faute. La physio-
gnomonie comme la comédie ont été des phénomènes
d'une ère nouvelle, celle du Génie. Le lien de la phy-
siognomonie moderne avec l'ancien art divinatoire
se révèle encore dans l'infructueux effort de la
première pour associer à ses concepts l'idée d'une
valeur morale, ainsi que dans sa recherche de complication analytique. À cet égard précisément, les
physiognomonistes anciens et médiévaux montraient
plus de clairvoyance lorsqu'ils reconnaissaient que

le caractère ne peut être saisi que sous un petit nombre de concepts de base, moralement indifférents, comme par exemple ceux que la doctrine des tempéraments a essayé d'établir.

8

Critique de la violence[1]

La tâche d'une critique de la violence peut se définir en disant qu'elle doit décrire la relation de la violence au droit et à la justice. En effet, de quelque manière qu'une cause agisse, elle ne devient violence, au sens prégnant du terme, qu'à partir du moment où elle touche à des rapports moraux. Le domaine de ces rapports est caractérisé par les notions de droit et de justice. Pour ce qui est d'abord du premier, il est clair que le rapport fondamental le plus élémentaire de tout ordre de droit est celui de fin et de moyen. Et aussi que la violence ne peut se trouver d'abord que dans le domaine des moyens, non dans celui des fins. À une critique de la violence ces deux affirmations apportent plus, mais aussi autre chose, qu'il ne pourrait sembler. Car si la violence est moyen, un étalon pour sa critique paraîtrait par là même donné. Il s'impose lorsqu'on demande si, en des cas déterminés, la violence est moyen pour des fins justes ou injustes. Sa critique serait ainsi donnée, de façon implicite, dans un système de fins justes. Or il n'en est pas ainsi. Car, à supposer que ce

1. N. d. T. : Première publication *in Archiv für Sozialwissenschaft und Sozialpolitik*, t. 47, 1920-1921, n° 3 (août 1921), p. 809-832. (MdG)

que contiendrait un tel système fût à l'abri de toute contestation, le critère qu'il contiendrait ne serait pas un critère de la violence elle-même en tant que principe, mais ne concernerait que ses cas d'application. La question resterait toujours ouverte de savoir si la violence en général est morale, en tant que principe, fût-ce comme moyen pour des fins justes. Or, pour en décider, il est besoin d'un critère plus précis, d'une distinction dans le domaine des moyens eux-mêmes, abstraction faite des fins auxquelles ils servent.

La mise entre parenthèses de cette interrogation critique plus précise est peut-être un des traits les plus caractéristiques d'une grande orientation dans la philosophie du droit : le droit naturel. Pour lui l'application de moyens violents à des fins justes fait aussi peu problème que pour l'homme le « droit » de mouvoir son corps vers le but visé. Dans cette perspective (qui, pendant la Révolution française, fournit à la Terreur sa base idéologique), la violence est un produit naturel, en quelque sorte un matériau brut dont l'utilisation, sauf détournement abusif en faveur de fins injustes, ne pose aucun problème. Selon la théorie de l'État liée au principe du droit naturel, lorsque les personnes se dessaisissent de toute violence au profit de l'État, c'est en présupposant (comme, par exemple, Spinoza l'énonce explicitement dans le *Traité théologico-politique*) que l'individu, en lui-même et pour lui-même, avant la conclusion d'un tel contrat conforme à la raison, exerce aussi *de jure* toute violence dont il dispose *de facto*. Il se peut qu'ensuite ces conceptions aient reçu une vie nouvelle grâce à la biologie darwinienne qui, de façon tout à fait dogmatique, à côté de la sélection naturelle, ne considère que la violence comme moyen originaire et seul adapté à toutes les fins vitales de la nature. Les vulgarisations de la philosophie darwi-

nienne ont souvent montré comme on passe aisément de ce dogme admis en histoire naturelle à un
dogme encore plus grossier, relevant de la philosophie du droit, selon lequel la violence qu'on a dite,
adaptée à des fins presque exclusivement naturelles,
serait pour cette seule raison déjà légitime.

À cette thèse du droit naturel, qui définit la violence comme donnée naturelle, s'oppose diamétra-
lement celle du droit positif, qui la définit comme
produit d'un devenir historique. Si le droit naturel
ne peut juger chaque droit existant que par la critique de ses fins, le droit positif ne peut juger
chaque droit en train de s'établir que par la critique
de ses moyens. Si la justice est le critère des fins, la
légitimité est celui des moyens. Mais, sans préjudice
de cette opposition, les deux écoles se rejoignent
dans le dogme fondamental commun selon lequel
on peut atteindre par des moyens légitimes à des
fins justes et employer des moyens légitimes pour
réaliser des fins justes. Le droit naturel s'efforce de
« justifier » les moyens par la justice des fins ; le droit
positif s'efforce de « garantir » la justice des fins par
la légitimité des moyens. L'antinomie se révélerait
insoluble si le présupposé dogmatique de base était
faux, s'il y avait conflit irréductible entre, d'une
part, moyens légitimes et, d'autre part, fins justes.
Pour y voir clair il faudrait sortir du cercle et établir
des critères indépendants tant pour la justice des
fins que pour la légitimité des moyens.

Le domaine des fins, et par conséquent aussi la
question d'un critère de justice, est pour l'instant
exclu de notre enquête. Central est, au contraire,
pour elle le problème de la légitimité de certains
moyens qui constituent la violence. Des principes de
droit naturel ne sauraient en décider, mais seulement conduire à une casuistique sans fond. Car, si le
droit positif est aveugle à l'inconditionnalité des fins,

le droit naturel l'est à la conditionnalité des moyens. En revanche, la théorie positiviste du droit peut être acceptée comme hypothèse de départ, dans la mesure où elle opère une distinction fondamentale entre les différents types de violence, indépendamment des cas de leur application. Elle distingue entre celle qui est historiquement reconnue et qu'on appelle sanctionnée, et celle qui ne l'est pas. Si les réflexions qui suivent partent de cette distinction, cela ne saurait signifier, bien entendu, que des violences données soient classées selon qu'elles sont ou non sanctionnées. Car, dans une critique de la violence, l'étalon tiré du droit positif ne peut être appliqué, mais seulement apprécié. Il s'agit de savoir ce qui résulte, pour l'essence de la violence, de ce qu'un tel étalon ou une telle différence puisse, d'une façon générale, lui être appliqué ; en d'autres termes il s'agit du sens même de cette distinction. En effet, que cette distinction, présentée par le droit positif, ait un sens, qu'elle soit en elle-même parfaitement fondée et qu'on ne puisse lui en substituer aucune autre, c'est ce que l'on verra assez tôt, mais en même temps l'on discernera le seul domaine où elle peut s'appliquer. En un mot, si l'étalon que fournit le droit positif pour déterminer la légitimité de la violence ne peut s'analyser que selon sa signification, le domaine de son application ne peut être critiqué que selon sa valeur. Pour cette critique il faut alors trouver un point de vue extérieur à la philosophie du droit positif, mais tout aussi extérieur à celle du droit naturel. On verra dans quelle mesure seule une considération du droit fondée sur la philosophie de l'histoire peut fournir un tel point de vue.

Le sens de la distinction entre une violence légitime et une violence illégitime n'est nullement évident. Il faut résolument rejeter l'erreur d'interprétation que commettent les théoriciens du droit naturel lorsqu'ils croient qu'il s'agirait de distinguer la violence selon qu'elle s'exerce en faveur de fins justes ou injustes. Bien plutôt, comme on l'a déjà indiqué, le droit positif exige que toute violence lui présente, quant à son origine historique, un document justificatif capable, sous certaines conditions, de la légitimer, de la sanctionner. Étant donné que la reconnaissance des forces du droit se manifeste le plus évidemment par la soumission, en principe sans résistance, à leurs fins, le principe de distinction des violences doit se fonder sur la présence ou sur l'absence d'une reconnaissance historique universelle de leurs fins. On peut appeler fins naturelles celles à qui manque cette reconnaissance, et les autres, fins légales. Plus précisément, la fonction diversifiée de la violence, selon qu'elle est au service de fins naturelles ou de fins légales, peut être démontrée de la manière la plus évidente en partant de situations juridiques déterminées, quelles qu'elles soient. Pour simplifier, dans les développements qui suivent, on se référera à la situation qui prévaut actuellement en Europe.

Pour cette situation du droit, en ce qui concerne la personne individuelle comme sujet de droit, la tendance caractéristique est d'interdire à ces personnes individuelles d'atteindre leurs fins naturelles chaque fois que de telles fins pourraient, le cas échéant, être visées de façon appropriée au moyen de la violence. Autrement dit, dans tous les domaines où les personnes individuelles pourraient viser leurs fins de façon appropriée au moyen de la violence, cet ordre juridique tend à instituer des fins légales que précisément seule la force du droit est en mesure de réaliser sur ce mode. Disons plus : même dans des domaines où par principe on laisse aux fins naturelles beaucoup plus de champ, comme celui de l'éducation, l'ordre juridique tend à les limiter par

l'institution de fins légales dès lors que ces fins naturelles sont visées de façon trop violente ; c'est ce qu'il
fait, par exemple, en légiférant sur les limites du
droit pédagogique de punir. La maxime générale de
la législation européenne actuelle peut être formulée
ainsi : lorsque les fins naturelles des particuliers sont
poursuivies avec une violence plus ou moins grande,
elles ne peuvent qu'entrer en conflit avec des fins
légales. (La contradiction que représente, à cet égard,
le droit de légitime défense trouvera d'elle-même
son explication au cours des réflexions qui suivent.)
Il suit de cette maxime que le droit considère la violence entre les mains des personnes individuelles
comme un danger risquant de miner l'ordre juridique. Comme un danger risquant de faire échouer
les fins légales et les pouvoirs exécutifs d'ordre juridique ? Tout de même pas, car, en ce cas, ce n'est
pas la violence elle-même qu'on condamnerait, mais
seulement celle qui est appliquée à des fins illégi-
times. On dira qu'un système de fins légales ne pourrait pas se conserver s'il était encore possible, dans
un domaine quelconque, de viser des fins naturelles
au moyen de la violence. Mais ce n'est là, dans un
premier temps, qu'une affirmation purement dogmatique. Contre elle il faudra peut-être prendre en
considération la surprenante possibilité que l'intérêt
du droit à monopoliser la violence, en l'interdisant à
l'individu, ne s'explique point par l'intention de protéger les fins légales, mais bien plutôt par celle de
protéger le droit lui-même. Que la violence, lorsqu'elle ne se trouve pas entre les mains du droit
chaque fois établi, ne constitue pas une menace pour
lui par les fins auxquelles elle peut viser, mais bien
par sa simple existence hors du droit. On trouve de
cette hypothèse une confirmation plus éclatante si
l'on songe que très souvent déjà la figure du « grand »
criminel, si répugnantes qu'aient pu être ses fins, a

provoqué la secrète admiration du peuple. Ce ne pouvait être pour son acte, mais seulement pour la violence dont il témoigne. En ce cas, par conséquent, c'est un fait que la violence, que le droit actuel, dans tous les domaines de l'action, tente de soustraire à l'individu, constitue encore une menace et, même vaincue, continue d'éveiller la sympathie de la foule à l'encontre du droit. Par quelle fonction la violence peut sembler avec raison si menaçante pour le droit, peut être à tel point crainte de lui, c'est ce qui doit précisément se révéler là où l'ordre juridique actuel en autorise lui-même encore le développement.

Et ceci d'abord, dans la lutte des classes, sous la forme du droit de grève garanti aux travailleurs. Les travailleurs organisés sont aujourd'hui, à côté des États, le seul sujet de droit qui possède un droit à la violence. À cette conception on peut objecter sans doute qu'une suspension de l'activité, une non-action, telle qu'est bien la grève en fin de compte, ne doit pas être appelée violence. C'est d'ailleurs une réflexion de ce genre qui a sans doute facilité à l'autorité publique[1] l'octroi du droit de grève lorsqu'il n'était plus possible de l'éviter. Mais, n'ayant pas valeur inconditionnée, elle n'a pas valeur illimitée. Certes, la suspension d'une activité, ou d'un service, lorsqu'elle équivaut seulement à une «rupture de relations», peut être un simple moyen, dépourvu de violence. Et, de même que, selon la conception de l'État (ou du droit), ce qui est concédé aux travailleurs dans le droit de grève est moins un droit à la violence qu'un droit de se soustraire à celle que l'employeur exercerait indirectement contre eux, il peut y avoir ici ou là, sans doute, un cas de grève correspondant à cette perspective et qui soit simple-

---

1. N. d. T. : *Staatsgewalt*. (RR)

ment une manière de se « détourner » de l'employeur et de lui devenir « étranger ». Mais l'élément de violence, sous forme de chantage, intervient certainement dans une telle suspension de l'activité, dès lors que cette suspension s'accompagne du projet de reprendre ensuite, en principe, telle quelle, l'activité suspendue, sous certaines conditions qui, ou bien n'ont rien à voir avec elle, ou bien n'en modifient qu'un aspect extérieur. Et, en ce sens, selon la conception des travailleurs, qui s'oppose ici à celle de l'État, le droit de grève est bien le droit d'employer la violence afin de parvenir à des fins déterminées. L'opposition entre les deux perspectives se révèle en toute rigueur lors de la grève générale révolutionnaire. Ici les travailleurs invoqueront toujours leur droit de grève, tandis que l'État qualifiera cette invocation d'abus, car, à ses yeux, le droit de grève n'a pas été entendu « ainsi », et il édictera ses mesures d'exception. Il lui est toujours loisible, en effet, de déclarer illégal un recours simultané à la grève dans toutes les entreprises, ce recours n'ayant pas en chacune d'elles la justification prévue par le législateur. Cette différence d'interprétation exprime la contradiction objective d'une situation du droit dans laquelle l'État reconnaît une violence dont les fins, en tant que fins naturelles, sont parfois traitées par lui avec indifférence, mais dans un cas critique (celui de la grève générale révolutionnaire) provoquent sa réaction hostile. Aussi paradoxal que cela paraisse à première vue, c'est bien comme violence qu'il faut définir, dans certaines conditions, une conduite qui correspond à l'exercice d'un droit. Une telle conduite, en effet, là où elle est active, mérite d'être appelée violence lorsqu'elle utilise le droit qui lui est concédé pour détruire l'ordre de droit qui fonde cette concession ; mais, même là où elle reste passive, on ne devrait pas moins la définir comme violente lorsqu'il s'agit, dans le sens de la réflexion développée ci-dessus, d'un chantage. Aussi, lorsque le droit, dans certaines circonstances, s'oppose par la violence aux grévistes qui emploient la violence, cela témoigne seulement d'une contradiction objective dans la situation de droit, non d'une contradiction logique dans le droit lui-même. Ce que l'État craint plus que tout dans la grève, c'est cette fonction de la violence que la présente étude se propose d'exposer comme seul fondement certain de la critique qu'on en peut faire. Si cette violence était, comme il paraît à première vue, le simple moyen de s'assurer immédiatement tout ce qu'on peut désirer, elle ne pourrait atteindre sa fin que comme brigandage. Elle serait totalement inapte à fonder ou à transformer des relations de façon relativement durable. Or la grève montre qu'elle a ce pouvoir, qu'elle est en mesure de fonder ou de transformer des relations de droit, fût-ce en lésant gravement le sentiment de la justice. On est tenté d'objecter qu'une pareille fonction de la violence est accidentelle et isolée. Pour écarter cette objection, on considérera l'usage guerrier de la violence.

La possibilité d'un droit de guerre repose exactement sur les mêmes contradictions objectives dans la situation du droit que la possibilité du droit de grève : des sujets de droit sanctionnent des violences dont les fins restent, pour ceux qui les sanctionnent, des fins naturelles et, de la sorte, peuvent entrer en conflit, dans les cas critiques, avec leurs propres fins naturelles ou légales. À vrai dire la violence guerrière vise d'entrée de jeu ses fins, de façon tout à fait immédiate et comme violence de brigandage. Mais il est tout de même très frappant que même — ou plutôt justement — dans les conditions primitives, qui par ailleurs connaissent à peine les ébauches de relations de droit public, et même dans les cas où le vainqueur s'est installé dans une position pour l'instant inexpugnable, aucune paix ne se conclut sans cérémonial. Disons plus : le mot « paix », lorsqu'il est pris comme corrélatif du mot « guerre » (car il en existe une autre signification, tout aussi non-métaphorique et tout aussi politique, celle selon laquelle Kant parle de « paix perpétuelle »), désigne justement une sanction de ce genre, nécessaire pour toute victoire, sanction *a priori* et indépendante de toutes les autres relations de droit. Elle consiste en ce que les nouveaux rapports sont reconnus comme nouveau « droit », tout à fait indépendamment du fait que, pour durer, ils aient ou non besoin, *de facto*, d'une quelconque garantie. Si, à partir de la violence guerrière, considérée comme originaire et archétypique, on se permet de tirer des conclusions concernant toute violence qui vise des fins naturelles, on dira qu'il n'est aucune violence de ce genre qui ne soit en elle-même fondatrice de droit. Nous reviendrons plus loin sur la portée de cette constatation. Elle explique la tendance du droit moderne, signalée tout à l'heure, à refuser au moins à l'individu, en tant que sujet de droit, toute violence, et serait-ce celle qui vise des fins naturelles. Il rencontre cette violence dans la personne du grand criminel qui menace de fonder un droit nouveau, et devant cette menace, si impuissante soit-elle, le peuple tremble d'effroi aujourd'hui encore comme aux temps primitifs. Mais l'État craint cette violence purement et simplement comme fondatrice de droit, et de même il ne peut que la reconnaître comme fondatrice de droit là où des puissances étrangères le forcent à leur concéder le droit de guerre, là où des classes le forcent à leur concéder le droit de grève.

Si, au cours de la dernière guerre, la critique de la violence militaire a servi de point de départ à une critique passionnée de la violence en général — ce

qui enseigne, à tout le moins, qu'on ne peut plus
l'exercer ni la tolérer sur un mode naïf —, ce n'est
point cependant comme simplement fondatrice de
droit qu'elle a été critiquée, mais, de façon plus destructrice peut-être, on l'a jugée aussi dans une autre
de ses fonctions. Le militarisme, qui n'a pu se constituer que grâce au service militaire universel, se
caractérise, en effet, par un double aspect qui affecte
ici la fonction de la violence. Le militarisme consiste
à imposer en toute chose l'usage de la violence
comme moyen pour les fins de l'État. Ce recours
imposé à la violence a fait ces derniers temps l'objet
d'un jugement aussi sévère, ou plus sévère, que cet
usage lui-même. Il est visible que la violence rem-
plit, dans cette contrainte, une tout autre fonction
que dans sa simple application à des fins naturelles.
Elle consiste, en effet, dans une application de la
violence comme moyen pour des fins légales. Car la
soumission des citoyens aux lois — ici à la loi du
service militaire universel — est une fin légale. Si la
première fonction de la violence était dite fondatrice de droit, cette seconde fonction peut être appelée conservatrice de droit. Mais en réalité, puisque
le service militaire obligatoire est un cas d'application de la violence conservatrice de droit, un cas
que rien en principe ne distingue des autres, le critiquer efficacement est une tâche bien moins aisée
qu'on ne le croirait d'après les déclamations des
pacifistes et des activistes. Elle se confond bien plutôt avec la critique de toute violence légale ou exé-
cutive, et il est impossible d'en venir à bout si l'on se
contente d'un programme plus limité. Si l'on ne veut
pas en rester aux proclamations d'un anarchisme
tout bonnement puéril, il va de soi qu'on ne saurait
non plus se tirer d'affaire en déclarant qu'à l'égard
de la personne on ne reconnaît aucune contrainte et
qu'«il est permis de faire tout ce qui vous plaît».

Pareille maxime exclut la réflexion sur le domaine de la moralité historique et, par conséquent, sur toute signification de l'action, mais même sur toute signification du réel en général, signification impossible à construire si «l'action» est exclue de son domaine. Mais un fait plus important est que l'invocation si souvent tentée de l'impératif catégorique, avec son programme minimal parfaitement hors de doute : «Agis de telle sorte que tu traites l'humanité aussi bien dans ta personne que dans la personne de tout autre toujours en même temps comme une fin, et jamais simplement comme un moyen[1]», ne suffit pas non plus, en elle-même, à cette critique[2]. Car le droit positif, là où il est conscient de ses racines, prétendra parfaitement reconnaître et favoriser l'intérêt de l'humanité dans la personne de chaque individu. Il voit cet intérêt dans la représentation et la conservation d'un ordre institué par le destin. Si cet ordre, que le droit prétend à juste titre défendre, ne doit échapper à la critique, il ne donne pourtant pas prise à une contestation qui se mène au seul nom d'une informe «liberté», sans être en mesure de définir un ordre supérieur de liberté. Cette contestation est totalement impuissante si elle ne vise point l'ordre de droit lui-même, dans sa tête et dans ses membres, mais des lois ou des coutumes singulières, que certes le droit prend sous la protection de sa puissance, laquelle tient à ce qu'il n'existe qu'un seul destin et que justement ce qui existe et notam-

---

1. N. d. T. : Kant, *Fondements de la métaphysique des mœurs*, trad. V. Delbos rev. par F. Alquié, in *Œuvres philosophiques*, Paris, Gallimard, Bibliothèque de la Pléiade, t. II, 1985, p. 295. (RR)

2. En ce qui concerne cette célèbre exigence, on pourrait bien plutôt se demander si elle ne contient pas trop peu, c'est-à-dire si de soi-même ou d'un autre il serait permis, d'un quelconque point de vue, de laisser user ou d'user aussi comme d'un moyen. De très bonnes raisons pourraient justifier ce doute.

ment ce qui menace appartiennent indéfectiblement
à son ordre. Car la violence conservatrice du droit
est une violence menaçante. Plus précisément, sa
menace n'a pas le sens d'une dissuasion, comme
l'interprètent des théoriciens libéraux mal informés.
La dissuasion au sens exact du terme inclurait une
détermination qui contredit à l'essence de la menace
et n'est obtenue par aucune loi, puisque l'espoir
existe de se soustraire à ses prises. La loi se présente par là même comme plus menaçante, à la
manière du destin dont il dépend que le criminel
tombe sous le coup de la loi. Le sens le plus profond
que recèle le caractère indéterminé de la menace
juridique, nous ne le découvrirons qu'en examinant
plus tard le domaine du destin, qui est la source de
cette menace. Le domaine des peines fournit à cet
égard une précieuse indication. Depuis qu'on a mis
en question la valeur du droit positif, la peine de
mort a été, plus que toutes les autres, critiquée.
Autant, dans la plupart des cas, les arguments invo-
qués allaient peu au fond des choses, autant les
motivations étaient et restent fondamentales. Peut-
être sans pouvoir le fonder, même vraisemblablement sans vouloir le sentir, les critiques ont senti
qu'en s'en prenant à la peine de mort on n'attaque
point le quantum de la peine, on n'attaque pas des
lois, mais le droit lui-même dans son origine. Car, si
cette origine est la violence, une violence que couronne le destin, on est tenté de conjecturer que dans
la violence suprême, celle qui dispose de la vie et
de la mort, là où elle se manifeste dans l'ordre du
droit, les origines de cet ordre se font sentir de
façon représentative dans la réalité actuelle et y
manifestent leur terrible présence. Cette hypothèse
est confirmée par le fait que, dans les rapports juridiques primitifs, la peine de mort s'applique aussi à
des délits comme l'atteinte à la propriété, pour les-

quels elle semble tout à fait «disproportionnée».
Aussi bien sa signification n'est pas de punir la vio-
lation du droit, mais de donner un statut au droit
nouveau. Car, en exerçant la violence sur la vie et
la mort, le droit se fortifie lui-même plus que par
n'importe quel autre processus judiciaire. Mais en
même temps dans cette violence s'annonce justement quelque chose de corrompu au cœur du droit,
surtout pour un sentiment délicat, qui se sent infiniment éloigné des rapports où le destin, dans sa
majesté propre, se serait manifesté à travers un tel
processus. Mais l'entendement n'en est que plus tenu
de tenter une approche décisive de ces rapports lorsqu'il veut mener à son terme la critique de la double
violence, celle qui fonde et celle qui conserve le droit.

Dans une liaison encore plus contraire à la nature,
dans un mélange presque hallucinant, ces deux
espèces de violence se trouvent présentes au cœur
d'une autre institution de l'État moderne, la police.
Celle-ci est, certes, une violence employée à des fins
légales (avec droit de disposition), mais en mesure
en même temps d'étendre elle-même très largement
le domaine de ces fins (avec son droit d'ordonnance).
Si peu de gens sentent le caractère ignoble d'une
telle autorité, c'est parce que ses attributions suffisent
rarement pour autoriser les plus grossiers empiéte-
ments, mais permettent de sévir d'autant plus aveuglément dans les domaines les plus vulnérables et
contre les personnes intelligentes face auxquelles les
lois ne protègent pas l'État. L'ignominie de la police
tient à l'absence ici de toute séparation entre la violence qui fonde le droit et celle qui le conserve. S'il
est requis de la première qu'elle s'affirme comme
telle en triomphant, la limitation qui s'impose à la
seconde est de ne pas s'assigner de nouvelles fins. La
violence policière s'est affranchie de ces deux conditions. Elle est fondatrice de droit, car la fonction

caractéristique de ce type de violence n'est pas de promulguer des lois, mais d'émettre toute sorte de décrets prétendant au statut de droit légitime ; et elle est conservatrice de droit parce qu'elle se met à la disposition des fins qu'on a dites. Il est faux d'affirmer que les fins de la police seraient toujours identiques à celles du reste du droit, ou simplement qu'elles auraient un lien avec elles. Au fond, le « droit » de la police indique plutôt le point où l'État, soit par impuissance, soit en vertu de la logique interne de tout ordre juridique, ne peut plus garantir par les moyens de cet ordre les fins empiriques qu'il désire obtenir à tout prix. Ainsi, « pour garantir la sécurité », la police intervient dans des cas innombrables où la situation juridique n'est pas claire, sans parler de ceux où, sans aucune référence à des fins légales, elle accompagne le citoyen, comme une brutale contrainte, au long d'une vie réglée par des ordonnances, ou simplement le surveille. À l'opposé du droit, qui dans la « décision », dont le lieu et le temps sont déterminés, reconnaît une catégorie métaphysique, par laquelle il émet prétention à critique, l'analyse de l'institution policière ne révèle rien qui touche à l'essence des choses. Sa violence est aussi amorphe que sa manifestation fantomatique, insaisissable et omniprésente dans la vie des États civilisés. Et encore que la police soit toujours égale à elle-même, on ne peut méconnaître en fin de compte que son esprit fait moins de ravages là où, dans la monarchie absolue, elle représente la violence du souverain, en laquelle s'unissent les pleins pouvoirs législatifs et exécutifs, que dans des démocraties où sa présence, que ne rehausse aucune relation de ce genre, témoigne de la forme de violence la plus dégénérée qui se puisse concevoir.

Toute violence est, en tant que moyen, soit fondatrice, soit conservatrice de droit. Lorsqu'elle ne prétend à aucun de ces deux attributs, elle renonce d'elle-même à toute validité. Mais il s'ensuit que, même dans le meilleur des cas, toute violence, en tant que moyen, a part à la problématique du droit en général. Et même si, à ce stade de notre étude, la signification de cette problématique reste encore entachée d'incertitude, le droit, d'après ce qu'on a dit, apparaît dans un éclairage moral si ambigu que la question s'impose de savoir si, pour régler les conflits d'intérêt entre les hommes, il y aurait d'autres moyens que violents. Il est nécessaire avant tout d'établir qu'une élimination des conflits entièrement dénuée de violence ne peut jamais déboucher sur un contrat de caractère juridique. Car ce dernier, si pacifiquement qu'il ait pu être conclu, conduit en dernière analyse à une violence possible. Il donne, en effet, à chaque contractant le droit de recourir de manière ou d'autre à la violence contre l'autre contractant dans le cas où il ne respecterait pas le contrat. Ce n'est pas tout : comme le point d'arrivée, le point de départ de tout contrat renvoie aussi à la violence. Comme fondatrice de droit, elle n'a pas besoin d'être immédiatement présente en lui, mais elle est représentée en lui dans la mesure où le pouvoir qui garantit le contrat est né lui-même de la violence, sinon précisément installé par violence dans le contrat lui-même, conformément au droit. Que disparaisse la conscience de cette présence latente de la violence dans une institution juridique, cette dernière alors périclite. Les parlements aujourd'hui en donnent un exemple. Ils présentent le déplorable spectacle qu'on connaît parce qu'ils ont perdu conscience des forces révolutionnaires auxquelles ils doivent d'exister. En Allemagne surtout, la dernière manifestation de ces violences est restée sans suite pour les parlements[1].

1. N. d. T. : Allusion à la révolution avortée de 1919. (MdG)

Il leur manque le sens de la violence fondatrice de droit, qui est représentée en eux ; rien de surprenant si, au lieu d'aboutir à des décisions dignes de cette violence, ils recourent au compromis pour résoudre les problèmes politiques sur un mode qui prétend exclure la violence. Or, le compromis, « quelque mépris qu'il affiche pour toute violence ouverte, reste un produit qui appartient à l'esprit de la violence, car l'effort qui aboutit au compromis n'a pas ses motifs en lui-même, mais les reçoit du dehors, précisément de l'effort adverse, car aucun compromis, même librement accepté, ne peut échapper au caractère d'une contrainte. "Ç'aurait été mieux autrement", voilà le sentiment profond de tout compromis [1] ». — Il est caractéristique que, par suite du déclin des parlements, le nombre d'esprits qui se sont détournés de l'idéal d'une solution sans violence des conflits politiques est sans doute équivalent à celui des esprits qui y avaient été attirés par suite de la guerre. Aux pacifistes nous voyons maintenant s'opposer les bolchevistes et les syndicalistes. Contre les parlements actuels ils ont fait valoir une critique radicale et dans l'ensemble pertinente. Si souhaitable et réjouissant que puisse être, comparativement, un parlement d'un haut niveau, le parlementarisme ne saurait être compté parmi les moyens en principe non violents de fonder un accord politique. Car les résultats qu'il obtient dans les affaires critiques ne peuvent être que ces ordres de droit dont nous avons parlé, affectés de violence à leur origine comme à leur fin.

Est-il, d'une façon générale, possible de liquider les conflits sans recourir à la violence ? Incontesta-

1. Erich Unger, *Politik und Metaphysik* (coll. Die Theorie. Versuche zu philosophischer Politik), Berlin, 1921, p. 8. [N. d. T. : rééd. Würzburg, Königshausen und Neumann, 1989.]

blement. Les rapports entre personnes privées sont pleins d'exemples en ce sens. On trouve une entente sans violence partout où la culture du cœur a pu fournir aux hommes des moyens purs pour parvenir à un accord. Aux moyens de toute sorte, conformes ou contraires au droit, qui pourtant, tous sans exception, ne sont que violence, on peut opposer comme moyens purs ceux qui excluent la violence. Leurs présupposés subjectifs sont la courtoisie cordiale, la sympathie, l'amour de la paix, la confiance et toutes les autres attitudes de ce genre. Mais ce qui conditionne leur manifestation objective est la loi (dont nous n'avons pas ici à discuter l'énorme portée) selon laquelle les moyens purs ne sont jamais des moyens de solutions immédiates, mais toujours de solutions médiates. Ils ne renvoient donc jamais directement à l'apaisement des conflits d'homme à homme, mais passent toujours par la voie des choses concrètes. C'est dans la relation la plus concrète entre conflits humains et biens que se découvre le domaine des moyens purs. C'est pourquoi la technique, au sens le plus large du terme, est leur domaine le plus propre. Le meilleur exemple en est peut-être le dialogue, considéré comme technique d'accord civil. Là, non seulement on peut s'entendre sans violence, mais l'exclusion, par principe, de toute violence peut être mise en évidence très expressément par un rapport important, qui est l'impunité du mensonge. On ne trouverait sans doute nulle part sur la planète une législation qui, à l'origine, le punisse. Ainsi s'exprime l'existence entre les hommes d'un terrain d'accord, à tel point non violent qu'il est totalement inaccessible à la violence : c'est le domaine propre à « l'entente », celui du langage. Tard seulement, au cours d'un processus caractéristique de décadence, la violence juridique s'est néanmoins introduite sur ce terrain, en faisant de la tromperie un délit punissable. Alors que l'ordre juridique, confiant, à l'origine, dans sa violence victorieuse, se contente de réprimer, là où chaque fois elle se montre, la violence contraire au droit, et que la tromperie, justement parce qu'elle n'a rien en elle-même de violent, en vertu du principe *jus civile vigilantibus scriptum est*[7] — autrement dit, «que ceux qui ont des yeux surveillent leur argent» —, n'était pas plus un délit punissable dans le droit romain que dans l'ancien droit germanique, le droit d'une époque ultérieure, ayant perdu confiance en sa propre violence, ne s'est plus senti à la hauteur, comme l'était le droit plus ancien, de toutes les violences étrangères. La crainte qu'il éprouve à leur égard et sa propre méfiance de lui-même signifient en réalité son propre ébranlement. Il commence à se fixer des fins en vue d'épargner à la violence conservatrice du droit de plus puissantes manifestations. Il s'en prend donc à la tromperie non pour des raisons morales, mais par crainte des actes de violence que cette tromperie pourrait entraîner de la part de la personne trompée. Mais, comme une telle crainte est en conflit avec le caractère de violence qui, en vertu de ses origines, appartient par nature au droit, des fins de cette sorte sont inadéquates aux moyens légitimes du droit. Ils ne révèlent pas seulement le déclin de son propre domaine, mais en même temps une restriction des moyens purs. Car, en interdisant la tromperie, le droit limite l'emploi de moyens tout à fait non violents parce qu'ils pourraient, par réaction, provoquer de la violence. Cette même tendance du droit a contribué aussi à faire admettre le droit de grève, qui contredit aux intérêts de l'État. Le droit l'autorise parce qu'il met un frein à des actions violentes auxquelles il redoute d'avoir à faire face. Auparavant,

---

7. N. d. T. : «Le droit civil a été écrit pour des vigilants.» (MdG)

les travailleurs, en effet, recouraient tout de suite au sabotage et incendiaient les usines. — Pour conduire les hommes à un accord pacifique de leurs intérêts en deçà de tout ordre juridique, il existe finalement, abstraction faite de toutes vertus, un mobile efficace qui même à la volonté la plus récalcitrante suggère assez souvent les moyens purs qu'on a dits, au lieu de moyens violents, par crainte des inconvénients communs que risque d'entraîner, quelle qu'en soit l'issue, une confrontation violente. Dans les conflits d'intérêt entre personnes privées, les cas sont innombrables où ces inconvénients sautent aux yeux. Il en va autrement lorsque des classes ou des nations entrent en conflit ; là, les ordres supérieurs qui menacent d'écraser au même titre le vainqueur et le vaincu échappent au sentiment du plus grand nombre et ne sont vus clairement par presque personne. La recherche de ces ordres supérieurs, et des intérêts communs qui y correspondent et fournissent à une politique de moyens purs son plus constant mobile, nous entraînerait trop loin[1]. C'est pourquoi l'on se contentera de renvoyer aux moyens purs de la politique elle-même en tant qu'ils sont analogues à ceux qui régissent le commerce pacifique entre personnes privées.

Pour ce qui est de la lutte des classes, la grève ici, sous certaines conditions, doit être considérée comme un moyen pur. Il faut définir de façon plus précise deux espèces de grève, essentiellement distinctes, et dont on a déjà considéré les possibilités. Bien qu'il l'ait fait à partir de réflexions plus politiques que purement théoriques, le mérite de Sorel est d'avoir introduit cette distinction. Il oppose l'une à l'autre la grève générale politique et la grève générale prolétarienne. L'opposition entre elles concerne

1. Mais voir à ce sujet Unger, *op. cit.*, p. 18 *sq.*

aussi leur rapport à la violence. Des partisans de la première, Sorel déclare : « Le renforcement de l'État est à la base de toutes leurs conceptions ; dans leurs organisations actuelles les politiciens [il s'agit des socialistes modérés, WB] préparent déjà les cadres d'un pouvoir fort, centralisé, discipliné, qui ne sera pas troublé par les critiques d'une opposition, qui saura imposer le silence et qui décrétera ses mensonges[1]. » Il ajoute plus loin : « La grève générale politique nous montre comment l'État ne perdrait rien de sa force, comment la transmission se ferait de privilégiés à privilégiés, comment le peuple de producteurs arriverait à changer de maîtres[2]. » Par opposition à cette grève générale politique (dont la formule d'ailleurs semble être celle de la révolution allemande qui vient de passer comme un éclair) la grève générale prolétarienne s'assigne comme seule et unique tâche de détruire la violence de l'État. Elle « supprime toutes les conséquences idéologiques de toute politique sociale possible ; ses partisans regardent les réformes, même les plus populaires, comme ayant un caractère bourgeois [...][3]. » — « Cette grève générale marque, d'une manière très claire, son indifférence pour les profits matériels de la conquête, en affirmant qu'elle se propose de supprimer l'État ; l'État a été, en effet, [...] la raison d'être des groupes dominateurs qui profitent de toutes les entreprises dont l'ensemble de la société supporte les charges[4]. » Tandis que la première forme de cessation du travail est une violence puisqu'elle ne provoque qu'une modification extérieure des conditions du travail, la seconde, comme moyen pur, est non violente. Car

1. Georges Sorel, *Réflexions sur la violence*, 5e éd., Paris, M. Rivière, 1919, p. 250.
2. *Ibid.*, p. 265.
3. *Ibid.*, p. 195.
4. *Ibid.*, p. 249.

elle ne se produit pas avec le projet de reprendre le travail après des concessions extérieures et une quelconque modification des conditions du travail, mais avec la résolution de ne reprendre qu'un travail complètement transformé, non imposé par l'État; c'est là un changement radical, que cette sorte de grève a moins pour but de provoquer que d'accomplir. Ainsi la première de ces entreprises est fondatrice de droit, la seconde, au contraire, est anarchiste. S'appuyant sur certaines déclarations occasionnelles de Marx, Sorel interdit au mouvement révolutionnaire toute sorte de programmes, d'utopies, en un mot de fondations juridiques : « Avec la grève générale toutes ces belles choses disparaissent; la révolution apparaît comme une pure et simple révolte et nulle place n'est réservée aux sociologues, aux gens du monde amis des réformes sociales, aux intellectuels qui ont embrassé la profession de penser pour le prolétariat [1]. » À cette conception profonde, morale et authentiquement révolutionnaire on ne peut objecter aucune considération qui prétendrait stigmatiser comme violence une grève générale de ce type en raison de ses possibles conséquences catastrophiques. Même s'il était permis de dire avec raison que l'économie actuelle, envisagée dans son ensemble, est beaucoup moins comparable à une machine, qui s'arrête lorsque son chauffeur l'abandonne, qu'à un fauve qui se déchaîne aussitôt que le dompteur a le dos tourné, il n'est pas permis cependant de porter un jugement sur le caractère violent d'une conduite d'après ses effets, non plus que d'après ses fins, mais seulement selon la loi de ses moyens. Sans doute le pouvoir étatique, qui ne voit que les conséquences, opposant cette sorte de grève aux grèves partielles qui, le plus

---

1. *Ibid.*, p. 200. N. d. T. : Dans le texte de Sorel, les six derniers mots sont en italiques. (MdG)

souvent, ne sont en fait que des chantages, s'attaque
à elle comme à une prétendue violence. Mais à quel
point une conception si rigoureuse de la grève générale est propre, comme telle, à diminuer dans les
révolutions le rôle de la violence proprement dite,
Sorel l'a démontré par des arguments ingénieux.
— Au contraire la grève des médecins, telle que l'ont
connue plusieurs villes allemandes, est un cas remarquable de cessation violente du travail, apparentée
au blocus, plus immorale et plus sauvage que la
grève générale politique. On assiste là, sur le mode le
plus répugnant, à une application sans scrupule de
la violence, tout bonnement abjecte dans le cas d'une
profession qui, des années durant, sans la moindre
tentative de résistance, avait «assuré son butin à la
mort [1]» pour ensuite, à la première occasion, sacrifier de son plein gré la vie. — Plus clairement que dans
les récentes luttes de classes, il s'est constitué, dans
l'histoire millénaire des États, des moyens d'accord
non violents. La tâche des diplomates, dans leurs
échanges, ne consiste qu'occasionnellement à modifier des ordres juridiques. Pour l'essentiel, de façon
tout à fait analogue à l'accord entre personnes privées, ils ont, au nom de leurs États, à régler leurs
conflits, cas après cas, pacifiquement et sans traités.
Tâche délicate, que les tribunaux arbitraux accomplissent avec plus de résolution, mais qui se situe
par principe à un niveau supérieur à celui de l'arbi-
trage, au-delà, en effet, de tout ordre du droit et, par
conséquent, de toute violence. Ainsi, comme le commerce des personnes privées, celui des diplomates a
généré des formes et des vertus propres qui sont
devenues extérieures mais pour autant ne l'ont pas
toujours été.

1. N. d. T. : En mettant, pendant la guerre, le plus grand nombre
de combattants valides à la disposition du commandement. (MdG)

Dans le domaine entier des violences envisagées par le droit naturel et par le droit positif, on n'en trouve aucune qui échappe au caractère lourdement problématique, déjà évoqué, de toute violence juridique. Cependant, puisque toute idée d'un accomplissement des tâches humaines, de quelque façon qu'on l'envisage — sans même parler d'une délivrance de l'emprise exercée par toutes les situations historiques qu'a connues jusqu'à présent le monde —, reste irréalisable si l'on écarte totalement et par principe toute violence, la question s'impose de chercher d'autres formes de violence que celles qu'envisage toute théorie juridique. Et aussi la question de la vérité qu'il faut attribuer à ce qui est le dogme fondamental commun à ces théories : des moyens légitimes permettent d'atteindre à des fins justes. Que se passerait-il, par conséquent, si toute espèce de violence, s'imposant à la manière d'un destin, utilisant des moyens légitimes, en elle-même se trouvait en conflit inexpiable avec des fins justifiées, et s'il fallait en même temps envisager une autre sorte de violence, qui alors assurément ne pourrait être pour ces fins ni le moyen justifié ni le moyen injustifié, mais ne jouerait d'aucune façon à leur égard le rôle de moyen, entretenant bien plutôt avec eux de tout autres rapports ? Ainsi se trouverait mise en lumière la singulière expérience, à première vue décourageante, qui correspond au caractère finalement indécidable de tous les problèmes de droit (expérience qui, dans son absence de toute issue possible, n'a peut-être de comparable que l'impossibilité où se trouvent toutes les langues naissantes de décider de façon concluante sur le « correct » et le « faux »). Ce qui décide, en effet, de la légitimité des moyens et de la justification des fins, ce n'est jamais la raison mais, pour la première, une violence qui a le caractère d'un destin et, pour la seconde, Dieu lui-même. Si cette vérité est rarement reconnue, c'est seulement parce que l'habitude s'est enracinée de penser ces fins justifiées comme celles d'un droit possible, c'est-à-dire non seulement comme universellement valables (ce qu'implique analytiquement le caractère propre de la justice), mais aussi comme universalisables, ce qui, comme on pourrait le démontrer, contredit à ce caractère. Car des fins qui, pour une situation, sont justifiées et doivent être universellement reconnues ou qui sont universellement valables, ne sont telles pour aucune autre situation, si analogue soit-elle à la première sous d'autres rapports. — Une fonction non médiate de la violence, telle qu'elle est ici en question, se révèle déjà dans l'expérience quotidienne. En ce qui concerne l'homme, la colère, par exemple, provoque en lui les plus visibles explosions d'une violence qui ne se rapporte pas comme moyen à une fin déjà définie. Elle n'est pas moyen, mais manifestation. Plus précisément, cette violence connaît des manifestations parfaitement objectives et qui permettent de la critiquer. On en trouve des exemples de la plus haute importance, tout d'abord dans le mythe.

La violence mythique, sous ses formes archétypiques, est pure manifestation des dieux. Non moyen de leurs fins, à peine manifestation de leur vouloir, d'abord manifestation de leur existence. La légende de Niobé en contient un exemple remarquable. Certes il pourrait sembler que la conduite d'Apollon et d'Artémis fût un simple châtiment. Mais leur violence fonde un droit bien plutôt qu'elle ne punit une infraction à un droit existant. Si l'orgueil de Niobé lui attire le malheur, ce n'est point parce qu'il viole le droit, mais parce qu'il provoque le destin — pour un combat où ce dernier ne peut que vaincre et, tout au plus, ne génère un droit qu'en triomphant. Combien peu une telle violence divine, au sens antique, était la violence conservatrice propre au châtiment,

c'est ce que montrent les légendes où le héros, Pro-
méthée par exemple, avec un courage digne de respect provoque le destin, avec un bonheur inégal lutte
contre lui et n'est pas abandonné par la légende sans
l'espoir d'apporter un jour aux hommes un droit
nouveau. C'est en réalité ce héros, et la violence juridique du mythe qu'il incarne, que le peuple cherche,
aujourd'hui encore, à rendre présents à son esprit,
lorsqu'il admire le grand criminel. La violence qui
fond sur Niobé vient donc de la sphère incertaine et
ambiguë du destin. Elle n'est pas proprement destructrice. Bien qu'elle apporte aux enfants de Niobé
une mort sanglante, elle respecte la vie de la mère,
qu'elle laisse, alourdie seulement par la mort de ses
enfants d'une plus grande culpabilité, comme éternelle et muette porteuse de la faute, mais aussi comme
borne frontière entre les hommes et les dieux. Si
cette violence immédiate dans ses manifestations
mythiques peut apparaître très proche de la violence
fondatrice de droit, voire identique à elle, de là une
problématique rejaillit sur la violence fondatrice de
droit, dans la mesure où cette dernière, dans l'examen présenté plus haut de la violence guerrière, a
été caractérisée comme une violence ayant seulement le caractère de moyen. En même temps alors
cette corrélation promet de répandre plus de lumière
sur le destin, lequel, en tout cas, est le fondement de
la violence juridique, et de mener à bonne fin, dans
ses grands traits, la critique de cette violence. Comme
fondatrice de droit, la violence, en effet, a une double
fonction, en ce sens que la fondation de droit s'efforce certes, par le moyen de la violence, d'atteindre
comme sa fin *cela même* qui est instauré comme
droit, mais au moment où elle instaure comme droit
ce qui est sa fin, au lieu de congédier la violence,
maintenant seulement elle en fait une violence fondatrice de droit au sens rigoureux, c'est-à-dire de

façon immédiate, puisqu'elle établit, sous le nom de pouvoir, une fin non pas libérée et indépendante de la violence, mais, en tant que droit, liée à elle de façon nécessaire et intérieure. La fondation de droit est une fondation de pouvoir et, dans cette mesure, un acte de manifestation immédiate de la violence. Si la justice est le principe de toute finalité divine, le pouvoir est le principe de toute fondation mythique du droit.

Ce dernier principe connaît dans le droit étatique une application dont les conséquences sont énormes. Dans son domaine, en effet, la définition des frontières, objet de la « paix » au terme de toutes les guerres de l'époque mythique, est le phénomène originaire de toute violence fondatrice de droit. Dans cette opération il apparaît de la façon la plus évidente que ce que doit garantir toute violence fondatrice de droit est bien plus le pouvoir qu'un gain surabondant de biens. Là où l'on définit des frontières, l'adversaire n'est pas purement et simplement anéanti ; disons plus : là même où le vainqueur dispose de la violence la plus écrasante, on reconnaît des droits à l'adversaire. Plus précisément, on reconnaît, sur un mode démoniquement ambigu, des droits « égaux » ; pour les deux contractants, c'est la même ligne qu'il n'est point permis de franchir. Ainsi apparaît, dans une terrible primitivité, l'ambiguïté mythique des lois qu'on n'a pas le droit de « transgresser », celle qu'Anatole France évoque sur le mode satirique lorsqu'il dit : « Elles interdisent également aux pauvres et aux riches de coucher sous les ponts. » Il semble aussi que Sorel touche à une vérité non seulement historico-culturelle, mais bien métaphysique, lorsqu'il conjecture qu'à ses origines tout droit fut privilège [1]

1. N. d. T. : En allemand, *Recht* veut dire « droit » et *Vorrecht* « privilège » ou « prérogative ». Benjamin écrit ici *« Vor »recht*, ce qu'il faudrait littéralement traduire : « pré »droit. (MdG)

des rois ou des grands, bref des puissants. Et tel, en effet, il restera, *mutatis mutandis*, aussi longtemps qu'il existera. Car, du point de vue de la violence qui seule peut se porter garant du droit, il n'est pas d'égalité mais, dans le meilleur des cas, des violences d'égale grandeur. Cependant pour la connaissance du droit l'acte de définition des frontières est significatif aussi d'un autre point de vue. Des frontières fixées et définies demeurent, au moins dans les temps primitifs, des lois non écrites. L'homme peut les transgresser sans le savoir, et être ainsi soumis à expiation. Car toute intervention du droit que provoque la transgression de la loi non écrite et inconnue s'appelle expiation et se distingue d'un châtiment. Mais de quelque façon malchanceuse qu'elle puisse frapper l'ignorant, l'expiation, au sens du droit, n'est pas un accident, c'est un destin, lequel ici se montre, une fois encore, dans son ambiguïté voulue. Considérant en passant l'idée antique de destin, Hermann Cohen a qualifié déjà de «connaissance qui devient inéluctable» le fait que ce soient «les décrets mêmes» du destin «qui semblent occasionner et provoquer cette transgression, cette chute[1]». De cet esprit du droit porte encore témoignage le principe moderne selon lequel l'ignorance de la loi ne garantit point du châtiment, de même aussi que le combat pour le droit écrit, aux premiers temps des communautés antiques, doit s'entendre comme rébellion contre l'esprit des prescriptions mythiques.

Bien loin de nous révéler une sphère plus pure, la manifestation mythique de la violence immédiate se montre très profondément identique à toute force du droit, transformant le pressentiment du caractère problématique de cette force en certitude du carac-

---

1. Hermann Cohen, *Ethik des reinen Willens*, 2e éd., Berlin, B. Cassirer, 1907, p. 362.

tère pernicieux de sa fonction historique ; notre tâche est donc d'en finir avec elle. En dernière instance, cette tâche pose une fois encore la question d'une violence pure et immédiate, capable d'endiguer la violence mythique. De même que dans tous les domaines Dieu s'oppose au mythe, ainsi à la violence mythique s'oppose la violence divine. À tous égards elle en est le contraire. Si la violence mythique est fondatrice de droit, la violence divine est destructrice de droit ; si l'une pose des frontières, l'autre est destructrice sans limites ; si la violence mythique impose tout ensemble la faute et l'expiation, la violence divine lave de la faute ; si celle-là menace, celle-ci frappe ; si la première est sanglante, sur un mode non sanglant la seconde est mortelle. À la légende de Niobé on peut opposer comme exemple de cette violence le jugement de Dieu contre la bande de Coré[1]. Il frappe des privilégiés, des lévites, les frappe sans les avoir avertis, sans menace, et n'hésite pas à les anéantir. Mais dans cet anéantissement même il lave en même temps la faute et l'on ne peut méconnaître une profonde corrélation entre le caractère non sanglant et le caractère expiateur de cette violence. Car le sang est le symbole de la simple vie. Or, comme on ne peut l'exposer ici de façon plus précise, la force du droit entre en action par suite de la faute de la vie purement naturelle, laquelle, de manière innocente et malchanceuse, livre le vivant à l'expiation qui le « lave » de sa faute — et aussi bien délivre le coupable, non pourtant d'une faute, mais du droit. Car avec la vie pure et simple cesse la domination du droit sur le vivant. La violence mythique est violence sanglante exercée en sa propre faveur contre la vie pure et simple ; la violence divine est violence pure exercée en faveur du vivant contre

1. N. d. T. : *Nombres*, XVI, 1, 35. (MdG)

toute vie. La première exige le sacrifice, la seconde l'accepte.

Cette violence divine ne s'atteste pas seulement par la tradition religieuse, mais on la trouve aussi dans la vie présente, au moins à travers une manifestation sacralisée. Ce qui, comme pouvoir éducateur sous sa forme achevée, se situe hors du droit, est l'une de ces manifestations. Ce qui définit donc cette violence n'est pas que Dieu lui-même l'exerce dans des miracles, mais ce sont plutôt les éléments qu'on a dits d'un processus non sanglant qui frappe et fait expier. Et finalement l'absence de toute fondation de droit. Dans cette mesure il est certes légitime d'attribuer aussi à cette violence le qualificatif de destructrice ; mais elle n'est telle que relativement, par rapport à des biens, au droit, à la vie et autres choses du même genre, non point jamais de façon absolue à l'égard de l'âme du vivant. — Pareille extension de la violence pure ou divine provoquera certes aujourd'hui les plus véhémentes attaques, et l'on objectera qu'en bonne logique elle laisse aux hommes le champ libre pour exercer les uns contre les autres la violence qui donne la mort. C'est ce que nous n'admettons pas. Car à la question : « M'est-il permis de tuer ? » l'imprescriptible réponse est le commandement « Tu ne dois pas tuer ». Ce précepte se tient devant l'action comme si Dieu « empêchait » qu'elle s'effectuât. Mais aussi vrai que ce ne saurait être la crainte du châtiment qui impose l'obéissance au commandement, ce dernier demeure inapplicable à l'action accomplie, et sans aucune mesure avec elle. De lui ne suit sur elle aucun jugement. Et de la sorte, dès le départ, on ne doit préjuger ni du jugement divin sur l'action, ni de la raison de ce jugement. C'est pourquoi ceux-là ont tort qui fondent sur le précepte la condamnation de toute mise à mort violente de l'homme par les autres hommes. Le précepte n'est pas là comme étalon du jugement, mais, pour la personne ou la communauté qui agit, comme fil conducteur de son action; c'est à cette personne ou cette communauté, dans sa solitude, de se mesurer avec lui et, dans des cas exceptionnels, d'assumer la responsabilité de ne pas en tenir compte. Ainsi l'entendait aussi le judaïsme, qui refusait expressément la condamnation du meurtre en cas de légitime défense. — Mais les penseurs dont on discute ici l'opinion se réfèrent à un théorème plus lointain, à partir duquel ils pensent sans doute fonder également, pour sa part, le précepte. Ce théorème est la proposition selon laquelle toute vie serait sacrée, soit qu'ils rapportent cette proposition à toute vie animale, voire végétale, soit qu'ils la restreignent à la vie humaine. Leur argumentation, dans un cas extrême qui a pour exemple la mise à mort révolutionnaire des oppresseurs, se présente ainsi : « Si je ne tue pas, je n'instituerai jamais sur terre le règne de la justice [...], pense l'intellectuel terroriste [...]. Quant à nous, nous professons que, plus haut encore que le bonheur et que la justice d'une existence, se situe l'existence en elle-même[1]. » Aussi sûrement cette dernière proposition est fausse et même sans noblesse, aussi sûrement elle révèle l'obligation de ne pas chercher plus longtemps la raison du précepte dans l'effet de l'action sur la victime du meurtre, mais bien dans son effet sur Dieu et sur l'acteur lui-même. Fausse et basse est la proposition selon laquelle l'existence se situerait plus haut que l'existence juste, si par existence on entend seulement le simple fait de vivre — et c'est bien ce qu'on entend dans la considération qui vient d'être rappor-

---

1. Kurt Hiller, «Anti-Kain. Ein Nachwort [...]», in *Das Ziel. Jahrbücher für geistige Politik*, Kurt Hiller (éd.), t. III, Munich, 1919, p. 25.

tée. Mais cette proposition contient une forte vérité si existence (ou, mieux, vie) — termes dont l'ambiguïté, tout à fait analogue à celle du mot paix, doit être levée par leur référence à deux domaines distincts — signifie l'immuable état de l'«homme». Si la proposition veut dire que le non-être de l'homme serait quelque chose de plus terrible que le non-encore-être (inconditionnellement pur et simple) de l'homme juste. À cette ambiguïté la proposition en question doit son caractère spécieux. L'homme précisément ne doit être confondu à aucun prix avec la simple vie qui est en lui, ni avec cette simple vie ni avec n'importe quel autre de ses états et n'importe quelle autre de ses qualités, disons plus : pas même avec l'unicité de sa personne physique. Autant l'homme est sacré (ou aussi cette vie en lui qui reste identique dans la vie sur terre, dans la mort et dans la survie), aussi peu le sont ses états, aussi peu l'est sa vie physique, susceptible d'être lésée par d'autres hommes. Qu'est-ce, en effet, qui la distingue essentiellement de celle des bêtes et des plantes ? Et même si bêtes et plantes étaient sacrées, elles ne pourraient l'être pour leur simple vie, ni en elle. Sur l'origine du dogme qui affirme le caractère sacré de la vie il vaudrait la peine de faire une recherche. Il se peut, il est même vraisemblable, que ce dogme soit récent, à titre d'ultime égarement de la tradition occidentale affaiblie qui cherche dans le cosmologiquement impénétrable le sacré qu'elle a perdu. (L'ancienneté de tous les préceptes religieux condamnant le meurtre ne prouve rien là contre, car ils reposent sur d'autres conceptions que le théorème moderne.) Et voici finalement qui donne à réfléchir : ce qui est ici qualifié de sacré est ce que l'ancienne pensée mythique désignait comme porteur de culpabilité : le simple fait de vivre.

La critique de la violence est la philosophie de son

histoire. La «philosophie» de cette histoire parce que seule l'idée de son point de départ permet une prise de position critique, distinctive et décisive, sur ses données à tel moment du temps. Un regard qui ne porterait que sur la réalité la plus proche n'est en mesure, au mieux, que de percevoir un va-et-vient dialectique entre les formes que prend la violence comme fondatrice et comme conservatrice de droit. La loi de ces oscillations repose sur le fait que toute violence conservatrice de droit, à la longue, par la répression des contre-violences hostiles, affaiblit elle-même indirectement la violence fondatrice de droit qui est représentée en elle. (Au cours de la présente étude, certains symptômes de ce fait ont été indiqués.) La chose dure jusqu'au moment où soit des violences nouvelles, soit les violences précédemment réprimées l'emportent sur la violence jusqu'alors fondatrice de droit, et de la sorte fondent un droit nouveau pour un nouveau déclin. C'est sur la rupture de ce cercle magique des formes mythiques du droit, sur la destitution du droit, y compris les pouvoirs dont il dépend, et qui dépendent de lui, finalement donc du pouvoir de l'État, que se fondera une nouvelle ère historique. Si déjà le règne du mythe est présentement, ici et là, battu en brèche, ce nouveau ne se situe pas dans un horizon lointain si difficile à concevoir qu'une objection contre le droit se réglerait d'elle-même. Mais, si la violence voit, au-delà du droit, son statut assuré comme violence pure et immédiate, la preuve alors sera faite qu'est également possible, et de quelle manière, cette violence révolutionnaire dont le nom est celui qui doit être donné à la plus haute manifestation de la violence pure parmi les hommes. Mais il n'est pour les hommes ni également possible, ni également urgent, de décider quand une violence pure fut effective en un cas déterminé. Car seule se peut connaître avec certitude la violence mythique, non la violence divine, sinon dans ses effets incomparables, car la force de la violence, celle de pouvoir laver la faute, ne saute pas aux yeux pour les hommes. À nouveau restent libres pour la pure violence divine toutes les formes éternelles que le mythe abâtardissait en les liant au droit. Dans la véritable guerre elle a pouvoir de se manifester, exactement comme dans le jugement de Dieu porté par la foule sur le criminel. Mais il faut rejeter toute violence mythique, la violence fondatrice du droit, qu'on peut appeler violence discrétionnaire. Il faut rejeter aussi la violence conservatrice de droit, la violence administrée qui est au service de la violence discrétionnaire. La violence divine, qui est insigne et sceau, non point jamais moyen d'exécution sacrée, peut être appelée souveraine.

9

La tâche du traducteur [1]

En aucun cas, devant une œuvre d'art ou une forme d'art, la référence au récepteur ne se révèle fructueuse pour la connaissance de cette œuvre ou de cette forme. Non seulement toute relation à un public déterminé ou à ses représentants induit en erreur, mais même le concept d'un récepteur « idéal » nuit à tous les exposés théoriques sur l'art, car ceux-ci ne sont tenus de présupposer que l'existence et l'essence de l'homme en général. De même, l'art présuppose l'essence corporelle et intellectuelle de l'homme, mais dans aucune de ses œuvres il ne présuppose son attention. Car aucun poème ne s'adresse au lecteur, aucun tableau au spectateur, aucune symphonie à l'auditoire.

Une traduction est-elle faite pour les lecteurs qui ne comprennent pas l'original ? Cela suffit, semble-t-il, pour expliquer la différence de niveau artistique entre une traduction et l'original. C'est en outre, semble-t-il, la seule raison qu'on puisse avoir de redire « la même chose ». Mais que « dit » une œuvre litté-

---

1. N. d. T.: Première publication dans Charles Baudelaire, *Tableaux parisiens*, traduction et avant-propos sur la tâche du traducteur par Walter Benjamin, Heidelberg, Richard Weißbach, 1923. (RR)

raire? Que communique-t-elle? Très peu à qui la comprend. Ce qu'elle a d'essentiel n'est pas communication, n'est pas message. Une traduction cependant, qui cherche à transmettre ne pourrait transmettre que la communication, et donc quelque chose d'inessentiel. C'est là, d'ailleurs, l'un des signes auxquels se reconnaît la mauvaise traduction. Mais ce que contient une œuvre littéraire en dehors de la communication — et même le mauvais traducteur conviendra que c'est l'essentiel — n'est-il pas généralement tenu pour l'insaisissable, le mystérieux, le « poétique » ? Pour ce que le traducteur ne peut rendre qu'en faisant lui-même œuvre de poète? D'où, en effet, un second signe caractéristique de la mauvaise traduction, qu'il est par conséquent permis de définir comme une transmission inexacte d'un contenu inessentiel. Rien n'y fait tant que la traduction prétend servir le lecteur. Si elle était destinée au lecteur, il faudrait que l'original aussi le fût. Si ce n'est pas là la raison d'être de l'original, comment pourrait-on comprendre alors la traduction à partir de ce rapport?

La traduction est une forme. Pour la saisir comme telle, il faut revenir à l'original. Car c'est lui, par sa traductibilité, qui contient la loi de cette forme. La question de la traductibilité d'une œuvre est ambiguë. Elle peut signifier: parmi la totalité de ses lecteurs, cette œuvre trouvera-t-elle jamais son traducteur compétent? Ou bien, et plus proprement: de par son essence admet-elle, et par conséquent — selon la signification de cette forme — appelle-t-elle la traduction? Par principe, la première question ne peut recevoir qu'une réponse problématique, la seconde cependant une réponse apodictique. Seule la pensée superficielle, en niant le sens autonome de la seconde, les tiendra pour équivalentes. Mais il faut, bien au contraire, souligner que certains concepts de relation gardent leur bonne, voire peut-être leur meilleure signification si on ne les réfère pas d'emblée exclusivement à l'homme. Ainsi pourrait-on parler d'une vie ou d'un instant inoubliables, même si tous les hommes les avaient oubliés. Car, si l'essence de cette vie ou de cet instant exigeait qu'on ne les oubliât pas, ce prédicat ne contiendrait rien de faux, mais seulement une exigence à laquelle les hommes ne peuvent répondre, et en même temps sans doute le renvoi à un domaine où cette exigence trouverait un répondant : la mémoire de Dieu. De même, il faudrait envisager la traductibilité d'œuvres langagières, même si elles étaient intraduisibles pour les hommes. À prendre dans sa rigueur le concept de traduction, ne le seraient-elles pas, en effet, dans une certaine mesure ? — Cette dissociation opérée, la question est de savoir s'il faut exiger la traduction de certaines œuvres langagières. Car on peut poser en principe que, si la traduction est une forme, la traductibilité doit être essentielle à certaines œuvres.

En disant que certaines œuvres sont par essence traduisibles, on n'affirme pas que la traduction est essentielle pour elles, mais que leur traductibilité exprime une certaine signification, immanente aux originaux. Qu'une traduction, si bonne soit-elle, ne puisse jamais rien signifier pour l'original, c'est évident. Néanmoins, grâce à la traductibilité de l'original, la traduction est avec lui en très étroite corrélation. Disons même que cette corrélation est d'autant plus intime que pour l'original lui-même elle n'a plus de signification. Il est permis de l'appeler naturelle et, plus précisément, corrélation de vie. De même que les manifestations de la vie, sans rien signifier pour le vivant, sont avec lui dans la plus intime corrélation, ainsi la traduction procède de l'original. Certes moins de sa vie que de sa « survie ». Car la traduction vient après l'original et, pour les œuvres importantes, qui ne trouvent jamais leur traducteur prédestiné au temps de leur naissance, elle caractérise le stade de leur survie. C'est, en effet, dans leur simple réalité, sans aucune métaphore, qu'il faut concevoir pour les œuvres d'art les idées de vie et de survie. Que l'on soit en droit d'attribuer la vie à d'autres réalités qu'au corps organique, on s'en est douté même au temps des plus grands préjugés. Mais il ne peut guère s'agir d'étendre le règne de la vie sous le sceptre débile de l'âme, comme l'a tenté Fechner; ni de définir la vie à partir d'éléments de l'animalité encore moins déterminants, telle la sensation, qui ne peut la caractériser que de façon occasionnelle. C'est en reconnaissant bien plutôt la vie à tout ce dont il y a histoire, et qui n'en est pas seulement le théâtre, qu'on rend pleine justice au concept de vie. Car c'est à partir de l'histoire, non de la nature, moins encore d'une nature aussi variable que la sensation et l'âme, qu'il faut finalement circonscrire le domaine de la vie. Ainsi naît pour le philosophe la tâche de comprendre toute vie naturelle à partir de cette vie, de plus vaste extension, qui est celle de l'histoire. Et, à tout le moins, la survie des œuvres n'est-elle pas incomparablement plus aisée à connaître que celle des créatures? L'histoire des grandes œuvres d'art connaît leur filiation à partir des sources, leur création à l'époque de l'artiste, et la période de leur survie, en principe éternelle, dans les générations suivantes. Cette survie, lorsqu'elle a lieu, se nomme gloire. Des traductions qui sont plus que des transmissions naissent lorsque, dans sa survie, une œuvre est arrivée à l'époque de sa gloire. Par conséquent elles doivent plus leur existence à cette gloire qu'elles ne sont elles-mêmes à son service, comme de mauvais traducteurs le revendiquent communément pour leur travail. En elles la vie de l'original, dans son constant renouveau,

connaît son développement le plus tardif et le plus
étendu.

Ce développement, en tant qu'il est celui d'une vie
originale et élevée, est déterminé par une finalité
originale et élevée. Vie et finalité — leur corrélation
apparemment évidente, et qui pourtant échappe
presque à la connaissance, ne se révèle que lorsque
le but en vue duquel agissent toutes les finalités singulières de la vie n'est pas cherché à son tour dans
le domaine propre de cette vie, mais à un niveau
plus élevé. Tous les phénomènes de la vie qui ont
une finalité, comme cette finalité même, sont en fin
de compte au service, non pas de la vie, mais de
l'expression de son essence, de la représentation de
sa signification. Ainsi la finalité de la traduction
consiste, en fin de compte, à exprimer le rapport le
plus intime entre les langues. Il lui est impossible de
révéler, de créer ce rapport caché lui-même ; mais
elle peut le représenter en le réalisant en germe ou
intensivement. Et cette représentation d'un signifié
par l'essai, par le germe de sa création, est un mode
de représentation tout à fait original, qui n'a guère
d'équivalent dans le domaine de la vie non langagière. Car cette dernière connaît, dans les analogies
et les signes, d'autres types de référence que la réalisation intensive, c'est-à-dire anticipatrice, annon-
ciatrice. — Mais le rapport ainsi conçu, ce rapport
très intime entre les langues, est celui d'une convergence originale. Elle consiste en ce que les langues
ne sont pas étrangères les unes aux autres, mais, *a
priori* et abstraction faite de toutes relations historiques, apparentées en ce qu'elles veulent dire.

Avec cette tentative d'explication il semble, à vrai
dire, qu'après de vains détours nous débouchions à
nouveau sur la théorie traditionnelle de la traduction. Si dans les traductions doit s'attester la parenté
entre les langues, comment le pourrait-elle, sinon

par la transmission la plus exacte possible de la forme et du sens de l'original ? Certes, sur le concept de cette exactitude, la théorie en question ne saurait guère s'exprimer et, en dernière instance, serait incapable de rendre compte de ce qui est essentiel dans les traductions. Mais en vérité la parenté des langues s'atteste dans une traduction de façon beaucoup plus profonde et plus déterminée que dans la ressemblance superficielle et indéfinissable entre deux œuvres littéraires. Pour saisir le rapport authentique entre original et traduction, il faut procéder à un examen dont le propos est tout à fait analogue aux raisonnements par lesquels la critique de la connaissance doit démontrer l'impossibilité de la théorie du reflet. De même que, là, on montre qu'il ne saurait y avoir dans la connaissance, si elle consistait en reflets du réel, aucune objectivité, ni même aucune prétention à l'objectivité, ici, on peut prouver qu'aucune traduction ne serait possible si son essence ultime était de vouloir ressembler à l'original. Car dans sa survie, qui ne mériterait pas ce nom si elle n'était mutation et renouveau du vivant, l'original se modifie. Même les mots bien définis continuent à mûrir. Ce qui, du temps d'un auteur, a pu être une tendance de son langage littéraire peut être épuisé par la suite ; des tendances immanentes peuvent surgir à neuf de la forme créée. Ce qui avait une résonance jeune peut ensuite paraître usé, ce qui était d'usage courant peut prendre une résonance archaïque. Chercher l'essentiel de telles mutations, comme aussi du changement constant du sens, dans la subjectivité des générations suivantes et non dans la vie la plus propre du langage et de ses œuvres, ce serait — en concédant même le psychologisme le plus cru — confondre la cause et l'essence d'une chose, mais, à parler plus rigoureusement, ce serait, par impuissance de pensée, nier l'un des processus

historiques les plus puissants et les plus féconds. Et
voudrait-on même faire du dernier trait de plume de
l'auteur le coup de grâce porté à l'œuvre, on ne sau-
verait pas pour autant cette théorie périmée de la
traduction. Car, de même que la tonalité et la signification des grandes œuvres littéraires se modifient
totalement avec les siècles, la langue maternelle du
traducteur se modifie elle aussi. Disons plus : alors
que la parole de l'écrivain survit dans sa propre
langue, le destin de la plus grande traduction est de
s'intégrer au développement de la sienne et de périr
quand cette langue s'est renouvelée. La traduction
est si loin d'être la stérile équation de deux langues
mortes que précisément, parmi toutes les formes,
celle qui lui revient le plus proprement consiste
à prêter attention à la maturation posthume de la
parole étrangère et aux douleurs d'enfantement de
sa propre parole.

Si la parenté des langues s'annonce dans la traduction, c'est tout autrement que par la vague ressemblance entre l'original et sa réplique. De même
qu'il est clair en général que parenté n'implique pas
nécessairement ressemblance. Dans ce contexte, le
concept de parenté s'accorde encore avec son usage
au sens étroit, pour autant que l'identité de provenance n'en est pas, dans les deux cas, une définition
suffisante, quoique, certes, pour la détermination de
ce sens plus étroit le concept de provenance restera
indispensable. — En quoi peut consister la parenté
de deux langues si elle n'est pas historique ? Pas plus,
en tout cas, dans la ressemblance des œuvres que
dans celle des mots dont elles sont faites. Toute
parenté transhistorique entre les langues repose bien
plutôt sur le fait qu'en chacune d'elles, prise comme
un tout, une seule et même chose est visée qui, néanmoins, ne peut être atteinte par aucune d'entre elles
isolément, mais seulement par la totalité de leurs

intentions complémentaires, autrement dit le pur langage. En effet, alors que, dans des langues étrangères les unes aux autres, tous les éléments singuliers, les mots, les phrases, les enchaînements s'excluent, ces langues se complètent dans leurs intentions mêmes. Pour saisir exactement cette loi, une des lois fondamentales de la philosophie du langage, il faut, à l'intérieur de l'intention, distinguer ce qui est visé de la manière dont on le vise. Dans «Brot» et «pain», le visé est assurément le même, mais non la manière de le viser. Car en raison de ce mode de visée les deux mots signifient quelque chose de différent pour l'Allemand et le Français, ne sont pas pour eux interchangeables et même, en fin de compte, tendent à s'exclure l'un l'autre, alors que, pour ce qui concerne le visé, pris absolument, ils signifient une seule et même chose. Tandis que la manière de viser est en opposition dans ces deux mots, elle se complète dans les deux langues d'où ils proviennent. En elles, en effet, se complète la manière de viser, pour constituer le visé. Dans les langues prises une à une et donc incomplètes, ce qu'elles visent ne peut jamais être atteint de façon relativement autonome, comme dans les mots ou les phrases pris séparément, mais est soumis à une mutation constante, jusqu'à ce qu'il soit en état de ressortir, comme langage pur, de l'harmonie de tous ces modes de visée. Jusqu'alors il reste dissimulé dans les langues. Mais, lorsqu'elles croissent de la sorte jusqu'au terme messianique de leur histoire, c'est à la traduction, qui tire sa flamme de l'éternelle survie des œuvres et de la renaissance indéfinie des langues, qu'il appartient de mettre toujours derechef à l'épreuve cette sainte croissance des langues, pour savoir à quelle distance de la Révélation se tient ce qu'elles dissimulent, combien il peut devenir présent dans le savoir de cette distance.

C'est concéder par là même, il est vrai, que toute

traduction est une manière pour ainsi dire provisoire
de se mesurer à ce qui rend les langues étrangères
l'une à l'autre. Une solution de cette extranéité qui
soit plus que temporelle et provisoire, qui soit instantanée et définitive, voilà ce qui est refusé aux hommes,
ou, du moins, vers quoi ils ne peuvent tendre dans
l'immédiat. Mais, de manière médiate, c'est la croissance des religions qui, dans les langues, fait mûrir
la semence cachée d'un langage supérieur. Ainsi la
traduction, encore qu'elle ne puisse prétendre à la
durée de ses ouvrages, étant en cela sans ressemblance avec l'art, ne renonce pas pour autant à
s'orienter vers un stade ultime, définitif et décisif, de
toute construction verbale. En elle l'original croît et
s'élève dans une atmosphère, pour ainsi dire plus
haute et plus pure, du langage, où certes il ne peut
vivre durablement, et qu'il est en outre loin d'atteindre dans toutes les parties de sa forme, vers
laquelle cependant, avec une pénétration qui tient
du miracle, il fait au moins un signe, indiquant le
lieu promis et interdit où les langues se réconcilie-
ront et s'accompliront. Ce lieu, il ne l'atteint pas sans
reste, mais c'est là que se trouve ce qui fait que traduire est plus que communiquer. Pour donner une
définition plus précise de ce noyau essentiel, on peut
dire qu'il s'agit de ce qui, dans une traduction, n'est
pas à nouveau traduisible. Car, autant qu'on en
puisse extraire du communicable pour le traduire, il
reste toujours cet intouchable sur lequel portait le
travail du vrai traducteur et qui n'est pas transmis-
sible comme l'est, dans l'original, la parole de l'écrivain, car le rapport de la teneur au langage est tout à
fait différent dans l'original et dans la traduction. En
effet, si, dans l'original, teneur et langage forment
une certaine unité comparable à celle du fruit et de
sa peau, le langage de la traduction enveloppe sa
teneur comme un manteau royal aux larges plis. Car

il renvoie à un langage supérieur à lui-même et reste ainsi, par rapport à sa propre teneur, inadéquat, forcé, étranger. Ce caractère impropre empêche tout transfert et, en même temps, le rend inutile. Car toute traduction d'une œuvre appartenant à un moment déterminé de l'histoire de la langue, eu égard à un aspect déterminé de la teneur propre à cette œuvre, représente les traductions dans toutes les autres langues. La traduction transplante donc l'original sur un terrain — ironiquement — plus définitif, dans la mesure du moins où l'on ne saurait plus le déplacer de là par aucun transfert, mais seulement, vers ce terrain, l'élever toujours à nouveau et en d'autres parties. Ce n'est pas pour rien que le mot « ironique » peut évoquer ici certaines pensées des romantiques. Ils ont eu, avant d'autres, une connaissance de la vie des œuvres dont la traduction est un des témoignages les plus éminents. Certes ils ne l'ont guère reconnue en tant que telle, mais ont porté toute leur attention sur la critique qui représente elle aussi, mais à un moindre degré, un moment dans la survie des œuvres. Cependant, même si leur théorie ne s'est guère souciée de la traduction, leur œuvre importante de traducteurs n'allait pas sans un sentiment de l'essence et de la dignité de cette forme. Ce sentiment — tout l'indique — n'a pas nécessairement à être le plus fort chez l'écrivain lui-même ; on peut même dire sans doute que chez lui, en tant qu'écrivain, il a le moins de place. L'histoire elle-même ne justifie pas le préjugé conventionnel suivant lequel les traducteurs importants seraient des écrivains et les écrivains sans importance de moins bons traducteurs. Une série des plus grands, comme Luther, Voss, Schlegel, sont comme traducteurs incomparablement plus importants que comme écrivains ; d'autres, parmi les plus grands de tous, comme Hölderlin et George, si l'on considère l'ensemble de leur œuvre, ne doivent pas être considérés seulement comme des écrivains. À plus forte raison, pas comme traducteurs. En effet, de même que la traduction est une forme propre, on peut comprendre la tâche du traducteur comme une tâche propre et la distinguer avec précision de celle de l'écrivain.

Elle consiste à découvrir l'intention, visant la langue dans laquelle on traduit, à partir de laquelle on éveille en cette langue l'écho de l'original. C'est là un trait qui distingue absolument la traduction de l'œuvre littéraire, car l'intention de celle-ci ne vise jamais la langue comme telle, dans sa totalité, mais seulement, de façon immédiate, certains ensembles de teneurs langagières. La traduction, cependant, ne se voit pas, comme l'œuvre littéraire, pour ainsi dire plongée au cœur de la forêt alpestre de la langue ; elle se tient hors de cette forêt, face à elle, et, sans y pénétrer, y fait résonner l'original, au seul endroit chaque fois où elle peut faire entendre l'écho d'une œuvre écrite dans une langue étrangère. Non seulement son intention vise autre chose que ne le fait celle de l'œuvre littéraire, à savoir une langue dans son ensemble à partir d'une œuvre d'art singulière écrite en une langue étrangère, mais elle-même est autre : l'intention de l'écrivain est naïve, première, intuitive ; la sienne est dérivée, ultime, idéelle. Car son travail est animé par le grand motif d'une intégration des nombreuses langues pour former un seul langage vrai. Or, ce langage est celui dans lequel les différentes phrases, œuvres et jugements, pris un à un, ne parviennent jamais à s'entendre — et auront donc toujours besoin de la traduction —, mais où les langues elles-mêmes, complétées et réconciliées dans leur manière de signifier, tombent d'accord. Si jamais un langage de la vérité existe, où les ultimes secrets, que toute pensée s'efforce de révéler, sont conservés sans tension et eux-mêmes silencieux, ce langage de la vérité est — le vrai langage. Et ce langage, dont le pressentiment et la description constituent la seule perfection que puisse espérer le philosophe, est justement caché, de façon intensive, dans les traductions. Il n'y a pas de Muse de la philosophie, pas de Muse non plus de la traduction. Mais ni l'une ni l'autre ne sont béotiennes, comme le prétendent des artistes sentimentaux. Car il existe un génie philosophique, dont le caractère le plus propre est l'aspiration à ce langage qui s'annonce dans la traduction. «Les langues imparfaites en cela que plusieurs, manque la suprême : penser étant écrire sans accessoires, ni chuchotement, mais tacite encore l'immortelle parole, la diversité, sur terre, des idiomes empêche personne de proférer les mots qui, sinon se trouveraient, par une frappe unique, elle-même matériellement la vérité[1]. » Si la pensée qu'évoquent ces mots de Mallarmé est rigoureusement concevable pour le philosophe, la traduction, avec les germes qu'elle porte en elle d'un tel langage, se situe à mi-chemin de l'œuvre littéraire et de la doctrine. Son œuvre a moins de relief, mais s'imprime tout aussi profondément dans l'histoire.

Dès lors que la tâche du traducteur apparaît sous cette lumière, les chemins de son accomplissement risquent de s'obscurcir de façon d'autant plus impénétrable. Disons plus : de cette tâche qui consiste à faire mûrir, dans la traduction, la semence du pur langage, il semble impossible de jamais s'acquitter, il semble qu'aucune solution ne permette de la définir. En effet, ne prive-t-on pas une telle solution de toute base si la restitution du sens cesse d'être l'étalon ? Or c'est bien à cela — transcrit en négatif —

---

1. N. d. T. : Stéphane Mallarmé, «Crise de Vers», *Variations sur un sujet*, in *Œuvres complètes*, Henri Mondor et G. Jean-Aubry (éds.), Paris, Gallimard, Bibliothèque de la Pléiade, 1945, p. 363 *sq.* (RR)

que tend tout ce qui vient d'être dit. Fidélité et liberté — liberté de la restitution conforme au sens et, au service de cette restitution, fidélité au mot —, voilà les concepts que l'on invoque traditionnellement dans toute discussion concernant les traductions. Ils ne semblent plus pouvoir servir à une théorie qui, dans la traduction, cherche autre chose que la restitution du sens. Certes, l'usage traditionnel de ces concepts voit toujours subsister entre eux une contradiction insoluble. En effet, que peut apporter la fidélité s'il s'agit de restituer le sens ? Une traduction qui rend fidèlement chaque mot ne peut presque jamais restituer pleinement le sens qu'a le mot dans l'original. Car, selon sa signification littéraire pour l'original, ce sens ne s'épuise pas dans ce qui est visé, mais acquiert justement cette signification par la manière dont ce qui est visé est lié, dans le mot déterminé, au mode de la visée. C'est ce qu'on exprime généralement en disant que les mots portent avec eux une tonalité affective. À plus forte raison, la littéralité syntaxique met un terme à toute restitution du sens et risque de conduire tout droit à l'inintelligible. Les traductions de Sophocle par Hölderlin ont offert au XIXe siècle de monstrueux exemples d'une telle littéralité. Il va de soi, enfin, que la fidélité dans la restitution de la forme rend infiniment difficile la restitution du sens. En conséquence, ce n'est pas au nom de la conservation du sens que l'on peut exiger la littéralité. Cette conservation est beaucoup mieux servie par la liberté débridée des mauvais traducteurs, qui rendent évidemment beaucoup moins de services à la littérature et au langage. Par conséquent, cette exigence, dont la légitimité saute aux yeux, mais qui tient à des raisons profondément cachées, doit être nécessairement entendue à partir de corrélations plus pertinentes. Car, de même que les débris d'un vase, pour qu'on puisse reconstituer le tout, doivent s'accorder dans les plus petits détails, mais non être semblables les uns aux autres, ainsi, au lieu de s'assimiler au sens de l'original, la traduction doit bien plutôt, amoureusement et jusque dans le détail, adopter dans sa propre langue le mode de visée de l'original, afin de rendre l'un et l'autre reconnaissables comme fragments d'un même vase, comme fragments d'un même langage plus grand. C'est bien pourquoi la traduction ne peut que renoncer au projet de communiquer, faire abstraction du sens dans une très large mesure, et l'original ne lui importe que pour autant qu'il a déjà libéré le traducteur et son œuvre de la peine et de l'ordonnance d'un contenu à communiquer. Dans le domaine de la traduction aussi on peut dire : Ἐν ἀρχῇ ἦν ὁ λόγος, «Au commencement était le verbe.» En revanche, sa langue peut et même doit, face au sens, se laisser aller, afin de n'en pas faire résonner l'intention sur le mode d'une restitution, mais afin de faire résonner son propre mode d'intention en tant qu'harmonie, complément de la langue dans laquelle cette intention se communique. C'est pourquoi, surtout à l'époque où elle paraît, le plus grand éloge qu'on puisse faire à une traduction n'est pas qu'elle se lise comme une œuvre originale de sa propre langue. Au contraire, ce que signifie sa fidélité assurée par la littéralité, c'est que l'œuvre exprime le grand désir d'une complémentarité des langues. La vraie traduction est transparente, elle ne cache pas l'original, ne l'éclipse pas, mais laisse, d'autant plus pleinement, tomber sur l'original le pur langage, comme renforcé par son propre médium. C'est ce que réussit avant tout la littéralité dans la transposition de la syntaxe ; or, c'est elle, précisément, qui montre que le mot, non la phrase, est l'élément originaire du traducteur. Car si la phrase est le mur devant la langue de l'original, la littéralité est l'arcade.

Si fidélité et liberté de la traduction ont de tout
temps été considérées comme des tendances opposées, cette interprétation plus profonde de la première, loin de les réconcilier, semble priver la
seconde de tout droit. Car à quoi se rapporte la
liberté, sinon à cette restitution du sens qui doit cesser de faire la loi ? Mais, s'il est permis d'identifier
le sens d'une œuvre langagière à celui de sa communication, il reste, proche de lui et pourtant infiniment loin, caché sous lui ou plus manifeste, brisé
par lui ou s'imposant avec plus de force, au-delà de
toute communication, un élément ultime, décisif. Il
reste en toute langue et dans ses œuvres, hors du
communicable, un incommunicable, quelque chose
qui, selon le contexte où on le rencontre, est symbolisant ou symbolisé. Symbolisant seulement dans les
œuvres finies des langues ; mais symbolisé dans le
devenir même des langues. Or ce qui cherche à se
représenter, voire à se réaliser dans le devenir des
langues, c'est ce noyau même du pur langage. Mais
si celui-ci, même caché ou fragmentaire, est présent
pourtant dans la vie comme le symbolisé même, il
n'habite dans les œuvres que symbolisant. Si cette
ultime essence, qui est bien le pur langage lui-
même, dans les langues n'est liée qu'à du langagier
et à ses mutations, dans les œuvres elle est affligée
du sens lourd et étranger. La libérer de ce sens, du
symbolisant faire le symbolisé même, réintégrer au
mouvement de la langue le pur langage qui a pris
forme, tel est le prodigieux et l'unique pouvoir de
la traduction. Dans ce pur langage qui ne vise et
n'exprime plus rien, mais, parole inexpressive et
créatrice, est ce qui est visé par toutes les langues,
finalement toute communication, tout sens et toute
intention se heurtent à une strate où leur destin est
de s'effacer. Or c'est cette strate précisément qui
confirme que la liberté de la traduction possède une

légitimité nouvelle et supérieure. Cette liberté ne doit pas son existence au sens de la communication, auquel précisément la tâche de la fidélité est de faire échapper. Bien au contraire, pour l'amour du pur langage, c'est vis-à-vis de sa propre langue que l'on exerce sa liberté. Racheter dans sa propre langue ce pur langage exilé dans la langue étrangère, libérer en le transposant le pur langage captif dans l'œuvre, telle est la tâche du traducteur. Pour l'amour du pur langage, il brise les barrières vermoulues de sa propre langue : Luther, Voss, Hölderlin et George ont élargi les frontières de l'allemand. — Quelle signification conserve ici le sens pour le rapport entre la traduction et l'original, on peut l'exprimer par une comparaison. De même que la tangente ne touche le cercle que de façon fugitive et en un seul point et que c'est ce contact, non le point, qui lui assigne la loi selon laquelle elle poursuit à l'infini sa trajectoire droite, ainsi la traduction touche l'original de façon fugitive et seulement dans le point infiniment petit du sens, pour suivre ensuite sa trajectoire la plus propre, selon la loi de la fidélité dans la liberté du mouvement langagier. La vraie signification de cette liberté, sans la nommer ni la fonder, Rudolf Pannwitz[1] l'a caractérisée dans des propos qui se trouvent dans sa *Crise de la culture européenne* et qui, à côté des réflexions de Goethe dans ses notes pour le *Divan occidental et oriental*, pourraient bien être le meilleur de ce qu'on

---

1. N. d. T. : Rudolf Pannwitz (1881-1969), écrivain allemand, nietzschéen proche du cercle de Stefan George, auteur, entre autres, de *Dionysische Tragödien* (1913), *Die Krisis der europaeischen Kultur* (1917), *Cosmos atheos* (2 t., 1926), *Logos, Eidos, Bios,* (1931), *Der Nihilismus und die werdende Welt* (1951). Ici, Rudolf Pannwitz, *Werke*, t. II, *Die Krisis der europaeischen Kultur*, Nuremberg, Carl., 1917, p. 240 et 242. (RR)

a publié en Allemagne en matière de théorie de la traduction. Voici ce qu'écrit Pannwitz[1] : « nos traductions même les meilleures partent d'un faux principe voulant germaniser le sanscrit le grec l'anglais au lieu de sanscritiser d'helléniser d'angliciser l'allemand. Elles ont beaucoup plus de respect pour les usages de leur propre langue que pour l'esprit de l'œuvre étrangère. [...] l'erreur fondamentale du traducteur est de conserver l'état contingent de sa propre langue au lieu de la soumettre à la puissante action de la langue étrangère. Surtout lorsqu'il traduit d'une langue très éloignée il lui faut remonter aux éléments ultimes de la langue même là où se rejoignent mot image son il lui faut élargir et approfondir sa propre langue au moyen de la langue étrangère on n'imagine pas à quel point la chose est possible jusqu'à quel degré une langue peut se transformer à quel point de langue à langue il n'y a guère plus de différence que de dialecte à dialecte mais cela non point quand on les prend trop à la légère au contraire quand on les prend assez au sérieux. »

À quel point une traduction peut correspondre à l'essence de cette forme, la traductibilité de l'original le déterminera objectivement. Moins le langage de l'original a de valeur et de dignité, plus il est communication, moins la traduction peut y trouver son compte, jusqu'à ce que la totale prédominance de ce sens, bien loin d'être le levier d'une traduction formellement achevée, en ruine la possibilité. Plus une œuvre est de haute qualité, plus elle reste, même dans le plus fugitif contact avec son sens, susceptible encore d'être traduite. Cela ne vaut, bien entendu, que pour des textes originaux. Les traduc-

---

1. N. d. T. : Comme Stefan George, Pannwitz ignore les majuscules et les virgules. (RR)

tions, en revanche, se révèlent intraduisibles, non parce qu'elles seraient trop chargées de sens, mais parce qu'elles le sont de manière trop fugitive. À cet égard, comme de tout autre point de vue essentiel, les traductions de Hölderlin, surtout celle des deux tragédies de Sophocle, représentent une confirmation de notre thèse. L'harmonie entre les langues y est si profonde que le sens n'y est effleuré par le langage qu'à la manière dont le vent effleure une harpe éolienne. Les traductions de Hölderlin sont des archétypes de leur forme; avec les autres traductions, même les plus achevées, des mêmes textes, leur rapport est celui d'archétypes à modèles, comme le montre la comparaison entre les traductions de la troisième *Pythique* de Pindare par Hölderlin et par Borchardt. C'est précisément pourquoi elles sont exposées plus que d'autres à l'immense danger qui, dès le départ, guette toute traduction : que les portes d'une langue à tel point élargie et pétrie retombent et enferment le traducteur dans le silence. Ses traductions de Sophocle furent les dernières œuvres de Hölderlin. Le sens y tombe de précipice en précipice, jusqu'à risquer de se perdre dans les gouffres sans fond de la langue. Mais il existe un point d'arrêt. Aucun texte ne le garantit, cependant, hors du texte sacré, où le sens a cessé d'être la ligne de partage entre le flot du langage et le flot de la Révélation. Là où le texte, immédiatement, sans l'entremise du sens, dans sa littéralité, relève du langage vrai, de la vérité ou de la doctrine, il est absolument traduisible. Par égard non plus certes pour lui-même, mais seulement pour les langues. En face de lui il est exigé de la traduction une confiance tellement illimitée que, sans aucune tension, comme langue et Révélation dans le texte sacré, littéralité et liberté doivent s'unir dans la traduction sous forme de version interlinéaire. Car, à quelque degré, tous les grands écrits, mais au plus haut point les Saintes Écritures, contiennent entre les lignes leur traduction virtuelle. La version interlinéaire du texte sacré est l'archétype ou l'idéal de toute traduction.

10

Fragment théologico-politique[1]

Seul le messie lui-même achève tout devenir historique, en ce sens que seul il rachète, achève, crée la relation de ce devenir avec l'élément messianique lui-même. C'est pourquoi aucune réalité historique ne peut d'elle-même vouloir se rapporter au plan messianique. C'est pourquoi le royaume de Dieu n'est pas le *telos* de la *dunamis* historique ; il ne peut être posé comme but. Historiquement, il n'est pas un but, il est un terme. C'est pourquoi l'ordre du

1. N. d. T. : Sur la date de ce texte, inédit jusqu'à sa publication dans les *Schriften*, I, p. 511 sq (Francfort-sur-le-Main, 1955), Gershom Scholem nous écrit, de Jérusalem, le 11 novembre 1970 : « M'appuyant sur des raisons internes, ordre des idées et terminologie, je tiens pour indubitable que ces pages furent composées en 1920-21, en liaison avec "Pour une critique de la violence", et ne contiennent encore aucune relation avec les conceptions marxistes. Elles se situent sur le terrain d'un anarchisme métaphysique, correspondant aux idées de l'auteur avant 1924. Adorno les a datées de 1937 parce que c'est cette année-là que Benjamin lui avait lu ce texte comme quelque chose de nouveau. À quoi je réponds que c'était une plaisanterie, afin de savoir si Adorno prendrait un texte mystico-anarchiste pour une récente étude marxiste. Benjamin était d'ailleurs assez coutumier de ces expériences. » (MdG)

Il semble qu'en cette année 1937, les travaux de Benjamin dans le domaine de la philosophie de l'histoire l'aient amené à ressortir ce texte déjà ancien, mais qui conservait à ses yeux toute son actualité. La « plaisanterie », si plaisanterie il y avait, n'était donc pas tout à fait gratuite. (PR)

profane ne peut être bâti sur l'idée du royaume de Dieu, c'est pourquoi la théocratie n'a pas un sens politique, mais seulement un sens religieux. Le plus grand mérite de *L'Esprit de l'utopie* de Bloch[1] est d'avoir vigoureusement refusé toute signification politique à la théocratie.

L'ordre du profane doit s'édifier sur l'idée de bonheur. La relation de cet ordre avec l'élément messianique est l'un des enseignements essentiels de la philosophie de l'histoire. Cette relation conditionne en effet une conception mystique de l'histoire, dont le problème se peut exposer en une image. Si l'on représente par une flèche le but vers lequel s'exerce la *dunamis* du profane, par une autre flèche la direction de l'intensité messianique, assurément la quête du bonheur de la libre humanité tend à s'écarter de cette orientation messianique ; mais de même qu'une force peut, par sa trajectoire, favoriser l'action d'une autre force sur une trajectoire opposée, ainsi l'ordre profane du profane peut favoriser l'avènement du royaume messianique. Si le profane n'est donc pas une catégorie de ce royaume, il est une catégorie, et parmi les plus pertinentes, de son imperceptible approche. Car dans le bonheur tout ce qui est terrestre aspire à son anéantissement, mais c'est seulement dans le bonheur que cet anéantissement lui est promis. — Même s'il est vrai que l'intensité messianique immédiate du cœur, de chaque individu dans son être intérieur, s'acquiert à travers le malheur, au sens de la souffrance. Au mouvement spirituel de la *restitutio in integrum* qui conduit à l'immortalité, correspond une *restitutio* séculière qui conduit à

1. N. d. T. : Ernst Bloch, *Geist der Utopie*, Munich-Leipzig, Duncker & Humblot, 1918 (une nouvelle version de cet ouvrage sera publiée à Munich en 1923 ; c'est sur ce dernier texte qu'a été établie la traduction française : *L'Esprit de l'utopie*, trad. A.-M. Lang et C. Piron, Paris, Gallimard, 1977). (PR)

l'éternité d'un anéantissement, et le rythme de cette réalité séculière éternellement évanescente, évanescente dans sa totalité, évanescente dans sa totalité spatiale, mais aussi temporelle, le rythme de cette nature messianique est le bonheur. Car messianique est la nature de par son éternelle et totale évanescence.

Rechercher cette évanescence, même pour ces niveaux de l'homme qui sont nature, telle est la tâche de la politique mondiale, dont la méthode se doit appeler nihilisme.

11

Annonce de la revue
Angelus Novus[1]

En justifiant sa propre forme, la revue dont voici le projet voudrait faire en sorte qu'on ait confiance en son contenu. Sa forme est née de la réflexion sur ce qui fait l'essence d'une revue et elle peut, non pas rendre tout programme inutile, mais éviter qu'il suscite une productivité illusoire. Les programmes ne valent que pour l'activité que quelques individus ou quelques personnes étroitement liées entre elles déploient en direction d'un but précis ; une revue qui, expression vitale d'un certain esprit, est toujours bien plus imprévisible et plus inconsciente, mais aussi plus riche d'avenir et de développement que ne peut l'être toute manifestation de la volonté, une telle revue se méprendrait sur elle-même si elle voulait se reconnaître dans des principes, quels qu'ils soient. Par conséquent, pour autant que l'on puisse en attendre une réflexion — et, bien comprise, une telle attente est légitimement sans limite —, la réflexion que voici devra porter, moins sur ses pensées et ses opinions que sur ses fondements et ses

1. N. d. T. : Inédite du vivant de Benjamin, cette annonce d'une revue dont il conçoit le projet et rassemble les textes du premier numéro, mais à laquelle l'éditeur finira par renoncer, date de 1922. Pour l'histoire de ce projet, voir W. Benjamin, *Gesammelte Schriften*, Francfort-sur-le-Main, Suhrkamp, 1977, t. II, p. 981-997. (RR)

lois ; d'ailleurs, on ne doit pas non plus attendre de
l'être humain qu'il ait toujours conscience de ses tendances les plus intimes, mais bien qu'il ait conscience
de sa destination.

La véritable destination d'une revue est de témoigner de l'esprit de son époque. L'actualité de cet
esprit importe plus, à ses yeux, que son unité ou sa
clarté elles-mêmes ; voilà ce qui la condamnerait
— tel un quotidien — à l'inconsistance si ne prenait
forme en elle une vie assez puissante pour sauver
encore ce qui est problématique, pour la simple raison qu'elle l'admet. En effet, l'existence d'une revue
dont l'actualité est dépourvue de toute prétention
historique est injustifiée. Le caractère exemplaire
de l'*Athenaeum*[1] romantique tient au fait qu'il a été
capable, d'une façon incomparable, d'élever une
telle prétention. Si besoin était, cet exemple prouve-
rait que le public n'est point le critère de la véritable
actualité. Comme l'*Athenaeum*, inexorable dans sa
pensée, imperturbable dans ses déclarations, défiant,
s'il le faut, totalement le public, toute revue devrait
s'en tenir à ce qui prend forme, en tant que véritable
actualité, sous la surface stérile du nouveau ou du
dernier cri dont elle doit abandonner l'exploitation
aux quotidiens.

D'ailleurs, la critique veille au seuil de toute revue
conçue dans cet esprit. Mais si, à ses débuts, elle
n'avait affaire qu'à une ignominie banale, maintenant que, parmi les produits, le rétrograde et le fade,
et, parmi les producteurs, le bousillage et la naïveté
ne dominent plus, c'est à la falsification talentueuse
qu'elle est confrontée. Comme, en outre, depuis une
centaine d'années, toute page littéraire insolente peut,
en Allemagne, se présenter comme «critique», c'est

---

1. N. d. T. : Principale revue (1798-1800) du romantisme allemand, fondée par Friedrich Schlegel. (RR)

un double devoir de reconquérir la force de l'énoncé
critique. Il faut régénérer à la fois sa parole et son
verdict. Seule la Terreur remettra à sa place cette
singerie de la grande création picturale qu'est l'Expressionnisme littéraire. Si, pour une telle critique
destructrice, il faut situer l'œuvre dans un contexte
plus large — car comment faire autrement ? — il
incombe à la critique positive, plus que jusqu'ici,
plus aussi que n'ont réussi à le faire les romantiques,
de s'astreindre à ne parler que de l'œuvre d'art singulière. Car, contrairement à ce que l'on croit, la
tâche de la grande critique n'est ni d'enseigner au
moyen de l'exposé historique ni de former l'esprit
au moyen de la comparaison, mais de parvenir à
la connaissance en s'abîmant dans l'œuvre. Il lui
incombe de rendre compte de la vérité des œuvres,
comme l'exige l'art autant que la philosophie. La
signification d'une telle critique ne souffre pas
que ne lui soient réservées, en fin de fascicule, que
quelques colonnes, comme s'il s'agissait de remplir
une rubrique par obligation. La revue ne compor-
tera pas de « section critique » et ne marquera pas ses
contributions critiques du signe de Caïn qu'est une
typographie différente.

Consacrée autant qu'à la poésie, à la philosophie
et à la critique, cette dernière ne doit rien passer
sous silence de ce qu'il lui incombe de dire à propos
de la première. Tout porte à croire que c'est, depuis
le tournant du siècle, une époque périlleuse, décisive
dans tous les sens du terme, qui a commencé pour la
poésie allemande. Le mot emprunté à Hutten[1], à
propos de l'époque et du plaisir d'y vivre, dont le
ton paraissait de rigueur dans les programmes des

---

1. N. d. T. : Ulrich von Hutten (1488-1523), chevalier et humaniste allemand, célèbre pour ses attaques contre les princes allemands et l'Église romaine ; défenseur de la Réforme. (RR)

revues, ne s'applique ni à la poésie ni aux autres phénomènes de l'Allemagne actuelle. Depuis que l'œuvre
de [Stefan] George, ultime enrichissement de la
langue allemande, commence à acquérir un statut
historique, la première œuvre de chaque jeune auteur
semble être de constituer un nouveau trésor de la
langue poétique allemande. Or, s'il ne faut pas
attendre grand-chose d'une école dont l'effet le plus
durable est, on le verra bientôt, d'avoir énergique-
ment mis en lumière les limites d'un grand maître,
la mécanique manifeste de la production la plus
récente ne permet pas de faire confiance à la langue
de ses poètes. D'une façon plus incontestable qu'à
l'époque de Klopstock, dont certains poèmes res-
semblent à ceux que l'on tente d'écrire aujourd'hui,
d'une façon plus complète que jamais depuis des
siècles, la crise de la poésie allemande coïncide avec
une décision à prendre relativement à la langue allemande elle-même, dont le choix n'est déterminé ni
par la connaissance, ni par la culture, ni par le goût
et dont l'étude approfondie ne devient, en un certain
sens, possible qu'après l'énoncé d'un arrêt risqué.
Par conséquent, si nous touchons donc là à la frontière au-delà de laquelle une justification provisoire
ne peut s'aventurer, il n'est plus nécessaire de dire
que toute poésie et toute prose publiée par la revue
tiendront compte de ce qui a été dit ici ; en particulier, les poèmes du premier numéro doivent être
compris comme des décisions allant dans ce sens. À
côté de ces poèmes, on trouvera par la suite d'autres
auteurs qui ne font encore que chercher leur place à
l'ombre, voire à l'abri des premiers, mais qui, loin de
la violence fantomatique des auteurs dont on célèbre
aujourd'hui les hymnes, cherchent à maintenir en
vie un feu qu'ils n'ont pas eux-mêmes allumé.

Une fois de plus, la situation de la littérature allemande appelle une forme qui a, depuis toujours et

pour son plus grand bien, accompagné ses grandes crises : la traduction. À dire vrai, les traductions publiées par la revue ne doivent pas être comprises, selon un usage établi depuis longtemps, comme une présentation de modèles, mais plutôt comme un cursus irremplaçable et rigoureux de la langue naissante elle-même. Car lorsque celle-ci ne possède pas encore son propre contenu en vertu duquel elle se construit, un contenu digne d'elle, apparenté à elle, emprunté à d'autres, s'offre à elle, en même temps que la tâche qui consiste à abandonner, pour l'amour de ce contenu, une langue morte afin d'en développer une neuve. Pour mettre en évidence cette valeur formelle qui caractérise la véritable traduction, chaque travail, qui devra être apprécié en fonction de ce critère, sera confronté à l'original. Du reste, le premier numéro s'expliquera plus en détail sur ce point.

L'universalité concrète, telle qu'elle est inhérente au projet de cette revue, ne sera pas confondue avec une universalité de ses matières. Et comme elle a conscience que le traitement philosophique confère à tout sujet scientifique ou pratique, à un sujet mathématique autant qu'à un sujet politique, une signification universelle, elle n'oubliera pas non plus que ses sujets littéraires ou philosophiques même les plus proches ne sont pour elle les bienvenus qu'en vertu de ce mode de traitement et seulement à cette condition. Cette universalité philosophique est la forme dont le déploiement permettra de la façon la plus exacte à la revue de faire la démonstration de son sens de l'actualité véritable. Pour elle, la validité universelle des manifestations intellectuelles de la vie doit être liée à la question de savoir si elles sont capables de prétendre à une place au sein des structures religieuses en gestation. Certes, de telles structures ne se dessinent guère encore à l'horizon. Mais

ce qui se dessine, c'est que sans elles ne peut apparaître ce qui, de nos jours qui sont les premiers d'une
ère nouvelle, aspire à la vie. Or, c'est pourquoi il
paraît urgent de prêter l'oreille moins à ceux qui
croient avoir trouvé l'arcane lui-même, qu'à ceux
qui expriment de la façon la plus sobre, la plus
impassible et la moins importune le tourment et la
misère, ne serait-ce que parce qu'une revue n'est pas
le lieu où s'expriment les plus grands. À plus forte
raison, il ne faut pas qu'elle soit le lieu où s'expriment les plus petits ; elle est donc réservée à ceux
qui, non seulement dans leur quête de l'âme, mais
aussi dans leur réflexion sur les choses, voient que
leur objet ne se renouvellera que dans la confession. Disons-le franchement : dans ces pages, on
ne rencontrera l'occultisme spiritualiste, l'obscuran-
tisme politique et l'expressionnisme catholique qu'en
tant qu'objets de la critique la plus impitoyable. Par
conséquent, si elles renoncent à l'obscurité confor-
table de l'ésotérisme, ces pages ne doivent pas
non plus promettre, pour ce qu'elles exposent, une
grâce ou une facilité supérieures. Elles devront, au
contraire, être plus fermes et plus sobres. On ne
s'attendra pas à trouver ici des fruits dorés dans des
coupes argentées. On aspirera bien plutôt à une
rationalité conséquente, et dans la mesure où seuls
les esprits libres parleront ici de religion, la revue
pourra, dans ce sens, par-delà la sphère de sa
langue, voire même de l'Occident, s'intéresser aux
autres religions. Par principe, elle ne se sent liée à la
langue allemande que pour la poésie.

Rien, évidemment, ne garantit l'expression pleine
et entière de l'universalité recherchée. Car, de même
que la forme extérieure de la revue exclut toute
expression directe des arts plastiques, de même elle
se tient — de manière moins visible — à l'écart des
sciences, car, plus que dans l'art et dans la philoso-

phie, l'actuel et l'essentiel semblent ne jamais coïncider dans ce domaine. Du même coup, parmi les objets d'une revue, la science forme la transition avec les problèmes de la vie pratique, où seule la concentration philosophique la plus rare découvre l'actualité véritable derrière les apparences.

Mais ces restrictions sont insignifiantes en comparaison de celle, inévitable, qui reste à faire et concerne le directeur de cette revue. Quelques mots encore à ce propos, pour préciser qu'il a conscience des limites de son point de vue et qu'il les assume. En effet, il ne prétend pas dominer de haut l'horizon intellectuel de son temps. Pour filer cette métaphore : il préférera adopter le point de vue de l'homme qui, le soir, son travail étant accompli et avant de reprendre son ouvrage le matin suivant, franchit le seuil de sa maison et, plutôt que de l'examiner, embrasse son horizon familier afin de saisir le nouveau qui lui fait signe dans ce paysage. Le directeur considère que son propre travail est philosophique, ce qu'il tente d'exprimer par cette image : le lecteur ne doit rencontrer, dans ces pages, rien d'absolument étranger qui soit suggestion gratuite, et le directeur aura quelque affinité avec tout ce qui s'y trouvera. Mais, de façon plus emphatique encore, selon cette image, le mode et le degré de cette affinité ne seront pas mesurés par le public et rien n'habitera le sentiment de cette affinité qui puisse lier entre eux les collaborateurs de la revue indépendamment de leur propre volonté et conscience. De même que toute quête de la faveur du public sera étrangère à cette revue, de même ses collaborateurs s'abstiendront de rechercher une entente réciproque, des faveurs, une communauté qui seraient tout aussi peu sincères. Voici ce qui paraît le plus important au directeur : la revue devra exprimer sans faux semblant ce qui est : la volonté la plus pure, l'aspiration la plus patiente ne sauraient créer entre ceux qui partagent cet esprit ni unité ni communauté, et la revue témoignera donc, à travers l'hétérogénéité de ses contributions, de ce que toute communauté — à laquelle son lieu renvoie en dernière instance — a aujourd'hui d'indicible et de ce que son association n'existe qu'à titre d'essai, la preuve devant être apportée, en fin de compte, par son directeur.

D'où le caractère éphémère de cette revue, dont elle a d'emblée conscience. C'est là le juste prix que réclame sa recherche de la véritable actualité. Selon une légende talmudique, les anges eux-mêmes — qui se renouvellent, innombrables, à chaque instant — sont créés pour, après avoir chanté leur hymne devant Dieu, cesser de chanter et disparaître dans le néant. Que le nom de cette revue exprime l'aspiration à une telle actualité, la seule authentique!

12

Les Affinités électives *de Goethe*[1]

I

Qui choisit en aveugle, la fumée du sacrifice
Le frappe aux yeux.

Klopstock

Jusqu'ici, il semble que la minutie dans les écrits concernant les œuvres littéraires doive être mise au compte d'un intérêt philologique plutôt que critique. C'est pourquoi on risque de méconnaître l'intention de l'étude détaillée que nous consacrons ici aux *Affinités électives*. On pourrait la prendre pour un commentaire ; or, elle se veut une critique. Dans une œuvre d'art, la critique cherche la teneur de vérité, le commentaire le contenu concret. Ce qui détermine le rapport entre les deux est cette loi fondamentale de toute œuvre littéraire : plus la teneur de vérité d'une œuvre est significative, plus son lien au

1. Étude écrite en 1922, parue à Vienne, en 1924-1925, dans les *Neue Deutsche Beiträge*, II, 1/2. (MdG)

Toutes les notes de cet essai sont des traducteurs. La plupart des références ont été identifiées par les éditeurs des *Gesammelte Schriften* de Benjamin, t. I, Francfort-sur-le-Main, Suhrkamp, 1974, p. 858-867. (RR)

contenu concret est discret et intime. Par conséquent, si les œuvres qui se révèlent durables sont celles justement dont la vérité est plus profondément immergée dans leur contenu concret, au cours de cette durée les éléments réels frappent d'autant plus l'observateur qu'ils dépérissent dans le monde. Teneur de vérité et contenu concret, initialement unis, apparaissent donc, à mesure que l'œuvre dure, comme toujours plus divergents, car, si le second reste toujours aussi caché, la première perce. Plus le temps passe, plus l'exégèse de ce qui dans l'œuvre frappe et déconcerte, c'est-à-dire son contenu concret, devient pour tout critique ultérieur une condition préalable. On peut le comparer au paléographe devant un parchemin dont le texte pâli est recouvert par les traits d'un écrit plus visible qui se rapporte à lui. De même que le paléographe ne peut que commencer par lire ce dernier écrit, le critique ne peut que commencer par le commentaire. Et d'emblée il y puise un critère inappréciable de son jugement : alors seulement il peut poser la question critique fondamentale : l'apparence de la teneur de vérité tient-elle au contenu concret, ou la vie du contenu concret tient-elle à la teneur de vérité ? Car, en se dissociant dans l'œuvre, ils décident de son immortalité. En ce sens l'histoire des œuvres prépare leur critique et ainsi la distance historique en augmente la puissance. Si, en guise de métaphore, on compare l'œuvre qui grandit à un bûcher enflammé, le commentateur se tient devant elle comme le chimiste, le critique comme l'alchimiste. Alors que pour celui-là bois et cendres restent les seuls objets de son analyse, pour celui-ci seule la flamme est une énigme, celle du vivant. Ainsi le critique s'interroge sur la vérité, dont la flamme vivante continue de brûler au-dessus des lourdes bûches du passé et de la cendre légère du vécu.

À l'écrivain comme au public de son temps, ce qui

se dissimule le plus souvent dans l'œuvre n'est pas l'existence mais plutôt la signification des éléments réels. Or, comme ce que l'œuvre a d'éternel ne ressort que sur le fond de ces éléments réels, toute critique contemporaine, si éminente soit-elle, saisit en elle plutôt la vérité en mouvement que la vérité au repos, plutôt l'efficacité temporelle que l'être éternel. Si précieux cependant que soient les éléments réels pour l'exégèse de l'œuvre — il est à peine besoin de le dire, on ne peut considérer le travail de l'écrivain chez Goethe comme on considère celui de Pindare. Bien au contraire, jamais sans doute une période ne fut plus étrangère que celle de Goethe à l'idée que les contenus les plus essentiels de l'existence peuvent laisser leur empreinte dans le monde des choses et, sans une telle empreinte, n'ont pas même de réalité. L'œuvre critique de Kant et le *Manuel élémentaire d'éducation* de Basedow[1], qui traitent de l'expérience de leur temps, l'une dans sa signification, l'autre sous ses aspects intuitifs, portent témoignage, de façon très différente mais également concluante, sur la pauvreté de cette expérience en teneur concrète. Dans ce trait déterminant de l'époque des Lumières en Allemagne — sinon dans toute l'Europe —, il est permis d'apercevoir une condition indispensable, d'une part, de l'ensemble de l'œuvre kantienne, et de l'autre, du travail créateur de Goethe. Au moment, en effet, où Kant avait achevé son ouvrage et dessiné son itinéraire à travers la forêt dénudée du réel, Goethe se mettait en quête d'une semence capable d'éternelle croissance. Le temps venait d'un classicisme moins soucieux d'éthique et d'histoire que de mythe et de philologie. Indifférente au devenir des idées, sa pensée n'allait

---

1. Johannes Bernhard Basedow (éducateur allemand, 1724-1790), *Elementarwerk*, 4 t., 1774, éd. Fritsch, Leipzig, Wiegandt, 1913. (RR)

qu'à des formes concrètes, telles qu'en contenaient la vie et le langage. Après Herder et Schiller, Goethe et Wilhelm von Humboldt prirent la tête du mouvement. Si le contenu concret rénové qu'on trouve dans les œuvres de vieillesse de Goethe échappa à ses contemporains, lorsqu'il ne s'affirmait pas, comme dans *le Divan oriental et occidental*, avec insistance, c'est que, tout à l'opposé du phénomène correspondant dans la vie antique, la recherche même d'un tel contenu leur était étrangère.

Combien furent clairs, chez les plus sublimes esprits du temps des Lumières, le pressentiment de la vraie teneur ou la connaissance des réalités concrètes, combien pourtant ils furent incapables eux-mêmes de s'élever jusqu'à l'intuition des contenus concrets, c'est ce que le mariage montre avec une aveuglante clarté. Le mariage, qui constitue l'une des expressions les plus rigoureuses et les plus objectives de la teneur de la vie humaine, est dans les *Affinités électives* l'objet où s'atteste le regard nouveau de Goethe, orienté vers une intuition synthétique des contenus concrets. La définition kantienne du mariage dans *la Métaphysique des mœurs*, où l'on ne voit en général que le type même du poncif rigoriste ou un curieux témoignage de sénilité, est le plus sublime produit d'une *ratio* qui, indéfectiblement fidèle à elle-même, pénètre le contenu concret de façon infiniment plus profonde qu'une ratiocination sentimentale. Assurément le contenu concret lui-même, qui ne se révèle qu'à une intuition — plus précisément : à une expérience — philosophique, reste caché à la *ratio* comme à la ratiocination, mais, alors que la seconde tombe dans le vide, la première atteint exactement au fond où se constitue la vraie connaissance. Elle définit en effet le mariage comme «liaison de deux personnes de sexe différent en vue de la possession réciproque, à vie, de leurs propriétés sexuelles. Cette fin, engendrer et éduquer des enfants, peut bien être une fin de la nature, pour laquelle elle aurait implanté en chaque sexe un penchant pour l'autre ; mais que l'homme qui se marie soit obligé de se proposer cette fin, ce n'est pas nécessaire pour rendre légitime sa liaison, car autrement, dès que cesserait la procréation, le mariage se dissoudrait aussitôt de lui-même[1]. » Certes la plus énorme erreur du philosophe fut de croire qu'à partir de la définition qu'il donnait de la nature du mariage il pouvait en établir par déduction la possibilité, voire la nécessité morale et, par là, en vérifier l'effectivité juridique. De la nature objective du mariage on ne pourrait manifestement déduire que son caractère dépravé — et c'est à quoi, chez Kant, l'on aboutit sans le vouloir. Le décisif est cependant que jamais la vraie teneur ne peut se déduire de sa réalité concrète, mais qu'on ne peut considérer cette teneur que comme le sceau qui représente cette réalité. De même que la forme d'un sceau ne peut se déduire de la matière de la cire, ni du but de la fermeture, ni même du cachet où se trouve, concave, ce qui dans le sceau est convexe, de même que le sceau n'est concevable que pour celui qui en a eu l'expérience, et n'est évident que pour celui qui connaît le nom que les initiales se contentent de suggérer, ainsi le contenu concret ne peut se déduire ni d'une connaissance de son état, ni de la découverte de sa destination, ni même d'un pressentiment de la vraie teneur, mais il n'est concevable que dans l'expérience philosophique de son empreinte divine, évident que dans l'intuition bienheureuse du nom divin.

1. Emmanuel Kant, *Métaphysique des mœurs*, trad. J. et O. Masson, in *Œuvres philosophiques*, Paris, Gallimard, Bibliothèque de la Pléiade, t. III, 1986, p. 536. (RR)

De la sorte finalement la connaissance achevée du contenu concret des choses existantes coïncide avec celle de leur teneur de vérité. La teneur de vérité se révèle être celle du contenu concret. Néanmoins, leur distinction — et, avec elle, celle du commentaire et de la critique des œuvres — n'est pas inutile, dans la mesure où tendre à l'immédiateté n'est nulle part plus susceptible d'égarer qu'ici, où l'étude de la réalité objective et de sa destination, de même que le pressentiment de sa vraie teneur, doit précéder toute expérience. Dans une telle définition objective du mariage la thèse de Kant est parfaite et, dans la conscience de la complète ignorance qui le caractérise, sublime. Ou bien, raillant ses propositions, oubliera-t-on ce qui précède ? Au début du paragraphe déjà cité, Kant écrit : « La *communauté sexuelle (commercium sexuale)* est l'usage réciproque qu'une personne fait des organes et des facultés sexuels d'une autre *(usus membrorum et facultatum sexualium alterius)*, et cet usage est ou *naturel* (celui par lequel on peut procréer son semblable) ou *contre nature*, et ce dernier est ou tourné vers une personne du même sexe ou vers un animal d'une autre espèce que l'homme [1]. » Si l'on confronte ce texte de *la Métaphysique des mœurs* avec *la Flûte enchantée* de Mozart, il semble que se présentent les intuitions les plus opposées, et en même temps les plus profondes, que l'époque possédât du mariage. Car *la Flûte enchantée*, pour autant que la chose est possible à un opéra, a justement pour thème l'amour conjugal. Cohen [2] lui-même, semble-t-il, ne l'a pas complète-

---

1. *Ibid.*, p. 535 *sq.* ; trad. mod. (RR)
2. Hermann Cohen (1842-1918), philosophe allemand, fondateur du néo-kantisme de l'École de Marbourg. Ici, *Die dramatische Idee in Mozarts Operntexten*, Berlin, Bruno Cassirer, 1915, p. 105-115. (RR)

ment reconnu, lui qui, dans l'ouvrage qu'il écrivit à
la fin de sa vie sur les livrets de Mozart, a si digne-
ment rapproché l'œuvre du philosophe et celle du
compositeur. L'objet de cet opéra est moins le désir
des amants que la constance des époux. Ce n'est pas
seulement pour se posséder l'un l'autre qu'ils doivent traverser feu et eau, mais pour demeurer à tout
jamais unis. Si l'esprit de la maçonnerie devait dissoudre tous les liens objectifs, le pressentiment de
la vraie teneur a néanmoins trouvé ici sa plus pure
expression dans le sentiment de la fidélité.

Dans *les Affinités électives* Goethe est-il réellement
plus proche que Kant et que Mozart du contenu
concret du mariage ? Il faudrait purement et simplement le nier si l'on voulait sérieusement, à la suite
de toute la philologie goethéenne, considérer à cet
égard Courtier (*Mittler*) comme le porte-parole de
l'écrivain. Rien n'autorise cette hypothèse, qui ne
s'explique que trop bien. Le regard pris de vertige
cherchait, en effet, un point d'appui dans ce monde
qui semble s'abîmer dans un gouffre tourbillonnant.
Il ne restait que les paroles du bougon pincé, qu'on
fut heureux de pouvoir prendre comme on les trouvait : « Quiconque attaque devant moi le mariage,
s'écria-t-il, quiconque par la parole et même par
l'action sape ce fondement de toute moralité sociale,
aura affaire à moi. Ou, si je ne puis le mettre à la raison, je ne veux avoir rien de commun avec lui. Le
mariage est le principe et le sommet de toute civilisation. Il adoucit le sauvage, et l'être le plus cultivé
n'a meilleure occasion de montrer sa douceur. Il
doit être indissoluble, car il apporte tant de bonheur,
que tout malheur particulier n'a pas à entrer en ligne
de compte. Et que vient-on parler de malheur ? C'est
l'impatience qui assaille l'homme de temps en temps,
et alors il lui plaît de se trouver malheureux. Qu'on
laisse passer ce moment, et l'on estimera heureux

que ce qui a subsisté si longtemps subsiste encore. Se séparer ? Il n'est point de raison suffisante de le faire. La condition humaine est si haut placée dans les douleurs et les joies, qu'on ne peut absolument pas calculer ce que deux époux se doivent l'un à l'autre. C'est une dette infinie, qui ne saurait être supprimée que par l'éternité. Que cela puisse être quelquefois incommode, je le crois volontiers, et c'est justement ce qu'il faut. Ne sommes-nous pas aussi mariés avec notre conscience, dont nous voudrions souvent être débarrassés, parce qu'elle est plus incommode qu'un mari ou une femme ne pourrait jamais l'être[1] ? » Ce qui aurait dû faire ici réfléchir même ceux qui ne voyaient pas le pied fourchu du rigoriste, c'est que Goethe lui-même, qui souvent ne s'est pas gêné quand il fallait dire ses quatre vérités aux sceptiques, n'a pas pris la peine de commenter ces paroles de Courtier. Il est au contraire fort significatif que le défenseur de cette philosophie du mariage, lui-même célibataire, apparaisse, parmi tous les personnages masculins du cercle décrit dans le roman, comme le plus méprisable. Dès qu'il ouvre la bouche en des circonstances graves, il parle toujours hors de propos, que ce soit au baptême du nouveau-né ou lors du dernier séjour d'Odile chez ses amis[2]. Et si, dans ces deux cas, le mauvais goût de ses discours se marque suffisamment dans leurs effets, Goethe, après avoir rapporté sa célèbre apologie du mariage, conclut : « C'est ainsi qu'il parlait vivement, et sans doute aurait-il continué longtemps

1. Goethe, *Les Affinités électives*, trad. P. du Colombier, Paris, Gallimard, 1954, p. 103 *sq.* (RR). — I, 9. Courtier est un voisin du comte et de la baronne, dont il désapprouve la liaison. (MdG)
2. II, 8 et 10. Au baptême, une citation déplacée du Cantique de Siméon émeut tant le pasteur qu'il tombe mort. Plus tard, une harangue de Courtier sur le neuvième commandement fait tomber Odile en syncope et hâte sa fin. (MdG)

encore[1].» En fait, c'est indéfiniment que peut se poursuivre pareil discours qui, pour parler comme Kant, est un «répugnant salmigondis», «compilation» de vagues maximes humanitaires et d'instincts juridiques troubles et mensongers. À personne ne devrait échapper ce qu'il y a là d'impur, cette indifférence à la vérité dans la vie du couple. Tout se ramène à la prétention de prescrire. Or, en vérité, le mariage ne se justifie jamais en droit, c'est-à-dire comme institution, mais seulement en tant qu'il exprime la permanence de l'amour, lequel par nature chercherait plutôt son expression dans la mort que dans la vie. Pour Goethe, dans cette œuvre, l'empreinte de la norme juridique restait sans doute indispensable. Car il ne voulait pas, comme Courtier, fonder le mariage, mais bien plutôt montrer les forces qui procèdent de lui lorsqu'il tombe en ruine. Or ce sont assurément les puissances mythiques du droit, et le mariage, en elles, n'est que l'accomplissement d'un déclin dont il n'a pas lui-même décrété la peine. Car sa dissolution n'est dommageable que parce qu'elle n'est point l'effet de puissances suprêmes. Et c'est uniquement à ce malheur provoqué que l'action doit son caractère horrible et implacable. Or, par là, Goethe touchait effectivement au contenu concret du mariage. Car, même s'il n'avait point l'intention d'en exposer la forme intacte, la conscience qu'il a du rapport déclinant garde assez de puissance. C'est dans ce déclin seulement qu'il devient le rapport juridique dont Courtier fait si grand cas. Mais, si vrai soit-il que Goethe jamais n'atteignit à une conscience pure quant à la consistance morale de ce lien, il ne lui vint jamais à l'idée de fonder le mariage sur le droit matrimonial. En son fondement le plus profond et le plus secret, le

---

1. *Les Affinités électives*, op. cit., p. 104. (RR)

caractère moral du mariage n'a jamais été à ses yeux hors de doute. À l'opposé de cette moralité, ce qu'il veut mettre en lumière dans le style de vie du comte et de la baronne est moins l'immoralité que la futilité. C'est ce qui justement s'atteste en ce qu'ils n'ont conscience ni de la nature morale de leur rapport présent, ni de la nature juridique du rapport avec lequel ils ont rompu. — Le sujet des *Affinités électives* n'est pas le mariage. On n'y trouverait nulle part les puissances morales de ce lien. Dès le début, elles sont en train de disparaître, comme la plage sous les eaux de la marée montante. Le mariage ici n'est pas un problème moral, ni un problème social. Il n'est pas une forme de vie civile. En sa dissolution tout l'humain devient phénomène et le mythique reste seul l'essence.

À cela contredit certes le premier regard. Pour lui il n'est mariage plus hautement spirituel que celui où la chute même ne saurait rabaisser la moralité de ceux qu'elle affecte. Mais, en matière morale, la noblesse est liée à un rapport entre la personne et son expression. Si la noble expression n'est pas conforme à la personne, la noblesse est sujette à caution. Cette loi, qu'il serait assurément fort erroné de déclarer valable sans limites, s'étend au-delà du domaine de la moralité. S'il existe incontestablement des domaines d'expression où la validité des contenus est indépendante de qui les manifeste, si ce sont même les plus élevés de tous, la condition nécessaire qu'on a dite est indéfectible dans le domaine de la liberté au sens le plus large. L'empreinte individuelle de la convenance, l'empreinte individuelle de l'esprit, tout ce qu'on appelle culture est de son ressort. C'est de culture surtout que font ici preuve les intimes. Est-ce vraiment conforme à leur situation? La liberté voudrait moins de tergiversations, la clarté moins de silences, la décision moins de complaisances. La culture ne garde sa valeur que là où elle reste libre de se manifester. C'est bien d'ailleurs ce que montre clairement l'intrigue.

Ses protagonistes, personnages cultivés, sont presque exempts de superstition. Si elle apparaît, ici et là, chez Édouard, c'est au début seulement, sous la forme aimable d'un attachement aux heureux présages, tandis que seul le caractère plus banal de Courtier, en dépit de ses attitudes suffisantes, laisse voir les traces d'une peur vraiment superstitieuse des mauvais présages. Il est le seul qu'une crainte superstitieuse, non pieuse, retienne de pénétrer, comme les autres, dans l'enceinte du cimetière, alors qu'il ne paraît aux amis ni scandaleux de s'y promener, ni interdit d'en modifier l'ordonnance. Sans scrupule, disons même sans égards, on aligne les pierres tombales le long du mur de l'église, et l'on abandonne au pasteur, pour y semer son trèfle, le terrain aplani que traverse un sentier. Peut-on concevoir, face à la tradition, affranchissement plus net que de toucher aux tombes des ancêtres qui, dans la perspective du mythe comme dans celle de la religion, offrent un sol ferme aux pas des vivants ? Où cette liberté conduit-elle ceux qui agissent ainsi ? Bien loin de leur ouvrir des vues nouvelles, elle les rend aveugles à la part de réalité dans ce que l'on craint. Et cela parce qu'elle leur est inadéquate. Pour que des hommes comme ceux-là aient un point d'appui en face de la nature dans laquelle ils vivent, il leur faudrait la rigoureuse attache à un rituel, attache qu'on ne peut appeler superstitieuse que lorsque, détachée de son contexte, elle n'est que survivance rudimentaire. Mythique, la nature est lestée de forces surhumaines et entre en jeu de façon menaçante. Quelle autre puissance que la sienne mène à sa perte le pasteur qui a semé son trèfle sur le champ des morts ? Qui donc, si ce n'est elle, répand

une blême lumière sur la scène embellie? Car c'est
bien une telle lumière qui — dans un sens plus ou
moins littéral, selon les cas — domine tout le paysage. Nulle part on n'y voit briller le soleil. Et jamais,
bien qu'il soit souvent question du domaine, rien
n'est dit de ses semailles ni de cultures qui soient de
rapports et non d'agrément. La seule allusion en ce
sens — la perspective de vendanges — nous écarte
de la scène où se déroule l'action et nous conduit
dans la propriété de la baronne. D'autant plus clair
est le langage de la force magnétique venant des
entrailles de la terre. Celle dont Goethe a dit, dans
son *Traité des couleurs* — peut-être contemporain
des *Affinités* — que pour le spectateur attentif, la
nature n'est «nulle part morte ou muette; elle a
même donné au corps rigide de la terre un confi-
dent: le métal, dont les plus infimes parcelles nous
feront percevoir ce qui se passe dans sa masse tout
entière[1]». Les personnages de Goethe participent de
cette force, et il leur plaît de jouer avec le monde
souterrain comme il leur plaît de jouer avec la surface. Et pourtant leurs infatigables efforts pour l'em-
bellir ne sont, en définitive que le changement de
décors d'une scène tragique. Ainsi se manifeste ironiquement une puissance secrète dans l'existence de
ces gentilshommes campagnards.

Aussi bien que dans le tellurique, elle s'exprime
dans l'élément liquide. Jamais le lac ne dément sa
nature maléfique sous sa morte surface de miroir.
Du «destin terrifiant et démonique qui règne sur ce
lac d'agrément[2]» une ancienne critique parle de

1. Goethe, *Le Traité des couleurs*, trad. H. Bideau, Paris, Triades,
1973, p. 50. (RR)
2. B., «Ueber Goethes Wahlverwandtschaften», *Zeitung für die
elegante Welt*, Leipzig, 2 janvier 1810. Cité in *Goethe im Urtheile
seiner Zeitgenossen. Zeitungskritiken, Berichte, Notizen, Goethe und
seine Werke betreffend, aus den Jahren 1802-1812*, recueillis et édités

façon significative. Comme élément chaotique de la vie, l'eau ne menace point ici en flux sauvage qui engloutirait l'homme, mais dans le calme énigmatique qui le laisse aller à sa perte. Là où règne le destin, les amants vont à leur perte. Lorsqu'ils méprisent la bénédiction de la terre ferme, ils succombent à l'insondable qui, antédiluvien, apparaît dans l'eau dormante. On les voit littéralement ensorcelés par l'antique puissance de cette eau. Car finalement cette réunion des eaux qui empiètent pas à pas sur la terre ferme aboutit à reconstituer le lac de montagne qui autrefois recouvrait la région. En tout cela, c'est la nature même qui, par la main des hommes, fait sentir sa présence surhumaine. En fait, même le vent «qui pousse la barque vers les platanes, se lève» — comme le critique de la *Kirchenzeitung* le suppose sarcastiquement — «selon toute vraisemblance sur l'ordre des étoiles[1]».

---

par Julius W. Braun. Annexe aux éditions des œuvres de Goethe, t. III, Berlin, Luckhardt, 1885 (*Schiller und Goethe im Urtheile ihrer Zeitgenossen*, 2ᵉ section), p. 234. (RR)

1. Anonyme, «Ueber Göthe's Wahlverwandtschaften», in *Evangelische Kirchen-Zeitung*, éd. par E. W. Hengstenberg, Berlin, le 23 juillet 1831 (5ᵉ année), t. IX, nº 59, p. 468. [Le compte rendu se poursuit à travers les nᵒˢ 57-61 (16, 20, 23, 27 et 30 juillet 1831).] — II, 13, Odile, qui vient de retrouver Édouard après une longue séparation, encore émue de son entrevue, court vers la maison pour rendre à Charlotte l'enfant qu'elle tient dans ses bras. Pour gagner plus vite la rangée de platanes qu'Édouard a plantées autrefois aux bords de l'étang central de sa propriété (l'un de ceux dont un hôte anonyme de la fête d'anniversaire suggérait qu'on les réunît pour reformer l'ancien lac, I, 9) et qu'il a plus tard agrémentés, en son honneur, «de buissons, d'herbes et de mousse» (I, 14), elle décide de traverser l'étang en barque. D'un faux mouvement elle laisse échapper l'enfant qui se noie. La barque flotte à la dérive à l'heure du crépuscule. Alors Odile «lève vers le ciel ses yeux mouillés de larmes et implore l'assistance des lieux où un tendre cœur espère trouver consolation lorsqu'il n'en est plus pour lui nulle part ailleurs. Aussi ce n'est point en vain qu'elle s'adresse

Les hommes eux-mêmes doivent porter témoignage de la puissance naturelle. Car ils ne lui ont aucunement échappé. C'est ce qui apporte, vis-à-vis d'eux, une justification particulière à cette vérité plus générale selon laquelle jamais les personnages d'une œuvre littéraire ne sauraient être soumis à un jugement moral. Non qu'un tel jugement, comme ceux que l'on porte sur des êtres humains, dépasse tout discernement humain. Mais plutôt parce que déjà les bases mêmes d'un tel jugement interdisent catégoriquement de l'appliquer à des personnages fictifs. À la philosophie morale il appartient de montrer de façon rigoureuse que le personnage fictif est toujours trop pauvre et trop riche pour relever du jugement moral. Ce jugement ne s'applique qu'à des êtres humains. Les personnages du roman se distinguent de tels êtres en ce qu'ils sont entièrement captifs de la nature. Il ne s'agit pas de porter sur eux un jugement moral, mais de comprendre l'action d'un point de vue moral. Insensée reste l'entreprise d'un Solger[1], plus tard d'un Bielschowsky[2] de porter un vague jugement de goût, d'ordre moral, qu'on ne devrait jamais se permettre de hasarder, et de le faire sur un point où il a quelques chances de capter l'approbation du public. Le personnage d'Édouard ne satisfait personne. Mais combien plus profonde est l'analyse de Cohen qui, dans les exposés de son

---

aux étoiles qui déjà, une à une, commencent de scintiller. Un vent léger se lève, qui pousse la barque vers les platanes ». (MdG)

Voir *les Affinités électives, op. cit.*, p. 292 *sq.* (RR)

1. Karl Wilhelm Ferdinand Solger (1780-1818, disciple de Schelling), *Nachgelassene Schriften und Briefwechsel*, éd. par Ludwig Tieck et Friedrich von Raumer, Leipzig, Brockhaus, 1826, t. I, p. 175-185 (*Kleine Aufsätze vom Jahre 1809*, « Über die Wahlverwandtschaften »). (RR)

2. Albert Bielschowsky, *Goethe. Sein Leben und seine Werke*, t. II, 11e tirage, Munich, Beck, 1907, p. 256-294. (RR)

Esthétique, considère qu'il n'y a aucun sens à isoler
la figure d'Édouard dans l'ensemble du roman. Le
manque de sérieux de ce personnage, disons même
son caractère brutal, expriment un désespoir fugitif
dans une vie perdue. Édouard apparaît, dit Cohen,
« en toute l'ordonnance de cette liaison, exactement
tel qu'il se caractérise lui-même [à l'égard de Char-
lotte] : "Car, je ne dépends vraiment que de toi
seule". Il est le jouet, non certes des caprices de
Charlotte, qui n'en a point, mais de ce but final des
affinités électives vers lequel, à partir de toutes leurs
oscillations, tend leur nature centrale avec son
ferme centre de gravité[1]. » Dès le début, les personnages sont sous le charme des affinités électives. Or,
leur action énigmatique — Goethe l'a compris de
façon profonde et riche en pressentiments — ne
fonde pas un accord spirituel intime entre les êtres,
mais seulement l'harmonie particulière des couches
naturelles les plus profondes. Auxquelles font en
effet allusion les petits ratages qui affectent sans
exception de tels assemblages. Certes, Odile s'adapte
au jeu d'Édouard jouant de la flûte, mais ce jeu est
faux[2]. Certes, lorsqu'Édouard lit, il souffre d'Odile
ce qu'il interdisait à Charlotte, mais c'est une mauvaise habitude[3]. Certes il la trouve distrayante, mais

1. Hermann Cohen, *Ästhetik des reinen Gefühls*, t. II, Berlin,
Bruno Cassirer, 1912 (*System der Philosophie, 3. Teil*), p. 131. La
citation des *Affinités électives* est tirée du chapitre I, 4, *op. cit.*,
p. 65. (RR)

2. Odile, écrit Goethe, « avait fait siennes les fautes de son par-
tenaire, et le résultat était une sorte d'ensemble vivant qui, sans
correspondre à la mesure prescrite, produisait néanmoins les sons
les plus agréables et les plus plaisants. Le compositeur lui-même
aurait été charmé d'entendre son œuvre si aimablement transpo-
sée » (I, 8 ; voir *op. cit.*, p. 92). (RR)

3. En I, 4 (*op. cit.*, p. 57), Édouard s'est irrité que Charlotte se
penchât sur son livre ; en I, 8 (*op. cit.*, p. 91), il accepte qu'Odile
fasse le même geste. (MdG)

elle ne dit rien[1]. Certes ils souffrent ensemble du
même mal, mais ce n'est qu'une migraine. Ces personnages ne sont pas naturels, car les enfants de la
nature sont — dans un état de nature fabuleux ou
effectif — des êtres humains. Or c'est au niveau de la
culture qu'ils sont, quant à eux, soumis aux forces que
la culture prétend avoir vaincues, bien qu'elle puisse
se révéler impuissante à les dominer. Elles leur ont
laissé le sens des convenances, non de la morale. Il ne
s'agit pas ici de juger leur conduite, mais leur langage.
Doués de sentiment mais sourds ; doués de vision
mais muets ; ainsi vont-ils leur chemin. Sourds devant
Dieu, et muets devant le monde. S'ils échouent à
rendre raison de leur conduite, ce n'est pas leur action
qui en est responsable, mais leur être. Ils sont muets.

Rien ne lie mieux un être humain au langage que
son nom. Or il n'est guère de littérature où, dans un
récit de pareille longueur, on trouve si peu de noms.
Cette parcimonie peut s'expliquer autrement que
par l'interprétation courante qui renvoie au goût de
Goethe pour la création de types. Elle tient plutôt,
de la façon la plus intime, à l'essence d'un ordre
dont les membres vivent sous une loi anonyme, soumis à une fatalité qui répand sur leur monde la pâle
lumière d'une éclipse solaire. Tous les noms sont de
simples prénoms, à l'exception de celui de Courtier.
En celui-là il ne faut pas voir un simple jeu, non
plus une allusion d'écrivain, mais une manière de
dire qui caractérise avec une incomparable sûreté
l'essence de celui qu'elle désigne[2]. On doit le consi-

1. Voir I, 6 (*op. cit.*, p. 72) : «Édouard dit à Charlotte : "C'est une
fille agréable et distrayante." — "Distrayante ? repartit Charlotte
avec un sourire : elle n'a pas encore ouvert la bouche".» (RR)

2. *Mittler* signifie «intermédiaire» ou «médiateur». De ce personnage, Goethe écrit : «Les gens qui ont la superstition du sens
des noms propres, prétendirent que son nom de Courtier l'avait
contraint de suivre cette vocation, la plus singulière de toutes.» (I,
2, *op. cit.*, p. 39). (MdG)

dérer comme un homme que son amour-propre empêche de faire abstraction des suggestions qui lui semblent contenues dans son nom, et qui de ce fait avilit ce nom. Outre le sien, six noms seulement apparaissent dans le récit: Édouard, Othon, Odile, Charlotte, Lucienne et Nane[1]. Mais le premier est en quelque sorte faux. Il a été choisi arbitrairement, pour sa sonorité[2], et dans ce trait il n'est pas interdit de voir une analogie avec le déplacement des pierres tombales. À ce double nom se lie aussi un présage, car ses initiales, E et O, sur un des verres datant de la jeunesse du baron[3], le destinent à servir de gage à son bonheur en amour.

La richesse du roman en traits prémonitoires et parallèles n'a jamais échappé aux critiques. Elle passe pour avoir été de longue date et suffisamment appréciée comme l'expression la plus évidente de son style. Indépendamment, tout à fait, de son exégèse, il semble pourtant qu'on n'ait jamais pleinement saisi à quel degré de profondeur cette expression pénètre toute l'œuvre. La chose une fois considérée en pleine lumière, il devient patent qu'il n'y a là ni un bizarre penchant de l'auteur, ni une simple intensification

1. Dans l'original: Eduard, Otto, Ottilie, Charlotte, Luciane et Nanny. (RR)

2. Édouard s'appelait Othon (Otto), comme son ami le capitaine; lorsqu'ils étaient pensionnaires dans la même école, pour éviter les confusions, il a cédé «de bonne grâce ce joli nom laconique» (dont Odile – Ottilie – est une forme féminine) et «prononcé par une jolie bouche», Édouard lui a paru avoir «un son particulièrement agréable» (I, 3; *op. cit.*, p. 44). (MdG)

3. Benjamin écrit «du comte». Évident lapsus, car dès les premières lignes du roman, Édouard est présenté comme «un riche baron», et il s'agit bien d'un verre fabriqué et gravé pendant sa jeunesse, celui-là qui, au cours de la fête d'anniversaire (où l'on inaugure les nouveaux aménagements du domaine), lancé en l'air par le maçon qui vient de le vider, au lieu de se briser à terre selon l'usage, est rattrapé au vol par un assistant (I, 9; *op. cit.*, p. 99). (MdG)

de l'attente du lecteur. Alors seulement aussi vient au jour de manière plus précise ce que ces traits contiennent le plus souvent. C'est une symbolique de mort. «Que cela doive mal finir, on le voit dès le début», déclare Goethe, usant d'une étrange tournure[1]. (Elle est peut-être d'origine astrologique; le dictionnaire de Grimm l'ignore.) Dans une autre circonstance, le poète a insisté sur le sentiment d'«anxiété» qui doit saisir tout lecteur devant la ruine morale que décrivent *les Affinités électives*. On rapporte aussi que Goethe attachait beaucoup d'importance «au fait d'avoir amené la catastrophe aussi vite et de manière aussi irrésistible[2]». Dans les traits les plus secrets, toute l'œuvre est tissée de cette symbolique. Mais seul un sentiment familiarisé avec elle en saisit sans effort le langage, là où le regard objectif du lecteur ne découvre que d'exquises beautés. En de rares passages, Goethe a fourni une indication perceptible même pour un tel regard, et ce sont dans l'ensemble les seuls qu'on ait remarqués. Ils se rattachent tous à l'épisode du verre de cristal qui, destiné à se briser en éclats, est attrapé au vol et conservé. C'est l'offrande propitiatoire, refusée lors de l'inauguration de la maison qui sera la demeure mortuaire d'Odile. Mais là aussi Goethe tient l'opération secrète, car il attribue à une joyeuse

1. Littéralement: «finir dans des maisons néfastes». Conversation avec F. J. et Johanna Frommann, postérieure au 24 janvier 1810, citée *in* Hans Gerhard Gräf, *Goethe über seine Dichtungen. Versuch einer Sammlung aller Aeußerungen des Dichters ueber seine poetischen Werke, 1. Teil: Die epischen Dichtungen*, t. I, Francfort-sur-le-Main, Rütten & Loenig, 1901, p. 436 (n° 868). (RR)

2. Conversation avec Sulpiz Boisserée du 5 octobre 1815, citée *in Goethes Gespräche. Gesamtausgabe*, nouvelle éd. de Flodoard Freiherr von Biedermann, avec le concours de Max Morris, Hans Gerhard Gräf et Leonhard L. Mackall, t. II: *Vom Erfurter Kongress bis zum letzten böhmischen Aufenthalt*, Leipzig, Biedermann, 1909, p. 353 (n° 1723) (RR)

exubérance le geste où s'accomplit le cérémonial. Plus explicitement, les paroles d'inspiration maçonnique qui accompagnent la pose de la première pierre sont un avertissement funèbre : « C'est une affaire sérieuse, et notre invitation est sérieuse : car cette solennité se célèbre dans la profondeur. Ici, à l'intérieur de cette étroite excavation, vous nous faites l'honneur de paraître pour témoigner de notre mystérieux travail[1]. » De la conservation du verre, accueillie avec joie, procède le grand motif de l'aveuglement. Ce signe de l'offrande sacrificielle dédaignée, Édouard justement cherche à se l'assurer par tous les moyens. Après la fête, il l'acquiert à un prix élevé. À juste titre, l'auteur d'un ancien compte rendu a pu écrire : « Mais chose étrange et effrayante ! De même que les présages inaperçus se réalisent tous, celui-là, qu'on a remarqué, est considéré comme trompeur[2]. » En effet, les présages inaperçus ne manquent pas. Les trois premiers chapitres de la deuxième partie sont remplis par des préparatifs et des conversations concernant le tombeau. Dans ces chapitres, on trouve une interprétation frivole, ou plutôt banale, du *de mortuis nihil nisi bene*, qui est bien curieuse : « J'ai entendu demander pourquoi l'on dit du bien des morts sans faire de réserve, et des vivants toujours avec une certaine prudence. On a répondu : "Parce que nous n'avons rien à craindre des premiers, et que les autres peuvent encore se mettre quelque part en travers de notre chemin"[3]. » Avec quelle ironie semble se trahir, ici aussi, un destin par lequel la personne qui

---

1. *Les Affinités électives*, I, 9, *op. cit.*, p. 95. (RR)
2. K. f. d., « Die Wahlverwandtschaften. Ein Roman von Goethe 1809 », in *Jenaische Allgemeine Literatur-Zeitung*, Iéna et Leipzig, 18 et 19 janvier 1810; cité in *Goethe im Urtheile seiner Zeitgenossen*, *op. cit.*, p. 241. (RR)
3. *Les Affinités électives*, II, 1, *op. cit.*, p. 177. (RR)

parle, Charlotte, verra deux morts lui barrer impi-
toyablement le chemin! Les jours qui annoncent
la mort correspondent aux trois anniversaires des
amis. Comme la pose de la première pierre, pour
celui de Charlotte, la fête célébrant l'achèvement de
la charpente, pour celui d'Odile, ne peut se dérouler
que sous de mauvais présages[1]. De cette demeure
en construction, il n'y a rien de bon à attendre. Mais
c'est en paix que, pour l'anniversaire d'Édouard,
son amie consacre le caveau achevé. À son attitude
devant la chapelle en construction[2], dont certes on
n'a pas dit encore la destination, s'oppose très singu-
lièrement celle de Lucienne devant le tombeau de
Mausole[3]. Le caractère d'Odile émeut profondément
l'architecte, alors que Lucienne, dans une circonstance analogue, ne parvient pas à éveiller sa sympathie. Ainsi le jeu se montre au grand jour, et le
sérieux reste secret. On trouve une même similitude cachée, d'autant plus frappante lorsqu'elle est

1. Dans le premier cas, outre le verre non brisé, il y a l'épisode
de la chaîne d'or, qu'on retrouvera plus loin. À l'anniversaire
d'Odile, une digue s'effondre, un garçon tombe à l'eau et n'est
ranimé qu'à grand-peine. Le soir, au clair de lune, apparaît un
mendiant importun. Et l'on va voir que le coffret donné par
Édouard ce jour-là est également signe funeste (I, 15, *op. cit.*,
p. 144 *sq.*). (MdG)
2. La veille de l'anniversaire d'Édouard, dans la chapelle tout
juste terminée où elle vient de se recueillir sous la lumière de l'automne, Odile songe que la parure d'hélianthes et d'asters sauvages
dont s'est inspiré l'architecte pour la décoration du sanctuaire, «si
[elle] ne devait pas demeurer un simple caprice d'artiste, si [elle]
devait être utilisé[e] à quelque fin, ne paraissait convenir qu'à une
sépulture commune» (II, 3; *op. cit.*, p. 188). (MdG)
3. Lors de la fête donnée pour les fiançailles de Lucienne, l'architecte a construit en maquette le tombeau de Mausole; dans un
tableau vivant, la jeune fille y figure la veuve du roi, ressemblant
«plutôt à une matrone d'Éphèse qu'à une reine de Carie». Elle
s'amuse ensuite avec des images de singes, comparant chaque animal à une personne de sa connaissance (II, 4; *op. cit.*, p. 197).
(MdG)

découverte, dans le motif des coffrets. Au cadeau fait
à Odile, qui contient le tissu de son suaire[1], correspond la boîte de l'architecte avec les résultats de ses
fouilles dans les tombes préhistoriques. Le premier
vient de « commerçants et de modistes » ; de la seconde
il est dit que son contenu, par sa disposition, avait
« un air de coquetterie », qu'« on le regardait avec
plaisir, comme on regarde les boîtes d'une modiste[2] ».

Pas plus que la rareté des noms propres, les correspondances de ce genre — dans le cas des exemples
cités il s'agit toujours de symboles mortuaires — ne
s'expliquent pas simplement, comme tente de le
faire R. M. Meyer, par le caractère typologique de
la composition goethéenne. Bien plutôt, pour que
l'examen qu'on en fait atteigne son but, il faut
d'abord qu'il reconnaisse ce caractère typologique
comme fatal. Car « l'éternel retour du même », tel
qu'il s'impose dans sa raideur aux mille nuances du
sentiment, est le signe du destin, qu'il soit identique
en la vie de plusieurs ou que dans la vie d'un seul il
se répète. Deux fois Édouard offre au destin son
offrande sacrificielle : d'abord dans la coupe, ensuite
— mais involontairement cette fois — dans sa propre
vie[3]. Il reconnaît lui-même cette corrélation : « Un
verre, gravé de nos initiales, et lancé en l'air, lors de
la pose de la première pierre, ne s'est pas cassé ; il
a été rattrapé et est de nouveau entre mes mains.

---

1. Une parure, « vraie toilette de mariée », qu'Odile sort du
coffre peu avant de mourir et dont on revêt sa dépouille (II, 18 ; *op.
cit.*, p. 324, trad. mod.). (MdG)
2. *Les Affinités électives, op. cit.*, II, 2 p. 179. (RR)
3. Sa mort reste assez mystérieuse. Charlotte songe à un suicide, le médecin invoque des « causes naturelles » et Courtier des
« raisons morales ». Goethe précise qu'Édouard « avait été surpris
par sa fin » ; mais qu'il a été frappé quelques jours plus tôt par la
disparition du fameux verre de cristal ; accidentellement brisé, on
l'a remplacé par un autre : « c'était lui et ce n'était pas lui », qu'il a
rejeté aussitôt avec dégoût (II, 18 ; *op. cit.*, p. 331). (MdG)

"Je veux", me suis-je écrié après avoir passé tant
d'heures de doute en ce lieu solitaire, "je veux me
mettre moi-même à la place du verre, être le signe de
la possibilité ou de l'impossibilité de notre union.
J'irai et je chercherai la mort, non comme un
furieux, mais comme un homme qui espère de vivre.
[...]"[1]. » Dans la manière aussi dont Goethe présente
la guerre où s'est lancé Édouard[2], on a cru retrouver
le penchant déjà indiqué au type en tant que principe
artistique. Mais même ici on pourrait se demander si
la raison pour laquelle Goethe a traité cette guerre-là
d'une façon si peu particularisée ne serait pas aussi
qu'il avait à l'esprit celle, détestée par lui, qui fut
menée contre Napoléon. Quoi qu'il en soit, en ce
caractère typologique il ne faut pas voir seulement
un principe artistique, mais avant tout un thème de
l'être soumis au destin. Cette sorte d'existence fatale,
qui enveloppe des natures vivantes dans un seul
contexte de faute et d'expiation, l'auteur l'a développée à travers toute l'œuvre. Mais elle n'est pas,
comme le croit Gundolf[3], comparable à l'existence
végétale. Impossible d'imaginer une opposition plus
exacte. Non, ce n'est point « par analogie avec le rapport du germe, de la fleur et du fruit, [qu']il faut
entendre, dans *les Affinités électives*, la conception
qu'a Goethe de la loi, du destin et du caractère[4] ». Ni
celle qu'en a Goethe, ni aucune autre qui soit plau-

---

1. Ainsi parle Édouard, revenu de la guerre, annonçant au capitaine (devenu commandant) qu'il va tenter l'impossible pour réaliser son amour (II, 12 ; *op. cit.*, p. 279). (MdG)
2. Après avoir quitté la maison pour éviter l'adultère, Édouard
reprend du service dans l'armée, avec l'idée de trouver la mort à la
guerre (I, 18 ; *op. cit.*, p. 168). (MdG)
3. Friedrich Gundolf (1880-1931), historien allemand de la littérature, biographe de Goethe, membre du cercle du poète Stefan
George. (RR)
4. Friedrich Gundolf, *Goethe*, 4ᵉ éd., Berlin, 1918, p. 554. (RR)

sible. Car le destin (il en va autrement pour le caractère[1]) n'affecte pas la vie des innocents végétaux.
Rien n'est plus loin de cette vie. Irrésistiblement, au
contraire, le destin se développe dans la vie livrée à
la culpabilité. Le destin est l'ensemble de relations
qui inscrit le vivant dans l'horizon de la faute[2]. Zelter a effleuré la question relativement à cette œuvre
lorsque, lui comparant *les Complices*[3], il remarque à
propos de cette comédie : « Si elle ne produit pas un
effet agréable, c'est justement parce qu'elle frappe à
toutes les portes, parce qu'elle atteint aussi les bons,
et ainsi je l'ai comparée aux *Affinités électives*, où
également les meilleurs ont quelque chose à cacher
et où il leur faut s'accuser eux-mêmes de n'être pas
sur le droit chemin[4]. » On ne saurait caractériser
la fatalité avec plus de sûreté. Et c'est ainsi qu'elle
apparaît dans *les Affinités*, comme la faute dont
hérite la vie. « Charlotte accouche d'un fils. L'enfant
est né du mensonge[5]. Comme signe de ce mensonge,

1. *Vide supra*, p. 198-209, *Destin et caractère*. (MdG)

2. *Vide supra*, p. 204. (RR)

3. Après avoir ébauché plusieurs comédies, qui toutes menaçaient
de finir en tragédies, Goethe, à l'âge de vingt ans, ne termina que *les
Complices* (*Die Mitschuldigen*, 1769). « Ce que cet ouvrage, écrit-il, a
d'enjoué et de burlesque se situe sur un arrière-fond familial fort
sombre qui lui donne quelque chose d'inquiétant ; si le détail amuse,
l'ensemble effraie. Par l'évidente immoralité de leur conduite, les
personnages offensent à la fois l'esthétique et l'éthique. C'est pourquoi aucun théâtre allemand n'a jamais accueilli cette pièce ; elle n'a
pas manqué cependant d'imitations qui, évitant ces écueils, furent
reçues avec faveur » (*Fiction et Vérité*, II, 7). (MdG, RR)

4. *Briefwechsel zwischen Goethe und Zelter in den Jahren 1796
bis 1832*, éd. par Friedrich Wilhelm Riemer, 3ᵉ partie : *Die Jahre
1819 bis 1824*, Berlin, Duncker & Humblot, 1834, p. 474 (en
annexe de la lettre de Zelter du 10 décembre 1824). (RR)

5. Un soir, Édouard, qui vient de raccompagner le comte dans
la chambre de la baronne, frappe à la porte de Charlotte. Elle ne
songe qu'au capitaine, et l'image d'Odile obsède le baron. L'enfant
qui naîtra de cette double illusion ressemble aux deux absents (I,
11 ; *op. cit.*, p. 118-121). (MdG)

il porte les traits du capitaine et d'Odile. Créature du mensonge, il est condamné à mort, car seule la vérité est réelle. La faute de cette mort ne peut que tomber sur ceux qui, ayant donné à l'enfant une existence sans vérité intérieure, n'ont pas expié leur faute en faisant un effort sur eux-mêmes : Odile et Édouard. — Tel est, à peu près, le schéma, fondé sur une philosophie de la nature et sur une éthique, que Goethe semble avoir ébauché pour lui-même en vue des derniers chapitres [1]. » Une chose est incontestable dans cette conjecture de Bielschowsky : il correspond tout à fait à l'ordre du destin que l'enfant qui, nouveau-né, entre dans cet ordre ne rachète pas l'antique déchirure, mais ne puisse qu'en hériter la faute et périr. Il n'est pas question ici de faute morale — comment l'enfant la pourrait-il commettre ? — mais de faute naturelle, à laquelle des hommes succombent, non par décision et action, plutôt par négligence et omission. Lorsque, ne prenant garde à l'humain, ils tombent sous la puissance de la nature, la vie naturelle qui, en l'homme, ne conserve l'innocence qu'aussi longtemps qu'elle se lie à une vie plus haute, la tire vers le bas. Quand disparaît chez l'homme la vie surnaturelle, même s'il ne commet aucun acte immoral, sa vie naturelle se leste de culpabilité. Car elle est alors captive du simple fait de vivre, lequel se manifeste chez l'homme comme culpabilité. Il n'échappera pas au malheur qu'elle appelle sur lui. Chaque geste le rend plus coupable, chacun de ses actes le voue à un nouveau désastre. L'écrivain emprunte ce thème aux anciens contes ; c'est celui de l'homme trop chanceux, qui, en donnant trop largement, ne cesse de s'enchaîner dans les liens de la fatalité. Là encore, c'est une conduite d'aveuglement.

---

1. Bielschowsky, *Goethe, op. cit.*, p. 276. (RR)

À ce degré de déchéance de l'homme, il semble que la vie même des choses mortes acquière un pouvoir. À juste titre, Gundolf a souligné l'importance des objets dans le déroulement de l'histoire. Une telle intégration de toute chose à la vie est bien, en effet, un critère du monde mythique. Parmi ces choses, depuis toujours, la maison est au premier rang. À mesure qu'elle s'achève, le destin, ici, se fait plus pressant. La pose de la première pierre, la fête de la charpente, l'emménagement figurent autant d'étapes d'une course à l'abîme. L'édifice est isolé, ne donnant sur aucune agglomération ; au moment de l'emménagement, il est encore quasiment nu. Sur son balcon, Charlotte, qui est absente, apparaît, en robe blanche, aux yeux de son amie[1]. Il faut évoquer aussi le moulin, au fond de la vallée ombreuse, où, pour la première fois, les quatre amis se sont réunis en plein air[2]. Le moulin symbolise de longue date le monde souterrain. Il doit peut-être cette signification à l'acte même de moudre, dont la nature est de dissoudre et de transformer.

Dans un tel contexte, le triomphe est assuré aux forces que déchaîne la rupture du mariage. Car ce sont justement celles du destin. Le mariage apparaît comme un sort, plus puissant que le choix auquel s'abandonnent ceux qui s'aiment. « Il faut tenir bon, là où nous place le sort plutôt que le choix. S'attacher à un peuple, à une cité, à un prince, à un ami, à une femme, tout y rapporter, n'agir qu'en vue de cette fin, pour elle renoncer à tout et tout supporter, voilà qui est digne d'estime[3]. » Voilà comment

1. II, 13 ; *op. cit.*, p. 291. (RR)
2. I, 7 ; *op. cit.*, p. 86 *sq*. (RR)
3. Goethe, *Winckelmann*, in Goethe, *Sämtliche Werke, Jubiläumsausgabe*, t. XXXIV, *Schriften zur Kunst*, trad. et notes de W. von Oettingen, t. II, Stuttgart, Berlin, Cotta, 1904, p. 20. (RR)

Goethe, dans son essai sur Winckelmann, définit cette antithèse. Dans cette perspective fatale, tout choix est «aveugle» et mène aveuglément au désastre. La loi transgressée y oppose assez de résistance pour exiger le sacrifice, qui seul peut expier l'adultère. C'est donc sous la forme mythique et primitive du sacrifice que s'accomplit, dans ce destin, la symbolique de la mort. Odile y est prédestinée. Dans une étude que Goethe appréciait fort, Abeken la décrit comme la «splendide image» vivante de la réconciliation, comme «la douloureuse, l'affligée, celle dont le cœur est percé d'un glaive [1]». Dans un article également prisé par Goethe, Solger s'exprime avec la même tranquillité. Odile lui apparaît comme «la véritable enfant de la nature, et comme la victime de celle-ci [2]». Dans la mesure où ils ne s'appuient pas sur l'ensemble de ce qu'expose le roman, mais sur la nature de son héroïne, le contenu de l'action devait totalement échapper à ces deux critiques. Seule la première démarche révèle sans équivoque le caractère sacrificiel de la mort d'Odile. Que cette mort — sinon au sens que lui donne l'auteur, du moins certainement au sens bien plus décidé de l'œuvre — soit bien un sacrifice mythique, deux preuves le montrent à l'évidence. D'abord, plonger dans l'obscurité la plus totale la décision qui, comme nulle autre, révélerait la nature la plus profonde d'Odile, n'est pas seulement contraire au sens même de la forme romanesque, mais la façon dont le résultat de la décision est mis en lumière, brusquement, presque brutalement, semble contraster avec le ton général de l'œuvre. Ensuite, ce que dissimule cette obscu-

---

1. B. R. Abeken, «Ueber Goethes Wahlverwandtschaften» (fragments extraits d'une lettre), cité in *Goethe über seine Dichtungen, op. cit.*, p. 443 (n° 869, n. 2). (RR)

2. Solger, *Nachgelassene Schriften und Briefwechsel, op. cit.*, p. 184. (RR)

rité, le reste du roman le révèle pourtant clairement :
c'est, selon les intentions les plus profondes de ce
roman, la possibilité, voire la nécessité du sacrifice.
Ainsi il ne suffit pas de dire qu'Odile meurt en tant
que «victime du sort» — moins encore qu'elle «se
sacrifie elle-même» —, mais il faut affirmer, de
façon plus implacable et plus précise que son sacrifice expie la faute des coupables. Ce monde des
mythes qu'évoque l'auteur, n'a jamais connu d'autre
forme d'expiation que la mort des innocents. Aussi
Odile, en dépit de son suicide, meurt-elle en martyre
et laisse-t-elle des reliques miraculeuses.

Nulle part, certes, le mythique n'est le contenu
concret le plus élevé, mais il y renvoie partout de
façon rigoureuse. C'est à ce titre que Goethe en a fait
la base de son roman. Le mythique est le contenu
concret de ce livre : son sujet apparaît comme un jeu
d'ombres mythique, dont les figures sont vêtues de
costumes de l'époque goethéenne. Il est tentant de
confronter une si étrange conception avec l'idée que
Goethe lui-même se faisait de son œuvre. On ne prétend pas pour autant que la critique doive suivre la
voie tracée par les propos de l'écrivain ; mais dans la
mesure où elle s'en écarte, elle se dérobera d'autant
moins à la tâche de les comprendre à partir des res-
sorts secrets où elle puise aussi sa compréhension de
l'œuvre. Ce n'est pas là, il est vrai, que nous trouve-
rons l'unique principe d'une telle compréhension. Il
faut tenir compte, ici, en effet, de l'élément biographique qui n'a sa place ni dans le commentaire ni
dans la critique. Chaque fois que Goethe a parlé de
son roman, ce qu'il a dit tient pour une part au souci
qu'il avait de répondre aux jugements de ses contemporains. Pareil motif inciterait déjà à jeter un coup
d'œil sur ces jugements, même si une telle considération ne s'imposait de soi en vertu d'un intérêt

beaucoup plus direct. Parmi les voix des contemporains, on peut tenir pour négligeables celles des
critiques — le plus souvent anonymes — qui
accueillirent l'œuvre avec ce respect conventionnel
qui semblait dû, dès ce temps-là, à tout ce qui venait
de Goethe. Importantes sont les formules marquantes qui nous sont conservées sous la signature
de quelques éminents commentateurs. Elles ne sont
pas pour autant atypiques. Au contraire, c'est parmi
leurs auteurs que figurent justement ceux qui eurent
le courage d'exprimer ce que des critiques de moindre
envergure n'osaient pas avouer en raison simplement de leur respect pour l'écrivain. Malgré tout,
Goethe a bien deviné les sentiments de ses lecteurs et
en garde le souvenir exact et amer quand il rappelle,
en 1827, à Zelter qui, pense-t-il, ne doit pas l'avoir
oublié, qu'en face de ses *Affinités électives* le public
« s'est agité comme au contact d'une tunique de Nes-
sus[1] ». Les gens restaient effarouchés, abasourdis, en
quelque sorte stupéfaits devant une œuvre où ils ne
pensaient devoir chercher qu'une aide pour échapper aux troubles de leur propre vie, sans vouloir se
plonger, en s'oubliant eux-mêmes, dans la nature
d'une vie étrangère. À cet égard, le jugement de
Mme de Staël, dans son ouvrage *De l'Allemagne*, est
représentatif. « On ne saurait nier, écrit-elle, qu'il n'y
ait dans ce livre [...] une profonde connaissance
du cœur humain, mais une connaissance décourageante ; la vie y est représentée comme une chose
assez indifférente, de quelque manière qu'on la
passe ; triste quand on l'approfondit, assez agréable
quand on l'esquive, susceptible de maladies morales
qu'il faut guérir si l'on peut, et dont il faut mourir si

---

1. *Briefwechsel zwischen Goethe und Zelter, op. cit.*, 4ᵉ partie,
Die Jahre 1825 bis 1827, Berlin, Duncker & Humblot, 1834, p. 442
(Goethe à Zelter, lettre du 21 novembre 1827). (RR)

l'on n'en peut guérir[1].» Avec plus de force, la formule laconique de Wieland, extraite d'une lettre à
une correspondante inconnue, semble exprimer une
idée du même ordre : «Je vous avoue, mon amie,
qu'à la lecture de cette œuvre réellement effrayante
je n'ai pas pu ne pas me sentir profondément
concerné[2].» Les motifs concrets d'une aversion qui,
chez un lecteur modérément déconcerté, n'accé-
daient guère à la conscience, s'étalent, sous le jour le
plus cru, dans le verdict du parti clérical. Les tendances païennes, qui, dans le roman, n'ont rien de
dissimulé, ne pouvaient échapper aux plus clair-
voyants des fanatiques. Car l'auteur avait beau jeter
en pâture tout le bonheur des amants à ces puissances ténébreuses que nous évoquions plus haut,
l'instinct infaillible de ces critiques constatait l'absence, dans ce châtiment, de toute transcendance
divine. La perte des amants en ce bas monde ne pouvait leur suffire ; car quelle garantie avait-on qu'ils
ne triompheraient pas dans un monde supérieur ?
N'était-ce pas justement ce que l'auteur lui-même
paraissait suggérer aux dernières lignes du livre[3] ?
Aussi voit-on F.H. Jacobi[4] l'appeler «une Ascension
du plaisir maudit[5]». Un an avant la mort de Goethe,

1. Madame la baronne de Staël-Holstein, *Œuvres complètes*, t. II,
Paris, Firmin Didot, 1861, p. 150 (*De l'Allemagne, Seconde partie ;
De la littérature et des arts*, chap. xxviii, « Des romans »). (RR)
2. Lettre de l'écrivain Christoph Martin Wieland (1733-1813) [à
Caroline Herder?], citée in Gräf, *Goethe über seine Dichtungen, op.
cit.*, p. 423 *sq.* (n⁰ 855a, n. 2). (RR)
3. « Les amants gisent donc l'un près de l'autre. La paix flotte sur
leur sépulture. De la voûte, les fraternelles images des anges abais-
sent sur eux la sérénité de leurs regards, et qu'il sera aimable l'instant où ils se réveilleront ensemble. » (II, 18 ; *op. cit.*, p. 333). (RR)
4. Friedrich Heinrich Jacobi (1743-1819), romancier et philosophe allemand, créateur du terme « nihilisme ». (RR)
5. *Goethe in vertraulichen Briefen seiner Zeitgenossen. Auch eine
Lebensgeschichte*, éd. par Wilhelm Bode, t. II, *Die Zeit Napoleons
1803-1816*, Berlin, Mittler, 1921, p. 233 (Jacobi à Köppen, lettre du
12 janvier 1810). (RR)

on lisait encore, de la plume de Hengstenberg[1], dans l'*Evangelische Kirchen-Zeitung*, la plus longue de toutes les critiques[2]. Produit d'une susceptibilité aiguë, que ne tempère aucun *esprit*[3], cette étude est un véritable modèle de polémique hargneuse. Tout cela pourtant n'est rien à côté de ce qu'écrivit Zacharias Werner[4]. À l'époque de sa conversion, Werner était bien l'homme à qui pouvaient le moins échapper les sombres tendances rituelles de cette histoire. Dans la même lettre où il faisait part à Goethe de sa conversion[5], il lui envoyait un sonnet intitulé «les Affinités électives», lettre et poème auxquels, même cent ans plus tard, l'expressionnisme n'aura rien de plus radical à opposer. Goethe avait mis quelque temps à comprendre à qui il avait affaire; après ce mémorable écrit, il rompit toute relation épistolaire. Voici le sonnet joint à la lettre :

LES AFFINITÉS ÉLECTIVES

Par-delà les tombeaux, les dalles funéraires,
Guettant sous leur beau masque une proie assurée,
Serpente le sentier vers le jardin d'Éden,
Où les eaux du Jourdain à l'Achéron confluent.

1. Ernst Wilhelm Hengstenberg (1802-1869), théologien protestant, militant d'un retour aux sources. (RR)
2. Anonyme, «Ueber Göthe's Wahlverwandtschaften», in *Evangelische Kirchen-Zeitung, op. cit.* (nº 57-61), p. 449-488. (RR)
3. En français dans le texte. (RR)
4. Zacharias Werner (1768-1823), écrivain allemand converti au catholicisme, créateur du «drame de la fatalité». (RR)
5. *Goethe und die Romantik. Briefe mit Erläuterungen*, 2ᵉ partie, éd. par C. Schüddekopf et O. Walzel (*Schriften der Goethe-Gesellschaft*, éd. par E. Schmidt et B. Suphan, t. XIV), Weimar, Verlag der Goethe-Gesellschaft, 1899, p. 58-66 (Werner à Goethe, lettre du 23 avril 1811). (RR)

Sur son sable mouvant Sion veut vers le ciel
Paraître se dresser; mais, atrocement tendres,
Les Nixes, depuis six mille ans, attendent
Le sacrifice au lac pour se purifier.

Une enfant est venue, en sa sainte impudence,
Du salut porte l'ange, et le fils des péchés.
Le lac engloutit tout! Malheur! — C'était pour rire!

Hélios[1] va-t-il alors embraser notre terre?
Mais non! De l'embrasser avec amour il brûle!
Tu peux aimer le demi-dieu, ô cœur qui trembles!

Ces éloges et ces blâmes frénétiques et indignes font justement apparaître une chose : que les contemporains de Goethe avaient conscience de la teneur mythique de l'œuvre, au niveau non de l'intelligence mais du sentiment. Il en va autrement aujourd'hui, car la tradition d'un siècle a achevé son travail et rendu presque impossible une connaissance originaire. S'il arrive aujourd'hui que, devant une œuvre de Goethe, le lecteur éprouve un sentiment d'étrangeté ou d'hostilité, il restera muet et hébété et étouffera son impression véritable. — Avec une joie non dissimulée Goethe accueillit les deux voix qui, même faiblement, faisaient entendre un autre son de cloche : celles de Solger et d'Abeken. En ce qui concerne les propos bienveillants de ce dernier, Goethe n'eut de cesse qu'ils ne prissent la forme d'une étude critique publiée dans un organe bien diffusé. Car il y trouvait cet élément humain que le roman met si délibérément en lumière. En revanche, nul n'a été aussi profondément aveuglé par cet élément, semble-t-il, que

1. Dans la correspondance de Werner, Hélios désigne Goethe. (MdG)

Wilhelm von Humboldt, à qui la teneur fondamentale de l'œuvre a totalement échappé. Son jugement, en effet, est passablement bizarre : « J'y constate avant tout, écrit-il, l'absence du destin et de toute nécessité interne [1]. »

Devant cette divergence d'opinions, Goethe avait deux bonnes raisons de ne pas rester silencieux. Il avait à défendre son œuvre — c'était la première. Il avait à en garder le secret — c'était la seconde. Les deux motifs réunis incitent à conférer à l'explication qu'il donne lui-même un tout autre caractère que celui d'une exégèse. Ce qu'il dit de son œuvre tient à la fois de l'apologie et de la mystification, et dans le texte essentiel, ces deux traits se recoupent parfaitement. On pourrait l'intituler la fable du renoncement. Goethe y trouva le moyen d'interdire tout accès approfondi à la compréhension de son œuvre. Il en usa également pour repousser les si nombreuses attaques des philistins. Il l'a laissé lui-même entendre dans une conversation, rapportée par Riemer [2], qui allait fixer l'image traditionnelle de son roman. À l'en croire, le combat entre le moral et l'inclination est « situé en coulisses, et l'on voit qu'il a dû avoir lieu. Les personnages se conduisent en personnes distinguées qui, malgré leur déchirement intérieur, sauvent les apparences. — Le combat d'ordre moral ne se prête jamais à une représentation esthétique. Car ou bien la morale l'emporte, ou bien elle est vaincue. Dans le premier cas, on ne sait pas ce qui a été décrit, ni pourquoi il l'a été ; dans le second cas il est honteux d'assister au spectacle ; car

---

1. *Goethe in vertraulichen Briefen seiner Zeitgenossen, op. cit.,* p. 242 (Wilhelm von Humboldt à sa femme, lettre du 6 mars 1810). (RR)

2. Friedrich Wilhelm Riemer (1774-1845), philologue et historien de la littérature allemand, précepteur des enfants de W. v. Humboldt et de Goethe. (RR)

il faut bien finalement qu'un élément fasse triompher le sensible sur le moral, et justement le spectateur n'accepte pas cet élément, mais il en attend un autre, plus frappant encore, que le tiers toujours élude, plus il est lui-même moral. — Dans des descriptions de ce genre, le sensible ne peut que triompher ; mais puni par la mort, c'est-à-dire par la nature morale qui, par la mort, sauvegarde sa liberté. — Ainsi Werther ne peut que se tuer, une fois qu'il a laissé la sensibilité devenir maîtresse de lui. Ainsi Odile ne peut que faire preuve de καρτερία[1], et de même Édouard une fois qu'ils ont laissé libre cours à leur inclination. Alors seulement la morale célèbre son triomphe[2]. » De ces formules équivoques, comme par ailleurs de tout le draconisme qu'il affichait à cet égard dans la conversation, Goethe pouvait bien se targuer puisqu'à la transgression juridique dans l'offense au mariage, à la faute mythique, il avait répondu en faisant une si large part à l'expiation à travers la ruine des personnages. Si ce n'est qu'en vérité cette ruine n'était pas expiation de la transgression, mais délivrance des filets du mariage. Si ce n'est qu'en dépit de ces grands mots aucun combat ne se déroule, ni de façon visible, ni secrètement, entre le devoir et l'inclination. Si ce n'est que jamais ici la morale ne vit en triomphatrice, mais toujours et exclusivement en vaincue. Ainsi la teneur morale de cette œuvre se situe dans des strates beaucoup plus profondes que ne le laissent supposer les paroles de Goethe. Leurs faux-fuyants ne sont ni possibles ni nécessaires. Car non seulement ses explications sont insuffisantes lorsqu'elles opposent sensible et moral, mais elles sont manifestement insoutenables lors-

---

1. « Force d'âme ». (MdG)
2. Conversation avec Riemer, les 6-10 décembre 1809, cité in *Goethes Gespräche*, *op. cit.*, p. 57 (n° 1235). (RR)

qu'elles excluent le combat moral intérieur comme objet de création littéraire. Sinon, que resterait-il bien du drame, du roman lui-même? Mais, de quelque manière qu'on interprète la teneur morale de cette œuvre — elle ne contient aucun *fabula docet*[1] et on ne l'atteint pas, même de loin, quand, comme l'a fait depuis toujours une critique docile, on nivelle ses abîmes et ses sommets pour la réduire à une fade leçon de renoncement. Au reste, Mézières a déjà signalé avec raison la tendance épicurienne que Goethe prête à cette attitude[2]. C'est pourquoi la confession de la *Correspondance avec une enfant*[3] va beaucoup plus profond et l'on n'accepte qu'à contre-cœur la vraisemblance que Bettina, à qui ce roman était, à tant d'égards, si étranger, ait inventé cet aveu. On y lit que Goethe «s'est ici donné pour tâche de recueillir dans un destin inventé, comme dans une urne funéraire, les larmes versées pour tant de choses qu'on a omis de faire[4]». Or ce qu'on a omis de faire, on ne dit pas qu'on y ait renoncé. En mainte circonstance de sa vie, le premier mouvement de la vie de Goethe fut bien l'omission, non le renonce-ment. Et lorsqu'il eut reconnu qu'on ne retrouve pas

---

1. «La fable enseigne». (MdG)
2. A. Mézières, *W. Goethe. Les Œuvres expliquées par la vie (1795-1832)*, 2ᵉ éd., Paris, Didier, 1874, t. II, p. 208: «Sans doute, ce qu'il écrit respire souvent une fierté de pensée, une énergie morale, un dédain des petits soucis de l'existence, un appétit des jouissances les plus nobles qui peuvent élever et fortifier les âmes; mais en même temps que de scènes tracées d'un pinceau libre, que de peintures voluptueuses éveillent chez le lecteur l'idée épicu-rienne du plaisir!» (RR)
3. Bettina von Arnim (1785-1859), écrivain allemand, sœur de Clemens Brentano et épouse d'Achim von Arnim, auteur de *Goethes Briefwechsel mit einem Kinde* (1835), version romancée de sa correspondance avec Goethe. (RR)
4. Bettina von Arnim, *Goethes Briefwechsel mit einem Kinde*, éd. par Jonas Fränkel, t. II, Iéna, Diederichs, 1906, p. 100 (Goethe à Bettina, lettre du 5 février 1810). (RR)

ce qu'on a omis de faire, que l'omission est irréversible, alors seulement le renoncement a pu s'offrir à lui, et il ne fut que la dernière tentative pour saisir encore dans le sentiment ce qui a été perdu. Il se peut que cela ait aussi valu pour Minna Herzlieb[1].

Vouloir comprendre *les Affinités électives* à partir des propres paroles de l'auteur, c'est peine perdue. Disons plus : ces propos sont justement destinés à interdire l'accès à la critique. Mais la raison principale n'en est pas la tendance à se défendre contre la sottise. Elle est bien plutôt l'effort pour laisser dans l'ombre tout ce que nie la propre explication de l'auteur. À la technique du roman, à ses thèmes véritables, il entendait conserver leur mystère. Le domaine de la technique littéraire se situe, dans l'œuvre même, à la limite de deux niveaux, l'un, plus superficiel, qui s'offre à tous les regards, l'autre, plus profond, qui demeure secret. Telle qu'elle se présente à la conscience de l'écrivain, telle que déjà la critique contemporaine l'avait aperçue dans ses principes, la technique goethéenne touche sans doute au réel dans le contenu concret du roman, mais elle sert aussi de barrière contre sa teneur de vérité, dont ni Goethe lui-même ni les critiques de son temps ne pouvaient prendre entièrement conscience. À la différence de la forme, la technique n'est point conditionnée de façon décisive par la teneur de vérité, mais exclusivement par les contenus concrets, et c'est nécessairement sur ces derniers que se porte l'attention. Pour l'écrivain, en effet, la présentation des contenus concrets est l'énigme que la technique doit lui permettre de résoudre. Ainsi, c'est grâce à la technique que Goethe a pu assurer l'accent mis dans son œuvre sur les puissances mythiques. Mais ce qu'elles

---

1. Minna Herzlieb (1789-1865), l'un des amours de Goethe, modèle du personnage d'Odile. (RR)

signifient, en fin de compte, ne devait pas moins échapper à l'auteur qu'à l'esprit de son temps. Or, Goethe veillait sur cette technique comme sur le secret même de son art. C'est bien à ce souci qu'il semble faire allusion quand il déclare qu'en écrivant son roman, il a suivi une idée[1]. On peut entendre qu'il s'agit ici d'une idée technique. Sinon, on ne saurait guère comment interpréter la suite du passage, où Goethe s'interroge sur la valeur du procédé. Il est au contraire parfaitement concevable que l'auteur ait un jour trouvé douteux le caractère infiniment subtil qui dissimulait dans le roman la richesse de relations. C'est ainsi qu'il écrit à Zelter : « Vous y retrouverez, j'espère, ma vieille manière de faire. J'ai mis beaucoup de choses dans ce livre, j'y ai aussi caché maintes autres. Que ce secret de Polichinelle vous fasse plaisir à vous aussi[2] ! » Dans le même sens, il insiste sur le fait que son roman contient plus « qu'une lecture unique ne peut assimiler[3] » Mais le fait le plus significatif est la destruction des brouillons. Car le hasard aurait bon dos pour justifier qu'il n'en soit pas resté le moindre fragment. Goethe, n'en doutons pas, a fait disparaître, de propos délibéré, tout ce qui aurait pu révéler le caractère de part en part constructif de son roman. — Si l'existence des contenus concrets est ainsi cachée, leur essence se dissimule elle-même. Toute signification mythique veut rester secrète. Ainsi, parfaitement sûr de lui, à propos justement de ce livre, l'écrivain a pu déclarer

---

1. Voir la conversation avec Eckermann du 6 mai 1827, citée *in* Gräf, *Goethe über seine Dichtungen, op. cit.*, p. 482 (n° 903). (RR)

2. *Briefwechsel zwischen Goethe und Zelter, op. cit.*, 1re partie : *Die Jahre 1796 bis 1811*, Berlin, Duncker & Humblot, 1933, p. 361 (Goethe à Zelter, lettre du 1er juin 1809). (RR)

3. Voir la conversation avec Eckermann du 9 février 1829, citée in *Goethes Gespräche, op. cit.*, t. IV, *Vom Tode Karl Augusts bis zum Ende*, Leipzig, Biedermann, 1910, p. 64 (n° 2653). (RR)

que la matière littéraire, elle aussi, autant que l'événement réel, réclame ses droits[1]. En effet, si l'on
prend la formule dans le sens sarcastique qu'il faut
bien lui donner, ces droits n'appartiennent pas à
l'œuvre littéraire mais à sa matière littéraire, à la
strate mythique du sujet de l'œuvre. Fort de cette
conviction, Goethe pouvait se tenir à une distance
inaccessible, non sans doute au-dessus, mais bien
à l'intérieur de son œuvre, comme l'indique Humboldt aux dernières lignes de sa critique : « Mais on
ne peut rien lui dire. Il n'a aucune liberté vis-à-vis de
ses propres travaux et, pour peu qu'on le blâme, il
devient muet[2]. » C'est là l'attitude du vieux Goethe à
l'égard de toute critique : celle d'un Olympien. Non
pas au sens d'un simple *epitheton ornans* ou d'une
figure de belle apparence, comme le terme est employé
par les Modernes. Le terme, attribué à Jean-Paul,
renvoie bien plutôt à la nature mythique obscure,
noyée en elle-même, qui anime tout l'art de Goethe,
avec une raideur muette. C'est en Olympien qu'il a
posé les fondations de son œuvre et qu'il en a scellé
les caveaux avec des formules parcimonieuses.

Dans cette pénombre, le regard atteint ce qui repose
en Goethe, au plus secret de lui-même. À la lumière
de tous les jours, on ne pouvait discerner ces traits et
ces corrélations qui désormais apparaissent clairement. Et, en retour, c'est grâce à eux seulement que
disparaît de plus en plus l'apparence paradoxale de
l'interprétation précédente. Ainsi, c'est ici seulement
qu'apparaît l'une des raisons fondamentales pour
lesquelles Goethe a étudié la nature. À l'origine de

1. Voir la lettre de Goethe à K. F. v. Reinhard du 31 décembre
1809, citée *in* Gräf, *Goethe über seine Dichtungen, op. cit.*, p. 430
(nº 863). (RR)
2. *Goethe in vertraulichen Briefen seiner Zeitgenossen, op. cit.*,
p. 243 (Wilhelm v. Humboldt à sa femme, lettre du 6 mars 1810).
(RR)

cette investigation, on trouve, tantôt naïf, tantôt parfaitement réfléchi, un double sens du mot «nature».
Le terme, chez Goethe, désigne tout aussi bien le
domaine des phénomènes sensibles que le monde des
archétypes saisis par intuition. Mais jamais Goethe
n'a réussi à rendre compte de cette synthèse. Impuissant à fonder sur des bases philosophiques l'identité
des deux domaines, c'est vainement que, dans ses
recherches, il tâche d'en faire la démonstration empirique par ses expérimentations. Faute d'avoir défini
la «vraie» nature en termes conceptuels, il n'a jamais
atteint au cœur fécond d'une intuition qui lui faisait
chercher sous les phénomènes naturels, et telle qu'il
la présupposait dans les œuvres de l'art, la présence
de la «vraie» nature comme phénomène originaire.
Solger aperçoit cette corrélation, qui est surtout manifeste entre *les Affinités électives* et les recherches
goethéennes dans l'ordre des sciences naturelles, et
que Goethe souligne lui-même en annonçant son
ouvrage. On lit chez Solger: «*Le Traité des couleurs*
m'a [...] réservé certaines surprises. Dieu sait qu'à
l'origine je n'en attendais rien de précis; en général,
je ne pensais y trouver que de pures expériences. Et
voici maintenant un livre où la nature est devenue
vivante, humaine et accessible. Il me semble qu'il
jette également quelque lumière sur *les Affinités
électives* [1].» Chronologiquement aussi, *le Traité des
couleurs* est proche du roman. Il est clair que les
études de Goethe sur le magnétisme interfèrent dans
cette œuvre. Cette connaissance de la nature, qui
devait, pensait-il, toujours apporter à ses œuvres un
brevet d'authenticité, acheva de le rendre indifférent
à la critique. Celle-ci lui était inutile. La nature des
phénomènes originaires était l'étalon; avec elle cha-

---

1. Solger, *Nachgelassene Schriften und Briefwechsel, op. cit.*,
p. 204 (Solger à Abeken, lettre du 28 octobre 1810). (RR)

cun de ses ouvrages présentait une relation discernable. Mais, comme son concept de nature demeu-
rait ambigu, il glissa trop souvent des phénomènes
originaires comme archétypes, à la simple nature
comme modèle. Jamais cette manière de voir ne se
fût imposée si Goethe, sortant de l'équivoque, avait
discerné que c'est seulement dans le domaine de
l'art que les phénomènes originaires — à titre
d'idéaux — se présentent à l'intuition de façon adéquate, alors que, dans celui de la science, ils sont
représentés par l'Idée, qui, si elle peut éclairer l'objet de la perception, ne parvient jamais à passer dans
l'intuition. Loin de préexister à l'art, les phénomènes
originaires résident en lui. De droit, ils ne peuvent
jamais servir d'étalons. Si, dans cette contamination
entre le pur et l'empirique, la nature sensible semble
déjà réclamer le premier rang, dans l'ensemble de
son être phénoménal son visage mythique triomphe.
Il n'y a là pour Goethe qu'un chaos de symboles, et
c'est comme tels qu'apparaissent chez lui ses phénomènes originaires, au même titre que les autres,
comme on le voit de façon si manifeste dans le
recueil de poèmes intitulé *Dieu et le Monde*. Jamais
on ne rencontre chez lui un effort pour fonder une
hiérarchie de phénomènes originaires. À son esprit
la profusion de leurs formes se présente tout comme,
à l'oreille, l'univers confus des sons. Comme peu
d'images sont plus révélatrices de l'esprit dans lequel
Goethe considère la nature, il est permis sans doute
d'appliquer ici la description qu'il donne lui-même
du monde sonore: «Fermons les yeux, ouvrons et
affinons nos oreilles, et du souffle le plus ténu jusqu'au bruit le plus sauvage, du son le plus simple à
l'harmonie la plus haute, du cri passionné le plus
violent à la parole raisonnable la plus douce, ce n'est
que la nature qui parle, et révèle son existence,
sa force, sa vie, ses structures; de telle sorte qu'un

aveugle à qui l'infini visible est interdit peut saisir
dans l'audible une vie infinie[1].» Si, donc, les «paroles
de la raison» elles-mêmes, prises dans le sens le plus
extrême, sont mises au crédit de la nature, rien
d'étonnant que pour Goethe la pensée n'ait jamais
pénétré tout à fait le domaine des phénomènes originaires. Mais elle s'interdit du même coup d'y tracer
des limites. Faute de différences, l'existence tombe
sous le concept de nature, monstrueusement étendu,
comme l'enseigne le fragment de 1780. Et jusque dans
sa vieillesse Goethe n'a pas désavoué[2] les phrases de
ce texte — intitulé *La Nature* — qui se termine ainsi :
«Elle m'a installé ici ; elle me fera sortir d'ici. Je me
confie à elle. Qu'elle dispose de moi ; elle ne haïra
point son œuvre. Je n'ai point parlé d'elle ; non, le
vrai et le faux, c'est elle qui a tout dit. À elle toute la
faute, à elle tout le mérite[3].» Le chaos règne dans
cette vision du monde. Car c'est là que débouche finalement la vie du mythe qui, sans maître ni limites,
s'instaure elle-même comme l'unique puissance dans
le domaine de l'étant.

Le refus de toute critique et l'idolâtrie de la
nature sont les formes mythiques de vie dans l'existence de l'artiste. Que chez Goethe elles soient déve-
loppées au plus haut point, c'est ce que semble
signifier l'épithète «olympien». Au sein de l'essence
mythique, elle désigne en même temps le lumineux.
Mais un élément ténébreux y correspond, qui a très
lourdement couvert de son ombre l'existence de
l'homme. On peut en reconnaître des traces dans

1. Goethe, *Le Traité des couleurs, op. cit.*, p. 49 sq. (RR)
2. Conversation avec F. v. Müller, 24-30 mai 1828, cité *in Goethes
Gespräche, op. cit.*, t. V, *Erläuterungen, Ergänzungen, Nachträge,
Nachweisungen*, Leipzig, Biedermann, 1911, p. 161 (n° 2581a). (RR)
3. Goethe, *Sämtliche Werke, op. cit.*, t. XXXIX, *Schriften zur Natur-
wissenschaft*, introduit et annoté par Max Morris, 1ʳᵉ partie, Stuttgart et Berlin, Cotta, 1905, p. 6 («Fragment über die Natur»). (RR)

Fiction et Vérité. Mais fort peu en est apparu dans les
confessions de Goethe. Sur leur surface plane, seul
le concept de «démonique» se dresse comme un
grossier mégalithe. C'est avec lui que Goethe a introduit la dernière section de son œuvre autobiogra-
phique : «À mesure que je racontais ma vie, on a
pu voir, de façon circonstanciée, de quelle manière,
enfant, adolescent, jeune homme, l'auteur, par des
moyens divers, a tenté d'approcher le domaine qui
est au-delà des sens ; il s'est tourné d'abord avec pré-
dilection vers une religion naturelle ; ensuite, avec
amour, il s'est fermement attaché à une religion
positive ; il a cherché plus tard, en se concentrant sur
lui-même, il a éprouvé ses propres forces et, finalement, c'est avec joie qu'il s'est confié à la religion
universelle. Dans ces espaces intermédiaires où il
allait et venait, poursuivant sa recherche, tournant
ses regards de côté et d'autre, il fit maintes rencontres qui pourraient bien n'appartenir à aucune
de ces régions, et il lui apparut de plus en plus clairement qu'il valait mieux écarter sa pensée de ce qui
est inouï et inconcevable. — Il crut découvrir dans la
nature, celle qui vit et celle qui est morte, l'animée
et l'inanimée, quelque chose qui ne se manifestait
qu'à travers des contradictions et qu'on ne pouvait,
par conséquent, traduire ni en concepts ni, moins
encore, en mots. Cette réalité n'était pas divine, car
elle semblait irrationnelle ; elle n'était pas humaine,
car il lui manquait l'entendement ; pas diabolique
non plus, car elle faisait du bien ; ni angélique cependant, puisqu'on trouvait en elle une certaine joie
maligne. Elle ressemblait au hasard, car elle ignorait
la logique ; elle tenait de la providence, puisqu'elle
suggérait des connexions. Tout ce qui nous limite, il
paraissait qu'elle pût le franchir ; on eût dit qu'elle
disposât librement de ce qui est nécessaire à notre
existence ; elle contractait le temps et dilatait l'es-

pace. Dans l'impossible seul elle semblait se plaire et
c'est avec mépris qu'elle semblait rejeter loin d'elle
le possible. — Cette essence, qui semblait pénétrer
entre toutes les autres réalités, les séparer et les unir,
je la nommai démonique, à l'exemple des Anciens et
de ceux qui avaient perçu quelque chose d'analogue.
De cette terrible essence je tentai de me sauver[1]. » Il
est à peine besoin d'indiquer que, dans ces mots,
après plus de trente-cinq ans, s'exprime la même
expérience d'insaisissable ambiguïté de la nature
que dans le célèbre fragment. L'idée du démonique,
qui se trouve encore dans le texte d'*Egmont* cité aux
dernières lignes de *Fiction et Vérité*[2], et, sous forme
de citation, dans la première stance du poème
orphique, *Paroles originaires*[3], marque la sensibilité
de Goethe toute sa vie durant. C'est elle que fait ressortir l'idée de destin dans *les Affinités électives*, et
s'il était encore besoin de médiation entre les deux,
celle qui, depuis des millénaires, ferme le cercle,
n'est pas non plus absente chez Goethe. De façon

---

1. *Fiction et Vérité*, IV, 20. Goethe, *Sämtliche Werke, op. cit.*,
t. XXV, *Dichtung und Wahrheit*, introd. par Richard M. Meyer,
4e partie et annexes, Stuttgart et Berlin, Cotta, 1904, p. 123 *sq.*
(*Aus meinem Leben. Dichtung und Wahrheit*, IV, 20). (RR)

2. « Enfant, enfant, ne va pas plus loin. Comme fouettés par d'in-
visibles esprits, les coursiers du Soleil entraînent à travers le temps
le char léger de notre sort. Notre seul rôle est de tenir courageusement les rênes et, tirant tantôt à droite, tantôt à gauche, d'éviter là
le rocher, ici l'avalanche. Où va le char, qui le peut dire ? Lui sou-
vient-il d'où il est venu ? » (MdG)

3. Ce chant orphique est tiré de *Dieu et le Monde*. La première
strophe est intitulée *Daimon* (démon) :

> Selon que le Soleil, à l'heure où tu naquis,
> Reçut dans sa maison le salut des planètes,
> Selon la loi qui présidait à ta naissance,
> Tel il faut que tu sois, tu ne peux échapper,
> Ainsi parlaient déjà Sibylles et Prophètes ;
> Il n'est force ni temps capables de briser
> La force en toi qui se déroule avec le temps. (MdG)

évidente dans les *Paroles originaires*, allusive dans les souvenirs biographiques, il renvoie à l'astrologie, ce canon de la pensée mythique. Si *Fiction et Vérité* se clôt avec la référence au démonique, il s'ouvre avec la référence à l'astrologie [1]. Et, en effet, cette vie ne semble pas devoir échapper totalement à la considération astrologique. L'horoscope de Goethe, tel que l'a établi, mi par jeu, mi sérieusement, *la Croyance et l'Interprétation astrale* de Boll, renvoie de son côté au trouble de cette existence : « Que l'ascendant suive étroitement Saturne, et soit en outre dans la néfaste constellation du Scorpion, jette également quelques ombres sur cette vie ; du moins ce signe zodiacal considéré comme "énigmatique", en conjonction avec la nature dissimulée de Saturne, causera à un âge plus avancé un certain caractère renfermé, mais aussi [et ceci annonce ce qui va suivre] en tant qu'être vivant qui rampe à terre, et dans lequel se trouve la "planète terrestre" Saturne, cet attachement à l'ici-bas qui s'accroche à la terre dans une "concupiscence vigoureuse qui s'agrippe avec tous ses organes"[2]. »

« De cette terrible essence je tentai de me sauver. » La peur est le prix que coûte à l'humanité

1. (I, 1) « Je suis né à Francfort, le 28 août 1748, au battement des douze coups de midi. La constellation était bénéfique : le soleil culminant au zénith était situé sous le signe de la Vierge ; Jupiter et Vénus se regardaient amicalement. Mercure n'était point hostile, Saturne et Mars restaient indifférents ; seule la Lune, tout juste pleine, exerçait avec d'autant plus de force son opposition qu'au même instant débutait son heure planétaire. Aussi fit-elle obstacle à ma naissance, qui ne put advenir qu'une fois passée cette heure. C'est peut-être à cette heureuse configuration, dont les astrologues, par la suite, se plurent à m'attribuer le bénéfice, que je dois qu'on me tînt pour mort lorsque je vins au monde, et c'est au prix de maints efforts que je pus voir le jour. » (MdG)

2. Franz Boll (avec le concours de Carl Bezold), *Sternglaube und Sterndeutung. Die Geschichte und das Wesen der Astrologie*, Leipzig et Berlin, Teubner, 1918, p. 89. (RR)

mythique la fréquentation des forces démoniques[1].
Chez Goethe, cette peur s'est souvent exprimée de
façon indiscutable. Au lieu de réduire ces manifestations à des incidents isolés et anecdotiques que
les biographes rappellent presque à contrecœur, il
faut les éclairer d'un jour qui montre, avec une évidence certes effrayante, l'emprise de puissances très
anciennes sur la vie de cet homme, qui pourtant
n'est pas devenu sans elles le plus grand écrivain de
sa nation. La peur de mourir, qui inclut toutes les
autres, est la plus perceptible. Car elle menace au
plus haut point l'informe panarchie de la vie naturelle, qui constitue le cercle magique du mythe.
L'aversion de Goethe pour la mort et pour tout ce
qui y renvoie porte tout à fait les traits de la plus
extrême superstition. C'est un fait connu qu'auprès
de lui personne n'avait le droit d'évoquer un décès,
mais on sait moins qu'il ne s'approcha jamais du lit
où mourait sa femme. En ce qui concerne la mort de
son fils, ses lettres témoignent du même état d'esprit.
Rien de plus caractéristique que la lettre où il
annonce cette perte à Zelter, et que sa formule
finale, véritablement démonique : « Ainsi, en passant
sur les tombes, en avant[2]! » C'est en ce sens que s'affirme la vérité des paroles qu'on lui prête à l'heure
de sa propre mort[3]. Au bout du compte, la vitalité
mythique y oppose aux proches ténèbres son impuissant désir de lumière. C'est elle aussi qui explique
le culte inouï du moi qui caractérise les dernières

1. Les pages qui suivent (jusqu'à la fin de la première partie, à
l'exception des quatre dernières phrases) constituent le plus long
fragment du texte présenté en mai-juin 1937, dans les *Cahiers du
Sud*, n° 194, sous le titre *L'Angoisse mythique chez Goethe*. (MdG)
2. *Briefwechsel zwischen Goethe und Zelter*, *op. cit.*, 6e partie, *Die
Jahre 1830 bis 1832*, Berlin, Duncker & Humblot, 1834, p. 160
(Goethe à Zelter, lettre du 23 février 1831). (RR)
3. « Plus de lumière ! » (MdG)

décennies de la vie de Goethe. *Fiction et Vérité*, ses *Annales*[1], l'édition de sa correspondance avec Schiller[2], le souci de publier également les lettres échangées avec Zelter sont autant de tentatives pour tromper la mort. Plus clairement encore, tout ce qu'il écrit sur la survie de l'âme trahit le désir païen, non point de garder l'immortalité à titre d'espérance, mais de l'exiger comme un gage. De même que l'idée de l'immortalité, telle que l'entend le mythe, n'est, on l'a montré, qu'une « incapacité de mourir », ainsi, pour Goethe, loin de signifier l'accession de l'âme à sa vraie patrie, elle représente une fuite hors de l'illimité dans l'illimité. Surtout la conversation rapportée par Falk[3], qui se situe après la mort de Wieland, montre que l'immortalité était pour Goethe un phénomène naturel et que, comme pour souligner ce qu'elle a d'inhumain, il la réservait proprement aux esprits supérieurs.

Aucun sentiment ne connaît autant de variantes que la peur. L'angoisse devant la mort est comme la basse fondamentale à laquelle la peur de la vie ajoute d'innombrables harmoniques. Ici encore la tradition néglige et passe sous silence le jeu baroque de l'angoisse en face de la vie. Dans son souci de canoniser Goethe, elle méconnaît entièrement le combat que se livrèrent en lui les formes de vie. Goethe, il est vrai, l'avait caché bien trop profondément en lui-même. D'où la solitude dans sa vie, et, tantôt douloureux, tantôt insolent, le silence. Dans son étude *Sur la Correspondance de Goethe*, étudiant la première période weimarienne, Gervinus[4] montre que cette attitude

1. *Tag- und Jahreshefte*, 1830. (RR)

2. *Briefwechsel zwischen Schiller und Goethe*, 1828-1829 ; *Correspondance entre Schiller et Goethe*, trad. L. Herr, Paris, 1923. (RR)

3. « Gespräch mit J. D. Falk » (conversation avec J. D. Falk) du 25 janvier 1813, cité in *Goethes Gespräche*, *op. cit.*, t. II, Leipzig, 1909, p. 169-176 (nº 1490). (RR)

4. Georg Gottfried Gervinus, *Ueber den Göthischen Briefwechsel*, Leipzig, Engelmann, 1836, p. 136. (RR)

remonte très haut. C'est lui qui le premier, et plus sûrement que personne, a attiré l'attention sur ces phénomènes dans la vie de Goethe ; et, si les jugements qu'ils lui inspirent sont contestables, il est le seul sans doute qui en ait senti toute l'importance. Il n'a méconnu, en effet, ni ce repliement taciturne sur lui-même qui caractérise les dernières années, ni cet intérêt, poussé jusqu'au paradoxe, pour les contenus concrets de sa propre vie. Mais ce repliement et cet intérêt expriment tous deux l'angoisse devant la vie : la rumination exprime l'angoisse devant sa puissance et son étendue, le regard englobant l'angoisse devant son caractère fugitif. Dans son essai, Gervinus situe le tournant décisif, qui sépare l'œuvre du vieux Goethe des périodes antérieures, en 1797, au moment du projet de son voyage en Italie. Écrivant à Schiller, Goethe évoque alors des objets qui, sans être eux-mêmes «tout à fait poétiques», ont éveillé en lui une certaine disposition poétique. «J'ai observé très attentivement, dit-il, les objets qui produisent cet effet et j'ai eu la surprise de constater qu'ils présentent au fond un caractère symbolique[1].» Or, est symbolique ce en quoi le lien d'une teneur de vérité à un contenu concret apparaît indissoluble et nécessaire. «Si, lit-on dans la même lettre, à mesure qu'avance le voyage, on prêtait moins d'attention au surprenant qu'au significatif, on ferait nécessairement, en fin de compte, pour soi-même et pour autrui, une belle récolte. Dès à présent je vais me mettre à noter, ici même, tous les symboles que je pourrai découvrir, mais je me livrerai tout particulièrement à cette recherche dans les lieux étrangers et que je verrai pour la première fois. Si cette tentative réussissait, si même, sans vouloir poursuivre

---

1. *Correspondance entre Schiller et Goethe, op. cit.* (Goethe à Schiller, lettre du 16/17 août 1797). (RR)

l'expérience sur une vaste échelle, on se contentait, en chaque lieu, à chaque instant, de pénétrer au fond des choses, dans les régions et les pays qu'on connaît bien, on rapporterait déjà, à coup sûr, un important butin[1]. » — « On peut bien dire, ajoute Gervinus, que presque toute l'œuvre littéraire de Goethe, dans sa dernière période, est consacrée à la réalisation d'un tel programme. À des expériences qu'il avait présentées jusqu'alors dans leur ampleur sensible, comme l'exigent les règles de l'art, il impose désormais le critère d'une certaine profondeur spirituelle, où il perd souvent pied. Schiller a très bien percé à jour le véritable caractère de cette nouvelle expérience si mystérieusement voilée [...] À l'en croire, il s'agirait d'une expérience poétique sans disposition et sans objet poétiques. Car ce qui importe ici est bien moins l'objet que ce qu'il signifie pour le cœur. » (Rien ne caractérise mieux le classicisme que cet effort, dans la même phrase, pour saisir le symbole et pour le relativiser.) « C'est le cœur, semble-t-il, qui fixe ici les limites et, ici comme partout, ce n'est point par le choix du sujet, mais plutôt par la manière de le traiter, qu'il pourrait distinguer le banal du significatif. Ce que signifient pour lui ces deux places, pense-t-il, la première rue, le premier pont venus auraient pu le signifier aussi bien, pour peu que son âme eût été intensément émue. Si Schiller avait soupçonné toutes les conséquences possibles, chez Goethe, de cette nouvelle manière de considérer les choses, il eût davantage hésité à encourager son ami dans cette voie ; il ne l'eût pas poussé à s'y livrer tout entier en l'assurant, comme il l'a fait, qu'à force de considérer ainsi les choses, il trouverait un monde dans chacune d'entre elles [...]. La première de ces conséquences est que Goethe, au cours de ses voyages, se

---

1. *Ibid.* (RR)

met aussitôt à constituer des dossiers pour y rassembler tous les papiers officiels, les journaux, les hebdomadaires, les coupures de sermons, les programmes de théâtre, les décrets et règlements, les tarifs courants, etc., ajoutant ses propres remarques, les confrontant avec ce qui se dit autour de lui, rectifiant ses premières opinions, enregistrant ces nouveaux enseignements et espérant de la sorte conserver des matériaux pour une future utilisation! Voilà qui annonce déjà tout à fait l'importance considérable qu'il accordera plus tard, avec une gravité qui confine au ridicule, aux journaux intimes et aux notes, considérant les choses les plus insignifiantes avec des airs pathétiques de grand sage. Dès lors, la moindre médaille qu'il recevra, le plus petit morceau de granit qu'il offrira, seront à ses yeux des objets de la plus haute importance, et lorsqu'il trouvera, au cours de ses fouilles, le sel gemme que Frédéric le Grand, malgré tous les ordres donnés, n'avait pas réussi à découvrir, il y verra je ne sais quel miracle, et il en fera parvenir à Berlin, pour son ami Zelter, une pincée symbolique. Rien ne caractérise mieux son esprit, au cours de cette période de la fin de sa vie, de plus en plus marqué chez lui à mesure qu'il vieillit, que cette résolution à laquelle il tient tant, de prendre le contre-pied de l'adage antique: *nil admirari*[1] et de tout admirer, tout trouver "significatif, singulier, inestimable"[2]. » On ne saurait mieux décrire cette attitude et le tableau qu'en dresse Gervinus n'a rien d'exagéré ; mais si elle comporte de l'admiration, elle recèle aussi de l'angoisse. Dans le chaos des symboles, l'homme se fige et perd cette liberté qu'ignorèrent les Anciens. Goethe en

---

1. « Ne s'émouvoir de rien » (Horace, *Épîtres*, I, 6, 1). (RR)
2. Gervinus, *Ueber den Göthischen Briefwechsel, op. cit.*, p. 140 *sq.* (RR)

vient à n'agir que sous la conduite de signes et
d'oracles. Dans sa vie, ils n'ont pas manqué. Un signe
de ce genre l'orienta vers Weimar. Dans *Fiction et
Vérité*, il raconte même qu'un jour, au cours d'une
promenade, alors qu'il se sentait tiraillé entre la
vocation de la littérature et celle de la peinture, il
recourut à un oracle[1]. Parmi toutes les peurs auxquelles sa nature le condamnait, celle qui lui fait fuir
les responsabilités est la plus intellectualisée. Elle
explique pour une part ses positions conservatrices
en matière politique et sociale, voire, plus tard, dans
l'ordre littéraire. C'est d'elle que procède cette négligence qui caractérise sa vie amoureuse. Qu'elle
détermine aussi son interprétation des *Affinités électives* ne fait pas de doute. Car précisément cette
œuvre éclaire les arrière-fonds de sa vie, ceux que sa
confession ne dévoile pas et qui restèrent cachés à
une tradition qui ne s'est pas encore libérée de son
charme. On aurait tort cependant d'user, pour
décrire cette conscience mythique, des vulgaires
fleurs de rhétorique par lesquelles on s'est plu souvent à reconnaître, dans la vie de l'Olympien,
quelque chose de tragique. Un élément de ce genre
ne se trouve que dans la vie d'un héros de drame,
c'est-à-dire dans l'élément de la représentation ; on
le chercherait en vain dans celle d'un homme. Et
moins encore dans la vie quiétiste d'un Goethe où
l'on ne trouve guère d'éléments de représentation
dramatique. Ainsi, pour cette vie également, comme
pour toute vie humaine, ce qui importe n'est pas la
liberté du héros tragique dans la mort, mais la
rédemption dans la vie éternelle.

---

1. *Fiction et Vérité*, III, 13. (RR)

II

> En cercle s'amoncellent, autour de la clarté,
> Les cimes du temps,
> Et les plus chers vivent proches, languissant sur
> Les monts les plus séparés,
> Ainsi donne, onde innocente,
> Oh! donne-nous des ailes, pour très fidèlement
> Aller là-bas et revenir!

Hölderlin[1]

Si tout ouvrage, aussi bien que *les Affinités électives*, peut éclairer la vie de l'auteur et sa nature, la manière usuelle de considérer cette vie la manque d'autant plus qu'elle croit se tenir plus près d'elle. Car s'il est rare qu'une édition classique omette d'affirmer dans son introduction que précisément le texte qu'elle présente, plus que tout autre, ou presque, n'est compréhensible qu'à partir de la vie de l'auteur, ce jugement contient déjà fondamentalement le πρῶτον ψεῦδος de la méthode qui cherche à représenter, à travers le cliché d'une image de sa nature et une expérience vécue vide ou insaisissable, le devenir de l'œuvre dans son auteur. Ce πρῶτον ψεῦδος[2]

1. Première strophe de l'hymne *À Pathmos*, citée dans une version tardive et incomplète où l'adjonction, au premier vers, de *Um Klarheit*, semble renvoyer à la Lumière de l'Évangile johannique. Pierre Bertaux, spécialiste de Hölderlin et ami personnel de Benjamin, nous suggère que «les monts les plus séparés» ont peut-être inspiré l'image nietzschéenne des présocratiques comme des géants qui s'interpellent «à travers les espaces vides». On le verra plus loin, dans la chapelle où elle médite (II, 3), Odile imagine une muette conversation entre les morts, chacun sur sa stalle. Mais, comme nous le rappelle (dans une lettre privée) Beda Allemann, le vol hölderlinien vers les cimes johanniques est un rêve de démesure, atténué par la référence à l'«onde innocente» et à la «fidélité». (MdG)

2. «L'erreur initiale qui vicie tout le raisonnement». (MdG)

de presque toute la philologie moderne, c'est-à-dire de celle qui ne se détermine pas encore par une recherche portant sur les mots et les choses, est de partir de la nature et de la vie de l'auteur, sinon pour en inférer l'œuvre comme un produit, du moins pour les rapprocher d'une oiseuse compréhension. Mais dans la mesure où il est incontestablement indiqué de fonder la connaissance sur ce qui est le plus assuré, sur ce qui peut être prouvé, partout où le discernement s'oriente vers le fond et l'essence, l'œuvre doit absolument être mise au premier plan. Car nulle part ce fond et cette essence n'apparaissent au jour de façon plus durable, plus marquée, mieux saisissable que dans l'œuvre. Que même là elles ne se manifestent qu'assez difficilement et restent inaccessibles à beaucoup, ce peut être pour ces derniers une raison suffisante de fonder l'étude de l'histoire de l'art sur la recherche concernant la personne et ses relations, et non sur la connaissance précise de l'œuvre, mais cela n'autorise pas pour autant le critique à leur accorder créance, moins encore à suivre leur exemple. Au contraire il ne perdra jamais de vue que la seule corrélation rationnelle entre le créateur et l'œuvre consiste dans le témoignage que cette dernière porte sur lui. De l'essence d'un homme, non seulement on ne sait rien que par ses expressions, auxquelles en ce sens appartiennent aussi ses œuvres, mais cette essence même ne se détermine que par elles. Les œuvres ne s'infèrent pas plus que les actes, et toute étude qui accepte en gros ce principe pour y contredire dans le détail ne peut plus prétendre à la consistance.

Une banale description de ce genre ne laisse pas seulement échapper la connaissance de la valeur et du caractère des œuvres, mais tout autant celle qui concerne la nature et la vie de leur auteur. En renonçant à l'exégèse des œuvres, on se prive dès l'abord de toute connaissance portant sur l'essence de l'auteur dans sa totalité, sa «nature». Car même si cette exégèse n'est pas en mesure de fournir de l'essence une intuition ultime et parfaite, laquelle est par principe toujours impensable, — là où l'on fait abstraction de l'œuvre, l'essence échappe entièrement à toute exploration. Mais la méthode traditionnelle des biographes se ferme en outre tout accès à la vie des créateurs. La condition fondamentale de toute intuition concernant cette vie est d'être au clair sur le rapport théorique entre l'essence et l'œuvre. Jusqu'à présent on est resté, à cet égard, si loin du compte qu'en général les concepts psychologiques sont considérés ici comme les meilleurs moyens d'investigation, alors que, nulle part autant que dans ce domaine, il ne faut renoncer à toute idée des faits véritables aussi longtemps que pareils termes sont en vogue. Car une chose est sûre : le primat du biographique dans l'image qu'on se fait de la vie d'un créateur, c'est-à-dire la description de la vie comme celle d'un humain, avec le double accent mis sur le caractère décisif et humainement indécidable de la moralité, n'aurait place que là où, parce que l'on sait l'impossibilité d'en sonder l'origine, délimitant toute l'œuvre tant selon sa valeur que selon sa teneur, on l'exclut du sens ultime que possède la vie de son auteur. Même, en effet, si l'œuvre de grande qualité ne surgit pas d'une existence médiocre, si elle garantit même la pureté de cette existence, elle n'en est pourtant, en fin de compte, qu'un élément parmi les autres. Et c'est seulement de façon très fragmentaire qu'elle peut éclairer la vie d'un artiste, plutôt dans sa genèse que dans son contenu. La totale incertitude quant à la signification que peuvent avoir les œuvres dans la vie d'un homme a conduit à lui assigner, dans le cas des créateurs, un certain type de contenu qui ne serait réservé qu'à cette vie-là et qui ne trouverait qu'en elle sa justification. Pareil contenu, non seulement échapperait à toute maxime morale, mais participerait même à une légitimité supérieure et serait plus clairement discernable. Rien de surprenant si, pour ceux qui professent cette opinion, toute teneur authentique de vie, telle qu'elle s'exprime toujours aussi dans les œuvres, pèse d'un poids très faible. Jamais peut-être une telle opinion ne s'est affirmée plus clairement qu'à propos de Goethe.

Selon cette conception, où la vie des créateurs disposerait de teneurs autonomes, la manière habituelle et banale d'envisager le problème recoupe si exactement une autre perspective, bien plus profonde, qu'elle peut passer pour la déformation de cette autre approche, plus ancienne et récemment remise en lumière. Car, s'il est vrai que, pour la conception traditionnelle, œuvre, essence et vie se confondent de façon indéterminée, à ces trois éléments l'autre perspective attribue expressément une unité. Elle construit ainsi la figure du héros mythique. En effet, dans le domaine du mythe, essence, œuvre et vie forment effectivement cette unité qui ailleurs ne leur advient que par la grâce d'un littérateur peu exigeant. Là, l'essence est démon, la vie destin, et l'œuvre, qui n'exprime que l'essence et la vie, une forme vivante. Elle contient à la fois le principe de l'essence et la teneur de la vie. La forme canonique de la vie mythique est justement celle du héros. En elle, l'élément pragmatique est en même temps symbolique ; autrement dit, en elle seulement la forme symbolique et, avec elle, la teneur symbolique de la vie humaine s'offrent pareillement à la connaissance sur un mode adéquat. Mais cette vie humaine est bien plutôt la vie surhumaine et par là, non seulement dans l'existence de sa forme, mais, de façon bien plus décisive, dans l'essence de sa teneur, elle se distingue de la vie proprement humaine. Car, tandis que la symbolique cachée de cette dernière repose aussi rigoureusement sur l'aspect individuel que sur l'aspect humain du vivant, la symbolique manifeste de la vie héroïque n'atteint ni au domaine de la singularité individuelle ni à celui de l'unicité morale. Ce qui sépare le héros de l'individu est le type, la norme, fût-elle surhumaine ; ce qui le sépare de l'unicité morale, liée à la responsabilité, est son rôle de représentant. Car il n'est pas seul devant son Dieu, il représente l'humanité devant ses dieux. En matière morale toute représentation est de nature mythique, depuis le patriotique « un pour tous » jusqu'à la mort sacrificielle du rédempteur. — Dans la vie du héros typologie et représentation culminent avec l'idée d'une tâche à accomplir. La présence de cette tâche et son évidente symbolique distinguent la vie surhumaine de la vie humaine. Elle ne caractérise pas moins Orphée descendant aux enfers que l'Hercule des douze travaux, le chantre mythique que le héros mythique. Pour cette symbolique l'une des sources les plus puissantes coule du mythe astral ; dans le type surhumain du rédempteur, le héros représente l'humanité par son œuvre au firmament. À lui s'appliquent les *Paroles originaires* du poème orphique : ce n'est pas son *Daimon* solaire, ni sa *Tuchè*, changeante comme la Lune, ni son destin, inéluctable comme l'astrale *Anagké* ; pas même *Eros*, — *Elpis* seule les dépasse[1]. Ce n'est donc point hasard si le

---

1. On a cité plus haut la première strophe. Voici les quatre autres :

TUCHÈ (fortune)

Une force changeante enclôt la stricte borne,
Complaisamment, autour de nous et avec nous ;
Tu ne demeures seul, tu te fais sociable
Et tu agis tout aussi bien qu'un autre agit.
Tantôt passant, fragile, et tantôt revenant,

poète tomba sur elle lorsqu'il cherchait l'humaine
proximité dans les autres paroles, si parmi toutes
elle seule fut trouvée n'avoir besoin d'aucune explication, — mais ce n'est pas non plus un hasard si ce
n'est pas elle, mais bien plutôt le rigide canon des
quatre autres paroles, qui fournit son schéma au
Goethe de Gundolf[1]. C'est pourquoi la question de

La vie est bagatelle et l'on y perd son temps.
Déjà s'est refermé le cercle des années,
La lampe attend le feu qui la fera briller.

EROS (amour)

L'attente n'est pas vaine : Eros tombe du ciel ;
Jadis il y monta de l'antique désert.
Vers nous il flotte au gré de ses ailes légères,
Autour du front, du sein, par un jour de printemps ;
On le croit disparu, le voici qui revient,
Dans la peine plaisir, si doux et angoissant.
Multiples sont les cœurs qui restent indécis,
Le plus noble pourtant se donne à un seul être.

ANAGKÈ (fatalité)

Tout retourne à sa place, ainsi l'ont dit les astres :
À tous la loi s'impose, aucune volonté
Jamais ne doit vouloir que ce qui fut prescrit
Et devant ce vouloir se tait le libre arbitre ;
Le cœur doit mépriser ce qu'il a de plus cher
Et le caprice cède à la nécessité.
Les ans ont beau passer, la fausse liberté
Tient l'homme plus captif qu'au temps originaire.

ELPIS (espérance)

Des murailles de bronze où nous sommes enclos
La porte cependant sera déverrouillée ;
Il suffit qu'elle dure autant qu'un vieux rocher !
Libre et léger s'élève un visage nouveau,
Par-dessus la nuée où règnent les tempêtes ;
Il nous entraîne et nous volons avec ses ailes ;
Vous le connaissez bien, il bourdonne partout ;
Un envol, et voici dépassés les éons ! (MdG)

1. Voir ci-dessus, p. 295, n. 3 et 4. (RR)

méthode que nous posons à l'art de la biographie est moins doctrinaire que ne le laisserait supposer cette déduction. En effet, le livre de Gundolf a cherché à présenter la vie de Goethe comme mythique. Et cette conception doit être prise en considération, non pas seulement parce que des éléments mythiques sont vivants dans l'existence de cet homme, mais encore, doublement, lorsque l'on considère un roman duquel, en raison de ce qu'il a de mythique, elle se pourrait bien réclamer. Car réussirait-elle à confirmer cette prétention, cela voudrait dire qu'il est impossible de dégager la couche où le sens de ce roman règne de façon indépendante. Là où l'on ne peut déceler un tel domaine séparé, il ne peut plus s'agir de création littéraire, mais de son stade précurseur, celui de la littérature magique. De la réfutation de cette tentative dépend, par conséquent, tout examen sérieux d'une œuvre de Goethe, mais tout particulièrement des *Affinités électives*. Cette réfutation conditionne du même coup la connaissance d'un noyau lumineux de teneur rédemptrice, lequel, dans *les Affinités* comme partout ailleurs, a échappé à l'attitude qu'on vient de dire.

Dans l'image qu'elle présente du poète, l'École de George[1] transpose de façon particulière le canon correspondant à la vie du demi-dieu. Comparant l'œuvre du poète à la tâche du héros, elle lui attribue ainsi une mission d'origine divine. Mais Dieu n'impose aux hommes aucune tâche, il ne leur signifie que des exigences ; devant Dieu il ne faut donc accorder à la vie du poète aucune valeur spéciale. Même du point de vue de l'écrivain, la notion de tâche est inadéquate ici. On ne peut parler d'œuvre littéraire, au sens propre du terme, que là où le verbe

1. Stefan George (1868-1933), poète allemand. (RR)

échappe à l'emprise de toute tâche à remplir, serait-elle la plus grande de toutes. Ce n'est pas Dieu qui dicte une telle œuvre d'en haut, elle surgit des régions insondables de l'âme et engage l'identité la plus profonde de l'homme. La prenant au contraire pour une mission venant directement de Dieu, les membres du Cercle de George ne se contentent pas de situer le poète, au sein de son peuple, à un niveau intangible quoique relatif ; c'est à sa qualité d'homme et donc à sa vie, en face de Dieu, qu'ils attribuent de façon très contestable une primauté absolue, comme si l'écrivain érigé en surhomme pouvait se mesurer à Dieu. En réalité, si le poète est une manifestation de l'essence humaine inférieure au saint, ce n'est point en degré, mais en nature. L'essence du poète n'implique, en effet, qu'un rapport entre l'individu et la communauté d'un peuple ; celle du saint traduit la relation entre l'homme et Dieu.

À cette façon de traiter le poète en héros, si chère au Cercle de George et sur laquelle se fonde tout le livre de Gundolf, s'ajoute, venant de l'abîme de l'ir-réflexion et de la confusion des termes, une seconde erreur, tout aussi grave, qui brouille tout et dont les conséquences sont fatales. Car, si le fait de parler du poète comme d'un créateur ne relève pas de cette erreur, y succombe tout esprit qui ne perçoit pas, dans cette expression, le ton métaphorique qui l'assi-mile au vrai Créateur. À dire vrai, l'artiste est moins cause première ou créateur qu'origine ou façonneur, et, à coup sûr, son œuvre n'est d'aucune façon sa créature, mais plutôt l'image qu'il a façonnée. Certes, cette image vit aussi, et pas seulement la créature. Mais ce qui les distingue de façon décisive est que seule la vie de la créature, non point jamais celle de l'image façonnée, participe pleinement à l'intention rédemptrice. Ainsi, bien que le discours métapho-rique parle de l'artiste comme «créateur», la créa-

tion n'est capable de déployer sa force véritable, qui
est causale, qu'en s'appliquant aux créatures, non
aux œuvres d'art. C'est pourquoi l'usage irréfléchi
d'un tel vocabulaire, qui savoure le terme de «créateur», conduit naturellement à voir dans la vie
même de l'artiste, et non point dans son œuvre, la
réalité qui traduit le plus proprement sa puissance
productrice. Mais, si en effet la vie du héros — en
raison du caractère symbolique qu'il assume en
pleine clarté — se présente comme une réalité parfaitement figurée dont la figure est la lutte, dans la
vie du poète, tout comme dans celle de n'importe
quel homme, on ne trouve ni tâche univoque ni lutte
univoque et clairement décelable. Comme on tient
cependant à évoquer une figure, il s'agira dès lors,
par-delà la figure vivante qui s'impose dans la lutte,
de celle qui se fige dans l'écriture. Ainsi se parfait un
dogme qui, après avoir mué magiquement l'œuvre
en vie, par une erreur tout aussi séduisante fige à
nouveau cette vie en œuvre et fait de la fameuse
«figure» du poète un hybride de héros et de Créateur, où l'on ne peut plus rien discerner, mais dont
on peut tout affirmer avec les apparences de la profondeur.

Le *Goethe* de Gundolf a repris le dogme le plus
creux du culte goethéen, la plus pâle profession de
foi de ses adeptes: l'idée que, de toutes les œuvres du
poète, la plus grande serait sa vie elle-même. Ainsi,
la vie de Goethe n'est pas rigoureusement distinguée
de celle de ses œuvres. Usant d'une image paradoxale mais claire, Goethe avait dit que «les couleurs manifestent comme la lumière agit, comment
elle pâtit[1]»; or, une intuition extrêmement brouillée
amène Gundolf à transformer la vie de Goethe en
une telle lumière qui, finalement, serait identique à

---

1. Goethe, *Le Traité des couleurs, op. cit.*, p. 49 (RR)

ses couleurs, c'est-à-dire à ses œuvres. Cette position lui permet à la fois d'écarter de sa perspective toute notion à caractère moral et, en attribuant au héros victorieux des attributs propre au Créateur, d'atteindre à une profondeur blasphématoire. Il va jusqu'à prétendre qu'en écrivant *les Affinités électives*, Goethe «a médité sur la conduite législatrice de Dieu[1]». Or, la vie d'un homme, même s'il produit des œuvres, n'est jamais celle du Créateur. On ne peut davantage l'assimiler à celle d'un héros donnant forme à sa propre vie. C'est bien dans ce sens pourtant qu'elle est commentée par Gundolf. Au lieu de considérer les contenus concrets de cette vie dans l'esprit de fidélité du biographe, qui rend compte de tout, y compris et précisément de ce qu'il ne comprend pas, au lieu de s'astreindre au modeste travail d'archiviste du véritable biographe qui ne fait fi d'aucun document, même s'il ne réussit pas à le déchiffrer, Gundolf suppose que le contenu concret et la teneur de vérité sont manifestes et se correspondent comme dans la vie du héros. En fait, seul le contenu concret de la vie est manifeste, et la teneur de vérité est cachée. Sans doute on peut mettre en lumière le trait isolé, la relation isolée, mais non la totalité, à moins de ne la saisir, elle aussi, que dans une relation finie. Car elle est en elle-même infinie. C'est pourquoi, dans le domaine de la biographie, il n'est ni commentaire ni critique. Dans le manquement à ce principe fondamental se rencontrent étrangement deux livres qui par ailleurs pourraient être nommés les antipodes de la littérature consacrée à Goethe : celui de Gundolf et l'étude de Baumgartner[2]. Alors que ce dernier entreprend directement

---

1. F. Gundolf, *Goethe, op. cit.*, p. 555. (RR)
2. Alexander Baumgartner, *Göthe. Sein Leben und seine Werke*, 3 t., 2ᵉ éd., Fribourg-en-Brisgau, Herder, 1885 et 1886.

l'exploration de la teneur de vérité, sans même soup-
çonner le lieu où elle est enfouie, et se trouve ainsi
forcé de multiplier sans mesure les invectives critiques, Gundolf se plonge dans le monde que constituent les contenus concrets de la vie de Goethe, dans
lesquels cependant il ne peut que prétendre avoir
présenté la teneur de vérité de cette vie. Car une vie
humaine ne saurait se considérer par analogie avec
une œuvre d'art. Dans son étude critique des sources,
Gundolf fait d'une telle déformation un principe
qu'il assume ouvertement. Si dans la hiérarchie des
sources les œuvres, d'un bout à l'autre, sont mises à
la première place, la lettre, pour ne rien dire de la
conversation, étant rejetée au second rang, cette attitude ne s'explique que parce que la vie même est
envisagée comme une œuvre. Car c'est uniquement
à l'égard d'une œuvre que le commentaire à partir d'une autre œuvre a plus de valeur que celui qui
s'appuie sur n'importe quelle autre source. Mais cela
seulement parce que le concept d'œuvre établit soli-
dement un domaine propre et strictement délimité,
où la vie de l'écrivain ne saurait pénétrer. Si peut-
être ce classement devait en outre tenter une séparation entre la tradition originairement écrite et celle
qui fut d'abord orale, ce n'est là question vitale que
pour l'histoire proprement dite, alors que la biographie, si grande que soit sa prétention à saisir le fond,
se tient nécessairement aux dimensions d'une vie
humaine. Sans doute au début de son livre l'auteur récuse tout intérêt biographique ; cependant le
manque de dignité qui caractérise souvent l'art
moderne de la biographie ne doit pas faire oublier
que cet art repose sur un canon de concepts sans
lequel toute étude historique d'un homme est en
fin de compte sans objet. Rien d'étonnant dès lors
qu'avec le manque interne de forme qui affecte ce
livre, on voit se constituer un type informe de notre

écrivain, qui rappelle le mémorial esquissé par Bettina[1] et où les formes immenses de l'homme vénéré se dissolvent pour générer un hermaphrodite amorphe. Cette monumentalité est une imposture et — pour parler le propre langage de Gundolf — il est manifeste que l'image produite par un *logos* sans vigueur n'est pas si loin de ressembler à celle que créa un *eros* démesuré.

Pour venir à bout du caractère chimérique de cette œuvre, il faut poursuivre avec persévérance l'examen de ses méthodes. Sans cette arme, inutile de s'attaquer aux détails. Car ils sont cuirassés par une terminologie quasi impénétrable. Elle confirme l'importance fondamentale que présente pour toute connaissance le rapport entre mythe et vérité. Ce rapport est celui de mutuelle exclusion. Ambigu par nature, le mythe ne fait place ni à la vérité ni, par conséquent, à l'erreur. Mais, comme il ne saurait pas non plus y avoir de vérité à son propos (car il n'est de vérité que dans les choses objectives, l'objectivité étant inhérente à la vérité), seule une connaissance peut rendre compte de l'esprit du mythe. Et pour que la vérité puisse être présente, il faut connaître le mythe, à savoir son indifférence destructrice à l'égard de la vérité. C'est pourquoi, en Grèce, l'art véritable et la véritable philosophie — à la différence de leur phase théurgique, qui n'était art et philosophie qu'au sens impropre de ces mots — ne naissent qu'à la fin du mythe, car l'un et l'autre se fondent sur la vérité, exactement au même degré, ni plus ni moins. En assimilant la vérité au mythe, on tombe dans une confusion à tel point insondable que, grâce à l'action cachée de cette déformation inaugurale, presque chaque phrase de l'ouvrage de Gundolf,

1. Le livre de Bettina von Arnim sur Goethe, voir *supra*, p. 307, n. 4. (RR)

considérée isolément, risque d'être à l'abri de la
méfiance critique du lecteur. Pourtant, tout l'art du
critique doit consister ici à jouer les Gulliver ; prenant en main une seule de ces phrases lilliputiennes,
il faut que, malgré tous les sophismes dont elle four-
mille, il ose la considérer en toute tranquillité. Le
mariage seul, selon Gundolf « unit [...] toutes les
attractions et toutes les répulsions que provoque la
tension de l'homme entre la nature et la culture,
cette dualité qui tient à ce que, par le sang, il confine
à la bête, par l'âme à la divinité. [...] C'est dans le
mariage seulement que, par la procréation de l'enfant légitime, l'union ou la séparation de deux êtres,
fruit du destin et de l'instinct, devient ce que le paganisme appelle mystère et le christianisme sacrement.
Le mariage n'est pas seulement un acte animal, c'est
aussi un acte magique, un sortilège [1]. » Sans le mysti-
cisme sanguinaire de l'expression, cette manière de
penser ne se distinguerait guère de celle du plaisan-
tin qui envoie des bonbons fulminants. Combien
plus assurée, par contre, est l'explication kantienne
qui, en soulignant avec rigueur l'élément naturel du
mariage — la sexualité — ne vient pas barrer la voie
au *logos* de son élément divin : la fidélité ! Le *logos*,
en effet, est propre à ce qui est véritablement divin, à
ce qui ne fonde point la vie hors de la vérité, le rite
hors de la théologie. Au contraire, le trait commun
de toute conception païenne est de donner le primat
au culte par rapport à la doctrine, et cette dernière
se montre d'autant plus sûrement païenne qu'elle
se réduit à l'ésotérisme. Le *Goethe* de Gundolf, cet
informe piédestal de sa propre statuette, trahit, en
tous sens du terme, l'initié d'une doctrine ésotérique
qui ne tolère que par longanimité l'effort des philosophes pour percer un mystère dont il possède lui-

1. F. Gundolf, *Goethe, op. cit.*, p. 566.

même toutes les clés. Rien de plus néfaste que cette attitude d'esprit qui pousse la confusion jusqu'à faire retomber sous l'empire du mythe les réalités mêmes qui commençaient à s'en libérer ; la rechute inévitable dans le domaine des monstres aurait dû suffire à mettre en garde les esprits raisonnables, ceux qui se sentent mal à l'aise dans ce chaos de tropes, dans cette forêt vierge où, tels des singes babillards, les mots s'élancent de pathos en boursouflure, tout simplement par crainte de toucher ce sol ferme sur lequel on verrait bien qu'ils ne tiennent pas debout — je veux dire ce terrain du *logos* sur lequel ils devraient se tenir et rendre raison. Or, ils ne cherchent, par tant de faux-semblants, qu'à lui échapper, car en face de toute pensée mythique, fût-elle subreptice, la question de la vérité est réduite à néant. Elle n'a aucun scrupule, en effet, à prendre pour la teneur de vérité de l'œuvre de Goethe la couche terreuse et opaque de son contenu concret, et, au lieu d'éclairer une idée comme celle de destin par la connaissance de la teneur véritable, elle la corrompt en l'imprégnant du fumet sentimental de son empathie. Lorsqu'elle construit ainsi de Goethe une image faussement monumentale, elle révèle que la légalité de son mode de connaissance est contrefaite ; lorsqu'on l'interroge pour savoir quel est son *logos*, une fois mis à nu le caractère fragile de sa méthode, on touche à ce qui est en elle vraiment central : l'arrogance verbale. Ses concepts sont des noms, ses jugements des formules. Partout ailleurs, la clarté rationnelle du langage est assez rayonnante pour que le plus triste sire soit impuissant à la mettre sous le boisseau : ici c'est justement à la langue elle-même qu'on donne mission de répandre les ténèbres qu'elle seule pourrait dissiper. Il ne nous reste, on le voit bien, aucune raison de supposer qu'un livre comme celui-là l'emporterait en quoi que ce fût sur les études consacrées à Goethe par les tenants des anciennes écoles ; si la philologie intimidée a cru en une telle supériorité, y voyant l'héritier légitime et de plus grande envergure de ces écoles, cela ne tient pas seulement à sa propre mauvaise conscience, mais aussi à l'impossibilité de juger ce livre selon les normes de ses concepts fondamentaux. Il est certain que tout y est sens dessus dessous et qu'on ne peut guère s'y retrouver ; est-ce une raison cependant pour soustraire à l'examen de la philosophie une tentative qui se condamnerait de toute façon, même si elle ne brillait pas de l'éclat pervers que lui donne l'apparence de la réussite ?

Si évidente que soit la part du mythe dans la vie et l'œuvre de Goethe, ce n'est pas cet aspect qui peut en fonder la connaissance. Dans le détail, sans doute, il n'est pas interdit d'en faire ici ou là l'objet de l'analyse, mais là où il s'agit de découvrir, dans l'œuvre et dans la vie, l'essence et la vérité, la connaissance du mythe ne saurait être l'ultime objet. Ce n'est pas là qu'on trouvera, ni de la vie même de Goethe ni d'aucune de ses œuvres, une représentation complète. Pour ce qui est de sa vie, la nature même de l'homme suffit à nous en convaincre ; quant aux œuvres, elles nous révèlent ce fait dans le détail, dans la mesure où les plus tardives trahissent une lutte dissimulée dans la vie. Elles seules, non pas seulement dans les sujets traités, mais dans leur fond même, font place à des éléments mythiques. Placées dans le contexte de cette vie, elles peuvent sans doute être considérées comme un témoignage valable de sa dernière évolution. Elles attestent assurément la présence du monde mythique dans l'existence de Goethe, mais ce n'en est ni le seul élément, ni le plus profond. On y trouve une lutte pour échapper à l'étreinte du mythe, et le roman de Goethe témoigne à la fois de cette lutte et de l'essence de ce monde. Ayant appris, au contact

des puissances mythiques, qu'on ne se les concilie
jamais qu'au prix d'un sacrifice constamment renou-
velé, fortifié par cette effroyable expérience fondamentale, Goethe s'est retourné contre elles. À l'âge
d'homme, mû par une volonté de fer, il avait continûment tenté, malgré tant de découragements intérieurs, d'accepter le joug des ordres mythiques,
partout où ils règnent encore ; ce n'est pas assez
dire : en participant lui-même à leur œuvre, il avait
cherché, comme seul peut le faire un serviteur à
l'égard de ses maîtres, à renforcer leur pouvoir ; mais
après sa dernière soumission, la plus grave qu'il avait
acceptée, une fois qu'il eut capitulé dans le combat
qu'il menait depuis plus de trente ans contre l'institution matrimoniale, redoutable symbole pour lui
d'une captivité mythique, il renonça d'un seul coup à
poursuivre son effort ; et, en des jours où pesait sur
lui la pression du destin, il avait consenti au mariage :
un an plus tard, il commence à écrire *les Affinités
électives*, première protestation qui, d'œuvre en
œuvre, ira se renforçant, contre ce monde des mythes
avec lequel, à l'âge de sa maturité, il avait pactisé.
Dans l'œuvre de Goethe, *les Affinités électives* représentent un tournant. Elles ouvrent une série de productions dans lesquelles, jusqu'au bout, la pulsation
de ce livre restera vivante en lui, au point qu'il ne parviendra jamais à se déprendre d'aucune d'entre elles.
Ainsi s'entend l'émouvante notation dans son journal de 1820, indiquant qu'il a « commencé à lire *les
Affinités électives*[1] », et aussi la muette ironie d'une
scène rapportée par Heinrich Laube : « Une dame parlait devant Goethe des *Affinités électives* : "Je ne puis
pas du tout approuver ce livre, M. de Goethe ; il est
vraiment immoral, et je ne le recommande à aucune

---

1. Le 6 janvier 1820, cité *in* Gräf, *Goethe ueber seine Dichtungen,
op. cit.*, p. 463 (n° 888a). (RR)

femme." — Là-dessus Goethe s'est tu un moment,
l'air très sérieux, et enfin, avec beaucoup de chaleur,
il a dit : "Cela me fait de la peine, c'est pourtant mon
meilleur livre"[1].» Cette dernière série d'œuvres
atteste et accompagne une purification, qui ne pouvait plus être une délivrance. Peut-être parce que sa
jeunesse, devant la détresse de la vie, avait souvent
cherché un trop facile refuge dans le champ de l'art
littéraire, l'âge, comme pour le punir avec une terrible ironie, a installé la littérature comme souveraine sur sa vie. Goethe courba sa vie sous les ordres
qui avaient fait d'elle l'occasion de ses œuvres. C'est
là le sens moral de la contemplation du contenu
concret à laquelle il se livre dans sa vieillesse. Les
trois grands documents de ce repentir masqué furent
Fiction et Vérité, le *Divan occidental et oriental*, et le
second *Faust*. L'historicisation de sa vie, d'abord dans
Fiction et Vérité, ensuite dans ses *Annales*, avait pour
rôle d'établir, par la vérité et la fiction, à quel point
cette vie était le phénomène originaire d'une vie riche
en substance poétique, pleine de matières et d'occasions pour «le poète». L'occasion de poésie dont
nous parlons ici n'est pas seulement autre chose que
cette expérience vécue que la récente convention met
à la base de l'invention littéraire, elle en est exactement le contraire. Quand les histoires de la littérature répètent les unes après les autres que la poésie
goethéenne est «poésie de circonstance», elles visent
par là une poésie d'expérience vécue; en ce qui
concerne les dernières et les plus grandes œuvres, la
formule ainsi entendue est une contrevérité. Car le
fond est dû à la circonstance, et l'expérience vécue
ne laisse derrière elle qu'un sentiment. Le rapport
entre les deux est apparenté et analogue à celui qui

---

1. Conversation avec H. Laube, 1809, citée in *Goethes Gespräche, op. cit.*, t. II, p. 62 (n° 1250). (RR)

existe entre les termes _Genius_[1] et génie. Dans la bouche des Modernes, ce dernier mot désigne un titre qui, quelle que soit leur position, sera toujours impuissant à atteindre comme un rapport essentiel celui d'un homme à l'art. Y réussit au contraire le mot _Genius_ (Génie), et les vers de Hölderlin en donnent l'assurance : « Ne te sont donc connus de nombreux vivants ? / Sur le vrai ne va ton pied comme sur un tapis ? / Va, mon Génie, avance / Nu dans la vie, et n'aie souci ! / Ce qui advient te soit tout entier opportun[2] ! » Telle est exactement l'antique vocation du poète, qui de Pindare à Méléagre, des Jeux Isthmiques à l'heure du berger, trouva, à des hauteurs différentes mais, comme telles, toujours dignes, des occasions pour son chant, que par conséquent il ne pouvait lui venir à l'esprit de fonder sur des expériences vécues. Ainsi, le concept d'expérience vécue n'est-il qu'une périphrase pour indiquer que le chant est sans conséquence, comme le souhaite le philistinisme toujours lâche, aussi sublime soit-il ; car, soustrait à toute relation avec la vérité, pareil chant ne saurait éveiller la responsabilité assoupie. Goethe, dans ses dernières années, avait pénétré assez profondément dans l'essence de la poésie pour constater avec un frisson d'horreur que le monde qui l'entourait ne lui pouvait fournir aucune occasion de chanter, et cependant pour ne vouloir avancer que sur le tapis du vrai. Tardivement il se trouvait au seuil du romantisme allemand. Pas plus qu'à Hölderlin, il ne lui était permis d'accéder à la religion sous la forme d'une quelconque conversion, du retour à une communauté. Cette démarche faisait

---

1. Cf. _supra_, p. 203, n. 2 la remarque du traducteur à propos de _Destin et caractère_. (MdG)
2. Hölderlin, « Blödigkeit » [Timidité]. Sur ce texte, cf. _supra_, p. 91-124, _Deux Poèmes de Friedrich Hölderlin_. (MdG)

horreur à Goethe chez les premiers romantiques. Mais les lois auxquelles, en se convertissant et en étouffant leur vie, ils tentaient vainement d'obéir, chez Goethe, forcé comme eux de s'y soumettre, attisèrent la flamme la plus haute de sa vie. En elle se consumèrent les scories de toute passion ; jusqu'à ses derniers jours il fut capable, dans ses lettres, de garder son amour pour Marianne assez douloureusement proche pour que naquît, dix ans après la déclaration de leurs sentiments, ce poème, le plus fort peut-être de tout le *Divan* : « Non, sur une feuille de soie / Je n'écris plus de rimes symétriques[1]. » La plus tardive manifestation d'un tel pouvoir créateur, commandant à sa vie et même finalement à la durée de cette vie, fut l'achèvement du *Faust*. Si, dans la série de ces œuvres de vieillesse, *les Affinités électives* sont chronologiquement premières, il faut bien que l'on puisse, si sombrement qu'y règne le mythe, y percevoir une plus pure promesse. Mais une étude comme celle de Gundolf n'y aura pas accès. Pas plus que celle des autres auteurs, elle ne rend compte de la nouvelle, des *Jeunes Voisins singuliers*[2].

Les Affinités électives elles-mêmes devaient être d'abord une nouvelle qui aurait pris place dans *les*

1. Début d'un poème en vers libres, contenu dans le *Livre de Suleika*, où sont rassemblées les pièces du *Divan* consacrées à Marianne von Willemer. (MdG)

2. *Les Affinités électives, op. cit.*, p. 264-273. Il s'agit de l'histoire racontée devant Charlotte et Odile par un hôte de passage (II, 10) et insérée dans le roman, à la manière de Cervantès, avec la qualification explicite de *Novelle*. Deux enfants dont les parents habitent des châteaux voisins sont destinés l'un à l'autre et élevés ensemble. Mais ils croient se haïr et que tout les oppose. Le garçon quitte le pays, la fille se fiance à un autre. Quand le garçon revient, elle découvre que sa haine était une forme de son amour et, au cours d'une promenade en bateau, tente de se noyer. Il la sauve à grand-peine, et ils se retrouvent pour toujours. (MdG)

Années de pèlerinage de Wilhelm Meister ; en grandissant elles firent éclater ce cadre. Les traces de l'idée formelle initiale s'y sont cependant conservées en dépit de tout ce qui fit du livre un roman. Seule la parfaite maîtrise de Goethe, qui atteint ici un sommet, a su empêcher que la tendance innée de l'œuvre à se présenter en nouvelle brisât ici la forme romanesque. La brèche semble avoir été colmatée de force, l'auteur ayant pour ainsi dire ennobli la forme du roman par celle de la nouvelle. Le moyen technique qui permit de réaliser ce tour de force, et que le fond du livre lui imposait d'emblée, fut pour l'auteur de renoncer à faire participer le lecteur à ce qui constitue le centre même de l'action. Ce centre, en effet, demeure totalement inaccessible à l'intention immédiate du lecteur, comme on le voit avec une particulière évidence dans la mort inattendue d'Odile ; ainsi se trahit l'influence de la forme propre à la nouvelle sur la forme romanesque, et, justement dans la description de cette mort, une rupture lorsque ce centre qui, dans la nouvelle, reste dissimulé, s'impose finalement à l'attention avec deux fois plus de puissance. Comme l'a déjà signalé R. M. Meyer[1], une tendance formelle analogue explique sans doute que l'auteur affectionne, dans son récit, les portraits de groupes. Plus précisément, le caractère visuel de ces derniers est fondamentalement étranger à la peinture ; on peut l'appeler plastique, stéréoscopique peut-être. Mais il semble lui aussi relever du style de la nouvelle. En effet, alors que le roman entraîne le lecteur jusqu'au cœur même du sujet comme un irrésistible tourbillon, la nouvelle le tient à distance, repousse les vivants hors de son cercle magique. À cet égard, en dépit de leur longueur, *les Affinités électives* sont bien restées fidèles au style de la nouvelle. L'effet

1. Richard M. Meyer, *Goethe, op. cit.*, p. 371 *sq.*, 373. (RR)

persistant de l'expression du roman n'est pas supérieur à celui de la nouvelle proprement dite qui s'y trouve enchâssée. *Les Affinités* réalisent une forme limite qui met plus de distance entre ce roman et tous les autres qu'il n'en peut exister entre ces derniers eux-mêmes. «En écrivant *Wilhelm Meister* et *les Affinités électives*, l'auteur use continûment d'un style tel que jamais nous ne cessons de sentir la présence du narrateur. On ne trouve point dans ces romans ce réalisme formel et artistique [...] qui fait exister les événements et les personnages par eux-mêmes, en sorte que, comme au théâtre, ils semblent n'avoir qu'une existence immédiate; il s'agit bien plutôt d'une véritable "narration" dont le support, sensible à l'arrière-plan, est un véritable narrateur [...] Les romans de Goethe se déroulent dans les catégories du "narrateur"[1].» Simmel parle ailleurs de romans «récités[2]». De quelque manière qu'il faille expliquer, en ce qui concerne *Wilhelm Meister*, un phénomène à propos duquel le critique ne croit pas possible de pousser plus loin l'analyse, il tient, dans *les Affinités électives*, à ce que Goethe y prend le plus grand soin de rester le seul maître du jeu dans le cercle vivant de son roman. Les nouvelles classiques présentent justement une limitation du même genre à l'égard du lecteur; Boccace impose un cadre à ses récits, Cervantès les fait précéder d'un prologue. Si marquée que soit, par conséquent, dans *les Affinités électives*, la forme romanesque, cette insistance même, cette exagération des types et des contours, révèle un élément qui appartient au genre de la nouvelle.

Rien ne pouvait mieux masquer ce qu'il y reste d'ambigu que l'insertion, dans le roman même,

1. Georg Simmel, *Goethe*, Leipzig, Klinkhart & Biermann, 1913, p. 155, 156. (RR)
2. *Ibid.*, p. 154. (RR)

d'une nouvelle ; plus l'œuvre principale contrastait
avec celle-ci, modèle pur de son genre, plus *les Affinités* devaient ressembler à un véritable roman. D'où
l'importance, pour la composition, des *Jeunes Voisins singuliers*, nouvelle qui, même d'un simple point
de vue formel, doit être considérée comme un modèle
du genre. Goethe l'a voulue aussi exemplaire, en un
sens plus exemplaire, que le roman. Car bien que
l'événement qu'elle rapporte passe pour réel dans le
roman, c'est comme une nouvelle que le récit est
désigné. Il faut absolument qu'on tienne ce récit
pour une « nouvelle », de même que l'œuvre principale doit absolument passer pour « Un roman ». C'est
en elle que se manifeste avec le plus d'évidence la
soumission voulue aux lois du genre, la caractéristique de garder inviolable ce qui fait le cœur du récit,
de lui conserver son mystère. Car le mystère, principe vivant du récit, correspond ici à la catastrophe
que l'auteur place en son centre, alors que dans le
roman, sa signification, qui est celle d'une conclusion, reste sur le plan phénoménal. La dynamique de
toute cette catastrophe, en dépit de tout ce qui lui fait
écho dans le roman, est si difficile à saisir en ce
qu'elle a de plus profond que, pour l'observateur
privé de guide, la nouvelle semble autant se suffire
à elle-même que *La Folle Pèlerine*[1] et ne paraît
pourtant pas moins énigmatique. Et néanmoins une
claire lumière règne sur cette nouvelle. Les contours
en sont nets dès le début, et tout est immédiatement
poussé à l'extrême. La clarté du jour décisif pénètre
ainsi dans le crépuscule d'Hadès qui règne dans le
roman. Ainsi la nouvelle est-elle plus prosaïque que
le roman. En elle, une prose d'un type supérieur
s'oppose à celle du roman. À cela correspond l'ano-

---

1. Nouvelle insérée dans *Les Années de pèlerinage de Wilhelm
Meister* (I, 5). (RR)

nymat authentique des personnages, alors que celui
des personnages romanesques est partiel et indécis.

Tandis que ces derniers vivent dans une retraite
qui garantit parfaitement leur liberté d'action, ceux
de la nouvelle vivent enserrés dans d'étroites limites,
par leurs contemporains et leurs proches. Lorsque
Odile, à la demande pressante de son amant, se
sépare du médaillon qui contient le portrait de son
père[1], lorsqu'elle s'arrache ainsi aux souvenirs de
ses origines, pour se donner tout entière à son amour,
dans la nouvelle, lors même qu'ils sont unis, les deux
personnages n'ont pas le sentiment d'échapper à la
bénédiction de leurs parents. Ces quelques éléments
caractérisent au plus profond ces deux couples. Car
il est bien sûr que les amants s'émancipent de leurs
liens familiaux, mais, tout aussi sûrement, ils en
transforment la puissance intérieure : même si chacun isolément en reste prisonnier, l'autre, par son
amour, l'en libère. S'il existe au monde un signe
manifeste de véritable amour, c'est que, pour ceux
qui s'aiment, non seulement l'abîme du sexe, mais
encore celui de la famille s'est refermé. Pour qu'une
intuition comme celle-là prenne sa vraie valeur, ce
ne peut être d'un cœur pusillanime — comme le fait
Édouard vis-à-vis d'Odile — que l'homme qui aime
refuse de voir ou même de connaître les parents. La
force des amants triomphe en ce qu'elle éclipse,
auprès de l'être aimé, la présence pleine et entière
des parents. À quel point le rayonnement de leur
amour peut délier deux êtres de toute autre attache,
c'est ce qu'expriment, dans la nouvelle, ces vêtements qui rendent les deux jeunes gens presque
méconnaissables aux yeux de leurs parents[2]. Mais ce

---

1. I, 7. (RR)
2. Après l'épisode de la couronne de fleurs, dont il sera question
plus bas, le jeune homme s'est jeté à l'eau pour sauver sa « belle

n'est pas avec leur seule famille qu'ils entrent en
relation, c'est avec tout le reste du monde. Tandis
que, dans le roman, l'indépendance des personnages
ne scelle que plus rigoureusement, et dans le temps
et dans l'espace, le sort fatal auxquels ils sont promis, pour les héros de la nouvelle la plus précieuse
assurance vient du fait que, au plus profond de leur
propre détresse, le péril de naufrage menace leurs
compagnons de voyage. On le voit bien, les plus
grands événements ne les soustraient pas au cercle
de leurs proches ; dans le roman au contraire, si parfaite que soit, dans sa forme, la vie des personnages,
chaque instant, jusqu'à l'heure du sacrifice, les exclut
plus implacablement de la communauté des hommes
qui vivent en paix. Dans la nouvelle, ceux qui s'aiment n'ont pas besoin de payer leur paix du prix de
leur vie. Si l'héroïne se jette à l'eau [1], ce n'est pas au

---

ennemie ». Il l'a ramenée sur le rivage, encore inanimée. Dans une
maison solitaire, deux nouveaux mariés l'accueillent, l'aident à
ranimer la noyée. N'ayant d'autres vêtements secs à leur prêter, ils
offrent leur parure de noces et c'est ainsi déguisés que les parents
des deux héros, lorsqu'ils vont débarquer à la recherche de leurs
enfants, verront surgir d'un bosquet deux personnages vêtus de
telle sorte qu'on aura peine d'abord à les identifier. (MdG)

1. II, 10, *op. cit.*, p. 270. Une nombreuse compagnie se promène en bateau. Le garçon a pris la barre et le pilote professionnel
s'est assoupi. On approche de l'endroit où deux îles rétrécissent le
lit de la rivière et produisent de dangereux remous. Le jeune
homme redouble de vigilance. « À cet instant, écrit Goethe, parut
sur le pont sa belle ennemie, une couronne de fleurs dans les che-
veux. Elle l'enleva et la jeta au pilote. "Prends cela en souvenir !,
s'écria-t-elle. — Ne me dérange pas, répondit-il en attrapant la
couronne ; j'ai besoin de toutes mes forces et de toute mon attention. — Je ne te dérangerai plus, cria-t-elle, tu ne me reverras
plus." Elle dit et courut vers l'avant du bateau, d'où elle sauta dans
l'eau. Quelques voix s'élevèrent : "Au secours ! au secours ! Elle se
noie !" Il se trouva dans la plus affreuse perplexité Le vieux patron
s'éveille au bruit, veut prendre le gouvernail, le jeune homme veut
le lui remettre, mais ils n'ont pas le temps de changer : le bateau
échoue, et, juste à ce moment, jetant ses habits les plus gênants, le
jeune homme se jette à l'eau et nage vers sa belle ennemie. » (MdG)

titre de victime expiatoire; l'auteur l'indique avec
autant de délicatesse que de précision: lorsqu'elle
lance au garçon sa couronne de fleurs, la signification secrète de son geste est seulement qu'elle ne
veut pas «mourir en beauté», qu'elle n'entend pas
mourir couronnée comme une vierge qu'on livre au
sacrificateur. Lui, de son côté, qui n'a d'yeux que
pour le gouvernail, témoigne que, ni de plein gré ni
involontairement, il ne prend part à une action qui
serait d'ordre sacrificiel. Comme leur audace à tous
les deux est sans limites mais ne procède aucunement d'un appétit de fausse liberté, il n'y a pas de
sacrifice parmi eux, mais une décision en eux. En
fait, quand le jeune homme choisit de plonger pour
sauver la jeune fille, s'il est loin d'obéir aux arrêts
d'un destin, il n'accomplit pas davantage un acte
vraiment libre. Dans le roman, c'est la quête chimérique de la liberté qui voue les héros à leur destin.
Les personnages de la nouvelle se situent au-delà de
la liberté, au-delà du destin; leur courageuse décision suffit à rompre le cercle d'un destin prêt à les
investir, comme elle suffit à démasquer une liberté
qui les eût entraînés dans le néant du choix. Tel est,
au bref instant de la décision, le sens de leur conduite.
Tous deux plongent dans le flot vivant, dont la puissance bienfaisante n'est pas moins forte ici que n'est,
dans le roman, le pouvoir des eaux dormantes, por-
teuses de mort. Un passage des *Affinités* jette également une pleine lumière sur l'étrange déguisement
des «jeunes voisins» dans la parure de noces prêtée;
c'est celui où le suaire préparé pour Odile devient,
dans la bouche de Nane, sa robe de mariée[1]. Ainsi

---

1. La veille de l'anniversaire d'Édouard, Odile a ouvert le coffre
dont il lui a fait don autrefois pour sa propre fête; elle dispose sur
des chaises ces vêtements qui n'ont jamais servi. Nane, qui la
rejoint, s'écrie: «Voyez, ma chère demoiselle, voilà une parure de
fiancée tout à fait digne de vous!» À ces mots, Odile perd connais-

peut-on interpréter cet épisode déconcertant de la nouvelle et, sans recours à des analogies mythiques, qu'il ne serait pas impossible sans doute de déceler, reconnaître dans les vêtements de noces, dont se parent ces amoureux, la métamorphose d'une vêture mortuaire arrachée par magie à sa fonction funèbre. D'autres traits indiquent aussi la sécurité absolue de l'existence qui, en fin de compte, s'ouvre aux deux jeunes gens. Non seulement l'habit qui les dissimule aux êtres qui les aiment, mais bien plus encore l'image grandiose du navire, accostant au lieu même qui les a réunis, éveillent le sentiment qu'ils échappent désormais aux prises de tout destin et qu'ils demeurent ferme là où les autres doivent un jour arriver.

On peut considérer comme absolument certain que, dans l'édifice du roman, la signification de la nouvelle joue un rôle décisif. Ses détails singuliers ne s'éclairent sans doute que par référence au récit principal, mais les traits qu'on a rappelés montrent suffisamment qu'en face des thèmes mythiques du roman les motifs correspondants de la nouvelle doivent être considérés comme des thèmes rédempteurs. Dans le roman, le mythe a la fonction d'une thèse ; dans la nouvelle, on peut lui attribuer le rôle d'une antithèse. Le titre même est significatif. «Singuliers», oui certes, ces «jeunes voisins» le sont, surtout pour les personnages du roman qui suivent une tout autre voie et, d'ailleurs, profondément blessés, se détournent des premiers. Cette blessure — conformément au mystère contenu dans la nouvelle et dont peut-être l'auteur lui-même n'avait pas pleinement conscience —, Goethe lui a attribué une motivation externe, sans rien lui enlever pourtant de sa signifi-

---

sance ; depuis des semaines elle se laisse mourir de faim. La parure du coffre lui servira de suaire (II, 18, *op. cit.*, p. 324 *sq.*). (MdG)

cation interne. Tandis que, sur un mode plus faible et plus sourd, mais grandeur nature, les héros du roman demeurent continûment sous le regard du lecteur, les jeunes gens qui se rejoignent à la fin de la nouvelle disparaissent, comme dans une perspective infiniment lointaine, sous l'arche d'une dernière question qui n'est qu'une question oratoire[1]. Cette tendance à l'éloignement, à la disparition, ne renverrait-elle pas allusivement à la béatitude, à cette béatitude sous forme réduite dont Goethe, plus tard, fera le thème unique de sa *Nouvelle Mélusine*[2]?

III

Jusqu'à ce que vous serriez le corps sur cet astre,
Je vous invente le rêve en des astres éternels.

Stefan George[3]

Ceux qui, cherchant en vain le reflet de leur rêverie égocentrique, se scandalisent devant toute critique d'art sous le prétexte qu'elle regarde l'œuvre de trop près, témoignent d'une telle ignorance quant à l'essence de l'art qu'une époque pour laquelle l'origine strictement définie de l'art est de plus en plus

---

1. « Les parents des deux promis s'élancèrent les premiers vers le bord. Le fiancé tout à son amour avait presque perdu connaissance. À peine eut-on appris que les chers enfants étaient sauvés, qu'ils sortirent des buissons dans leur singulier déguisement. On ne les reconnut pas avant qu'ils eussent approché tout près. "Qui vois-je?" s'écriaient les mères. "Que vois-je?" s'écriaient les pères. » (II, 10, *op. cit.*, p. 272 *sq.*). (MdG)
2. Nouvelle insérée dans *les Années de pèlerinage de Wilhelm Meister* (III, 6). (RR)
3. Stefan George «Haus in Bonn», extrait de *Der siebente Ring* (1907). (RR)

vivante, n'est pas tenue d'y opposer le moindre argument. Cependant on nous permettra peut-être une
image qui répond de la façon la plus nette à cette
susceptibilité. Supposons qu'on fasse connaissance
d'une personne belle et sympathique, mais renfermée parce qu'elle porte avec elle un secret. On aurait
tort de vouloir forcer ses confidences. Mais il est permis de chercher si elle a des frères et sœurs et si leur
nature éclaire peut-être, de manière ou d'autre, ce
qui est énigmatique dans cette âme étrangère. C'est
exactement ainsi que la critique cherche des frères et
sœurs de l'œuvre d'art. Or, toutes les œuvres authentiques ont leurs frères et sœurs dans le domaine de la
philosophie. Ce sont justement les figures dans lesquelles se manifeste l'idéal de leur problème. — Le
tout de la philosophie, son système, a plus de pouvoir que n'en peut exiger l'ensemble de tous ses
problèmes, car l'unité dans la solution de tous ces
problèmes ne peut être obtenue par questionnement.
En effet, le serait-elle même, par rapport à la question ainsi posée une nouvelle question surgirait aussitôt : savoir sur quoi repose l'unité entre la réponse
donnée à ce problème et la réponse donnée à tous
les autres. D'où il suit qu'il n'existe aucune question
embrassant dans son questionnement l'unité de la
philosophie. L'idéal du problème désigne en philosophie le concept de cette question inexistante qui
porte sur l'unité de la philosophie. Mais si le système
non plus ne peut en aucun sens être obtenu par questionnement, il existe pourtant des configurations
qui, sans être question, ont la plus profonde affinité
avec l'idéal du problème. Ce sont les œuvres d'art.
L'œuvre d'art n'entre pas en concurrence avec la
philosophie même, elle entre simplement avec elle
dans le rapport le plus précis grâce à son affinité
avec l'idéal du problème. Plus précisément, en vertu
d'une légalité qui a son fondement dans l'essence de

l'idéal en général, cet idéal du problème ne se peut représenter que dans la pluralité. Mais ce n'est pas dans une pluralité de problèmes qu'apparaît l'idéal du problème. Il est bien plutôt enfoui sous celle des œuvres et le rôle de la critique est de l'en extraire. Dans l'œuvre d'art elle fait apparaître l'idéal du problème à travers l'une de ses manifestations. Car elle constate finalement en elle la possibilité d'une formulation portant sur la teneur de vérité de l'œuvre d'art, en tant que problème suprême de la philosophie ; or, ce qui l'arrête, comme par une crainte révérencielle devant cette œuvre, mais également par respect de la vérité, c'est justement cette formulation elle-même. En effet, celle-ci ne serait possible que si le questionnement pouvait porter sur le système, et, d'une manifestation de l'idéal, elle se transformerait alors en l'existence — qui n'est jamais donnée — de l'idéal lui-même. En l'état, elle dit seulement que, dans une œuvre, la vérité, sans être objet d'interrogation, se reconnaîtrait cependant comme exigence. S'il est permis d'affirmer, par conséquent, que tout ce qui est beau renvoie de façon ou d'autre au vrai et qu'on peut lui assigner sa place virtuelle au sein de la philosophie, cela signifie que, dans toute véritable œuvre d'art, on peut déceler une manifestation de l'idéal du problème. Il s'ensuit que, dès le moment où l'examen s'élève, des bases du roman jusqu'à l'intuition de sa perfection, c'est la philosophie, et non le mythe, qui a vocation de guider cet examen.

Dans cette perspective, le personnage d'Odile prend un relief particulier. C'est par elle, en effet, que le roman semble le plus clairement échapper à l'univers des mythes. Il est vrai qu'elle succombe en victime expiatoire à des puissances ténébreuses, mais, en vertu de l'antique exigence, qui veut que la victime soit sans tache c'est son innocence même qui la

destine à ce terrible sort. Ce que révèle cette figure
de jeune fille n'est point assurément la chasteté en
tant qu'elle s'enracine dans une activité spirituelle
— chez Lucienne, une virginité de cet ordre n'est pas
loin d'apparaître au contraire comme un défaut —
mais toutes les attitudes d'Odile sont si parfaitement
naturelles que, malgré la totale passivité qui la caractérise, dans le domaine érotique comme sur tout
autre plan, elle demeure inaccessible au point d'être
absente au monde. C'est ce qu'indique aussi, à sa
manière insistante, le sonnet de Werner : aucune
conscience ne veille à la chasteté de cette enfant.
Mais son mérite — n'est-il pas vrai ? — n'en est que
plus grand. Pour montrer à quelle profondeur cette
vertu s'enracine dans la nature de la jeune fille,
Goethe nous la présente sous deux images : tenant
dans ses bras d'abord l'Enfant Jésus[1], puis l'enfant
mort de Charlotte[2]. Aucun de ces deux enfants ne lui
vient d'un époux. Mais ce que l'écrivain veut signifier va bien plus loin. Car le tableau « vivant » — celui
qui exprime la grâce propre à la Mère de Dieu et
cette pureté qui dépasse toute rigueur morale — n'est
qu'un effet de l'art. Celui qu'offre, un peu plus tard,
la nature montre l'enfant mort. Ainsi voit-on clairement la véritable essence d'une chasteté dont la sté-
rilité, malgré son aspect sacré, ne l'emporte en rien
sur le désordre impur de la sexualité qui, lorsqu'elle
ramène l'un vers l'autre les époux divisés, n'exerce
ses droits qu'en différant une union dans laquelle un
homme et une femme risquent de se perdre. Telle
qu'Odile la figure, la chasteté a de bien plus hautes
prétentions. Elle fait croire à une innocence de la
vie naturelle. L'idée païenne, mais non mythique, de

1. Pour une représentation de la Nativité mise en scène par le
jeune architecte (II, 6 ; *op. cit*, p. 225 *sq*.). (MdG)
2. II, 13 ; *op. cit*., p 292. (RR)

cette innocence doit au christianisme, dans l'idéal de la virginité, à tout le moins sa formulation la plus rigoureuse et la plus riche en conséquences. Alors que le mythe fonde la faute originelle sur le pur instinct vital de la sexualité, le christianisme voit la contrepartie de cette faute là où cet instinct se fait le moins sentir : dans la vie d'une vierge. Mais cette intention claire, encore que non clairement consciente, fait place à une erreur, lourde de conséquences. Assurément, en même temps qu'une faute naturelle, la vie comporte aussi une innocence naturelle. Cette innocence, néanmoins, n'est pas liée à la sexualité — fût-ce comme sa négation — mais seulement à son antipode, également naturel : l'esprit. De même que la vie sexuelle peut devenir chez l'homme l'expression d'une faute naturelle, sa vie spirituelle — liée à l'unité de sa personne singulière, de quelque façon qu'elle soit constituée — peut devenir chez lui l'expression d'une innocence naturelle. Cette unité de la vie spirituelle est, dans l'individu, le caractère. Ce qu'il a d'essentiel est d'échapper, en son fond même, à toute ambiguïté ; il se distingue ainsi des phénomènes purement sexuels, qui relèvent tous du démonique. Dire d'un homme qu'il a un caractère compliqué, c'est dire seulement, à tort ou à raison, qu'il est dénué de tout caractère ; cependant que, sous quelque forme qu'elle se présente, la vie purement sexuelle se reconnaît toujours à sa nature ambiguë. Même la virginité n'échappe pas à la règle. Ce qui est en elle le plus visiblement équivoque est qu'elle soit intacte. Car ce qui passe justement pour un signe de pureté intérieure est en même temps ce que la concupiscence désire le plus. L'innocence de l'ignorance n'est pas moins équivoque ; car c'est à partir d'elle que l'inclination se mue brusquement en un désir considéré comme coupable. On retrouve, de façon très significative, la même ambiguïté dans

le symbole chrétien de l'innocence : le lis. Aux lignes
rigoureuses de cette plante, à la blancheur de son
calice se lient de doux effluves entêtants, qui n'appartiennent presque plus à l'ordre végétal. Goethe a
doté Odile de cette dangereuse magie propre à l'innocence, et cette magie est étroitement apparentée
au sacrifice dont sa mort est la célébration. Car justement, du fait même qu'elle paraît aussi innocente,
elle ne quitte pas le cercle magique dans lequel le
sacrifice est mis en œuvre. Du fait de cette innocence, son personnage s'associe moins à la pureté
qu'à une apparence de pureté. L'intangibilité de
cette apparence est ce qui l'arrache à son amant.
Certains traits analogues se remarquent aussi dans
le personnage de Charlotte. Elle paraît pure et irré-
prochable, alors que son infidélité à l'égard de son
ami la défigure. Même dans son rôle de mère et de
maîtresse de maison, là où il lui convient mal d'être
passive, elle donne l'impression d'une ombre. Et
pourtant, sans cette indétermination, elle ne repré-
senterait pas la noblesse. Au fond, Charlotte n'est
donc pas si différente d'Odile qui, parmi des fan-
tômes, est la seule apparence. Pour bien saisir le
sens de l'œuvre, on ne doit pas en chercher la clé
dans l'antagonisme des quatre personnages principaux, mais dans les traits qui les distinguent tous,
à un égal degré, des amoureux de la nouvelle. Si
les personnages s'opposent les uns aux autres, c'est
moins un à un que deux à deux.

À cette authentique innocence de la nature, qui se
distingue autant d'une équivoque virginité que d'une
bienheureuse absence de faute, peut-on dire qu'Odile
ait essentiellement part ? Faut-il lui attribuer un
caractère ? Sinon parce qu'elle se présente à cœur
ouvert, du moins parce qu'elle s'exprime de façon
libre et sans contraintes, sa nature se laisse-t-elle
clairement déchiffrer ? C'est tout le contraire. Elle

est renfermée, — bien plus : ni ce qu'elle fait ni ce qu'elle dit ne réussit jamais à déverrouiller son secret. Le mutisme végétal que traduit de façon si grandiose le motif de Daphné suppliante, les mains levées, domine son existence et l'assombrit encore dans ces extrêmes détresses qui généralement chez tout le monde mettent l'existence en pleine lumière. Non seulement ses amis ignorent jusqu'au bout qu'elle a décidé de mourir, mais son dessein recèle assez de mystère pour qu'elle-même, semble-t-il, soit incapable de le concevoir. Or, ce trait touche aux racines même de son caractère moral. C'est, en effet, à l'heure de la décision, ou jamais, qu'on voit l'esprit du langage illuminer le monde moral. Jamais aucune résolution morale ne réussit à prendre vie si elle ne s'exprime par des paroles et si elle n'est pas devenue ainsi, en toute rigueur, objet de communication. En se vouant à un silence absolu, Odile met en question le caractère moral de sa volonté de mourir. Ce qui l'anime est beaucoup moins une libre décision qu'un instinct. Malgré des formules équivoques, sa mort n'est donc pas celle d'une sainte[1]. Lorsqu'elle confesse qu'elle est « sortie de sa voie[2] », la formule

---

1. Goethe, au dernier chapitre de son roman, dit expressément qu'Édouard est mort « en pensant à la sainte » et qu'on peut, lui aussi, « le qualifier de bienheureux » (II, 18 ; *op. cit.*, p. 333), mais c'est uniquement par anticipation du « martyre » d'Odile. On met la jeune fille dans un cercueil à couvercle de verre, comme une sainte dans sa châsse ; on la couronne de fleurs, on allume une lampe de sanctuaire. Elle apparaît mystérieusement à Nane comme « portée sur des nuages » (p. 327). Dès que la servante a touché son corps, elle se sent guérie, physiquement et moralement, et elle s'écrie : « Dieu m'a pardonné » (p. 328). Autour de la chapelle, l'affluence de ceux qui espèrent des miracles sera si grande qu'il en faudra interdire l'accès aux étrangers. (MdG)
2. À Charlotte qui accepte le divorce et souhaite qu'Odile puisse être « épouse et mère », la jeune fille répond qu'elle est « sortie de sa voie » (II, 14 ; p. 298). Même formule dans la déclaration écrite qui annonce le vœu du silence (II, 17 ; p. 316). (MdG)

ne peut avoir qu'un sens : seule la mort protégera Odile de la ruine intérieure. Il s'agit d'expiation au sens fatal, non de cette purification sacrée, qui ne peut jamais être pour l'homme une mort volontaire, mais celle que Dieu lui-même lui impose. Comme sa virginité, la mort d'Odile n'est que l'ultime issue d'une âme qui fuit sa propre ruine. Par son désir de mort, elle exprime son aspiration au repos. À quel point un tel vœu jaillit en elle de sources naturelles, Goethe ne manque pas de l'indiquer. Si Odile meurt volontairement d'inanition, tout au cours du roman il a souligné comme il lui répugnait de se nourrir, même à des moments plus heureux. Si cette vie, que Gundolf présente comme sainte [1], n'est pas une vie sanctifiée, c'est moins parce qu'Odile a péché envers un mariage déjà en décomposition, que parce que, soumise jusqu'à la mort, dans son apparence et dans son devenir, à la force du destin, elle se laisse mener sans prendre d'elle-même aucune décision. Ainsi, tout à la fois coupable et innocente, elle demeure dans le cercle de la fatalité, et des esprits superficiels interprètent cette situation comme la marque du tragique. Gundolf peut ainsi évoquer le «*pathos* de cette œuvre», d'un «tragique non moins sublime et bouleversant que celui qui a donné naissance à l'*Œdipe* de Sophocle [2]». Avant lui, François-Poncet, dans son livre fade et boursouflé sur «*les Affinités électives*» s'est déjà exprimé dans des termes analogues [3]. Rien de plus faux que ce jugement. Car en prononçant des paroles tragiques, le héros gravit cette crête de la décision, qui domine l'abîme où s'engloutissent la faute et l'innocence du mythe. Au-delà de la culpabi-

---

1. Gundolf, *Goethe*, op. cit., p. 559. (RR)
2. *Ibid.*, p. 563. (RR)
3. André François-Poncet, *Les Affinités électives de Goethe. Essai de commentaire critique*, avec une préface par Henri Lichtenberger, Paris, F. Alcan, 1910, p. 235 *sq.*, 251 *sq.*, 256. (RR)

lité et de l'innocence se fonde cet en deçà du bien et du mal qu'atteint le héros seul, jamais la jeune fille irrésolue. C'est parler pour ne rien dire que de vanter sa «purification tragique». On ne peut rien concevoir de moins tragique que cette triste fin.

L'instinct muet se reconnaît aussi à d'autres traits ; la vie d'Odile paraît également sans consistance lorsqu'elle est placée sous le cercle lumineux des ordonnances morales. Pour qu'une telle évidence ait échappé au critique, il a fallu que cette œuvre lui soit restée entièrement étrangère. Au bon sens terre à terre de Julian Schmidt il était réservé de soulever la question qui aurait dû s'imposer à tout observateur sans parti pris : «Il n'y aurait eu rien à redire si la passion l'avait emporté sur la conscience, mais comment expliquer que la conscience d'Odile soit sans voix ? [...] Elle commet une faute, elle la ressent plus tard très profondément, plus profondément qu'il ne serait nécessaire, mais pourquoi ne s'en est-elle pas avisée plus tôt ? [...] Peut-on concevoir qu'une âme comme doit être celle d'Odile, si bien née et qui a reçu une si bonne éducation, ne se rende pas compte qu'en se comportant comme elle le fait avec Édouard elle fait tort à Charlotte sa bienfaitrice[1] ?» Question platement légitime et qui ne perd rien de sa force pour qui examine de près la plus intime structure du roman. Quiconque en méconnaît la force contraignante laisse dans l'ombre l'essentiel du roman. Qu'Odile mette une sourdine à toutes ses émotions, il est possible que ce soit un trait de sa personnalité ; on ne peut en dire autant pour le silence de sa voix morale. Ce n'est point là une détermination contenue dans les limites de l'essence humaine. Ce silence,

---

1. Julian Schmidt, *Geschichte der deutschen Literatur seit Lessing's Tod*, 5ᵉ éd., t. II, *Die Romantik. 1797-1813*, Leipzig, Grunow, 1866, p. 590. (RR)

ravageant le cœur de l'être le plus noble, a installé en
lui le règne de l'apparence. Et il évoque étrangement
cette aphasie de Minna Herzlieb, qui dans sa vieillesse
a été frappée d'une maladie mentale. Si la clarté
d'une conduite ne s'exprime point par des paroles,
c'est qu'elle n'est qu'apparente ; en vérité, ceux qui
se protègent ainsi finissent par ne pas voir plus clair
en eux-mêmes que ne le font les étrangers. Odile, aux
derniers jours de son existence, n'exprime plus qu'à
travers les notations de son *Journal intime* ce qui
reste en elle de vie humaine. C'est de plus en plus
dans ces muettes notations qu'il faut chercher tout
ce que son existence est encore capable de dire. Mais
elles n'édifient elles aussi que le mémorial d'une dis-
parue. En révélant des secrets dont la mort seule
devrait rompre le sceau, elles accoutument à l'idée
de son trépas ; en témoignant de sa taciturnité de
vivante, elles font pressentir le silence définitif qui
sera bientôt son lot. Même dans cette ambiance spirituelle, soustraite aux regards du monde, pénètre
l'apparence qui domine la vie d'Odile. Le danger
d'un journal intime est toujours de mettre à nu, dans
l'âme, beaucoup plus tôt qu'il ne faudrait, les germes
du souvenir et d'empêcher la maturation de ses
fruits ; comment ce danger ne deviendrait-il pas fatal
là où un tel journal est la seule expression de toute
une vie de l'esprit ? Et pourtant c'est bien du souvenir que procède finalement, dans une vie, toute puissance d'intériorisation. Sans lui l'amour n'aurait pas
d'âme. C'est lui qui respire dans la mémoire du
poète : «Tu fus, hélas ! en des temps révolus, / Ma
sœur ou mon épouse…[1]» Et si, dans un tel lien,
même la beauté survit en tant que souvenir, dès le

1. Goethe, «An Charlotte von Stein. Weimar, 14 avril 1776», in
Sämtliche Werke, op. cit., t. III, *Gedichte. 3. Teil*, Stuttgart et Berlin,
Cotta, 1902, p. 84. (RR)

temps de sa floraison, sans lui déjà elle n'était rien. C'est ce qu'attestent ces phrases du *Phèdre* de Platon : « Celui qui vient d'être initié et qui a contemplé là-haut de multiples spectacles, lorsqu'il voit un visage divin, qui est une belle imitation du beau ou quelque image corporelle de ce beau, frissonne d'abord et retrouve plusieurs de ses anciens effrois ; mais regardant ensuite cette image, il la vénère à l'égal d'un dieu [...] Son souvenir s'élevant une fois encore vers la nature du beau, il le reçoit, siégeant, en compagnie de la tempérance, sur son trône sacré [1]. »

L'existence d'Odile n'éveille aucune réminiscence de ce type ; en elle, la beauté reste réellement première et essentielle. Si elle produit une « impression » favorable, « cela tient uniquement à son apparence ; malgré les nombreuses citations de son *Journal*, son être intime reste clos, plus clos que celui d'aucun des personnages féminins de Heinrich von Kleist [2] ». Cette vue lucide de Julian Schmidt rejoint celle d'un ancien critique qui déclarait, avec une singulière fermeté : « Cette Odile n'est pas née de l'esprit de Goethe comme une enfant légitime ; c'est une fille du péché, qui rappelle à la fois Mignon et une ancienne figure de Masaccio ou de Giotto [3]. » Effectivement, avec le personnage d'Odile, on a franchi les limites qui séparent la littérature épique de la peinture. Car un être vivant dont l'essentielle substance est d'exprimer la beauté, n'appartient pas au fonds propre de l'épopée. C'est bien pourtant une créature de cette sorte que Goethe a mise au centre de son roman. Car il n'est pas exagéré de dire que si l'on n'admet dès le

1. *Phèdre*, 251a et 254b. (MdG)
2. Julian Schmidt, *op. cit.* (RR)
3. Anonyme, « Die Wahlverwandtschaften. Ein Roman von Goethe », in *Allgemeine Literatur-Zeitung*, Halle et Leipzig, 1er janvier 1810, cité in *Goethe im Urtheile seiner Zeitgenossen, op. cit.*, p. 229.
— Mignon est un personnage du *Wilhelm Meister* de Goethe (RR)

début, comme article de foi, qu'Odile est belle, on ne peut guère s'intéresser à ce roman. Aussi longtemps que dure l'univers du roman, il est impossible que passe cette beauté : le cercueil où repose la jeune fille n'est pas clos. Ici Goethe s'est beaucoup éloigné du célèbre modèle que lui offrait Homère avec sa description épique de la beauté. Non seulement, en effet, lorsqu'elle raille Pâris, les paroles d'Hélène elle-même marquent une bien plus forte résolution qu'aucune de celles que peut prononcer Odile, mais surtout, dans la représentation qu'il donne de sa beauté, Goethe n'obéit pas à la règle fameuse que lui fournissaient les propos admiratifs des vieillards rassemblés sur la muraille d'Ilion. Les épithètes descriptives dont il qualifie son héroïne, et qui contredisent aux lois mêmes du genre romanesque, n'ont d'autre usage que d'élever Odile au-dessus du plan de l'épopée, où l'écrivain reste le maître du jeu, et de lui communiquer une vivacité d'une autre nature dont il ne porte plus la responsabilité. À mesure qu'elle s'éloigne de l'Hélène homérique, Odile ressemble davantage à l'Hélène goethéenne. Située comme elle dans une innocence équivoque, dotée, comme elle, d'une beauté qui est de part en part apparence, elle attend, elle aussi, une mort expiatoire. Et l'évocation magique joue également son rôle dans sa façon d'apparaître.

Goethe est parfaitement resté maître de son art dans le traitement épisodique de l'héroïne grecque [1], ayant examiné de près l'évocation magique sous la forme de sa représentation dramatique, — et ce n'est certes point un hasard s'il n'a jamais écrit la scène où Faust devait réclamer Hélène à Perséphone. Mais, avec *les Affinités électives*, les principes démoniques de la magie incantatoire font irruption dans la création littéraire elle-même. Ce qui est évoqué n'est

---

1. *Second Faust*, Troisième acte. (RR)

jamais qu'une apparence, dans le cas d'Odile la beauté vivante, qui s'est imposée de la manière la plus puissante comme un « sujet » fort, mystérieux, à l'état brut. Ainsi voyons-nous confirmé ce qui semble situer les événements dans l'Hadès : devant les profondeurs de son art d'écrivain, il ressemble à Ulysse, debout, le glaive nu, devant la fosse pleine de sang, et, comme lui, il repousse les ombres assoiffées pour ne souffrir que celles dont il cherche le parcimonieux discours, signe de leur origine fantomatique. À cette origine la disposition du récit et son développement doivent ce caractère translucide, qui touche parfois à la préciosité. Le goût de la formule, qui apparaît surtout dans la seconde partie — sensiblement plus longue que ne le prévoyait le plan initial — s'annonce aussi dans le style de Goethe, avec ces innombrables parallélismes, comparatifs et restrictions, qui sont propres au style de ses derniers ouvrages. En ce sens Görres[1] pouvait dire à Arnim[2] qu'il trouvait dans *les Affinités électives* beaucoup de choses « plus polies que ciselées[3] ». La formule vaut surtout pour les maximes concernant la sagesse pratique[4]. Font encore plus problème les traits qui ne peuvent se révéler à aucune intention purement réceptive : ces correspondances, qu'on ne saurait saisir qu'en renonçant au point de vue esthétique et par une investigation d'ordre philologique. Il est certain que, grâce à

---

1. Joseph von Görres (1776-1848), écrivain allemand. D'abord partisan de la Révolution française, il prendra la tête de l'opposition nationaliste à Napoléon et sera l'un des chefs de file du romantisme catholique. (RR)

2. Achim von Arnim (1781-1831), écrivain allemand ; avec Clemens Brentano l'un des chefs de file du romantisme. (RR)

3. L'un des manuscrits de Benjamin précise : « Görres à Arnim, janvier 1810 ». (RR)

4. « Maximes concernant la sagesse pratique » est le titre d'un recueil de sentences de Goethe ; il en a inséré un certain nombre dans le *Journal intime* d'Odile. (RR)

elles, le récit pénètre dans le domaine des formules incantatoires. C'est pourquoi il leur manque si souvent ce qui donne à l'art une vie parfaitement instantanée et définitive, c'est-à-dire la forme. Dans le roman, la forme s'applique beaucoup moins à façonner des figures, qui bien souvent s'instaurent de leur propre chef, mythiques et amorphes, qu'à évoluer autour d'elles en dessinant en quelque sorte des arabesques, à les achever de façon hésitante et à les décomposer à bon droit. On peut dire que l'effet produit par le roman exprime sa propre problématique. Ce qui le distingue d'autres livres, qui doivent au sentiment d'un lecteur non prévenu la meilleure part, sinon le plus haut degré, de l'impression qu'ils produisent, c'est qu'il ne peut que plonger ce sentiment dans la plus grande confusion. Dès l'origine le propre de ce livre fut une trouble influence capable de s'élever, chez des esprits parents, jusqu'à une participation exaltée et, chez les esprits moins proches, jusqu'à un trouble générateur d'hostilité ; pour l'affronter, il faut un cœur qui, bénéficiant d'une raison indéfectible, puisse s'abandonner à la prodigieuse beauté, magiquement invoquée, de cette œuvre.

L'invocation magique veut être le pendant négatif de la création. Elle prétend, elle aussi, faire naître le monde du néant. Ni avec l'une ni avec l'autre l'œuvre d'art n'a rien de commun. Elle ne naît pas du néant, mais du chaos. Elle ne pourra cependant s'en arracher comme le fait, selon les théoriciens idéalistes de l'émanation, l'univers créé. La création artistique ne « fait » rien du chaos, elle ne pénètre pas en lui ; on ne créera pas non plus une illusion, comme le fait en vérité l'invocation magique, en mélangeant les éléments de ce chaos. Il y faut la formule. En revanche, l'ensorcellement de la forme fait du chaos un univers, le temps d'un instant. Aucune œuvre d'art, par conséquent, ne doit paraître vivante sans être immo-

bilisée ; sinon elle devient pure apparence et cesse
d'être œuvre d'art. Il faut que la vie qui s'agite en elle
apparaisse figée et immobilisée en un instant. Ce qui
est présent en elle est pure beauté, pure harmonie
qui se répand à travers le chaos — à travers lui
seulement, en vérité, non à travers le monde — mais
ne lui donne ainsi que les dehors de la vie. Ce qui
suspend cette apparence, fige le mouvement et interrompt l'harmonie, c'est l'inexpressif. Cette vie fonde
le mystère, cette paralysie la teneur de l'œuvre. En
interrompant d'un mot impératif une femme en
train de recourir à des faux-fuyants, on peut lui arracher la vérité à l'instant même où elle s'interrompt ;
ainsi, l'inexpressif force l'harmonie frémissante à
suspendre son vol et, par cette protestation, en éternise le tremblement. Ainsi éternisé, le beau doit se
justifier, mais précisément dans cette justification
il semble avoir été interrompu, et c'est à la grâce
même de cette protestation qu'il doit l'éternité de
sa teneur. L'inexpressif est cette puissance critique
qui peut, non point sans doute séparer, au sein de
l'art, l'apparence et l'essence, mais empêcher, du
moins, qu'elles se confondent. S'il est doué d'un tel
pouvoir, c'est parce qu'il est parole d'ordre moral.
Il manifeste la puissance sublime du vrai, telle que
la définit, selon les lois du monde moral, le langage du monde réel. C'est lui qui brise en toute belle
apparence ce qui survit en elle comme héritage du
chaos : la fausse totalité, celle qui s'égare — la totalité absolue. N'achève l'œuvre que ce qui la brise,
pour faire d'elle une œuvre morcelée, un fragment
du vrai monde, le débris d'un symbole. Comme catégorie du langage et de l'art, non de l'œuvre ou des
genres littéraires, l'inexpressif ne saurait être défini
avec plus de rigueur que ne l'a fait Hölderlin, dans
un passage de ses *Remarques sur Œdipe* dont on a
méconnu jusqu'ici, semble-t-il, l'importance tout

simplement fondamentale, au-delà de la théorie de la tragédie, pour la théorie même de l'art : « Le transport tragique est à la vérité proprement vide, il est le moins pourvu de liaison. Par là, dans la consécution rythmique des représentations, où s'expose le transport, ce que l'on nomme dans la mesure des syllabes la césure, la pure parole, la suspension antirythmique, devient nécessaire pour rencontrer comme arrachement le changement et l'échange des représentations à un tel sommet qu'alors ce ne soit plus le changement des représentations, mais la représentation en elle-même qui apparaisse[1]. » La « sobriété junonienne de l'Occident[2] », que Hölderlin, quelques années avant d'écrire ces lignes, assignait à tous les artistes allemands comme une fin à peu près irréalisable, n'est qu'un autre nom de cette césure où, avec l'harmonie, toute expression s'efface pour faire place, dans tous les procédés dont use l'art, à une force inexpressive. Nulle part, sans doute, cette force n'est aussi manifeste que, d'une part, dans la tragédie grecque et, de l'autre, dans les hymnes de Hölderlin. Dans la tragédie, elle se fait sentir à travers le mutisme dont est frappé le héros ; dans l'hymne, en tant que protestation au sein même du rythme des vers. Plus encore, on ne pourrait mieux définir ce rythme qu'en disant qu'au-delà du poète quelque chose coupe la parole de la poésie. C'est pourquoi « il est rare qu'on qualifie de "beau" un hymne (et il se peut que ce qualificatif ne convienne jamais de plein droit)[3] ». Si le lyrisme de Hölderlin

1. Friedrich Hölderlin, _Remarques sur Œdipe_, trad. D. Naville et F. Fédier, in _Œuvres_, éd. sous la dir. De Ph. Jacottet, Paris, Gallimard, Bibliothèque de la Pléiade, 1967, p. 952. (RR)
2. Friedrich Hölderlin, lettre à Casimir Ulrich Böhlendorff du 4 décembre 1801, in _Œuvres, op. cit._, p. 1003. (RR)
3. Gerhard Scholem, « Lyrik der Kabbala ? », in _Der Jude_, Berlin, 1921 (6ᵉ année), p. 61. (RR)

fait ressortir l'inexpressif jusqu'à la limite de ce qui
se peut saisir dans l'œuvre d'art, ainsi le lyrisme de
Goethe fait ressortir la beauté. Ce qui dépasse cette
limite est, dans le premier cas, un produit de la folie,
dans le deuxième, une apparition évoquée. Dans
cette dernière direction, la littérature allemande ne
doit pas aller plus loin que Goethe, au risque de suc-
comber à un univers de l'apparence dont les images
les plus séduisantes sont dues à Rudolf Borchardt[1].
Même dans l'œuvre de Goethe, son maître, il ne
manque pas d'indices pour suggérer que son Génie
n'a pas su toujours échapper à la si proche tentation
d'évoquer l'apparence.

Rappelant l'époque où il travaillait à son roman, il
note : « On a déjà bien de la chance si l'on réussit, en
ces temps troubles, à se réfugier au fond des passions tranquilles[2]. » Si l'opposition entre la surface
agitée et les profondeurs tranquilles ne suggère que
fugitivement l'image de l'eau, Zelter use de cette
comparaison d'une manière plus explicite. Dans une
lettre où il parle des *Affinités*, il écrit à Goethe : « À
cela convient enfin une manière d'écrire comparable
à ce clair élément où nagent ses habiles habitants,
qui entrecroisent leurs évolutions, tantôt étincelant à
la surface, tantôt plongeant dans l'ombre des profondeurs, sans s'égarer et sans se perdre[3]. » Ce que
Zelter exprime ainsi, d'une façon qu'on n'a jamais
suffisamment appréciée, montre de quelle manière
le style de Goethe, qui se fige dans des formules,

1 Rudolf Borchardt (1877-1945), écrivain, poète et essayiste
allemand, proche du cercle de Stefan George, puis de Hofmannsthal, après 1933 le plus souvent en Italie. (RR)

2. Goethe, lettre à Marianne von Eybenberg du 16 juin 1809,
citée *in* Gräf, *Goethe über seine Dichtungen, op. cit.,* o. 385 (n° 733).
(RR)

3. *Briefwechsel zwischen Goethe und Zelter, op. cit.,* première partie, Berlin, 1833, p. 373 (Zelter à Goethe, 27 octobre 1809). (RR)

s'apparente au reflet dans l'eau, qui lui aussi pétrifie celui qui le contemple. Au-delà des questions de style, la remarque de Zelter aide à comprendre la signification du « lac d'agrément » et, finalement, de l'œuvre tout entière. Comme se révèle, en effet, dans le roman l'ambiguïté d'une âme empreinte d'apparence, dont l'innocente limpidité séduit et plonge l'homme dans les plus profondes ténèbres, l'onde participe aussi à cette singulière magie. Elle est le noir, l'obscur, l'insondable, mais en même temps le miroir, le clair et l'éclairant. Le pouvoir de cette ambiguïté faisait déjà le thème du *Pêcheur*[1] ; il règne dans l'essence de la passion qui caractérise *les Affinités électives*. En même temps qu'il pénètre de la sorte jusqu'au cœur du roman, il renvoie d'autre part à l'origine mythique de l'image qu'il présente de la vie belle, et c'est lui qui permet de l'y reconnaître en toute clarté. « Dans l'élément où naquit Aphrodite, il semble que la beauté soit proprement chez elle. On célèbre la beauté des flots impétueux et des sources ; une des Océanides s'appelle Schönfließ[2] ; parmi les néréides, celle qui a le plus de relief, est la belle figure de Galatée et les dieux de la mer ont donné le jour à maintes filles aux beaux pieds[3]. L'élément fluide, comme il baigne d'abord aussi le pied de celle qui pénètre en lui, mouille les pieds des déesses en les embellissant, et, pour représenter cette partie du corps, l'imagination des poètes grecs, à

1. Cette célèbre ballade décrit l'apparition, hors des flots bondissants, d'une naïade qui évoque pour l'innocent pêcheur le reflet dans la mer du Soleil et de la Lune, l'éclat que prennent, sur la surface des eaux, le ciel et le visage humain. Il se laisse entraîner par la magie de son chant, « Et jamais on ne le revit ». (MdG)

2. « Belle onde » ; c'est aussi le nom de jeune fille de la mère de Benjamin, nom sur lequel il développe par ailleurs des spéculations dans ses écrits autobiographiques. (RR)

3. *Schönfüßige* : mot proche de Schönfließ. (RR)

toutes les époques, prend pour modèle Thétis aux pieds d'argent [...]. Pour Hésiode la beauté n'est l'apanage d'aucun homme ni d'aucun dieu à figure masculine; ici elle n'a non plus aucune valeur intérieure. Mais elle apparaît de façon tout à fait prédominante comme liée à la figure extérieure de la femme, à Aphrodite et aux formes océaniques de la vie[1].» Si de la sorte — selon *l'Esthétique dans l'Antiquité* de Walter — l'origine d'une vie belle, purement et simplement, selon les indications du mythe, se trouve dans le monde de la houle à la fois harmonieuse et chaotique, c'est là qu'un sentiment plus profond a cherché l'origine d'Odile. Là où Hengstenberg évoque haineusement son «mode de nutrition digne d'une nymphe[2]», où Werner évoque expérimentalement sa «Nixe d'une affreuse délicatesse[3]», avec une incomparable sûreté Bettina a touché à la plus intime corrélation: «Tu es amoureux d'elle, Goethe, il y a longtemps que je le soupçonne; cette Vénus a surgi de l'Océan où grondait ta passion; une fois semées les perles de ses larmes, elle disparaît de nouveau dans un éclat supraterrestre[4].»

Le caractère spécieux qui définit la beauté d'Odile menace encore d'inessentialité la délivrance que les amis conquièrent de haute lutte. Car si la beauté n'est qu'apparente, apparente également sera sa promesse mythique d'une réconciliation dans la vie et dans la mort. Son sacrifice serait aussi vain que son épanouissement, son acte réconciliateur n'aurait que les

1. Julius Walter, *Die Geschichte der Ästhetik im Altertum*, Leipzig, Reisland, 1893, p. 6. (RR)

2. «Ueber Göthe's Wahlverwandtschaften», in *Evangelische Kirchen-Zeitung, op. cit.*, Berlin, le 16 juillet 1831 (n° 57), p. 452. (RR)

3. Zacharias Werner, «Die Wahlverwandtschaften», *op. cit.*, vers 6 *sq.* (RR)

4. Bettina von Arnim, *Goethes Briefwechsel mit einem Kinde, op. cit.*, p. 87 (lettre de Bettina à Goethe du 9 novembre 1809). (RR)

dehors d'une réconciliation. Il n'y a en effet de véritable réconciliation qu'avec Dieu. Dans la réconciliation, l'individu se réconcilie avec Dieu et à ce prix seul peut faire sa paix avec les hommes. En revanche, le propre d'une réconciliation simplement apparente est que les hommes commencent par faire la paix entre eux et qu'ils prétendent ainsi se réconcilier avec Dieu. Une fois de plus, avec ce contraste entre la fausse et la vraie réconciliation, nous touchons à ce qui oppose, trait pour trait, le roman à la nouvelle. Car l'étrange querelle qui tient captifs, dès leur enfance, les amoureux de la nouvelle a pour résultat, finalement, que leur amour, parce qu'il ose risquer la mort pour obtenir une véritable réconciliation, atteint effectivement à cette réconciliation et, avec elle, à cette paix qui rend durable leur lien d'amour. La véritable réconciliation avec Dieu est interdite à quiconque, en l'accomplissant, n'abolit pas, pour ce qui dépend de lui, tout ce qu'il a, pour ne le retrouver ensuite qu'à la face réconciliée de Dieu; ainsi, lorsque les deux jeunes gens sautent dans la rivière au mépris de la mort, l'acte qu'ils accomplissent signifie cet instant où — chacun pour soi et devant Dieu — ils s'engagent au nom de la réconciliation. Ayant ainsi retrouvé la paix grâce à leur volonté de réconciliation, ils font la conquête l'un de l'autre. Car la réconciliation, qui appartient à un monde supérieur et ne peut guère devenir le thème d'une œuvre d'art, se reflète ici-bas dans l'accord pacifique qui lie les hommes entre eux. Comme les personnages du roman sont loin du compte, avec leur indulgence d'aristocrates, cette patience, cette délicatesse qui ne fait, en définitive, qu'augmenter une distance dont ils sont parfaitement conscients! Parce qu'ils ne cessent d'éluder cette lutte à découvert, dont Goethe n'a pas craint de décrire toute la démesure dans le geste violent d'une jeune fille[1], il s'en faut de beaucoup qu'ils puissent faire leur paix entre eux. Tant de souffrance, si peu de combat. C'est pourquoi leurs émotions restent sans voix ; jamais elles ne s'expriment au-dehors, sous forme d'hostilité, de rancune, d'envie ; mais jamais davantage elles ne vivent au-dedans d'eux-mêmes, sous forme de plainte, de honte, de désespoir. De l'acte désespéré de la « jeune voisine » dédaignée, qui donc oserait rapprocher le sacrifice par lequel Odile, anticipant les décisions mêmes de Dieu, ne lui confie que son plus lourd fardeau, non son bien le plus cher ? À la réconciliation purement apparente il manque tout ce que la vraie comporte d'anéantissement, et, même lorsqu'il décrit la mort d'Odile, l'auteur évite autant qu'il peut tout ce qui serait signe de douleur et de violence. Ce n'est pas le seul cas dans le livre où une circonspection impie ravit toute paix à des êtres trop pacifiques. Car ce que l'écrivain, de cent façons, cherche à dissimuler, tout son récit ne le rend que trop clair : les lois de la morale privent la passion de tous ses droits et de tout son bonheur, dès lors qu'elle tente de pactiser avec la vie bourgeoise, la vie facile, la vie assurée. Tel est le gouffre au-dessus duquel Goethe prétend vainement faire avancer ses personnages, sur l'étroite passerelle d'une civilité purement humaine, avec une assurance de somnambules. La noble maîtrise, l'empire sur soi ne peuvent remplacer cette lucidité dont l'écrivain savait assurément aussi bien se garder lui-même qu'il en gardait ses héros. (À cet égard Stifter[2] est le plus parfait de ses épigones.) Leur sombre égarement, qui réclame une sombre expiation, tient à cette gêne silencieuse qui les enclôt dans le cercle d'une morale humaine

---

1. Il s'agit de la « jeune voisine ». (RR)
2. Adalbert Stifter (1805-1868), écrivain autrichien, auteur de *l'Été de la Saint-Martin*. (RR)

ou, pour mieux dire, bourgeoise, dans lequel ils cherchent à préserver la vie de la passion. Au fond d'eux-mêmes ils restent les sujets d'un droit dont ils fuient le verdict. Par leur nature de gentilshommes ils semblent y échapper ; en fait, il n'est que le sacrifice qui les puisse sauver. Ils n'ont ainsi aucune part à cette paix que l'harmonie devrait leur assurer ; l'art de vivre selon l'idéal goethéen ne rend que plus étouffante la lourde atmosphère qui accable leur vie. Car règne ici le calme avant la tempête, règnent dans la nouvelle l'orage puis la paix. L'amour fait escorte aux « jeunes voisins » réconciliés ; aux autres ne reste que la beauté comme faux semblant de réconciliation.

Pour ceux qui aiment vraiment, la beauté de l'être aimé n'est jamais l'élément décisif. Si c'est elle d'abord qui les a attirés l'un vers l'autre, de plus nobles qualités la font sans cesse oublier, mais, certes, ils s'en souviendront sans cesse jusqu'à la fin. Il en va autrement de la passion. La moindre éclipse de la beauté désespère le passionné. Car pour l'amour seul, la femme belle est le bien le plus précieux ; pour la passion, c'est la plus belle de toutes. Passionnée est aussi la désapprobation par laquelle les amis réagissent à la nouvelle. En effet, l'abandon de la beauté leur est insupportable. Certes, le caractère sauvage qui défigure la jeune fille de la nouvelle n'est pas vain et pernicieux comme l'est Lucienne ; c'est l'insistance salutaire d'une plus noble créature, mais, bien qu'elle y joigne la grâce, elle suffit à la rendre déconcertante, à lui dérober les traits canoniques de la beauté. La « jeune voisine » n'est pas essentiellement belle, et c'est ce qui la distingue d'Odile. À sa manière, Édouard possède, lui aussi, cette essentielle beauté, et l'on vante à bon droit la beauté de ce couple. Mais Goethe ne se contente pas de mettre en œuvre — au-delà des limites mêmes de l'art — toute la puissance imaginable de ses dons pour figer cette beauté ; d'une main infiniment légère il suggère que cette tendre beauté voilée est le cœur même de l'œuvre. En lui donnant le nom d'Odile, il évoque la sainte patronne de ceux qui souffrent des yeux, la protectrice du couvent bâti sur le mont Sainte-Odile (*Ottilienberg*) dans la Forêt Noire. Il écrit que, pour les hommes qui la regardent, elle est une « consolation des yeux » ; mais on peut même aller plus loin et voir, dans le nom même qu'elle porte, un souvenir de cette douce lumière qui est en elle la guérison des yeux malades et la patrie de toute apparence. C'est à cette lumière que Goethe, en appelant Lucienne l'autre jeune fille qu'il fait paraître dans le roman, oppose une sorte d'éclat dont le rayonnement fait mal ; devant l'univers d'Odile, secret comme l'est un clair de lune, il dresse le vaste cercle, plein de soleil, où vit Lucienne. Or, comme il oppose la suavité d'Odile non seulement au caractère faussement sauvage de Lucienne, mais encore à l'authentique sauvagerie de la « jeune voisine », ainsi le doux rayonnement qui émane d'elle reste à mi-chemin d'un éclat hostile et d'une lumière sobre. L'héroïne de la nouvelle s'attaque sauvagement aux yeux de son bien-aimé ; pouvait-on indiquer avec plus de rigueur le sens d'un amour qui déteste tout faux-semblant[1] ? Mais la passion reste au contraire cap-

---

1. II, 10, *op. cit.*, p. 264 *sq.* : « Comme les garçons ont coutume de jouer à la guerre, et de se diviser en camps, de se livrer des batailles, la brave et insolente petite fille se mit un jour à la tête de l'une des armées, et combattit l'autre avec tant de violence et d'acharnement, qu'elle aurait été honteusement mise en fuite, si son adversaire particulier n'eût résisté très courageusement, et n'eût à la fin désarmé et pris son ennemie. Mais même alors elle se défendait avec tant de vigueur, que, pour préserver ses yeux et ne pas blesser cependant son ennemie, il dut arracher sa cravate de soie et lui lier les mains derrière le dos. — Elle ne le lui pardonna jamais, elle fit même en secret, pour lui faire du mal, des projets et des tentatives, si bien que les parents, qui avaient pris depuis long-

tive de l'apparence, incapable par elle-même de prêter à ceux qu'elle embrase l'appui de la fidélité. Esclave de la beauté sous quelque forme qu'elle apparaisse, la passion dévastatrice ne peut que se déchaîner chaotiquement, à moins que ne se trouve en elle un élément plus spirituel, capable d'adoucir l'apparence. C'est l'affection.

Grâce à l'affection, l'homme se délie de la passion. En vertu d'une loi essentielle, qui vaut pour cette libération comme pour tout ce qui arrache l'homme au monde des apparences et le mène au royaume de l'essence, la mutation se fait de façon progressive et même au prix d'un ultime accroissement de l'apparence. À l'instant même où s'affirme l'affection, il semble que la passion, plus encore que naguère, devienne tout entière amour. Passion et affection restent toujours les composantes de cet amour simplement apparent, qui ne se distingue point du vrai parce que ses sentiments sont défaillants, mais parce qu'il est impuissant. Il faut bien le dire, l'amour qui règne sur Odile et sur Édouard n'est pas un amour vrai. Il n'est d'amour parfait que si Dieu même le sauve en l'élevant au-dessus de sa nature. Quand il n'a d'autre maître que le démon Éros, sa sombre fin n'est pas un simple échec, mais le prix même que l'homme doit payer pour cette profonde imperfection qui tient à sa nature et qui lui interdit l'accomplissement de l'amour. Dans un amour où il fait seul la loi, on peut dire que l'affection, produit spécifique de l'῎Ερος Θάνατος [1], signifie simplement que l'homme confesse son impuissance à aimer. En tout amour

---

temps garde à ces passions étranges, s'entendirent et décidèrent de séparer ces deux êtres inconciliables et de renoncer à leurs chères espérances. » (MdG)

1. Eros Thanatos, l'Amour qui est en même temps la Mort. (MdG)

sauvé, en tout véritable amour, la passion joue
un rôle de second plan tout comme l'affection ; en
revanche, leur histoire et le passage de l'une à l'autre
font l'essence de l'éros. Il ne suffit pas, cependant, de
blâ-mer les amants, comme ose le faire Bielschowsky,
pour s'en rendre compte. Pourtant, malgré leur ton
banal, ses propos ne masquent pas la vérité. Après
avoir dénoncé chez Édouard l'inconvenance, voire
l'égoïsme effréné de l'amant, il juge ainsi l'amour
d'Odile, cet amour que rien ne saurait détourner de
sa voie : « Il se peut qu'on rencontre parfois dans
la vie un phénomène aussi anormal. Mais nous
haussons alors les épaules et nous avouons notre
incompréhension. En face d'une œuvre littéraire,
une explication de cet ordre est la plus sévère des
condamnations. En littérature, nous voulons comprendre, et il faut que nous comprenions. Car l'écrivain est créateur. Il crée des âmes[1]. » Si cette
dernière affirmation soulève bien des problèmes, il
reste incontestable que les personnages de Goethe,
dans les *Affinités*, n'apparaissent ni comme des créatures ni comme de pures images, mais bien plutôt
comme des esprits conjurés. C'est ce qui leur donne
cette sorte d'obscurité, étrangère aux œuvres de l'art
et qu'on ne peut saisir dans sa pleine signification
qu'à condition de ne pas en méconnaître l'essentielle
appartenance au monde des apparences. Car l'apparence est moins représentée dans cette œuvre qu'inhérente à la représentation elle-même. C'est pour
cette raison seulement que l'apparence peut autant
signifier ; pour cette raison seulement que la représentation signifie autant. Plus clairement, pareil
amour trahit ici sa brisure par le fait que tout amour
authentique doit se rendre maître de ce monde, soit
selon son aboutissement naturel : la mort commune

1. Bielschowsky, *Goethe, op. cit.*, p. 286. (RR)

(rigoureusement simultanée) des deux amants, soit sous sa forme surnaturelle de survie : le mariage. Goethe l'a bien montré dans la nouvelle : à l'instant même où, tous deux ensemble, des êtres qui s'aiment acceptent de mourir, ils reçoivent de la volonté divine le don d'une vie nouvelle, et les anciens droits sur la vie sont déboutés de toutes leurs prétentions. Si la vie des jeunes gens est sauvée, c'est dans le sens même où elle préserve le mariage des êtres pieux ; Goethe se refusait à confesser, sous sa forme religieuse, la puissance de l'amour vrai ; il l'a décrite en représentant le couple des «jeunes voisins». Dans le roman, au contraire, l'amour connaît un double échec. Voués à la solitude, les uns meurent ; aux survivants, le mariage est refusé. À la fin du récit, le capitaine et Charlotte ne sont plus que des ombres errantes dans les vestibules de l'enfer. Ni sur l'un ni sur l'autre des couples, Goethe n'a consenti à faire régner cet amour véritable, qui aurait inévitablement fait éclater ce monde des apparences ; grâce aux héros de la nouvelle, il a gravé cependant sur son œuvre, peu apparente mais indéniable, la marque du véritable amour.

Sur l'amour qui vacille la norme juridique règne en maîtresse. Ce qui voue à sa ruine cet amour vacillant, c'est justement, même délabré, le mariage qui unit Édouard et Charlotte, car il porte en lui-même, fût-ce déformé par le mythe, la grandeur de cette décision avec laquelle aucune élection ne peut rivaliser. Sans que Goethe, semble-t-il, en fût pleine-ment conscient, déjà le titre de son livre implique un jugement porté sur l'élection. Dans la notice annon-çant le roman, qu'il a rédigée de sa main, il tente pourtant de lui conserver une valeur morale : «Il semble que ce titre singulier ait été suggéré à l'au-teur par les travaux qu'il poursuit dans l'ordre des sciences physiques. Il a sans doute noté que, dans les sciences de la nature, on use fort communément de comparaisons éthiques, afin de rapprocher en quelque manière du domaine propre au savoir humain des matières qui en sont éloignées; ainsi se peut-il qu'à l'occasion d'un cas moral il ait d'autant plus volontiers ramené une image chimique à ses sources morales qu'il n'existe partout qu'une seule et unique nature et que le royaume de la sereine liberté rationnelle est sans cesse traversé par les traces d'une nécessité trouble et passionnelle, que seule peut effacer — et, ici bas, de façon toujours imparfaite — une force qui vient de plus haut [1]. » Mais, plus signifiant que ces formules qui semblent chercher en vain, dans le royaume d'une «sereine liberté rationnelle», ce royaume de Dieu où vivent ceux qui s'aiment, est le mot employé. En lui-même et pour lui-même « affinité» est bien le meilleur terme imaginable pour définir exactement, dans sa valeur comme dans ses fondements, le lien le plus intime qui puisse unir les hommes. Et, dans le mariage il devient assez fort pour rendre littéral le métaphorique. L'élection ne peut en rien le renforcer et surtout l'élément spirituel d'une telle affinité ne saurait se fonder sur l'élection. Or la preuve la plus irréfutable de cette prétention, qui ressemble à une révolte, est fournie par l'ambiguïté d'un terme qui, en même temps que la réalité saisie dans l'acte, ne laisse pas de désigner aussi l'acte d'élire. Mais chaque fois que l'affinité devient l'objet d'une décision, elle transcende le niveau de l'élection. Pour fonder la fidélité, la décision annihile l'élection; c'est la décision, non l'élection, qui est inscrite au grand livre de la vie. Car l'élection est naturelle et peut appartenir aussi aux éléments, la décision est transcendante. — Ajoutons que, si le

1. Goethe, «Notiz [...]»; cité in *Goethe im Urtheile seiner Zeitgenossen, op. cit.*, p. 211. (RR)

mariage, dans le livre de Goethe, est plus fort que
l'amour, c'est que cet amour-là n'a pas encore le plus
haut droit. Jamais cependant à ce mariage déclinant
l'auteur n'a voulu accorder une légitimité qui lui soit
propre. En aucun sens le mariage ne peut constituer
le centre du roman. Comme d'innombrables critiques, Hebbel[1] se trompe du tout au tout lorsqu'il
écrit : « Dans *les Affinités électives* de Goethe, un
aspect est resté abstrait. En effet, il indique, sur le
plan du raisonnement, l'importance incommensurable du mariage pour l'État et pour l'humanité,
mais le récit est bien loin de la mettre en évidence, ce
qui eût été possible cependant et aurait de beaucoup
renforcé l'impression produite par l'ensemble du
livre[2]. » Déjà, dans l'avant-propos de sa *Marie Madeleine*, il déclarait : « Je n'ai jamais pu m'expliquer
que Goethe, cet artiste accompli, ce grand artiste, ait
pu commettre, dans les *Affinités électives*, une telle
faute contre la forme interne, faute qui ressemble à
celle du disséqueur distrait qui, sur le théâtre anato-
mique, au lieu d'un véritable corps, présenterait un
automate : c'est ainsi pourtant que l'auteur place au
centre même de son roman un mariage comme celui
d'Édouard et de Charlotte, qui est, d'entrée de jeu,
sans valeur, disons même immoral, et qu'il le traite
et l'utilise comme s'il s'agissait, tout au contraire,
d'un mariage parfaitement justifié[3]. » Indépendamment du fait que, dans l'intrigue, le mariage n'est pas
centre, mais moyen, Goethe ne l'a pas présenté et n'a
pas voulu le présenter tel que Hebbel le conçoit. Car
il aura senti trop profondément que, « d'entrée de

---

1. Friedrich Hebbel (1813-1863), auteur dramatique allemand,
auteur d'une *Judith* et d'une *Marie Madeleine*. (RR)
2. Hebbel, *Werke in zehn Teilen*, t. VI, *Tagebücher II*, Berlin,
Leipzig, Vienne et Stuttgart, Reclam, s.d., p. 120 *sq.* (n° 3699). (RR)
3. *Ibid.*, t. IV, *Ästhetische und kritische Schriften*, Berlin, Leipzig, Vienne, Stuttgart, Reclam, s.d., p. 64. (RR)

jeu», on n'en pourrait rien dire, que sa moralité ne se pourrait prouver que comme fidélité, son immoralité comme infidélité. Moins encore la passion pourrait-elle en constituer le fondement. De façon plate, mais non fausse, le jésuite Baumgartner déclare : « Ils s'aiment, mais sans cette passion qui, pour des âmes maladives et sensibles, est le seul stimulant de la vie[1] ». La fidélité conjugale est néanmoins conditionnée. Doublement conditionnée, par des conditionnements dont l'un est nécessaire et l'autre suffisant. Le premier appartient aux bases mêmes de la décision. Qu'elle n'ait point la passion pour critère ne la rend pas plus arbitraire, mais ressort plutôt, en face d'elle, de façon moins ambiguë et plus rigoureuse, du caractère même de l'expérience. Pour servir de support à la décision, il faut, en effet, que cette expérience, au-delà de tout événement et de toute comparaison à venir, se révèle par son essence comme étant unique et exceptionnelle ; tout au contraire, chaque fois qu'il veut fonder sa décision sur une expérience vécue, l'homme droit est tôt ou tard voué à l'échec. Une fois réalisée cette condition nécessaire, l'obéissance au devoir sert alors de suffisante condition à la fidélité conjugale. Pour réussir à déterminer ce qui introduit une faille dans le mariage, il faut qu'on ne puisse douter que l'une de ces deux conditions a bien été remplie. En ce cas seulement on peut savoir clairement si la rupture est inévitable « d'entrée de jeu » ou s'il est loisible d'espérer un retournement qui sauvera le mariage. De ce point de vue, les événements antérieurs à l'action du roman, tels que les imagine l'auteur, fournissent le témoignage du sentiment le plus infaillible. Édouard et Charlotte se sont aimés jadis, mais, en dépit de cet

---

1. Baumgartner, *Göthe*, *op. cit.*, t. III, Fribourg-en-Brisgau, Herder, 1886, p. 67.

amour ils ont contracté, chacun de son côté, un mariage sans valeur et ensuite seulement ils se sont unis. C'était peut-être le seul moyen de laisser en suspens la question de savoir où se situe le faux pas qui affecte la vie des deux époux : dans leur ancienne irrésolution ou dans leur infidélité actuelle. Il fallait bien que Goethe conservât l'espoir qu'une union déjà conquise de haute lutte une première fois fût destinée à durer. Mais que ce mariage ne pût remédier au faux-semblant qui le fourvoie, ni à titre de forme juridique ni même comme convention bourgeoise, il était difficile que Goethe ne le comprît pas. Les deux époux n'eussent trouvé pareille assurance qu'en conférant à leur union cette signification religieuse qui a consolidé des mariages « pires » que le leur. Si toutes les tentatives pour rapprocher les époux sont vouées au plus profond échec, c'est qu'elles viennent d'un homme qui, en abandonnant les ordres ecclésiastiques, s'est privé par là même de la force et du droit qui pouvaient seuls les justifier. Or, comme les époux n'ont plus aucune chance de sceller à nouveau leur union, la question même qui n'a cessé de leur servir d'excuse se pose jusqu'à la fin : en se séparant l'un de l'autre, ne se libèrent-ils pas d'un mariage faussé dès l'origine ? S'ils ont rompu les liens matrimoniaux, c'est, en tout cas, pour trouver leur essence sous d'autres lois.

Plus salutaire que la passion, mais non plus secourable, l'affection, elle aussi, ne conduit qu'à leur déclin ceux qui renoncent à la première. Mais, à la différence de la passion, ce ne sont point des êtres solitaires que l'affection voue à la ruine. Pour les y conduire, elle ne sépare point ceux qui s'aiment et, grâce à elle, meurent réconciliés. Sur cette voie ultime, ils se tournent vers une beauté qui n'est plus captive de l'apparence et ils vivent au royaume de la musique. Goethe intitule *Réconciliation* le troisième

poème de sa *Trilogie*, celui qui décrit l'apaisement de
la passion[1]. Aux yeux de ceux qui connurent le tourment, il révèle «le bonheur jumelé des sons et de
l'amour», non comme un couronnement, mais comme
un faible et premier pressentiment, comme une aube
à qui manquerait encore à peu près tout espoir. La
musique connaît en effet l'apaisement dans l'amour,
et c'est pourquoi le dernier poème de la *Trilogie* est
le seul qui porte une dédicace, alors que, tant dans
son épigraphe[2] que dans ses dernières strophes,
l'*Élégie*[3] laisse échapper le «Laissez-moi seul» de la
passion. Mais la réconciliation, qui restait dans l'ici-
bas, devait par là même se révéler comme purement

1. N. d. T.:

Réconciliation

La passion rend malheureux. — Qui calmera
Un cœur étreint d'angoisse et qui a trop perdu?
Qui lui rendra jamais les heures envolées?
En vain te fut donné le plus exquisément beau!
Trouble est l'esprit et l'entreprise inextricable,
Comme cet univers sublime échappe aux sens!
Là surgit une musique sur des ailes d'Anges,
Entrelaçant les sons aux sons, par myriades,
Pour pénétrer de part en part l'être de l'homme
Et pour combler son cœur d'éternelle beauté:
Son œil en pleurs perçoit, dans un plus haut désir,
La divine valeur des sons comme des larmes.
Ainsi le cœur en paix s'empresse de sentir
Qu'il vit encore et bat et qu'il désire battre,
Pour répondre lui-même au don surabondant
Par le plus pur merci de son don volontaire.
Ainsi peut-il sentir – pourvu qu'il s'éternise! —
Le bonheur jumelé des sons et de l'amour. (MdG)

2. *Quand l'homme en son tourment se tait,*
   Au don d'un dieu je dois de dire ma souffrance. (MdG)
Dans cet épigraphe, qui enchaîne sur les derniers vers du poème
précédent, *À Werther*, Goethe se cite lui-même: les deux vers sont
extraits de son *Tasse* (V, 5) de 1790 (RR).
3. *Élégie* est le deuxième des trois poèmes de la *Trilogie*, le premier étant *À Werther*. (RR)

apparente, à plus forte raison pour le passionné aux yeux duquel cette apparence finit par devenir trouble. «Comme cet univers sublime échappe aux sens!» «Là surgit une musique sur des ailes d'Anges», et c'est alors seulement que l'apparence promet de céder tout à fait et que le trouble promet d'être désiré et parfait. «Son œil en pleurs perçoit, dans un plus haut désir, La divine valeur des sons comme des larmes.» Ces larmes qui au son de la musique emplissent l'œil lui dérobent le monde visible. Ainsi est indiquée cette profonde corrélation qui semble avoir guidé Hermann Cohen — de tous les interprètes celui sans doute qui a le mieux compris les sentiments de Goethe vieillissant — lorsqu'il remarque en passant: «Pour donner au roman toute son unité, il fallait que Goethe fût bien le lyrique accompli, l'homme qui sème les pleurs, les pleurs de l'amour infini[1].» Simple pressentiment cependant et qui ne permet pas de poursuivre l'exégèse. Pour la poursuivre il faut reconnaître que cet amour «infini» est beaucoup moins que le pur et simple amour, celui dont on dit qu'il survit à la mort, qu'il est au contraire l'affection qui conduit à la mort. Mais ce qui en indique bien la présence essentielle et active et annonce, si l'on veut, l'unité du roman, c'est que, comme les pleurs voilent l'image au son de la musique, ainsi dans la réconciliation l'affection produit par l'émotion le déclin de l'apparence. Car l'émotion est cette phase transitoire où l'apparence — celle de la beauté comme apparence de réconciliation — avant de disparaître brille une fois encore de son plus doux éclat crépusculaire. Ni l'humour ni le tragique du langage ne peuvent saisir la beauté; elle ne peut se manifester dans une aura de transparente clarté. L'émotion en

---

1. Hermann Cohen, *Ästhetik des reinen Gefühls, op. cit.*, p. 125. (RR)

est l'exact contraire. Elle ne peut distinguer rigoureusement entre la faute de l'innocence et la nature
de l'au-delà. C'est dans cette sphère qu'apparaît
Odile ; il faut que ce voile s'étende sur sa beauté. Car
les larmes de l'émotion qui voilent le regard sont en
même temps le voile même de la beauté. Mais l'émotion n'est que l'apparence de la réconciliation. Et
comme cette harmonie trompeuse au son des flûtes
des amants est précisément inconstante et touchante !
La musique a totalement délaissé leur univers. En
effet, l'apparence à laquelle est liée l'émotion ne peut
prendre tant de force que chez des êtres comme
Goethe : des êtres que la musique n'a pas touchés dès
l'origine au plus profond d'eux-mêmes et qui ne sont
point immunisés contre la puissance de la beauté
vivante. C'est pour en sauver l'essentiel que lutte
Goethe. Dans ce combat l'apparence de cette beauté
ne cesse de se troubler, comme la transparence d'un
fluide dans le bouleversement qui produit sa cristal-
lisation. Non la petite émotion qui jouit d'elle-même,
mais la grande émotion du bouleversement, voilà
seulement ce par quoi l'apparence de la réconciliation dépasse la belle apparence et, avec elle, se
dépasse elle-même. La plainte mêlée de larmes, voilà
l'émotion. Et comme aux cris de douleurs sans
larmes, à elle aussi l'espace du bouleversement dionysiaque confère sa résonance. « La tristesse et la
douleur du dionysiaque, comme les larmes versées
sur la ruine constante de toute vie, forment la douce
extase ; c'est "la vie de la cigale qui chante, sans boire
et sans s'alimenter, jusqu'à ce qu'elle meure"[1]. » C'est
le commentaire de Bernoulli au chapitre 141 du
Matriarcat[2] où Bachofen traite de la cigale, cet ani-

1. Carl Albrecht Bernoulli, *Johann Jakob Bachofen und das Natur-
symbol. Ein Würdigungsversuch*, Bâle, Schwabe, 1924, p. 420. (RR)
2. Johann Jakob Bachofen, *Das Mutterrecht. Eine Untersuchung*

mal qui, à l'origine caché dans la terre obscure, a été élevé par le profond esprit mythique des Grecs au rang des symboles uraniques. Quelle autre signification attribuer à la méditation de Goethe sur la fin de la vie d'Odile ?

Plus l'émotion se veut profonde, plus elle est transition ; pour le véritable poète, elle n'est jamais conclusion. C'est ce qu'on voit lorsque le bouleversement en constitue la meilleure part et, bien que sa remarque ne vise qu'un cas particulier, Goethe y songe lorsqu'il écrit, dans ses « Remarques supplémentaires sur la _Poétique_ d'Aristote » : « Quiconque progresse sur la voie d'une formation intérieure véritablement morale éprouvera et confessera que les tragédies et les romans tragiques, loin d'apaiser l'esprit, jettent le trouble dans l'âme et ce que nous appelons le cœur, et conduisent à un état vague et incertain ; c'est parce que la jeunesse affectionne cet état qu'elle trouve tant de charme à ce genre d'ouvrages [1]. » Mais l'émotion ne sera transition du trouble pressentiment « sur la voie d'une formation intérieure véritablement morale », que vers la seule teneur objective du bouleversement : le sublime. C'est ce passage qui précisément s'effectue à mesure que décline l'apparence. L'apparence que représente la beauté d'Odile est de celles qui déclinent. Ne croyons pas, en effet, qu'une détresse et qu'une violence extérieures vouent Odile à la mort ; sa manière même de paraître implique dès le principe qu'elle ne peut que s'effacer bientôt. Rien ne ressemble moins à l'apparence triomphante d'une beauté éblouissante, celle

---

über die Gynaiokratie der alten Welt nach ihrer religiösen und rechtlichen Natur, 2ᵉ éd., Bâle, Schwabe, 1897, p. 330 _sq._ (RR)

1. Goethe, _Sämtliche Werke, op. cit._, t. XXXVIII, _Schriften zur Literatur_, 3ᵉ partie, Stuttgart et Berlin, Cotta, 1907, p. 84 (« Remarques supplémentaires sur la _Poétique_ d'Aristote ») ; cf. Goethe, _Écrits sur l'art_, trad. J.-M. Schaeffer, Paris, Klincksieck, 1983, p. 258. (RR)

de Lucienne, ou de Lucifer. Alors que la figure de l'Hélène goethéenne et le visage plus célèbre de la Joconde doivent le secret de leur magnificence au combat qu'elles révèlent entre ces deux sortes d'apparence, une seule règne sur la face d'Odile : celle qui s'efface. C'est elle que prête Goethe à chacun des mouvements, à chacun des gestes de son héroïne, avant de la réduire finalement, sur le mode le plus sombre et le plus délicat, à cette forme d'existence évanescente que trahissent les notations de son *Journal intime*. La figure d'Odile ne reflète point, par conséquent, la pure et simple apparence de la beauté, avec ses deux aspects, mais seulement celui qui lui appartient en propre : l'aspect d'une beauté qui passe. Mais il révèle ce qu'est en général la belle apparence, et c'est par là seulement qu'on peut le connaître. C'est pourquoi toute intuition qui saisit la figure d'Odile est confrontée à la question depuis si longtemps débattue : la beauté est-elle apparence ?

Tout ce qui est essentiellement beau se lie à l'apparence de façon constante et essentielle, mais à des degrés infiniment variés. Cette liaison atteint à sa plus grande intensité partout où la vie est manifeste, et précisément ici aux deux pôles explicites d'une apparence qui triomphe et d'une apparence qui s'éteint. Car, plus sa nature est haute, plus tout être vivant échappe au domaine de l'essentiellement beau ; c'est en lui, par conséquent, que l'essentiellement beau se manifeste le plus comme apparence. La vie belle, l'essentiellement beau et la beauté apparente, les trois choses n'en font qu'une. Le *Banquet* justement considère tout d'abord la beauté à travers les corps vivants ; c'est là que la théorie platonicienne du Beau rejoint le problème, bien plus ancien, de l'apparence. Si, malgré tout, ce problème reste latent dans la spéculation platonicienne, c'est que Platon est grec et que, pour lui, la beauté se présente au moins aussi essentiellement sous les traits de l'éphèbe que sous ceux de la jeune fille, alors que la plénitude de la vie est plus grande chez la femme que chez l'homme. Jusque dans la réalité la moins vivante, dès lors qu'elle est essentiellement belle, il reste cependant quelque chose de l'apparence. Et c'est le cas de toute œuvre d'art — moins que d'autres de la musique. Ainsi en toute beauté artistique subsiste encore l'apparence, c'est-à-dire ce vagabondage aux confins de la vie, et sans cette apparence elle n'est pas possible. Mais l'apparence ne contient pas l'essence de cette beauté. L'essence renvoie, bien plus profondément, à ce qu'on peut désigner dans l'œuvre d'art comme le contraire même de l'apparence : l'inexpressif, mais qui, sans ce contraste, ne peut ni avoir place dans l'art ni être nommé sans équivoque. Bien que l'inexpressif s'oppose à l'apparence, ils ne sont pas moins unis par une relation nécessaire, car, sans être lui-même apparence, le beau cesse d'être essentiellement beau lorsqu'il est dépouillé de l'apparence. Car celle-ci fait partie de lui comme son voile, et on voit donc que la loi essentielle de la beauté lui impose de n'apparaître que dans ce qui est voilé. Refusons donc ce lieu commun des philosophes, qui prétend que la beauté elle-même est apparence. C'est méconnaître de la façon la plus fondamentale la grandeur même de la beauté que de ressasser la célèbre formule, qui devait finalement trouver sous la plume de Solger sa plus plate expression, et qui fait d'elle « la vérité devenue visible ». De même, il est regrettable que Simmel[1] se soit cru autorisé à fonder ce même théorème sur certaines phrases de Goethe qui souvent n'ont de valeur philosophique qu'à condition de ne pas être prises à la lettre. À partir de l'idée que la vérité en elle-même n'est pas visible et ne sau-

---

1. Simmel, *Goethe*, *op. cit.*, p. 63 *sq.* (RR)

rait se faire voir que par un trait qui ne lui appartient pas en propre, on réduit la beauté à une apparence; or, outre que cette formule manque de méthode et de raison, elle conduit finalement à la barbarie philosophique. Car comment qualifier autrement l'idée que la vérité du beau se pourrait dévoiler? La beauté n'est pas une apparence, elle n'est pas le voile qui couvrirait une autre réalité. Elle n'est pas phénomène, mais pure essence, une essence, à vrai dire, qui ne demeure réellement pareille à elle-même qu'à condition de garder son voile. Partout ailleurs, l'apparence peut tromper, mais la belle apparence est le voile tendu devant ce qui exige, plus que tout, d'être voilé. Car le beau n'est ni voile ni le voilé, mais l'objet dans son voile. Dévoilé, cet objet resterait infiniment peu apparent. D'où cette très ancienne idée que le dévoilement transforme ce qui est voilé, que la chose voilée ne restera «pareille à elle-même» que dans son voilement. Vis-à-vis du beau, par conséquent, l'idée du dévoilement se change en l'idée de l'impossibilité de dévoiler. Telle est l'idée directrice de la critique d'art. Le rôle de la critique n'est pas de soulever le voile, mais, en le connaissant comme tel, de la façon la plus exacte, de s'élever jusqu'à l'intuition véritable du beau. Jusqu'à une intuition qui ne se révèle jamais à ce qu'on appelle empathie et que n'atteint qu'incomplètement le regard plus pur du naïf: l'intuition du beau comme mystère. Jamais encore une œuvre d'art véritable n'a été comprise, à moins d'avoir été inéluctablement perçue comme mystère. Car est-il d'autre mot pour définir une réalité à laquelle, en dernière instance, le voile est essentiel? Puisque le beau est la seule réalité qui puisse être essentiellement et voilante et voilée, c'est dans le mystère que réside le divin fondement ontologique de la beauté. En elle l'apparence est donc justement ceci: non point un voile inutilement jeté sur les

choses en soi, mais le voile que doivent revêtir les
choses pour nous. Divine quelquefois est la nécessité
qui leur impose ce voile, et c'est aussi par décision
des dieux que, pour peu qu'elle se dévoile à contretemps, on voit fuir et s'anéantir cette réalité peu
apparente que la révélation substitue au mystère.
Lorsque Kant fait reposer la beauté sur une relation,
sa théorie impose triomphalement ses tendances
méthodologiques dans une sphère située bien au-
dessus de la sphère psychologique. Comme la révélation, la beauté contient en elle des ordonnances qui
appartiennent à la philosophie de l'histoire. Car ce
qu'elle rend visible n'est pas l'idée elle-même, mais
le mystère de cette idée.

Parce qu'en elle le voile et le voilé sont un, elle n'a
de valeur essentielle que là où la dualité de la nudité
et du voilement n'est pas encore apparue, c'est-à-
dire dans l'art et dans les phénomènes simplement
naturels. À mesure, au contraire, que cette dualité
s'exprime de façon plus évidente, pour atteindre finalement, chez l'homme, à sa plus grande force, on
voit de mieux en mieux que, dans une nudité sans
voiles, l'essentiellement beau cède la place et que le
corps nu de l'être humain atteint à un niveau d'existence qui transcende toute beauté : le plan du sublime,
et à une œuvre qui n'est point faite de main d'homme,
mais l'œuvre même du Créateur. Ainsi nous décou-
vrons la dernière des correspondances salutaires qui
se manifestent, avec une exactitude incomparablement rigoureuse, entre le roman et ce joyau de délicatesse qu'est la nouvelle. Si le « jeune voisin » dénude
celle qu'il aime [1], ce n'est point pour le plaisir, mais

---

1. II, 10, *op. cit.*, p. 271 : « Rien ne fut négligé pour rappeler à la
vie ce beau corps nu, déjà à moitié roidi. On y parvint. Elle ouvrit les
yeux, aperçut son ami, entoura son cou de ses bras divins. Elle
demeura longtemps ainsi. Un torrent de larmes échappa de ses yeux
et acheva sa guérison. — Veux-tu m'abandonner, s'écria-t-elle,

parce qu'il importe de lui sauver la vie. Il ne contemple point le corps nu de son amie ; et c'est pourquoi, précisément, il en perçoit toute la grandeur. Goethe pèse bien ses mots lorsqu'il écrit : « L'ardeur à sauver surmonta en ce cas toute autre considération. » Car en amour la contemplation ne saurait être maîtresse. Aux origines de l'amour, on ne trouve point la volonté d'atteindre à ce bonheur intégral qui n'apparaît que de façon fugitive aux très rares instants de contemplation, dans le « silence alcyonique » de l'âme. La source d'où jaillit tout amour est le pressentiment de la vie bienheureuse. Mais, dès qu'en lui la *vita contemplativa* prend le dessus, dès que le désir s'attache plutôt à la vision de la femme la plus noble qu'à l'union avec la femme aimée, l'amour devient la plus inutile et la plus amère des passions ; c'est ce que montre bien, dans *les Affinités électives*, le destin d'Édouard et d'Odile. À cet égard tous les détails de la nouvelle sont significatifs. En face du roman, elle présente à la fois les traits de la liberté et ceux de la nécessité ; en cela, on peut la comparer à l'image réduite d'une cathédrale qui, dans sa pénombre, au cœur même de l'édifice, donne une vision du lieu qui, de tout autre point de vue, serait impossible. Dans la nef assombrie, elle fait pénétrer en même temps l'éclat d'un jour clair ou, pour mieux dire, sobre. Et si cette sobriété nous apparaît comme sainte, le plus surprenant est que Goethe peut-être est le seul à ne pas la sentir comme telle. Car tout son livre reste tourné vers cette lumière tamisée qui

alors que je te retrouve. — Jamais, cria-t-il, jamais ! Et il ne savait ni ce qu'il disait ni ce qu'il faisait. Ménage-toi seulement, ajouta-t-il, ménage-toi ! Pense à toi, et pour toi-même et pour moi. — Elle pensa alors à elle et remarqua seulement l'état où elle se trouvait. Elle ne pouvait éprouver de honte devant son amant, son sauveur, mais elle le congédia volontiers, afin qu'il pût s'occuper de lui-même : car ce qu'il portait était encore mouillé et ruisselait. » (MdG)

règne à l'intérieur de la cathédrale et qui s'y réfracte à travers des vitraux diversement colorés. Peu de temps après l'avoir achevé, l'auteur écrit à Zelter : « Où que vous rencontriez mon nouveau roman, accueillez-le avec bienveillance. Je suis convaincu que le voile dont il se couvre, tout ensemble transparent et impénétrable, ne vous empêchera pas de voir la figure que j'ai voulu proprement y décrire [1]. » Il ne s'agit pas ici d'une simple métaphore ; pour que Goethe pût conquérir de haute lutte la connaissance de la beauté, il a fallu toujours qu'il fût ému par la présence d'un voile. De ce combat, dont il n'est jamais sorti que brisé, trois figures sont nées, qui jalonnent ses œuvres essentielles : Mignon, Odile, Hélène.

> *Avant d'être Ange, ainsi veux-je paraître ;*
> *Ne m'arrachez point cette robe blanche !*
> *Vite je veux quitter la belle Terre,*
> *Je veux descendre aux plus stables demeures.*
>
> *Là je pourrai jouir d'un peu de calme*
> *Avant de voir des spectacles nouveaux ;*
> *Je laisserai là-bas mes voiles purs*
> *Et ma couronne et ma ceinture d'or [2].*

1. *Briefwechsel zwischen Goethe und Zelter, op. cit.*, 1ʳᵉ partie, Berlin, Duncker & Humblot, 1833, p. 367 (lettre de Goethe à Zelter du 26 août 1809). (RR)
2. Au livre VIII des *Années d'apprentissage de Wilhelm Meister*, Mignon s'est déguisée en Ange pour une fête d'anniversaire. Au moment où l'on veut la déshabiller, elle chante cette chanson, dont voici les deux autres strophes :

> *Et point n'importe aux figures célestes*
> *Que j'aie air d'homme ou visage de femme,*
> *Car aucun drap, aucun habillement*
> *Ne vêtira mon corps transfiguré.*
>
> *Oui, je vivais, sans souci, sans effort,*
> *Profonde était cependant mon angoisse*
> *Et la douleur me vieillissait trop tôt ;*
> *À tout jamais rendez-moi ma jeunesse !* (MdG)

Hélène aussi les laissera : « Vêtement et voile restent dans les bras de Faust [1] ». Goethe n'ignore rien des fables que l'on raconte au sujet du caractère illusoire de cette apparence. On exhorte Faust : « Tiens ferme, c'est tout ce qui te reste de l'aventure ; / Ce vêtement, ne le lâche point ! Les démons / Déjà le tirent par les pans ; ils voudraient / L'arracher pour le monde souterrain. Tiens ferme ! / La déesse n'est plus, tu l'as perdue, / Mais ce vêtement est divin... » À la différence des autres, le voile d'Odile reste pourtant comme son corps vivant. Avec elle seulement s'exprime de façon claire la loi que les autres ne révèlent qu'indirectement : à mesure que la vie s'enfuit, s'enfuit aussi l'apparente beauté, qui ne peut, en effet, s'attacher qu'au vivant, jusqu'au moment où finalement la disparition totale de cette vie entraîne aussi la sienne. Rien de mortel, par conséquent, n'est indévoilable. Si donc le degré suprême de l'indévoilable est exprimé dans sa vérité par la profonde formule des *Maximes et réflexions* : « Jamais la beauté ne se peut connaître elle-même clairement », il reste pourtant Dieu, devant qui il n'est aucun mystère et tout est vie. Devant lui, l'homme est pour nous cadavre et sa vie est amour. C'est ce qui confère à la mort, comme à l'amour, le pouvoir de mettre à nu. Seule la nature qui recèle un mystère est indévoilable tant que Dieu lui permet d'exister. C'est dans l'essence du langage que la vérité se dévoile. Lorsque le corps humain est mis à nu, c'est signe que l'homme lui-même paraît devant Dieu. — Si, par amour, la beauté ne s'est point sacrifiée, il faut qu'elle suc-

---

1. Cette indication scénique se trouve au troisième acte du second *Faust*. À l'instant même où Hélène enlace Faust, son enveloppe charnelle se dissipe comme un fantôme, ne lui laissant que son vêtement. C'est Méphistophélès, sous la figure d'une Phorkyade, qui s'écrie alors : « Tiens ferme... » (MdG)

combe à la mort. Odile connaît cette voie funeste.
Parce qu'elle sait, au cœur de sa jeune vie, la présence du signe avant-coureur, c'est elle, de toutes les
créatures de Goethe — non par ce qu'elle fait, mais
par son essence —, la plus juvénile. Sans doute la
vieillesse prépare à la mort, mais la jeunesse est
prête à mourir. D'une façon combien discrète, Goethe
a dit de Charlotte qu'elle «aimait la vie[1]»! En
aucune de ses œuvres il n'a voulu accorder à la jeunesse le crédit qu'il lui concède en décrivant le personnage d'Odile : une vie qui, tout entière, contient
dans sa propre durée sa propre mort. On peut même
dire, en vérité, que, s'il s'aveuglait sur une chose, ce
fut celle-là précisément. Si cependant l'existence
d'Odile, sous les traits pathétiques qui la distinguent
de tous les autres, indique bien tout ce que la jeunesse a de vivant, c'est par le sort infligé à sa beauté
que Goethe a pu faire sa paix avec un spectacle qui
répugnait à tout son être L'étude des sources fournit
ici un témoignage remarquable. En mai 1809, faisant allusion au soulèvement des Tyroliens, Bettina
lui écrivait : «Oui, Goethe, ces événements ont bouleversé ma manière de voir [...] Au cœur de mes
lourds pressentiments, j'aperçois de sombres parvis,
où des monuments annoncent prophétiquement la
mort de puissants héros [...] Ah! comme je voudrais
que tu te joignisses à moi pour penser à eux! [...] La
gloire du poète est d'immortaliser les héros[2].» En
août de la même année, Goethe composait, dans sa
dernière version, le chapitre III de la deuxième partie des *Affinités électives*. On y lit dans le journal
intime d'Odile : «Chez les peuples anciens on rencontre une idée sombre et qui peut sembler effrayante.

---

1. *Les Affinités électives*, I, 4, *op. cit.*, p. 56. (RR)
2. Bettina von Arnim, *Goethes Briefwechsel mit einem Kinde*, *op.
cit.*, p. 45 *sq.* (lettre de Bettina à Goethe du 22 mai 1809). (RR)

Ils se figuraient leurs ancêtres assis en rond sur des
trônes dans de vastes cavernes, en un muet entre-
tien. Devant le nouvel arrivant, s'il en était digne, ils
se levaient et s'inclinaient, en signe de bienvenue.
Hier, comme j'étais assise dans la chapelle, et que,
vis-à-vis de ma stalle sculptée, j'en voyais plusieurs
autres, formant cercle avec elle, une idée m'apparut,
tout aimable et plaisante. "Pourquoi ne peux-tu rester assise? pensais-je à part moi, rester assise, silencieuse et recueillie en toi, longtemps, longtemps,
jusqu'au jour où viendraient enfin les amis, devant
qui tu te lèverais, et, en t'inclinant amicalement, tu
leur indiquerais leur place?" [1].» Il est tentant de voir,
dans cette allusion au Walhalla, un souvenir, incons-
cient ou voulu, de la lettre de Bettina. L'affinité dans
la tonalité de ces phrases brèves est frappante, frappante aussi l'image chez Goethe du Walhalla, frappante enfin qu'elle apparaisse tout à coup sous la
plume d'Odile sans que rien l'ait préparée. En prêtant à Odile ces tendres phrases, Goethe ne rappro-
chait-il pas de sa propre nature l'attitude héroïque
de Bettina?

Après cela, qu'on mesure si c'est vérité ou vaine
mystification lorsque Gundolf, jouant à l'esprit large,
affirme: «Le personnage d'Odile n'est ni la teneur
principale ni le véritable problème des *Affinités électives*» et si ce qu'il ajoute a un sens: «mais sans l'instant où Goethe aperçut ce qui, dans le livre, apparaît
sous les traits d'Odile, ni la teneur n'eût été conden-
sée, ni le problème n'eût pris cette forme [2].» Car si
quelque chose en tout cela est clair, c'est que la figure
d'Odile, disons même son nom, est ce qui magiquement attacha Goethe à ce monde pour y sauver en
vérité une créature en train de se perdre, pour rache-

1. II, 3, *op. cit.*, p. 190. (RR)
2. Gundolf, *Goethe, op. cit.*, p. 569.

ter en elle une bien-aimée. Il l'a confessé à Sulpiz
Boisserée, et, parce qu'elles procèdent de la plus
intime intuition concernant l'écrivain lui-même, les
paroles merveilleuses que rapporte Boisserée indiquent le secret des *Affinités* avec bien plus de profondeur qu'il ne pouvait le pressentir : «Chemin faisant,
nous vînmes à parler des *Affinités*. Il insista sur le
fait qu'il avait précipité la catastrophe, l'avait rendue irrésistible. Les étoiles avaient paru au ciel ;
il parla de ses rapports avec Odile, dit combien il
l'avait aimée, comme elle l'avait rendu malheureux.
Finalement ses propos prirent un ton plein de pressentiments, presque énigmatique. — Cependant il
dit ensuite un vers serein. Ainsi nous gagnâmes Heidelberg sous la plus belle clarté des étoiles, las et sti-
mulés, pleins de pressentiments et de sommeil[1].»
Boisserée a bien vu le rôle des étoiles et que leur
apparition avait orienté la pensée de Goethe vers son
roman ; mais il n'a guère su — ce dont témoigne
pourtant son langage — combien l'instant était ici
indépendant de l'atmosphère, et combien était claire
l'admonition des étoiles. En elle subsistait, sous
forme d'expérience, ce souvenir qui, comme vécu,
s'était évaporé depuis longtemps. Car c'est sous le
signe symbolique de l'étoile qu'était jadis apparue à
Goethe l'espérance qu'il devait concevoir pour les
amants. Voici la phrase qui, pour parler comme Hölderlin, contient la césure de l'œuvre, celle qui suspend toute l'action, à l'instant où Édouard et Odile,
se tenant enlacés, mettent le dernier sceau à leur
perte : «L'espérance passait sur leurs têtes, comme
une étoile qui tombe du ciel[2].» À vrai dire, ils ne la

    1. Conversation avec Sulpiz Boisserée, le 5 octobre 1815, citée
in *Goethes Gespräche, op. cit.*, t. II, p. 353 (n° 1723). (RR)
    2. II, 13, *op. cit.*, p. 291. Édouard, qui depuis son retour de l'ar-
mée, vit dans un petit domaine des environs, envoie son ami le
commandant pour proposer à Charlotte un divorce à l'amiable. En

voient pas tomber, et Goethe ne pouvait indiquer
plus clairement que l'ultime espoir n'est tel que pour
les êtres en faveur de qui l'on espère, non pour ceux
qui espèrent eux-mêmes. Voilà qui justifie le plus
profondément «l'attitude du narrateur». Il est le seul
qui dans le sentiment de l'espoir, peut donner sens à
l'événement, tout comme Dante en personne assume
le désespoir des amants lorsque, ayant entendu les
paroles de Francesca da Rimini, il tombe «ainsi que
tombe un cadavre[1]». Cette espérance, la plus paradoxale, la plus fugitive, émerge finalement de l'apparence de réconciliation comme se lève, au crépuscule,
à mesure que le soleil éteint ses feux, l'étoile vespé-
rale qui survivra à la nuit. Or cette lueur scintillante
est celle de Vénus. Sur elle, si fragile, repose tout
espoir, et le plus riche même ne vient que d'elle.
Ainsi l'espoir justifie, en fin de compte, l'apparence
de réconciliation, et c'est le seul cas où l'on ne puisse
dire, avec Platon, qu'il soit absurde de vouloir l'apparence du Bien. Car l'apparence de réconciliation
peut être, et même doit être voulue; elle seule est la
demeure de l'espoir à son plus haut degré. De la
sorte finalement il s'arrache à elle de vive force, et le

---

attendant la réponse, il ne résiste pas au désir de revoir le parc de
son château. Il découvre, «pour la première fois, le miroir [du lac]
dans toute son étendue et sa pureté» (p. 288). C'est là qu'il rencontre, par hasard, Odile qui promène l'enfant. La vue de son fils
lui rappelle sa faute; il ne l'expiera, dit-il, que dans les bras de celle
qu'il aime. Un chasseur isolé tire un coup de feu; il imagine que
c'est le signal convenu avec le commandant et que Charlotte a reçu
et accepté ses propositions. Odile, plus prudente, le supplie de
s'éloigner. Il n'obéira qu'après l'avoir tendrement enlacée. C'est
alors qu'on peut lire la phrase sur l'étoile filante; Goethe ajoute:
«Ils rêvaient, ils croyaient s'appartenir l'un à l'autre; ils échan-
geaient, pour la première fois, librement, de vrais baisers, et se
séparèrent avec violence et douleur» (p. 291). (MdG)

1. Cf. *Inferno*, V, 142: «E caddi, come corpo morte cade.»
(MdG)

« si belle », à la fin du livre, ne résonne que comme
une tremblante question aux morts qui, s'ils se
réveillent jamais, se réveilleront, c'est notre espoir,
non dans un monde beau, mais dans un monde bienheureux. *Elpis* reste l'ultime des *Paroles originaires* :
dans la nouvelle, les amoureux rentrent chez eux
avec la certitude d'être bénis, et cette certitude
est l'écho de l'espérance de rédemption que nous
nourrissons pour tous les morts. Elle est le seul droit
de cette foi en l'immortalité dont la flamme ne
doit pas naître au contact de notre propre existence.
Mais précisément en raison de cette espérance n'ont
pas leur place ces éléments de mystique chrétienne
qui se sont introduits à la fin — de toute autre
manière que chez les romantiques — par désir de
conférer quelque noblesse à tout le mythique de la
couche profonde. L'expression adéquate du mystère
proprement dit qui habite le roman n'est donc point
cette essence nazaréenne[1], mais le symbole de
l'étoile filante au-dessus de ceux qui s'aiment. Le
mystère est, dans le drame, cet élément qui l'élève
au-dessus du domaine de son langage propre, jusqu'à un domaine plus haut et que ce langage ne
peut atteindre. Il ne peut donc jamais s'exprimer en
paroles, mais seulement dans la représentation ; il
est le « dramatique » entendu dans sa plus grande
rigueur. Un élément analogue de représentation est,
dans *les Affinités électives*, l'étoile filante. Au soubas-
sement épique de la représentation dans le mythe,
à son ampleur lyrique dans la passion et l'affection, s'ajoute leur couronnement dramatique dans
le mystère de l'espérance. Si la musique recèle de

---

1. Nazaréens, école de peintres allemands (Overbeck, Pforr,
Cornelius, etc.) qui, à partir de 1809, aspiraient à une régénération
de l'art sur une base religieuse ; leurs créations les plus importantes sont des fresques à Rome. (RR)

vrais mystères, cela reste assurément un monde
muet d'où ne s'élèvera jamais sa résonance. Et cependant à quel monde est-elle appropriée sinon à celui
auquel elle promet plus qu'une réconciliation :
la rédemption ? C'est ce qui est désigné dans la
Table que George plaça sur la maison natale de
Beethoven, à Bonn[1] :

Jusqu'à ce que vous soyez assez affermis pour com-
                     [*battre sur votre astre,*
Je vous chante combat et victoire d'astres plus hauts,
Jusqu'à ce que vous serriez le corps sur cet astre-ci,
Je vous invente le rêve en des astres éternels.

D'une ironie sublime paraît ce «Jusqu'à ce que
vous serriez le corps». Dans le roman de Goethe
ceux qui s'aiment n'y parviennent jamais — qu'importe si jamais ils ne s'affermirent pour combattre ?
Pour les désespérés seulement nous fut donné l'espoir.

1. Il ne s'agit pas d'une inscription qu'on pourrait voir sur la
maison du musicien, mais d'un quatrain intitulé *Maison à Bonn*,
dans la série des *Tables* que contient le recueil *Septième Cercle* de
Stefan George. (MdG)

SOURCES

(Walter Benjamin, *Gesammelte Schriften*, t. I-VII, Francfort-sur-le-Main, Suhrkamp Verlag, 1974-1989)

«Zwei Gedichte von Friedrich Hölderlin», t. II (1), p. 105-126.

«Das Leben der Studenten», t. II (1), p. 75-87.

«Über Sprache überhaupt und über die Sprache des Menschen», t. II (1), p. 140-157.

«"Der Idiot" von Dostojewski», t. II (1), p. 237-241.

«Über die Malerei oder Zeichen und Mal», t. II (2), p. 603-607.

«Über das Programm der kommenden Philosophie», t. II (1), p. 157-171.

«Schicksal und Charakter», t. II (1), p. 171-179.

«Zur Kritik der Gewalt», t. II (1), p. 179-203.

«Die Aufgabe des Übersetzers», t. IV (1), p. 9-21.

«Theologisch-politisches Fragment», t. II (1), p. 203-204.

«Ankündigung der Zeitschrift: Angelus Novus», t. II (1), p. 241-246.

«Goethes Wahlverwandtschaften», t. I (1), p. 123-201.

ŒUVRES

Composition Interligne.
Impression CPI Bussière
à Saint-Amand (Cher), le 5 août 2011.
Dépôt légal : août 2011.
1ᵉʳ dépôt légal dans la collection : novembre 2000.
Numéro d'imprimeur : 112551/1.
ISBN 978-2-07-040666-1./Imprimé en France.